儒林

【2016】（第五辑）

○ 主　编　庞　朴
○ 副主编　王学典　颜炳罡　马　新

山东大学儒学高等研究院

上海古籍出版社

《儒林》编委会

主　　任　许嘉璐

副主任　庞　朴　陈　炎

委　　员　(以姓氏笔画为序)

　　　　　王钧林　方　辉　宁继鸣　杜泽逊

　　　　　沈顺福　林忠军　苗润田　涂可国

　　　　　黄玉顺　盛玉麟　傅有德　曾振宇

　　　　　颜炳罡

海外委员　叶　翰　池田知久　安乐哲　金圣基　黄俊杰

工作人员　沈顺福　徐庆文　李　琳　刘　斌　温　磊

目 录

尼山世界文明论坛专题

人类危机与文明对话
　　——许嘉璐与罗伯特·舒乐的高端对话 …………………… \ 1
对话文明与和平文化
　　——杜维明与德怀特·霍普金斯的对话 …………………… \ 9

儒学理论与方法研究

理智与理性
　　——儒学研究与儒学传承 …………………………… 颜炳罡 \ 21
生活儒学的基本观念 ……………………………………… 黄玉顺 \ 31
孔子：无神论者抑有神论者？ …………………………… 郝长墀 \ 51
从帝王之统到圣统：治教分立与孔子圣化 ……………… 陈　赟 \ 66
善的生活需要真理吗？
　　——从儒家仁、义、礼、智、信谈起 …………… 谢文郁 \ 89

儒学历史与文化研究

"宋太祖誓碑"的文献地图 ……………………………… 杨海文 \ 101
鲁儒学的地域性传统 ……………………………………… 徐庆文 \ 133
传说与新闻
　　——左史记言右史记事新考 ………………………… 刘　斌 \ 140

儒学与出土文献研究

楚简《鬼神之明》考辨 …………………………………… 曾振宇 \ 163
郭店楚简"天生本、人生化"解 ………………………… 曹　峰 \ 173

汉代经学研究

《春秋繁露》的作者是不是董仲舒？ ············· 鲁惟一 \ 182
汉儒孟喜、京房与郑玄"气化宇宙论"易学思想探析 ········· 赖贵三 \ 187
从激荡到融通
　　——简论两汉古文经学的发展历程 ·············· 王承略 \ 207
试论汉代经学兴盛的原因 ···················· 沈顺福 \ 214

纪念朱熹诞辰880周年专栏

试论朱熹理学的范畴体系 ···················· 王国良 \ 230
试论朱松理学思想的实践性特征 ················· 傅小凡 \ 243
朱子的家学渊源 ························ 史向前 \ 254
陈白沙的"自得之学"及其时代意义 ··············· 苟小泉 \ 266

儒释道比较研究

建构、解构、重构——
　　儒、释、道的艺术功能 ··················· 陈　炎 \ 279
儒与佛的"入世"观念 ····················· 姚卫群 \ 296
佛教初传时的儒佛"孝道"冲突刍论 ··············· 黄夏年 \ 304
华严宗人对儒家思想的解读
　　——儒佛会通的一个例证 ·················· 邱高兴 \ 311
佛教搭台，儒家唱戏
　　——论儒家在佛教语境中的"被动宗教化" ··········· 陈　坚 \ 321
儒家与佛家的境界观 ······················ 李　琳 \ 336

文献综述与学术动态

儒家文明与基督教文明的对话
　　——"首届尼山世界文明论坛"纪要 ·············· 李　琳 \ 348
建国以来陈亮思想研究综述 ··················· 王　维 \ 359
"马克思主义与儒学"专题研究文献(1990～2010)目录索引
　　··························· 温　磊 \ 367

Contents

Nishan Forum

The Crisis of Mankind and the Dialogue between Civilizations —
  Dialogue between Xu Jia-lu and Robert H. Schuller .... \ **1**
Dialogue Civilizations and Peace Cultures — Dialogue between
  Tu Wei-Ming and Hopkins .... \ **9**

Studies of Confucian Theories and Methods

Understanding and Reason — A Study on Confucianism and
  its Heritage .... Yan Bing Gang \ **21**
Fundamental Conceptions for Living-Confucianism
  .... Huang Yu Shun \ **31**
Confucius: an Atheist or Theist? .... Hao Chang Chi \ **51**
From the Imperial Tradition to the Sage Tradition — the
  Separation of Politics from Instruction and the Divinity of
  Confucius .... Chen Yun \ **66**
Does Good Life Require Truth? .... Xie Wen Yu \ **89**

Studies on Confucian History and Cultures

A documentary map of the inscription by the Great Song Emperor
  .... Yang Hai Wen \ **101**
On the Regional Traditions of Shandong's Confucianism
  .... Xu Qing Wen \ **133**
Legends and New Information .... Liu Bin \ **140**

Studies on Confucianism and the Archeological Documents

An Analysis on the Enlightenment of Ghosts and Gods in
  Chu Bamboo Books .... Zeng Zhen Yu \ **163**

An Elucidation on the Origin from the Heaven and the Change
　　from Mankind in Chu Bamboo Books ················ Cao Feng \ 173

Studies On Classical Learning In Han Dynasty
Is Dong Zhong Shu the Author of *Chun Qiu Fan Lu*?
　　·· Michael Loewe \ 182
An Analysis on the Cosmology with Air by Meng Xi, Jing Fang and
　　Zheng Xuan ·································· Lai Gui San \ 187
The Course of the Classical Learning Based on the Earlier in
　　Han Dynasty ······························· Wang Cheng Lue \ 207
On the Causes of the Popularity of Classical Learning in
　　Han Dynasty ·································· Shen Shun Fu \ 214

Memorial on the 880th Anniversary of Zhu Xi's Birth
On the Categorical Systems of Zhu Xi ············· Wang Guo Liang \ 230
On the Practical Features of Zhu Song's Theory ········ Fu Xiao Fan \ 243
On the Origin of Zhu Xi's Family Instruction ········ Shi Xiang Qian \ 254
On Chen Bai Sha's Self-Acquired Learning and its Significance
　　··· Gou Xiao Quan \ 266

Comparative Studies within Confucianism, Taoism and Buddhism
Confucian Construction, Taoism Deconstruction and
　　Buddhism Reconstruction ···························· Chen Yan \ 279
On the Views of Participating the World between
　　Confucianism and Buddhism ···················· Yao Wei Qun \ 296
A Tentative Discussion on the Theories of Filial Piety between
　　Confucianism and Buddhism at the Early Stages of Buddhism
　　Dissemination ································· Huang Xia Nian \ 304
An Interpretation of Confucianism by Hua Yan School:
　　A Case for Discussion ····························· Qiu Gao Xing \ 311
On the Effects of Buddhism on the Shift from Confucianism as
　　A Learning to Confucianism as A Religion ············· Chen Jian \ 321
A Comparative Study on the Views of Ideal Realms between
　　Confucianism and Buddhism ······························· Li Lin \ 336

Commentaries on Documents & Academic News

A Summary on the First Nishan Forum ·························· Li Lin \ **348**

A Summary on the Research of Chen Liang's Thoughts since
  the Liberation ·· Wang Wei \ **359**

Index of the Documents on the Relations between Marxism and
  Confucianism (1990~2010) ······························· Wen Lei \ **367**

尼山世界文明论坛专题

人类危机与文明对话
——许嘉璐与罗伯特·舒乐的高端对话

嘉　宾：许嘉璐，全国人大常委会原副委员长，山东大学儒学高等研究院院长，尼山论坛组委会主席团主席

嘉　宾：罗伯特·舒乐，美国水晶大教堂创始人、牧师、博士

时　间：2010年9月26日上午10:30—12:30

地　点：中国山东尼山圣源书院

主持人：赵启正（全国政协常委、外事委员会主任，国务院新闻办公室原主任，中国人民大学新闻学院院长，尼山论坛组委会主席团副主席）

赵启正：这场高端对话是我们论坛中重点的一场，题目是《人类危机与文明对话》。任何一个真正关心当今国际或本国发展的人，都很正面地看到我们的社会进步，同时也担忧我们从精神层次到物质层次上的危机迹象，并且对今后的发展也充满了忧虑。我们希望通过二位的对话能部分地解除我们的忧虑，看到我们克服人类危机的新的方法或新的启示。

开始之前，我当然要说一两句话介绍二位对话者。在很多年以前，美国有一个四岁的小孩，他第一次听到"中国"这个词，是他的舅舅告诉他的，他舅舅在中国的厦门布道并且办大学。这个小孩听说中国很伟大，现在坐在我面前的罗伯特·舒乐就是那位四岁知道中国的美国男孩子。请他说几句话。

罗伯特·舒乐：非常感谢。我很荣幸能够和许教授一起在这里进行这个高端对话。我在不同的国家、不同的地区感到了这种荣誉，我们寻求和平，人类要意识到这种共享的理想，这需要我们不停地改变。有人认为孔子和耶稣之间的对话不可能成行，但是这种不可能今天变成了可能。我们现在坐在这里进行这样的对话，我是一个专家，我对人类的行为有一些研究。我必须说，许教授是一位可能性思维家。伟大的思维都是从不可能的状态变成了可

能,这要考虑到周围的环境,它的原因以及它的真实性,还要有这种创造性和远见性。如果只考虑到消极性,就把它放弃了、忽视了,那么积极向上的一面就不会表现出来。因此,我们今天面对这样的观众,也一定考虑这种可能性思维和积极的一面,也许在没有意识到的情况下,就会有新的思维、新的动向,许嘉璐教授在这方面确实是我很好的朋友。

耶稣也谈到,人是可能做成各种事情的,当然耶稣是超高的思维家。不管我们有什么样的目标,我总是说:"我想、我能!我们想、我们能!"我们必须要做到这些。谢谢。

赵启正:对话的另一位嘉宾在四岁的时候第一次听到孔夫子,以后成为了中国孔夫子研究者的著名学者,也是我们这次论坛的创意人许嘉璐教授,他也曾经是中国的领导人。请他呼应一下舒乐博士,他谈了耶稣,你谈谈孔子。

许嘉璐:我的身份是双重的,既是组委会主席又是今天对话的一方,但是我还是要感谢舒乐博士,特别感谢他能够光临此次论坛。当年因为听了舅舅给他介绍世界最大的国家——中国的许多故事,因而对中国发生兴趣的那个小男孩,在80年后再一次踏上中国的土地。我要向大家揭露他一点私人的秘密,今年也就是这个季节,是和他的夫人钻石婚的纪念日。本来应该在洛杉矶的家里接受亲朋好友和儿孙、重孙的祝贺,但是他坚持要来。就在他从洛杉矶飞往香港的班机上,他度过了84岁的生日。也就是因为这个原因,他遭到了包括他夫人以及全家人的极力劝阻,但是他竟然说了这样的话:"许嘉璐教授邀请我去,我答应过的,我一定要去"。于是,他来了。这不是因许嘉璐一人而已,是他从四岁培养的对中国的热爱,是他多次来中国之后对中国零距离的接触中,所亲眼看到并印证了他舅舅的话。

刚才他引了耶稣的话,由这里可以看出耶稣和孔夫子有很多共同点。耶稣说,你是可能的,他是可能的,这件事情是可能的,那件事情是可能的。瘫痪的人可以站起来,聋哑人可以说出话来。果然,瘫痪的人站起来了,聋哑人说出话了。而孔夫子的学说教导我们"有志者事竟成",只要我们认定了一个志向,根据它的必要性和可能性,你就坚持去做,永不放弃,就可以达到目的。舒乐博士有一句名言:如果你有一个理想,你一定能实现。我用眼前的一件事情来证明他的名言是对的,耶稣的话是对的,孔夫子的话同样是对的。这就是在三年前我开始系统地构思组织世界文明对话,两年多前,我正式提出并且和几位学者协商,当时很多其他人劝阻我,说这不可能。但是,我有这个理想,因为人类需要,中国需要,美国需要,各个民族都需要。另外一种可能,除了便捷的交通工具,要求对话、要求交流已经成为世界多数人的共识。果然,我的梦想实现了。在这个问题上,我算个有志者吧!谢谢。

赵启正:大家收到邀请要你参加一场会议,去不去?根据我的经验,要判断他们是不是最佳的对话伙伴,而最佳的对话伙伴要符合这样的条件:他们应该是跨领域的、跨专业的;他们对话所涉及的主题应当是跨时代的;在地域上应当是跨国家的;在对话中应当表现出充分的哲理、有思辨的特征。今天我们面前这两位对话者,这一对伙伴就是难得的最佳对话伙伴,因此大家会有一场精神的享受。

他们两位以前有过对话,并且出版了一本书《为了天下太平》,我已经读了,短小精悍,更重要的是正确体现了一种非常好的对话态度。在交流中,如果藐视对方的文化就会产生冲突,如果对人家不尊重的话,就引起争执,如果被政治家利用的话就是战争。所以,对话需要一种极其高尚的态度。

我们请这位最佳伙伴转到我们的主题,即人类危机。已经发生的危机从20世纪看有两次世界大战,从地球的角度看有地震、海啸、传染病、艾滋病、SARS,技术的高度发展产生了很多新垃圾,每天在开采新矿产,每天在砍伐树木,经济危机、金融危机也十分可怕。

我想请两位对话者分别谈一谈你最担忧的人类危机是哪一种?舒乐博士,您最担忧的人类危机是哪一类?

罗伯特·舒乐:我最担心的危机是精神和物质上的冲突,我们都是物质上的人,我最担心的就是让世俗的理念来控制我们的精神,人在物质上的消耗会影响到他的精神,会影响到一个人精神上的价值和质量,因此我们需要探索和学习,进一步增强世界的活力。

赵启正:舒乐博士所说的物质享受的高速增长会影响到精神,中国30年来经济高速增长,在金钱方面也发生一些可见的效果,请许嘉璐教授评议一下物质对精神的影响。

许嘉璐:我刚才致辞当中所说的人类正在受着各种的折磨,其实就包括人类在受着自己物欲的折磨。实际上,一个人最容易接受的是能直接刺激我们五官和肉体的,于是就像中国古语所说的饮鸩止渴一样,喝毒药水来止渴,其结果是泯灭了人类本身的心和性。在儒家看来,人生来性是相近的,是善良的,可是后天的生活环境和习惯造成了人的分解,而这种刺激五官、肉体的、物质的东西,如果不能把握自己正确的生活价值、生活方向,就会导致人本性的泯灭。在经济领域里无限的贪欲,在世俗生活中的妒忌,在人与人关系当中的狂妄自大,似乎已经成为今天人类的通病。就像我和匈牙利前总理迈杰希昨天的对话里说的,今天的人类是狂妄的人类,忘了自己是天与地之子,是宇宙的一个成员。天地一体、万物一体,自己只不过是一体中的一个小小的微尘。但是，一个人他的所作所为用今天的思维也会想到一个说法——会影响到他人、会影响到世界、会影响到未来。

赵启正：许嘉璐教授讲到已经发生了由于贪欲、由于自私而引起的精神堕落的表现，而这种表现不仅是在中国社会巨变时期发生了，发达国家也在继续发生，也是现在进行时。如这次金融危机，大家举出了很多发生的理由，其中一个就是有的金融家设计了衍生的金融产品，用复杂的数学证明你如果购买他的产品，你会发财。而事实上，这种数学游戏不是一般人能看得懂的，人们由于相信他而购买了这样的产品，最后受到欺骗。

我想请问舒乐博士，基督教有一个教义叫"信者得救"，你相信基督者，上帝就会救你。那么这些金融界有欺骗行为的高级人士，基督能够救他们吗？怎么去救他们呢？

罗伯特·舒乐：我认为，我们应当建立起世界上的正义，世界上有内在的正义感，人们知道正义和邪恶，邪恶的人会受到惩罚。邪恶的人丧失了作为一个正义的人所享受到的快乐。

赵启正：有一些受害者，并不是邪恶的创造人，上帝救他们吗？您说信者得救，很多人不信基督教，不信基督教的人，是不是你就不救他们了？基督教能够拯救全球的人类吗？

罗伯特·舒乐：基督教不会拯救整个世界，世界上的每一个人都是思想家，他们都会有自己的正面和负面的思想方式。

赵启正：我想问许嘉璐教授，对精神堕落或者一时被蒙蔽而有些不好行为的人比如贪婪、吸毒，儒学会拯救他们吗？

许嘉璐：舒乐博士的最后一句话也是儒学的，他说基督教不能拯救整个世界。虽然我是一个儒者，但是我也要说，地球66亿人，不能只靠儒学来挽救整个世界。但是对于主持人所说的这两种人，一种因贪欲而有恶行的信基督者和不信基督的人，儒学和基督教在这点上是相同的。儒学坚决谴责为富不仁，就是有了钱却忘记仁义之人，忘记了爱他人，只是自私，满足自己贪欲。基督教说，在《马可福音》里有这样一句话——财主要进天堂比骆驼要穿过针眼还难。我想，耶稣所谴责的不一定是有钱人，而是为富不仁者。对于笃信儒学而又贫穷的人，孟子有一句话"人皆可以为舜尧"，也就是都可以成为圣人。怎么成为舜尧呢？不要忘记了人的品德的四德——"仁、义、礼、智"。怎么获得呢？"学而时习之"。自己学习行吗？不能默默地守在书斋里读，还要"有朋自远方来"，就像我们在论坛里一起切磋。还要有一种胸怀，你修养很多，你的心地很好，但是别人误解你，怎么办呢？"人不知而不愠，不亦君子乎"。所以，只要走这条路，每个人都可以提升自己的人格，摆脱物质世界的羁绊，让自己的灵魂升华。而在佛教也有同样的道理，这就是在《大涅槃经》里，佛所说的"一阐提也有佛性"。"一阐提"是音译的梵文，拿今天的话说是不仁不义者、不信佛者、做恶行者。基督不避讳自己所受的耻辱和酷刑，还教导自己的弟子：我死后你们继续传播福音。他的目标是普渡众生，当然单靠一个宗教救不了一个人类。

赵启正：舒乐博士，许嘉璐教授把基督和孔子的思想又作了对比。据我所知，您最近也读了孔夫子的书，知道孔夫子提到五方面的要素，就您所理解的孔子的五个要素能说点儿感想吗？

罗伯特·舒乐：我觉得它们是非常重要的基本要素，它们既是儒家所讲的根基，也是我们所有人所欢迎的。所有的事情在一起并不是他提的简单五条，对这五个基本要素不熟悉的人，也在尽量地对旁边的人施以友爱，尊重家庭。"仁"，即对社会要负责任，家庭之间、社会成员之间要有责任。"义"，即有正确的行为，而且要作出牺牲。"信"，即诚实，要对周围的人、家庭成员和更广泛的人群讲求这一点。所以说，诚实是十分重要的原则。每个人都要相互诚实，当然你也需要比较谦卑，这也是很重要的一点，这样，我们可以创造和谐的环境。"忠"也是很重要的，要对自己的家庭成员和国家忠诚。

赵启正：舒乐博士对孔夫子的理解，从美国人的角度理解，对我们是不是一种补充呢？是不是使我们在看我们祖先学说的时候可以看得更丰富？我们通过两位智者挖掘精神财富，两位不仅是他们本专业的神学家或者国学家，他们还是哲学家，我们更愿意挖掘他们的哲学思想。刚才我们讨论了全球危机中由于物质的发展和人类的欲望之间的相关性而引起的危机，是精神和物质之间的关系。我本人是物理学家出身，对于精神面的研究是处在一个学习的角度，但是从物理到物质也发生一些问题，也想请教两位。现在由于全球的教育程度提高了，也就是发明家多了，发明家是有好奇心、有创造欲，因此是疯狂地在发明。我们的手机一代一代地在换，电视机由黑白到彩色再到LED的液晶，没有用坏就扔了，汽车要提前报废。中国有7亿人在使用手机，假设每7人换一部手机一年就有1亿部手机报废。一个手机加上充电器要一百克，这样算起来每年报废的手机一万吨，到哪里去放？电池腐坏了就是毒素，我想请教两位，科学家和工程师的发明欲望不可阻挡，因此每天在创造新的产品，旧的产品被淘汰，我们需要那么多新的产品吗？我们有办法约制这些发明家和企业家联合生产新产品的攻势吗？两位能从哲学的现象对这种现象给一个批判和指导吗？

罗伯特·舒乐：今天我们要创造物质，我们经常就说，你有没有这个东西。我们不需要这么多东西，确实不需要。我在印度见到一个圣人，他没有任何东西,他就是过着一种简单的生活,他关心人,很愿意了解人。在今后我们不应该只强调积累物质的东西,应该还考虑到我们的思想、我们的个性。

赵启正:舒乐博士教导我们不要老买那么多新产品,摄影师不要老买新照相机,有用的就行了。下面有请许嘉璐先生谈谈不同的创造带来的问题。

许嘉璐:我非常同意舒乐博士所说的。我想从另外的角度谈这个问题。现在的消费市场是一个什么市场?已经不是满足人们生存发展基本需要的市场,而是制造虚荣的市场,是广告经济,是时尚新文化。最后举个记者们用的照相机的例子,大概用到五年前的最好的相机就可以满足现在的所有需要,今后一代代的新版本都是为虚荣而造。为什么有资本做广告?用资本搭起舞台让模特在上面扭来扭去。为什么捧明星?为什么获奖的红色地毯上珠光宝气?就是为了推出新产品。让少男少女们、中男中女们知道落后了,那才是时尚。因此名牌畅销、大获其利,这样满足了双方的欲望,消费者获得了刺激感官和自己虚荣的满足。而资本持有者就获得了金钱的满足和社会地位提升的满足。不仅如此,现在有意无意中已经在全世界制造了新时代的新迷信。旧的迷信是迷信鬼神,新的迷信是对科技的崇拜。科技能解决物质的问题,甚至超出人类的需要,但是它满足不了人的心灵,甚至要毁坏人的心灵。因此儒家说"克己复礼为仁",克制自己的欲望,回到正确的以仁义礼智规定的社会规范和规则,这就是仁、就是爱人、就是爱世界。

赵启正:听了许教授的这番话,对我有很大的启示。使用好的、新的技术产品是有虚荣心作怪,所以我们还是要物尽其用,把这个产品用到最后再淘汰。

许嘉璐:启正先生,我们是被动者,我们克制也是有限制的。我亲身的经历,直到今天,我用的还是丢在马路上年轻人连看都不看,更不愿意说捡起来的一部很老很老的手机,据说到旧店里20块钱可以买。但是它有毛病了,拿店里去修要四五百元,想换个部件——对不起,早就停产了,没有了。因此,产生了新的,就停止旧的,让旧的再维修都不可能,必须买新的。因此,现在手机上几十种功能,而人们最常用的就是两种或者2.5种,一种是打电话、一种是发短信,那0.5种就是不带手表看时间,剩下的功能全是掏出腰包塞到跨国资本的口袋里,但是又心甘情愿。因为自己买了时尚、买了就显得潮。我看启正你的手机也很先进。

赵启正:我的手机都磨损坏了。舒乐博士,您是不是有很多的手机和照相机?

罗伯特·舒乐:我没有手机。

赵启正:拒绝新技术的诱惑,我们向他学习。

罗伯特·舒乐：手机还是有一定的用处的，但是我们还有有线电话，还是可以用有线电话互相沟通。

许嘉璐：你不要误会，舒乐博士并不是不追求新的东西，他是拒绝满足个人物欲的东西。如果你有机会，在座的朋友们有机会，到洛杉矶去看看他的水晶大教堂，那是完全创新的，摆脱了哥特式或者其他的教堂形式，在那里你会看到大自然，看到今天。所以你站在那里会感觉我在这里似乎可以拥抱整个大自然、大自然可以拥抱我。它建成这么多年，在今天仍然是最新的，他用在布道、用在利于众生、用在造福天下。

赵启正：以后有尼山论坛邀请信的人到洛杉矶去，你要欢迎他。

罗伯特·舒乐：当然。我认为大家都应该去访问。我认为我们的文化和教育体系中最需要的就是认识到人类是有情感的，我们需要安慰、需要教育、需要爱、需要最终用在情感上的决定。我始终试图在这方面做些事，包括通过宗教的形式。我不认为空谈有什么作用，我们要做实事。我不是从头脑中想出来的主意，而是从内心出发做这些事情。在过去两年中，我日益认识到，人们应当认识到怎么样才能发现健康、有感情的个性。然后你就会开放你的心胸，让它变得透明。如何能够开发出健康的情感？在这里我们可以依赖宗教、依赖信仰，在每个人的头脑中，他的认识是不同的，必须要反躬自省，来看看自己的内心。

赵启正：舒乐博士又说出了一个对话的原则，对话的时候要透明，要能看见心和肺，我想这是一个很高的要求，我们尽量去做。很多中国人在和基督徒或者穆斯林交流的时候也有点儿顾虑，穆斯林有一句话——别无诸神，唯有安拉。穆罕默德是安拉的使者，即天下只有一个神就是真主，穆罕默德是替真主来传道的。这样一来，你信别的神，你信上帝或者我们中国人崇拜孔子，这就不好办了，因为有排他性。很多宗教有排他性，中国佛教、道教是例外，可能跟孔夫子也有着关系，它们的排他性好像很弱。

舒乐博士，基督教有没有排他性？就是对不是基督徒的人怎么看待？我们之间也能看见心和肺吗？

罗伯特·舒乐：我认为人和人之间的关系有达成一致的可能，这是在人和人之间，个体上的新交流，关键是你在和谁交流，要给人以鼓励，这就是基督教的教义所在。你听到我刚才提到的这一点了吗？

赵启正：您说得很好，我理解了——心的交流是最高的交流。

许嘉璐：儒家也讲以诚相待。在儒家重要经典里面有很多这类的话，它把不断提升自己的道德和信仰，并归结为格物致知、正心诚意，也就能不断地获得对主、客观的知识。然后这个知识还不是心，要正其心，也就是朝正处想，不要往邪面想。有了这个还不够，还要有诚意。所以中国从先秦到宋明，一直讲求一个诚，它是指对古代说的信的升华，这是一样的。至于说基督徒对于不信基督徒的人，应该通观整个旧约和新约来领会它的实质。例如耶稣在说这个话的时候没有分基督徒和非基督徒，这就使虚心的人得福了，使让别人和睦的人得福了。当然，他也无数次提到关键你们要信主。他一生布道直到被处以极刑，布道的对象都是不信基督的，可是他仍然坚持，他对不信道的人布道就是对对方的尊重、对对方的信任、对对方的爱戴。这样理解基督教的排他，我想就不会僵化地认为基督教对别的宗教、对别的信仰一概是排斥的。其实，启正先生在你面前就有活生生的例子。我记得去年舒乐博士对我说过一句话，请允许我称你为"我最亲爱的朋友"。而等一会儿我送给他我的一本新著，我写了一句话，我是这样写的"送给我亲爱的朋友罗伯特·舒乐博士"，一个信奉儒教的，一个信奉基督教的，你说排他吗？

赵启正：虽然是中文的书，舒乐博士暂时还不会中文，但是他能够读懂。中国的基督教很有意思，他们唱赞歌是用拉丁文，在欧洲和美国很多都改成本地文字了，中国人却用拉丁文。用汉字注上那个音就去唱，我在上海佘山教堂里问唱赞歌的基督徒，我说你懂吗？他说不在乎这个字我懂不懂，在乎这个韵律，在乎我的心。所以，舒乐博士，这本中文书，我相信你能看懂。

（本文根据现场速录员记录稿，由儒学院研究人员做适当修饰。）

对话文明与和平文化
——杜维明与德怀特·霍普金斯的对话

嘉　宾：杜维明，美国哈佛大学教授，北京大学高等人文学院终身教授、院长

嘉　宾：霍普金斯，美国芝加哥大学神学教授

时　间：2010年9月26日下午15:00—17:00

地　点：中国山东曲阜尼山书院

主持人：张小安（中国联合国协会副会长，尼山论坛组委会常务理事）

张小安：尊敬的各位嘉宾，女士们、先生们：下午好！

首先我想做一下自我介绍，我是中国联合国协会副会长以及理事长。今天我很荣幸主持这次高端会谈，我不知道我能不能主持好这次会谈，但是我相信，我一定能从这次会谈中学到很多。因为今天在座的有很多在文明领域、中国文化、宗教、历史、哲学领域非常有名的专家和学者，我相信我一定能从他们身上学到很多。今天我们会谈的主题是"对话文明和和平文化"。我不知道我是不是表述的准确，如果不准确的话，可以由杜教授纠正我。

我想我们选择这个地方来开展会谈是有意义的，因为这是孔子的诞生地，孔子于2500多年前在此诞生，而今天，这个地方也成了儒学的研究所、研究院。我知道每个周末在这里都会有一些讲课和讲座，所以我认为这是具有特别意义的。这也使得我们这次会谈与在一个现代的建筑开会有所不同，因为这个地方给我们带来难忘的体验。今天我很荣幸地向大家介绍两位著名的学者，一位是杜维明教授，一位是德怀特·霍普金斯教授，现在我想介绍一下他们两位。

杜维明教授是北京大学高等人文学院终身教授。他的研究领域包括哲学。另外他还是哈佛大学亚洲中心的高级研究员，他致力于发展不同文明之间的对话以及研究中国文化，还包括现代西方启蒙思想的研究，他现在致力于研究东亚儒教文明的现代转型，以及在全球范围内各种资源的转化。

德怀特·霍普金斯教授是（美国）芝加哥大学的一位神学教授。他的研究包括神学和东西方文化对比，其研究领域跨过多个学科，尤其是文化、政治

和经济范畴的研究。另外,他还对中国文化有着深刻的理解。

今天我们生活在一个全球化的世界,全球化不仅促进了经济的增长,同时也加速了不同文明之间的互动以及摩擦。我曾经在联合国工作过八年,于2003年回国。在我在纽约的联合国总部工作期间,我们曾经讨论过很多关于全球化的问题。当时在发达国家和发展中国家之间就这一问题有着不同的观点,很多发达国家对全球化持着非常正面的态度,而发展中国家则表示出了很强的担忧,因为他们认为由发达国家的经济发展所促进的全球化进程也就意味着西方化。他们担心通过全球化的进程,他们自己的文化会消失,所以关于这一个话题当时有着非常多的争论。

在2002年的时候,联合国开始了一场不同文明之间的对话,怎么样来进行这个文明之间的对话?怎么样建设这个对话文明和促进和平文化呢?我相信,两位教授都在这个问题上有着值得我们借鉴的观点,我想邀请他们发表一下自己的观点。在他们的观点发表完之后,我想请他们与观众开展互动,所以请各位观众准备好。

现在我想请两位进行对话。首先我想请霍普金斯教授表达他的观点。

德怀特·霍普金斯: 首先非常感谢您对我善意的介绍,我很荣幸参与首届尼山世界文明论坛。其次,能够与我称之为老师的杜维明先生开展对话,我也觉得非常荣幸。我读过他的许多作品。另外,我也非常谦卑地在我自己的作品中运用过他的文章。我想他的研究范围也就是21世纪对儒学人文主义的研究,也是我想研究的领域。谢谢。

首先,我想与大家分享一些关于文化所扮演的角色的观点。另外,我还想比较一下美国文化中的核心价值观与中国文化中的核心价值观。如果我们想就中国文明与美国文明进行对话的话,我想我们有非常多的观点可以谈。

首先两国对世界文明的贡献都非常大,另外两国都有其核心价值观和美德。美国给我们提供了一个非常值得研究的现实状况,其发端于1787年的美国《宪法》,在短短的223年里(保证了美国)成为了一个世界的强权国家。它首先是从1607年第一批英国殖民者抵达弗吉尼亚州时的一个空旷的殖民地开始的。这些殖民者当时认为自己是上帝的选民,他们认为他们的命运就是来到这片土地上,从东边的大西洋沿岸到西边的太平洋沿岸,然后跨过太平洋进入到亚洲,如果有可能的话,还能够从东方这个方向征服西欧。这些殖民者离开了英格兰,来到了这片新世界,他们带着他们神圣的使命,也就是想在全球范围内传播他们的权利,他们的全球化的视野包含着对生命、对自由、对幸福的追求,他们离开的时候是英国的公民,而到了这片新土地也就成了最后的美国公民。他们当时也是受到西方启蒙思想传统的影响,这些先锋们认为他们没有义务来遵守英国的传统。事实上,在他们国家成立的初期,他们开始了一种反政府、反权威的生活方式。

1776年,美国独立战争正是专注于反对英国乔治王的统治,因为他们的国王没有给他们提供参政的权利。所以毫不奇怪,美国《宪法》的第一个修正案就是关于言论自由的,第二个修正案就是关于公民持枪的权利的。从1707年开始,一波又一波的移民来到了美国,他们成为了美国的公民,他们的神圣使命就是实现自己的美国梦,以及把权利放置到整个世界。我们开展美国文明和中国文明之间的对话,我想说美国文明有四个核心价值观,第一是个人主义,第二是资本主义,第三是基督教,第四是文化的多样性。

首先,个人主义是指个人敢于实验、创新和追求知识,不受限制,也不受任何在个人之外的官方的禁止,所以在美国,每个人的名是放在姓之前的。第二,资本主义,也就是说对于财产拥有神圣而不可侵犯的权利。在美国文化中对私有财产的所有权是神圣不可侵犯的,这个私有财产也就相当于对宗教的追求一样神圣。第三,尽管今天美国在宗教和精神方面具有多样性,但是基本上来说,美国还是一个基督教的文化。事实上,基督教也是处于中心地位的。对于西方,尤其是美国传统来说,人们必须认真地看待基督教。第四,文化多样性。文化多样性也许是美国的独特标志。欧洲国家有很多公民成为了美国的公民。同样的,亚洲、太平洋、非洲、加勒比地区、拉美以及加拿大等也有很多公民成为了美国人。

因为时间的关系,我不会详细地讨论中国,但是我们知道,中国现在在全球世界经济方面拥有着领导的地位,同时对于世界经济的复苏也贡献非常多。但是,我想说中国如果不是一个世界经济的救赎者的话,那么至少也是一个非常清楚的权利的基地。那么,我们在经济增长的背后也就非常需要了解一下中国文化的价值。我认为能够唤醒中华文明的有四个核心价值观:第一是以家庭为中心,第二是和谐与平衡,第三是创新以及从外国人身上学习,第四是效率以及成果。

也许在美国文明和中国文明的对话过程中,我们都需要学习对方的这四个核心价值观,在我们学习的过程中,我们要避免一些负面的例子,使我们创造和平的条件。谢谢。

张小安: 非常感谢,我想霍普金斯教授为我们详细地讲述和解释了美国的历史,通过他的讲述,我们对美国文化及其四个核心价值观有了更好的理解,我想他的理解对于中国文化的理解也是非常重要的,我相信杜维明教授也想表达一下他对中国文化的观点,以及对霍普金斯教授观点的理解。

杜维明：非常感谢张小安女士的善意介绍。我今天很高兴也很荣幸能够与霍普金斯教授开展对话。我拜读过他关于不同种族、性别、语言以及民族之间开展对话的文章，特别要提到的是我很赞赏他的勇气和一贯的努力，来表达美国少数族群中应该伸张的权利，以及共同建设一个美国共同文明的努力。

首先，我想概述一下中国儒学方面所发生的革命，也就是作为中国文化的一部分所发生的革命。事实上，儒学思想早在孔子出生的公元前6世纪之前就已经开始了。大体上来说它分为三个阶段，首先，是从曲阜的当地文化开始的，曲阜的当地文化后来成为了中国的主流思想。

第二，它跨越了中国的边境，开始融入东亚，包括日本、韩国在内的东亚精神文明。在现代来说，儒学思想面临着来自西方以及中国一些名人的前所未有的压力和攻击，在19世纪儒学渐渐地受到了打压。事实上，中国有一些名人对此进行了非常严厉的谴责，而使得曲阜或者是儒学思想只成了一个地理上的表述。在170年前，儒学思想是否能够实现其第三个顶峰，从而升级到东亚乃至全球成为了一个问题。对于现代中国知识分子的文化传统而言，启蒙思想对于他们来说是非常重要的，甚至比中国的传统文化，包括儒教思想、大乘佛教以及道教来说都更重要。

所以当霍普金斯教授指出美国的几个核心价值观的时候，我想我们都感到非常熟悉，同时我也想说，我们还有一个非常熟悉的就是启蒙思想。启蒙思想在人类历史上来说是非常重要的。事实上，资本主义和社会主义都从启蒙思想中发展出来。如果我们看一看现在全球的各种机构和组织结构，包括市场经济、民主政治、公民社会、科学技术、跨国公司和知名的大学，这些都是启蒙思想的结果。更为重要的是，启蒙思想还有一些更深层次的价值，这些对于美国文明和整个西方文明来说都是非常重要的概念，包括自由、理性、平等、人权、法治以及人的尊严。

因此，启蒙思想的价值观是普世的，中国传统中的一些价值观正如霍普金斯教授指出的那些，包括以家庭为中心的社会结构，和谐、学习、教育都是亚洲的价值观。我想，正如霍普金斯教授指出的那样，现在在两个文明的核心价值观之间开展对话时机正好成熟，这次对话不仅仅是在平等基础上的对话，同时也是我们双方相互学习、共同繁荣的对话。我想说的这个例子对于我们双方进行这样的对话是非常重要的，它包括这样的概念：自由、公平、理性、同情、法治、礼仪以及人的尊严和社会和谐的对比。也许，我到这里要停一下，让霍普金斯教授来对我的言论做一下回应，然后我们再进行对话。

德怀特·霍普金斯：非常感谢杜维明教授对于儒学历史以及中国知识

界的概述，同时，也非常感谢您提出的这样令人感到非常有启发的核心价值观，我们可以基于此来开展对话。

首先，我非常感兴趣的一个对话是关于生活方式或者说途径的话题，就是生而为人其意义是什么？我对于刚才您所列举的那些美德感到非常的兴奋，因为我认为刚才您列举的这些美德能够激发我们关于人的意义的讨论。对于我来说，我认为人有两个基本的特点，首先是对个人的表达以及对整个集体的服务。第二，人应该有超出个人的更大的一些理想，也就是人的精神部分。因为我已经开始读您的一本文集了，您认为发展儒学人文主义是一个正确的实现我们刚才所说对话的一条道路，所以我想问您一个问题：儒学人文主义与我们说的这些精神范畴的关系是什么？

杜维明：非常感谢您富有启发性的观点，我想简要地谈一谈21世纪的儒学工程。首先我想强调一下学习怎样成为一个人，是儒学的理论和实践中非常重要的部分。我想从四个关系来谈谈这个儒学人文主义，其中每一个关系对于我们的整个工程都是非常重要的，而且没有一个能够受到低估。我想还有一点非常重要，就是我们必须强调儒学人文主义和世俗人文的不同，世俗人文主义是从启蒙思想发展而来的，世俗人文主义有两个特点，都在启蒙运动中得到了体现，首先就是反精神，反基督教，另外就是对自然采取一种积极的侵略性的态度。这四个范畴都与这样的可能性是有关的，也就是人的心和人的灵魂的范畴，我讲的第一个就是个人身和心整合，个人的身、心、灵、神如何整合，这是第一个问题。第二个就是个人之间的关系以及个人与社会的关系，我讲的这个个人并不是孤立的，这个问题也就是发展人与集体之间的富有成效的互动的问题，我想起了詹姆斯的一句非常有名的名言：没有个人的冲动集体也会静止，没有社会的同情集体也会褪色。第三，人与自然之间持久以及和谐的关系。自然并不被理解成为一个物种的集合，我们认为自然是所有主体的集合，在儒学的范畴里面包括天、地以及所有一切。

因此，在关于开展富有成效的互动的可能性方面，应该是在人的身心和天之间开展互动，因此，我想这就回应了您刚才关于儒学人文主义的问题，一位非常有名的印度哲学家说儒学人文主义并不是世俗人文主义，而是精神方面的人文主义。

德怀特·霍普金斯：非常感谢您的重要观点，我在来这个地方的旅途中考虑的一个问题就是在美国这个大环境中人的意义是什么？我想个人主义与个人性是不同的。我想您刚才谈到的在儒学环境中讨论人跟社会的关系更多的是讨论个人性，我想这对讨论美国环境中人的意义来说是一个更为健康的方式。我认为，个人主义是一种伦理的观点，它使得个人的富足、繁荣与家庭、社会、国家乃至整个世界的富足、繁荣分开了。因此,我认为您刚才提到的个人性以及人跟社会之间平衡和和谐的关系对于我们在美国的环境中讨论是非常有帮助的。也许,我想您也可以解释一下儒学人文主义与精神人文主义并且将其与基督教的精神主义做一个对比,基督教的精神主义是属于超人类、超自然的一种主义,它试图要去挽救人类,我想这个解释也就是现在美国人所通常理解的正宗和主流的一个解释,我想它有可能是有一种超出人的主观能动性,超过人的自我的趋势。

杜维明：我非常赞赏您的观点,我来简要解释一下,首先个人主义与个人性是有区别的,这是我的哲学方面的一个观察,另外我也想区分一下主观主义和主体性,主观主义是看待世界的有限的方式,主体性是人本身所固有的一种人性。如果我们来探讨一下在儒学的范畴中主体性是如何运作的。我们可以看到人是所有关系的中心,我们讨论中心性,大家可以看到这个主体性是持续的和深化的自我理解,我们不断地对自我进行更深一层的理解,就好像挖井一样,挖得更深才可能到达主流。如果我们来讨论关系的话,有一点很重要,就是将自我放大,要包含人的经验的各个部分,包括在社会中的各种经验。您刚才提到儒学传统中家庭的重要性,我认为首先第一步是建立与家庭成员的有意义的关系,以及温暖的一种关系,我们需要跨越家庭的范畴建立与社会的富有成效的关系,然后我们要跨越这个社会的范畴建立与国家的关系,而仅仅局限于国家的范畴也是不够的,我们还需要达到与世界的关系,也就是中国早期哲学家所说的"天下"的概念。我们还需要进一步扩大这个范畴,我想仅仅与世界进行这样的联系也是不够的,我们不能仅仅局限于人类的主体的概念,我们还需要超越我们生活的环境,往世界继续延伸,因此我认为儒学方面更高的一个概念或者是说价值也就是"天人合一"。因此,存在个人与一个不断扩大的、不断扩张的关系网络的交流。

因此,在我们的儒学的传统看来,"天"是无所不在的,它可以审查各种各样的事情,但它却不是无所不能的,因为有了人的出现所以才会有这样的结果,无论我们把人看成是被天创造而来的还是进化而来的,人都是这个宇宙的不可或缺的一部分,人不仅仅是一个创造者,同时也是过程的参与者,或者说的更激进一点,人是这个核心的共同创造者。

德怀特·霍普金斯：您刚才的观点非常地有帮助,能够帮助我们理解精神主义、主体性以及主观主义。在西方传统中的一种极端的人类中心论,也是讨论人与世界的关系的。我想我们在美国的环境下所讨论的还有一个问题,就是人类生存的意义,它是基于对爱的理解,我想问的是,爱对于人的意义,它们二者之间的关系是什么？也许能从三个方面有一些影响。首先是自爱,我很有兴趣了解一下儒学对于这个问题是怎样理解的?首先自爱我认为是爱自己,如果我们爱自己的话我们就会给自己增添一些价值,我们会保护自己,使自己活得有尊严。如果我们爱自己并给自己增添了一些价值的话,我们自己就会有信心来改变这个世界。当然我也非常赞赏您刚才提到的"共同创造者"的概念。

杜维明: 在儒学层面来说,学习怎么样成为一个人是一个非常重要的概念,它能够使人理解怎么样为自己而学,我们学习并不是为了父母、为了政治或者是为了政府,而是为了自我实现的过程,为了塑造我们自己的人格,我们要爱自己,尊重自己,使自己成为独立的有尊严的人,实现自我价值。另外儒学也是一个"身心之学",当我们为自己而学的时候我们也在与他人、与宇宙万物进行交流,这并不是一个模糊的概念。

我想向您问几个可能比较难回答的问题,我很赞赏您的神学观,尤其是有建设性的神学观,您有自己的观点,我想您对主流或正统神学观点感到不满,您认为上帝是与这个世界和个人是没有关系的,不论一个人再怎么样聪明、再怎么杰出也不能理解上帝,人只能成为自己的创造者。

德怀特·霍普金斯: 我认为有两个观点是需要说明的,一个就是耶稣基督和《圣经》的诞生是共同创造的一个非常好的例子,精神和物质一起来改变我们现在的时代和世界。一个是,基督教还有一个非常重要甚至是说非常基本的观点,就是共同创造能够为那些不能在社会上发出自己声音的人实现公平。即使我们认为《圣经》上的一切都是真的话,《圣经》上有两段是关于为穷人和无法实现自己权利的人来实现公平的经文,第一段是耶稣基督的第一次公开演讲,也就是像美国总统上台之后发表的第一次国情咨文一样,他会描述他的使命、他的方向、他为什么要站在这里。在那次公开演讲中耶稣基督说"我来到这个世界上是为了那些穷苦和受压迫的人"。

第二,如果我们逐字逐句地读的话,我们会看到经文中有一个地方是耶稣基督提出了基督教徒们可以进入天堂的一个标准,进入天堂是基督教徒们的生活目标,能够进入天堂的唯一标准是什么呢?在那段经文里面他提出,这个标准就是你是否为饥饿的人提供了食物,你是否为饥渴的人提供了水,你是否访问了在牢房里服役的人,你是否解放了那些受压迫的人。当然这是逐字逐句地解读,但我想这两个就是我们基督教应该讨论的基本的问题,一个是共同创造,第二个就是公平。而第二个问题以及这两段经文是我们实现和平和平衡的重要方式。

杜维明: 非常感谢。我还想引申出另外一个问题,就是学习"生而为人"也就意味着人有这个权利、有这个能力来实现自我的繁荣和富足,这是对于基督教徒而言是非常重要的。今天早上我问了舒乐教授一个问题,是关于从宗教的各种方向中自我拯救的问题,在过去的好几个世纪里面,尤其是在中世纪中有这样一种强烈的信仰,就是你不能够在教会之外实现救赎。但是,事实上上帝现在在这个问题也不是那么地坚定了。第二个就是即使你不是基督教徒也可以实现自我的救赎,如果你没有得到福音的话,如果你学习如何"生而为人",你还是可以实现自我的救赎。

德怀特·霍普金斯: 我想理解这个问题的适当方式是关于理解救赎与自由,在西方基督教徒看来,《圣经》、教会的传统和社会的种种证据是需要理解的。耶稣对这些事物具有决定性,但他是不能够包容一切的。第二,我认为上帝是无限大的,他不局限于某一教义、某一教会或者是某一文明、文化,一旦人们以及文明将这个现实缩小了理解的话,人们也就开始了学习人类意义的过程。

杜维明: 我想与您分享一个非常有意思的趣闻,另外也是一个非常重要的问题,我们在请人来参加这个不同文明的对话过程中,有一个嘉宾叫做巴赫曼,他认为自己没有任何的问题,他有信仰,知道真理是什么,知道美、知道善是什么,他认为他没有任何的东西可以疑问,如果您有什么疑问的话他说我倒是可以告诉你,这是第一个趣闻。另外一个叫卡尔兰那(音)的人士,我没有见过他,但是我想说的是很多人并不知道基督教的存在,他的生活方式却是与基督教非常相似的,他对自我、对现实有一种奉献或者说是有一种非常强烈的致力于自我和现实的精神,他们自己可能不知道,但是他们却是在按基督教的生活方式在生活的。我想知道您的观点是什么。

德怀特·霍普金斯: 我知道今天有非常多的人他们不认为自己是基督教徒,却是按照基督教的生活方式在生活,我想仔细地回答一下这个问题。在这个世界里面他们不认为自己是基督教徒,却是按照这样的方式在生活,这也是我们探讨人的意义是什么这个问题的重要部分,我想问一下更多的人是不是愿意被标榜为是儒学教徒、佛教徒或者是道教徒是非常有意思或者有帮助的,尽管他们是按照这些教的方式在生活,但他们不认为他们是教徒,我们问一下他们是不是愿意这样被贴标签。如果他们的回答"是",我想我们回到刚才的那个问题就能够得到更多的证据或者是更多的力量了。

杜维明: 我早上谈到就是我会对基督教的精神做一些有益的工作,我理解的儒教以及儒教精神也会做一些有力的工作。今天上午与您对话也使我更加强烈地相信基督教也是这样,我是基督教的受惠者。对于未来而言,我想基督教以及儒学都已经在发生一个重大的转变,只是我们不知道,我们不能够等着上帝的到来,因为我们正在发生这样的一场经济和金融的危机,因为我们的儒学运动,我们不能等着上帝的到来,因为污染已经存在、种种的问题已经存在,就佛教徒而言,佛教徒也不能说我们就等着净土的到来,让我们就在红尘当中,让净土、让佛来实现自己吧。

张小安：非常感谢两位教授。我很不愿意打断他们深入地、富有建设性的讨论,但是因为时间的限制我们要中断一下,刚才两位教授就人的意义这个基本问题进行了深入的探讨,他们还讨论了个人主义、儒教、精神主义、基督精神主义等等,我想通过他们的探讨我们对于人的意义有了更深的理解,他们的讨论涉及不同的历史以及不同的理解,但是其本质是一致的。因为时间限制我们现在不得不结束他们的讨论而进入到下一个讨论,就是提问的环节。如果观众中有什么问题请举手。

提问：您好,我来自中国日报。我想问杜教授一个问题,在中国的"五四运动"以后,以及在中国的文化大革命以后,儒学思想已经在知识界渐渐地被摈弃了,但是在普通中国人的生活中我们还是能够发现儒学思想的痕迹,现在中国正在向现代化迈进,但是也有非常多的危机,我想问一下在建设现代化的过程中,儒学思想应该扮演的角色是什么?

杜维明：您的问题非常复杂,我想给您一个简单的回答,希望不是一个狭隘的回答。首先,您说得非常对,儒学思想已经渐渐地式微了,但是许多儒学的思想和伦理对普通人（的影响）都还是非常普遍。我想对于未来来讲,我们提两点,一点就是现代化是在不同的文明中以不同的方式存在,我们在日本、台湾、香港、新加坡和大陆都是在建设现代化,我们不同的社会以不同的方式向现代化迈进,但是我们都拥有普遍存在的传统,这是与西方不一样的。我们的传统在现实中存在,我们可以看到,如果谈法国的现代化不可能脱离法国的大革命,我们谈德国的现代化也不可能脱离德国的一些思潮,在中国也是如此,我们在形成中国身份的过程中,儒学的思想是非常重要的。

提问：您好,我是来自山东电视台的记者。刚才我听到教授提到一个观点,中国未来将是世界经济的救赎者,我想能不能请教授就这个观点详细谈一下。如果说中国能在经济方面扮演这个角色的话,那么中国在文化方面将要扮演什么角色？谢谢。

德怀特·霍普金斯：感谢您的问题,我笑了是因为刚才用到的"救赎者"这个词在西方基督教文化中是有特定的含义的,如果我刚才用到这个词的话,那么我想讨论的并不是它在基督教中的特定意义。在次贷危机以后,我们认为在世界、美国及《华尔街日报》的许多经济学家都认为如果我们不认为中国在这个过程中发挥了拯救世界危机的作用的话,那么他至少也是一个发动机。

关于您的第二个问题，也就是中国文化在21世纪的影响的问题。有一个非常重要的核心价值就是探讨人类的生存意义，有两点，在我到中国来的途中和在我平常的讲学中都给我留下了深刻的印象，就是中国非常能够包容他人的不同和差异性，能够从外国人身上学习，"三人行必有我师"，中国有这样的观点，所以西方也需要从中国身上学习这种深邃的观点。第二个美德就是和谐。我认为东方和西方是能够在差异中互补的，我们关于和平和平衡的理念能够使我们避免战争，人能够与自身、家庭、国家、世界的关系中寻求和谐，因此我觉得包容和和谐是中国文化文明当中两个有着非常深邃意义的观点，就像中国在经济上扮演发动机角色一样，中国在21世纪的开端也能够在文化上扮演这样的角色。

提问：我是来自山东大学儒学高等研究院的人员，我非常感谢两位教授深刻的对话。我想向霍普金斯教授提一个问题，向杜先生提两个问题。

霍普金斯先生谈到美国有四个核心价值：个人主义、资本主义、基督教、文化多样（文化多元）。最后的这两个价值是不是相互矛盾和冲突的，也就是说基督教和文化多元的观念是不是相互矛盾和相互冲突的？大家都知道美国的历届总统就职绝大多数都是要手按着《约书》，我不称它为《圣经》，因为圣经是儒家的典籍，只有孔子才能称为圣，如果要称它的话就是《基督经》，但是不能叫《圣经》，我要说的是他要按着《约书》来宣誓就职，同时要由牧师对他进行祈祷，就像佛教的做法。像这样的活动对于美国的信奉伊斯兰教的人、信奉佛教的人，或者不信奉基督教的人如何看待这样的问题。如果说美国历届的总统绝大多数都要从事基督教的活动然后才能够成为美国合法的总统的话，那么政教分离与文化多元何在？

德怀特·霍普金斯：感谢您非常敏锐的观察以及对美国文化现象提的问题，我想对于很多文明来讲，基督教只是其中的一个部分，今天早上在西方的代表团发表观点的时候他也提到了，基督教有各种各样的教派，也许有500多种，我知道关于耶稣基督的正统理解只有一种意义，但是我们是有种族多元主义的，有人会认为基督教能够帮助他人实现自我，不仅是宗教意义上的，同时也能够帮助他们在精神上实现自我的培养。

提问：我向杜教授提两个问题，一个是很小的问题，一个是与文明对话相关的问题。杜教授是人类文明对话的积极倡导者和践行者，也可以说是先行者。从2001年联合国倡导文明对话以来，整个世界文化之间、民族与民族之间、宗教与宗教之间是变好了呢还是变坏了呢？还是没好没坏保持原样？像我们这样一个基于知识分子之间的对话，如何把它化为民众的实际行动？杜教授在这方面是否有些思考？这是我要问的第一个问题。

第二个问题,刚才杜教授谈到了一个观念,为了区别欧洲启蒙以来的人文主义,把儒家称为精神的人文主义,这个观念很新鲜,我要向杜教授问的是用这样的观念表达儒家的人文主义,是否是十分切合儒家的本质?我们知道儒家有一个非常重要的观念,孔子是一个非常重要的儒式主义的观念,这是第一。第二,我想儒家非常重要的一点在于我们日常的运用、大众的生活。如果说儒家的人文主义不同于世俗的人文主义,或者说世俗这两个字翻译上有问题,我想把儒家的人文主义和世俗的人文主义区别开来,是否符合儒家一贯倡导的、杜先生一贯倡导的"极高明而道中庸"的观念?谢谢。

杜维明:关于您的第一个问题我想用一句话来回答:如果没有不同文明之间的对话的话,情况只可能更坏。第二个问题,我认为世俗的人文主义是从现代西方的启蒙运动开始的,它对于宗教是抱着侵略性的、冲突的态度,而儒学的人文主义其本质是自然的、精神性的,它与宗教是能够和谐共处并建立和谐的关系的。有一本非常重要的书叫做《以凡俗为神圣》,其中讲到了一个儒学的观点,儒学思想是世界的一部分,不是脱离于这个世界的,它把世界认为是一个神圣的世界,他认为这个世界是非常重要的、是有其精神意义的。儒学思想认为自己的身体、家庭、社会和自然都是非常重要和神圣的。

提问:我是来自新华社的记者,现在儒学思想正在吸引着越来越多的外国人的目光,现在中国也在世界各地建立孔子学院,有人认为这是中国的文化侵略,您是怎么看的?你对中国这方面的发展有什么样的建议?另外今天早上您谈到吸收性的对话文明,我想问一下这个概念对于中国的和平崛起有什么意义?

杜维明:我同意你对这方面的关注甚至是担忧。儒学是一个关于自我实现、性格塑造以及自我实现富足的哲学。"往教非礼也",儒学中有这样的表达,我们可以邀请人们来学习,因为我们有一句话:"有朋自远方来,不亦乐乎",在中国成为一个真正的经济大国之前,我们还应该看到中国的人均收入还是非常低的,中国的人均收入只有日本的1/10,有人说,中国现在在世界上来说这方面还只是排名在140名左右。因此,中国人、中国的知识界、政府、学者、媒体以及商人,都不能太自信,不能够四处宣扬自己关于这方面的实力,中国需要学会自我约束,需要学会理解和了解自己现在所处的地位,中国还有许多需要学习的地方,中国还有许多建设这个和谐世界所需要做的工作,中国现在汉族与55个少数民族的关系并不太好,中国的贫富差距也很大,1%的人占据着40%的财富。这并不是一个狭隘的民族主义。

另外关于孔子学院,我们现在在世界各地建立孔子学院,我认为这是非常好的,正如德国的歌德学院和西班牙的塞万提斯学院一样,这能够使人们开始学习中文,你知道,语言并不仅仅是一种工具,也是文化的表达,人们通过学习中文来赞赏和参与到关于中国文化的共同创造当中。

张小安:非常感谢您的提问以及刚才两位教授的回答。今天我们进行了一场非常深入、尖锐、坦诚和富有建设性的讨论,我想对这样一场讨论和对话进行总结是不可能的,我想引用两位教授的观点,并不是今天所表达的观点,而是从他们文中引用出来的。杜教授说"文明不在于冲突,只有无知才会导致冲突,主导性的政治应当为交流、建立网络、对话、互动和合作型的政治所取代。"霍普金斯教授说"我们应该采取相互交流、相互尊重的态度,这并不是相互否定,或你或我的态度,我们的观点应该是实现文化的相互包容,我们需要文化的相互包容,在今天这样的世界中我们需要这一点,而不是相反"。

这只是我们今天对话的一个开始,我们在未来还会有更多的对话,正如杜教授所说的那样,如果没有对话,情况只会更糟,所以我们需要继续对话,尤其是关于杜教授所说的对话性的文明。在本届论坛结束之前,许嘉璐主席将会宣布第二届尼山论坛的召开时间,我们也期盼着第二届尼山论坛的召开,我希望再次在尼山见到大家,我们也相信只有对话才能够走向和平。

(本文根据现场速录员记录稿,由儒学院研究人员作适当修饰。)

儒学理论与方法研究

理智与理性
——儒学研究与儒学传承

◇ 颜炳罡

摘　要：作者指出，要在理智的意义上研究儒学，在理性的意义上传承儒学；他本人走上儒学研究的道路是理有必然，势之必至，情不容己；在具体的研究中他贯彻了问题意识、善借他山之石、文献学路向、考其原委、辨其得失的态度和方法；最后他指出：21世纪儒学的传承与发展主要力量来自民间儒学只有民间化、大众化、生活化、草根化，才能获取力量源泉，才能持久复苏。

关　键　词：理智、理性、儒学、生活

作者简介：颜炳罡，山东大学儒学高等研究院教授、博士生导师，兼山东大学儒学高等研究院副院长。主要研究领域：中国哲学、儒家文化等。

儒学，一方面是由两千多年历史传承所累积而成的庞大的知识体系，对这个知识体系，我们有义务、也有必要对其进行考其原委，辨其得失，进行一番整理、研究，这就需要理智；另一方面，儒学又不是单纯的知识系统，它是华夏民族的生活信仰和精神支撑。儒学是中国文化的主体，代表与体现着华夏民族最根源的思想意识，经过长期的历史流变以及政治、经济、教育、礼义规范、行为习惯等影响，渗透到华夏民族的血液中，成为华夏民族的生活方式、思维方式、价值尺度，或者说它原本就是华夏民族之根、之本，是华夏民族的生存之方式和延续方式。从这个意义上说，儒学是中国之所为中国，中国文化之所以为中国文化的决定性元素，用牟宗三先生的话说，儒学是"生命的学问"，用现在政治的话语说，儒学是"中华民族精神家园"的主体殿堂。"生命的学问"的"生命"需要延续，"精神家园"需要不断维护、扩建乃至重建。作为信仰的儒学需要有人薪火相传。儒家的信仰不同基督信仰，基督信仰

是"因信称义",而儒家的信仰是"因义方信。"这里义是仁义的义,是充满同情、敬重与爱的义,这个义就是理性。一句话,我用理智研究儒学,用理性传承儒学。

一、通往治儒之路,或然乎?必然乎

本人出生于一个没有任何教育、文化背景的农村家庭中,渴望有读书人是父辈的最大理想,然而,选择教书、研究作为自己的终生职业不是父辈的期盼,也不合乎家庭的需要。幼时的乡下,书籍并不多,连本儿童画有时也很难得,偶然碰到一本儿童连环画,一堆小孩围着看。不过,各种类型的毛主席著作还是很多,好像是发给每一个家庭的。记得有一个全国上下学习毛主席著作活动,那时自己还没上学,大人们在灯下读,自己在跟着大人玩,不经意大人们没学会背,自己学会背了,一时引起大人们的好奇,竟然让我这个什么也不懂的孩子,站在八仙桌上给大家背诵《老三篇》。我们这代中国人正是伴随着一场又一场政治运动成长、长大的。

幼时,有一次对孔子的深刻记忆。上三年级时,中午放学回家,母亲正在烙煎饼,跑到母亲身边告诉母亲,学校开批孔大会了。母亲马上说:孔子是圣人,圣人怎能批?母亲没有什么文化,甚至一个字也不认识,但她的话直让我茫然若失,大脑一片空白。那时我还不会问:圣人,为什么就不能批?但母亲的话深深刻在自己的脑海里,也可以说是孔子对自己最早的一次心灵撞击。

在知识分子眼里,孔子为什么就不能批?没有任何一个人或者一个圣人、神人乃至玉皇大帝、上帝等等不能批,孔子作为两千多年前的历史人物,在现代话语体系下不啻当批、该批,甚至应"打翻在地,再踏上一万脚!"儒,在传统意义上,是"士教",是知识分子的信仰,然而近代以还,因为许许多多知识分子为了求富图强,放弃了儒家信仰,已经没有了对圣人的敬畏意识,更不是儒门中人了。他们之中有的改信马,有的改信基督,有的改信"科学神"、有的什么也不信,可以"孤魂野鬼","精神乞儿"。但在乡下,在普普通通的民众上身上,儒家还是他们的精神信仰,对孔子、对圣贤还有敬畏意识,所以当然母亲告诉我:孔子不能批。

从知识的意义上,一个学说、任何人物都应放在理性的审判台上进行审判,因而没有任何不能审视、不能批判,但站在信仰的角度,就是有不能批判的对象。众所周知,信仰马克思主义的批判马克思吗?信基督教的人批判耶稣吗?信佛教的人批判释迦吗?等等,不一而足。同理,信儒教的人批判孔子吗?

上了大学,才开始接触儒家的一些资料。20世纪80年代初的哲学系,基本上马克思主义的哲学系,哲学是作为马克思主义三大组成部分之一而存在的。用冯友兰的话说,哲学系是培养马克思主义宣传员的,而所开的中国哲学史、西方哲学史是为马克思主义哲学原理服务的。大学前两年,基本上学了些马克思主义哲学的东西诸《唯批》、《反杜林论》、《自然辩证法》、《德意志意识形态论》《哲学笔记》等等以及公共课。不过,课下,自己主要读些历史与文学。大三,自己还在北京社会科学院创办的《学习与研究》上发表了一篇学术习作"论人的需要是社会发展的动力吗?",同年参与五四青年科学论文《意识形态论》获山大学生科学论文二等奖。本人想说大学前两年思想完全处在当时社会氛围下,没有走出自己,根本没有自己。

开始接触孔子及儒家是在大学三年级上《中国哲学史》的课堂上,那时所用教材是任继愈先生主编的四卷本的《中国哲学史》。这个本子除了观念陈旧之外,其引证史料、选取人物、写作水平我认为还是很高的。为配合中国哲学史学习,自己课下读先秦诸子。当时自己对孔子没有什么特别的感觉,而对墨家思想则心向往之,每每读到墨子的"不党父兄,不偏富贵,不辟颜色,贤者举而上之,富而贵之,以为长官,不肖者抑而废之,贫而贱之,以为徒役。""有力疾以助人,有财勉以分人,有道劝以教人"。未常不废书叹!墨子的思想契合着一位来自乡下社会底层学子的心灵!

大学时代的自己,只想成为墨者之徒。1997年10月,我出版《墨学与新文化建设》一书,认为中国文化的未来发展必然是"儒墨互补"。传统的"儒道互补"的结果是强化了中国文化的阴柔面、坤静面,而中国文化的阳刚面、乾动面则明显不足,而儒墨互补就是要实现儒、墨、道、法的全面互动,开显中国文化发展的健全基因,优化中国文化的内在结构,改良中国文化的生长土壤,以消融西方文化乃至一切人类文化的优秀因素,再建中国的新文化。可以说,这是本人墨者情结的一种交待。

大学毕业后,留校工作。干得第一个活就是帮王兴业教授校对《孟子研究论文集》的稿子。那时,王老师的家人在青岛,不在济南,王老师的房间与我住的房子是前后楼,出入非常方便,每天都与王老师见面两到三次。每次见面或每晚散步,他都向谈学问,从孔子到孟子、荀子、董仲舒,从汉唐到宋明,乃至孔府内宅佚事等等,无所不谈。是散步,也是讲学,自己的兴趣渐渐进入儒家领域。

1985年1月,周立升教授给我一个通知,要我参加北京大学创办的中国文化书院的讲习班。为期一个月的学习,聆听了梁漱溟、冯友兰、张岱年等老一代学者的演讲,也听到了来自像李泽厚、庞朴、杜维明、汤一介等新一代学者的研究成就。给我印象最深的是梁漱溟先生的演讲。先生已是耄耋之年,然而刚毅不屈的神态依然显现在他那矍铄的面容上,声如洪钟,吐字清晰。他说,儒学,孔门之学也,躬身修己之学也……我将他的演讲全部记载下来,至今保留。梁先生,在台上一站就会给你一种震撼!一种无坚不摧的力量!"诚于中,形于外",诚哉斯言也。八十年代的文化热似乎是五四时代中西新旧文化论争的缩影或重演,置身于这场文化论争之中,感受扑面而来的各种观念、信息,自己的思想天平开始发生游移,由墨者之徒逐渐转移到儒家文化。

这时港台书籍进来了,接触到牟宗三、唐君毅、徐复观等人著作,为自己的学术研究打开了另一个世界。这就是由定性评判转向定量研究,由精华糟粕二元分疏转向义理原委之批导,让学术归学术,意识形态归意识形态,客观研究以求正解成为自己研究的宗旨。

公元1987年,进入方克立、李锦全二教授主持的国家社会科学重大研究项目即现代新儒家思潮研究,与周立升教授一起承担牟宗三学案的编写工作。由这项工作,自己的研究工作全面转向儒家领域。

走向研究儒学的道路,从表象上看是盲目的、不自觉的或者说是或然的,但这里有必然性。其一,势有必至。自己性格有叛逆的一面,就是不愿从众、顺俗而为,更不想赶时髦,逐流俗,梁漱溟、熊十力等人砥柱中流,挺身而出,为孔子争公道,为中国文化抱不平的心态对自己有着亲切感与诱惑力。八十年代的学术背景,恰恰构成了中国当代文化流变中反传统的第三次高峰。这一背景下,自己走向儒学研究就是势有必至了。

其二,理有当然。自进入八十年代以来,自己对中国文化有了新的了解,对儒家、对孔子在中国文化的独特地位有了新体认,认为中国的问题仍然是文化问题,是中国文化的重建或再建问题,儒家文化作为中国文化的主体,作为中国人的信仰系统,必须对其进行一番认真地研究才能有资格谈中国文化,有资格谈文化的重建。这就是理有当然。

其三,情不容己。学术研究当然不能带有感情色彩,但进入某一学术研究领域确有情不容己的成分在。正如一个物理学家进入物理领域自然是喜欢物理学,生物学家进入生物研究领域自然喜欢生命科学一样,其实人文学者进入某一领域同样好恶因素。从正面说,自己确实对儒家学说有兴趣,从反面说本人走上研究儒学的道路同样是情不容己。自己对没有读过《论语》而大批孔子的人情不容己;对一些人用似是而非的观念大谈儒学、大谈中国文化,以误导误,伤害青年情形而情不容己,对有些情绪化反儒情不容己,故而要研究儒学。

有时人做某项学问,既不是为了什么外在的功名,也不是为学术而学术,有时就是为了自己,这是孔子所说的"为己之学"吧。儒家文化,有着数千年文化传统,代表着华夏民族最根源的意识,任人践踏,任人诟诋,不安、情不容己,这个"不安"、这个"情不容己"是真实的。学问之路就是为了使自己由"不安"转向而"安","安"最终还是安你自己。

理有必然,势之必至,情不容己,决定了自己走向学儒、习儒之路。

二、研究儒学:原典主义的情结

儒学是生命的学问,也是一套文化、知识系统,就知识、文化系统的研究而言,我赞成价值中立,客观研究。

在西方哲学中,理智与理性都可以使用"Reason",如果用西方语言表达这里的理智我宁愿使用"wit"一词。wit 是知识意义下的理智、智力、理解力、机智,Reason 与这里所说的理性接近,道理、理由、推断力,乃至通情达理、良知等含义。而 Rationality 有合理性、通情达理意,但会让人联想到西方的唯理论与理性主义,故而不用。

我是在梁漱溟先生的理的意义上,使用理智与理性。梁漱溟先生认为,宇宙间的理,粗分有两种,一是情理,一是物理。情理出于人性好恶,偏于主观;物理存于事物,经人考验出来,偏于客观。"辨察物理靠理智,体认情理靠理性。……大抵理智要冷静才得尽其用,这就必须摒抑一切感情;而理性则离好恶即无可见。"[①]当我们将儒学视为知识系统、视为外在对象进行研究时,当然要摒弃主观好恶,纯用理智。

理智相当于佛家的量智,是量度、推度、分析、综合等研究中的技巧与方法,同时,理智又是排情感,拒主观,冷静的研究心态。用胡适的话说,就是"实验室的态度"。当代新儒家曾强烈地批判这种态度与方法,认为这是"理智一元"论,是"唯科学主义"。不过,当我们将儒学、道教、佛学、基督宗教等等当作外在知识系统、作为对象进行学术研究,而不是作为信仰对象时,"理智"是有效,"实验室里的态度"也是可取的。在具体学术研究中,我有几点体会,提出来,供大家批评指正:

第一,问题意识:任何一项研究都有研究者所要达成的宗旨,即我为什么要做这项研究,这项研究与整体学术规划是什么关系?我想通过这项研究

---

① 梁漱溟:《梁漱溟全集》第二卷,山东人民出版社 1990 年版,第 186 页。

实现何种目标。如果在研究中有先入之见的话，这是我所理解的研究的先入之见或韩非所说的"前识"。九十年代，我从事牟宗三哲学研究，是因为意识到牟宗三是儒学研究工作者必须跨越的一座高山，所以许多人说牟宗三可以超越而不绕过。通过研究牟宗三，可以了解当代最富有原创性思想家的儒学研究成果，这是就自己的研究宗趣。牟宗三毕竟是个案，必须对整个新儒家群体有通盘的了解才能更好地理解牟宗三，这就有《当代新儒家引论》之写作。只有对百余年来的中国文化的大动脉有比较清晰地了解才能真正看清当代新儒家诸君子之用心与四面作战中的坚韧、卓绝，这就需要了解整个中国近现代思想的变迁。

第二，善借他山之石。强化我们的思考力度有两种方法：一印度佛学，尤其是大乘佛学，一是西方哲学尤其德国为代表的西方古典哲学。而强化我们的思考力度不能借助中国禅宗，禅，只给你结果，不给你过程，一部《论语》给你是孔子及门弟子的思想结果，而不是思维过程。作为学术研究，我们一定要知其思考过程，不能仅仅知道结果。华严、天台、尤其唯识，这些高僧大德反复告诉我们思辨的过程，康德、黑格尔等西方先哲将其著作就是其思想体系，也将思考逻辑过程尽可能告诉我们。不过，无论西方哲学也好，还是印度佛法也罢，都不是我们解析问题的框架，用徐复观先生的话说是磨砺我们大脑的砥石。如果将我们大脑比喻为刀，而由印度传入的佛学理论与西方传入的哲学理论就是砥石，借助这两种他山之石将我们把刀磨得更加锋利，再用这刀来解析中国的文献史料。如果将印度佛学理论，或西方的哲学理论视为框架、套子，到中国文献中去寻找与之相应的材料，那样的话，中国文化死矣！

第三，文献学路向。有一次，到孟祥才老师家里去，与他聊天。他说，搞哲学都是空对空，孟老师所说的空对空就是从概念到概念，空谈义理，没有实据。丁冠之老师是历史出身，但所做的研究则是中国哲学。他常说，研究中国哲学史的有两类，一是学历史出身，一是学哲学出身。学历史的要多了解哲学，学哲学的要多了解历史。孟、丁两位老师的话一直提醒自己，让自己的学术研究尽量避免空对空，从概念到概念，从义理到义理，努力做到有一分材料说一分话，没有材料不说话，一切归于证据。在这点上，我认为五四时期胡适等人"拿证据来"、"疑而后信"、"考而后信"等主张是有道理的。

第四，考其原委。哲学史的研究、儒学研究不是史料的堆砌。文献学的路子、经典主义的研究方式并不意味着将史料排列组合后就万事大吉。如果那样，充其量不过文献工作者而已。利用文献、分析文献、综合比较文献，在复杂的文献中找出前人为什么这样说？此处说与彼处说有什么不同？这种不同是怎样造成的？一个思想家的思想有无变化，如果说有变化，是怎样变化的？考其原委，察其流变是研究者的基本任务。

第五，辨其得失。史料辨析、义理梳理、委原省察等等旨在知前人之得失。自司马迁始，大凡历史学者写史都有自己的感慨，有自己的见底，这些见底有的人明言，有的人喜欢隐而不发罢了。王船山的《读通鉴论》就是哲学家视野下表达"史见"的代表作，蒲松龄写《聊斋志异》，不少篇章结束后要写上一段"异史氏曰"，这是蒲氏得失之见。孟子所谓知人论世就是这个意思。当然辨析得失有两个坐标：一是历史坐标，即古人当下生活场域所提供的时空坐标，一是研究者生存、生活的场域所提供的时空坐标，这是研究者审视问题的坐标。前者需要我们超越时间，回到古人那里去，后者需要古人穿越时空隧道，来到今天。在古人坐标体系下，看其对前人贡献了什么？在今人的坐标体系下，看其当代价值与意义。

三、理性：传儒家之学，延华夏慧命

我说过，儒家不仅是套知识系统、历史的陈迹，同时，它也是信仰系统，价值系统，是我们生活方式与精神家园。所谓"里仁为美"就是我们生活于仁的精神境界中就是美的活法，所谓"居仁由义"，所谓"由仁义行，非行仁义也"都在彰显儒家文化的信仰意义。

当然，儒家的信仰系统不同基督教信仰。基督教是"因信称义"，信就是义，不信没有义，这里义无关乎理性，也没有理性。理解要信，不理解还是要信，只是信而已，不需理解。上帝七日造世说、全知无能说、耶稣死后复活说等等何人能为理智理解，耶稣用两条小鱼，五个小饼，让五千人吃饱，不乘船在红海上行走等等，你越有理性，你越用理智，就越加不可思议。基督教信当然不是理性的信，而是盲信；儒家是因义而信，由理性而通信仰，而基督教甚至无法由信仰而通理性。

在研究的意义上，众生平等，诸法一如。孔子、墨子、老子、孙子、孟子、庄子、惠子、公孙龙子、邹子、荀子乃至释迦、耶稣等等，无高低，无贵贱，无中外，无古今，一切如量。儒学、墨学、道家与道教、佛教、基督教、伊斯兰教、犹太教、印度教、日本神道教等等，皆是知识系统，不是信仰的对象。因而研究力求做到客观、公正、冷静、理智。

如果问：我们研究是为了什么？如研究儒学是为了什么？不同的人会有不同的答案。可能有种种答案，但所有答案不外三个类型：一是兴趣，纯粹为了某种学术兴趣，就是为了弄清儒学这一历史现象的来龙去脉，弄清它是怎样会事,是怎样发展到今天这个样子的。二是研究儒学是为批判儒学,铲除儒学,为西方学说让出空间与时间,五四时期许多文化激进主义者如陈独秀、胡适、鲁迅、吴稚晖乃至保守基督教传教士等就是这个目的。三是研究儒学是为传承儒学、发展儒学,梁漱溟、熊十力乃至海外新儒家等就是这种情况。

当然,我们不仅不反对纯客观的研究,而且认为这种研究是十分必要的。但一涉及人文领域,对任何学说的纯客观研究都是很难做到的,因而只有相对的价值中立,不存在绝对的价值中立。即使治汉学的乾嘉人物也无法做到章太炎所谓的"断情感"。如果章太炎先生果真做到了"断情感",他就不会与梁启超等康门弟子在《时务报》馆大打出手了。

不过,借研究之名否定儒学的时代暂时结束了,还有少数坚持这样做,但已不是主流话语。因而,我们今天可能会透过儒学研究去传承儒学、光大儒学,为建设中华民族的精神家园服务。在传承儒学、发展儒学的意义,仅仅做到价值中立、理智一元、科学主义是够的,它要求由理智走向超理智,回到理性。因为在当今世界是一个全球化不断加速的时代,在这个小小的地球村落里,已经成为各种文化的角逐场。现代传媒已将文化保守主义者所设定所有界限、壁垒完全冲垮,为文化征服者提供了最有力的武器!在全球化的背景下,中华文化尤其是儒学如果还有必要存在下去的话,作为炎黄子孙,作为伟大文化的传人,必须有所行动,这个行动就是自觉的担当!担当儒学传承的使命。

传承儒学,仅有理智的态度是不够,因为理智是一切如量,孔子、老子、墨子、释迦、耶稣等等平等一如。在平等一如、无党无偏的意义上,只是研究,没有传承;只有评判,没有发展;只是置定于外,没有生命的内化;只有知识的累积,没有人格提升与长养!一句话只能对象化,不能内在化。

传承儒学,需要由理智走向理性。理性不仅不"断情感",而且必然有好恶。梁漱溟先生指出:"所谓理性,是指吾人所有平静通达的心理。"当然,理性与理智不是矛盾的、冲突的,而是相辅相成的。理性是对理智的超越,理智断情感,理性离情感则无所见。在信仰的意义上,我们要用理性超克理智。我们曾指出:儒家的信仰不是盲目的信仰,而是理性的信仰,人文教意义上的信仰,终极成德意义上的信仰,故而儒家没有天堂地狱,也没有净土世界与六道轮回,只是父慈子孝,乐善不倦,居仁由义,由仁义行,非行仁义。当然只有理智构不成"信",但没有理智则是盲信,由理智走向超理智回归理性,是儒家信仰的真谛。

在全球化的背景下,任何一种文化体系如果没有一批贞定之士起而自觉担当,有意识地传承,这种文化必然会被外来的文化冲击地七零八落,最终没有自己。传承儒学,延续华夏慧命,是当代儒者的天职,也是儒者使命。

伟大民族的复兴必然伴随着伟大文化的复兴。如果中国文化果真够复兴，最理想的状态当如先秦然，儒、墨、道、法等百家齐唱，健全互动。这场文化的复兴可造就新马列、新儒家、新道家、新墨家、新法家甚至新佛学、新基督，这是儒家所向往的"各正性命，保合太和，乃利贞"，这是中国文化理想境地。但作为中国最富根源意义的文化系统，作为中国文化的主体，儒学在中国的复兴会成为新道家、新墨学乃至新佛学、新基督复兴的重要支撑。

21世纪儒学的传承与发展，不同于20世纪。20世纪是儒学大起大落、大开大合的世纪，21世纪是儒学全面复苏的世纪。20世纪儒家的信仰系统与知识体系可谓全面崩解，赖梁漱溟、熊十力、钱穆、唐君毅、牟宗三等三五先生之力而命不绝于一线。如果20世纪的儒学问题是存亡绝续问题、保命问题的话，那么21世纪儒学问题则是"游魂附体"的问题，是怎样传承、如何发展的问题。

21世纪儒学的传承与发展在学术界很可能不是再以出现梁漱溟、熊十力等三五先生为标志，而是在不同学术中心形成为数的众多"儒者群"为标志，北京、山东、武汉、广州、上海、杭州、深圳、山西、兰州、成都等等地方已经储备了相当数量的儒学学术人才，而"儒者群"在这些地方的出现可谓呼之欲出。20世纪是超强学术大师独步天下的时代，21世纪则很可能是几位乃至十几位学者构成的学术中心乃至带有不同思想特质的或区域化特征儒家学术学派。

21世纪儒学的传承与发展主要力量来自民间，"民间儒士"的形成与崛起很可能会成为儒学复苏的主要支撑力量。"民间儒士"在今天已经显现出相当的生命力和能量，他们在北京、曲阜、深圳、山西等地都在从事着自己默默耕耘的工作并以信仰为支撑从事着儒学复兴的事业！儒学民间化、大众化、生活化、草根化，儒学才能获取力量源泉，才能持久复苏。

在这个意义上，我们主张精英儒学关注民间儒学的发展，民间儒学倾听来自儒学精英们的声音，造就21世纪精英儒学与民间儒学互动的新格局。

21世纪儒学必须面对21世纪的问题。在这个意义上，我提倡儒学与当代社会的双向审视、双向批判，实现双向互动。

儒学的传承，既需要坐而论道，更需要起而行动。儒学能否传承重在力行。《中庸》有言："力行近乎仁，好学近乎智，知耻近乎勇。"力行善道，好为己之学，知儒门不昌之耻，吾辈有责焉。

梁漱溟先生曾言："理智、理性各有其所认识之理。理智静以观物，其所得者可云'物理'，是夹杂一毫感情（主观好恶）不得的。理性反之，要以无私感情为中心，即从不自欺其好恶而为判断焉。其所者可云'情理'。"[①]他的正

---

① 梁漱溟：《梁漱溟全集》第三卷，山东人民出版社1990年版，第603页。

义感为例,即是理性,就是对某一正义行为的拥护之情和对非正义嫌恶之情。学术研究当然是理智,无论是孔子,还是耶稣,是老子,还是释迦,是当是,非当非,没有个人主观好恶,只是如理如是呈现。然而,儒学传承有情感投入,有担当意识。理智与理性二者关系如何?梁漱溟先生曾言:"世俗但见人类理智之优越,辄认以为人类特征之所在。而不知理性为体,理智为用,体者本也,用者末也"。① 如果套用到儒学研究与儒学传承上说,吾人曰:儒学传承是体,儒学研究是用,儒学传承是本,儒学研究是末。一句话,儒学研究是为光大儒学服务的,是为传承儒学服务的,是为发展儒学服务的。

  以理性传承儒学,并不是说没有批判意识与反省精神,儒学之所以为儒学,儒家之所以异于他者,何也?自我批判意识与反省精神是也。儒家为理性信仰而非盲目信仰者,何也?在于与其他文化、宗教相处相与中,既有"自美其美,美人之美"之自信与涵养,又有"自恶其恶,恶人之恶"的省察与觉识。这是我们所说的儒学传承的真义。

---

① 梁漱溟:《梁漱溟全集》第三卷,山东人民出版社1990年版,第606页。

生活儒学的基本观念

◇ 黄玉顺

摘　要："生活儒学"作为儒学的一种当代形态,是对孔孟之后的传统儒学"形上→形下"思维模式的超越,而回归于孔孟儒学的"仁爱→性体→情欲"观念,从而展开人类全部观念的三个基本层级:无→有→万物(存在→形而上者→形而下者)。由此,"生活儒学"重新展现儒家的存在之思,重新揭示儒家的情感之维:存在即无、即诚、即仁。这就是说,存在即是生活,生活即是存在;而仁爱是生活存在的原初显现,故是所有一切的大本大源。唯其如此,儒学才能真正有效地切入当下的生活方式。

关 键 词：生活儒学、生活、存在、无、仁、形而上者、有、形而下者、万物

作者简介：黄玉顺,山东大学儒学高等研究院教授、博士生导师、学术委员会委员。主要研究领域：中国儒家哲学、中西比较哲学中儒学与现象学比较研究、中国伦理学与政治哲学。

非常高兴有这个机会到长白山书院来,讲一讲我的一些想法,跟大家交流。刚才鞠曦先生[①]谬奖,我还没达到那么高的水平。我希望这个会讲,不是我一个人在这儿说,特别是下午的讨论,通过互相的切磋,在座诸君也会对我有所帮助。这是我特别希望的一点。鞠曦先生给我的任务,叫我来讲三个上午,讲这么一些题目：生活儒学、中国正义论、儒教问题。

一、生活儒学的观念层级

生活儒学这么一个思想系统,我搞了这么些年,包括现在我们学界许多著名的教授、跟我关系比较好的朋友,他们私下会跟我说:"你干吗呀？搞些

---

* 此文是根据我于2009年7月28日—29日在长白山书院的讲座"生活儒学与现代性问题"第一部分的现场录音整理的,加上了三级标题、若干注释。

① 鞠曦(1952—　)，男，字白山，号时空散人，著名民间学者,长白山书院山长、安阳周易学院教授、吉林省周易学会常务理事、中华临床医学会理事、安阳周易研究会高级顾问、中国安阳贞元集团高级顾问、中国王屋山古文化学会顾问。

什么名堂？看不懂呢！"我会跟他们讲：可能这里面存在着观念层级的错位。同样，今天我来讲这个话题——关于生活儒学的话题，我猜想和预料，在座诸君也会产生这种不一定马上能理解的现象。但我想，另外一个方面，所谓"理解"，其实是相对而言的。我的一个最高追求，不是"理解"。其实，对于我们中国的文化，当你说到"理解"的时候，就是说你要根据某一种现成的理论去把握它。那么，这里问题就出来了：你根据什么理论呢？比如像刚才鞠曦先生所说的，假如你满脑子都是西方哲学，尤其是传统西方哲学那套东西的话，那么你在理解我的生活儒学的时候，肯定发生错位。

1. 传统思维模式：形上→形下

我们在理解孔子思想的时候，也面临这样的问题。我不知道大家读《论语》的时候是什么感受。学界通过《论语》来领会孔子的思想，大概有这么几种情况：

一种情况，有点像鞠曦先生刚才提到的，像黑格尔这种人，他哪里能读懂？他说：《论语》到底是什么玩意儿？它不是哲学，它就是一种道德箴言、道德教育嘛！这是一种理解，用今天的哲学话语来说就是：他把《论语》看作是很"形而下学"的东西。这是很多人的看法。包括我们现在很多中国人，也是这样看待孔子思想和《论语》的。包括现在一些著名的学者，其中有搞现象学的人，他们会振振有辞地说：孔子那里只有"小零钱"，没有"大钞票"。这是一种看法——"形而下学"的定位。

另外一种情况，近代"西学东渐"以来，有很多学者、搞哲学的人，他们参照西方哲学形而上学那套东西来解读《论语》。这时候，我们读到的孔子的形象，是一个哲学家，一个形而上学家。

这是两种对于《论语》的传统的理解，一个是形下学的，一个是形上学的。我现在是试图告诉大家，待我讲完了生活儒学以后，特别希望大家能理解：孔子不仅仅是一个纯粹的形下学家、道德家，也不仅仅是一个纯粹的形上学家、哲学家。孔子的伟大，就在于他思想的丰富的层级性，把我们整个人类全部观念所可能呈现的样式都涵盖了。

具体来讲，我举一个例子，比如《论语》里讲仁爱的"仁"字。在"西学东渐"、即西方哲学和科学传进来之前，大家理解孔子所说的这个"仁"，一般就把它定位为一个道德概念，就是从道德原则、道德要求来讲，一个人应该（"应该"是道德哲学里的一个最基本的范畴）去"爱人"或"仁民爱物"。这是传统的理解。而近代西方哲学、特别是科学传入以来，你会发现，学者们几十年来在致力于做一个工作——当然，到现在为止，从来没有成功过——那就是他们力图给整个《论语》里面的仁爱之"仁"下一个定义——科学的定义。结果搞去搞来,到现在为止,我不知道有谁下的某个定义是可以让人接受的。不仅如此,最后他们会感觉:孔子他老人家说话怎么这么自相矛盾呢?一会儿是这个意思,一会儿又是那个意思!其实这是因为他们的思想观念和孔子的思想观念是完全错位的。因为:科学是形下学,而且只是形下学中的一个门类而已。"定义"这个玩艺儿——逻辑的定义、科学的定义,用今天的哲学话语来说,是很"存在者化"的、很低级的东西。定义这个东西,实在不是什么好东西。定义意味着什么呢?就是把对象给固化了,搞死了。结果我们看到一个事实,就是:对于孔子讲的话,学者们几十年来百思不得其解,像他的学生所说的,"瞻之在前,忽焉在后"①,飘飘忽忽的,很难把握。其实,这正是他的妙处,就是:他不仅仅是在谈一个形下学层级上的观念,也不仅仅是在谈一个形上学层级上的什么本体范畴。在整个《论语》的不同语境、不同语句中,"仁"这个词语不断地在不同的观念层级中流动、流淌,是活生生、活泼泼的思想。

而且,我今天特别想告诉大家的是:两千年来,不管是在中国、还是在西方,人类形成了一种思维模式,引用《易传》的一句话说,"形而上者谓之道,形而下者谓之器"②,就是"形上—形下"的模式。整个过去两千年来的所有学者,不管是哲学家、还是科学家等等,只会这么思考问题,那就是:世界万物都是相对的存在者、相对物,都是"形而下者",或者是老子讲的"万物";而它们背后有一个绝对的存在者、绝对物,一个"形而上者"。这种思维模式是从人类理性觉醒的那个时代——轴心时代开始的,西方的古希腊哲学时代、中国的百家争鸣时代,还有印度的佛陀时代都是这样,人类开始追问:万物是从哪来的呢?就像一个小孩子的问题:这些东西都是从哪来的呢?于是人类开始进入形而上学的思考,要为世界万物、众多的相对的存在者找一个终极的根据。在西方哲学史上,那是古希腊哲学那一段,叫做"拯救现象运动",就是追问林林总总的现象,它们是怎么可能的,有什么本质的根据,找到一个唯一的绝对的存在者。

对于这个存在者,有两种把握方式:一种是哲学上所讲的"本体";另外一种是宗教神学意义上的上帝、God,或者"老天爷"啊什么的。过去的思想者找到了这么两种类型的终极的形而上者:一种是理性的形而上者,一种是神性的形而上者。这么一种思维模式,两千年来一直在控制着我们人类的思考方式,直到今天,绝大多数的学者也只会这样思考问题。所以,他们在读《论语》的时候,或读一些原典的时候,就会产生困惑。

---

① 《论语·子罕》,《十三经注疏》本,中华书局 1980 年影印本。下所引《论语》皆为此版本。
② 《周易·系辞上传》,《十三经注疏》本,中华书局 1980 年影印本。

当然，孔子、《论语》确实讲到了这么两个层级的东西；但并不是仅此而已，远远不止于此，还有真正的大本大源，那是两千年来被遮蔽了的。我现在做生活儒学，就是企图、特别向往把这么一个两千年来被遮蔽了的思想观念的层级、孔孟之道里面的这么一个固有的观念层级，重新分析出来。这就是我的一个基本意图。

那么，我为什么要做这个工作呢？因为不管是一个形而上者，还是一个形而下者，当你把它固定化——我们今天哲学上把这叫做"存在者化"、"实体化"——以后，当你这样去思考问题的时候，我们的生活、我们的生存、我们的世界就完全丧失了可能性，儒学也完全丧失了可能性。为什么呢？因为但凡你谈到一个既有的现存的固定的存在者，不管它是上帝也好、本体也好，还是科学定义的一个对象也好，既然它已然是一个既存的东西，它就只好如此了。从亚里士多德开始，它就是一个"所是"，一个"本质"，被固定化了。其实，孔子、儒家的本源的观念，想说的恰恰是什么呢？就是：这些被固定化的物，管它是形上物、还是形下物，这些存在者，它们本身是如何被给出的？它们的本源是什么？为什么会有上帝呢？为什么会有本体呢？这才是一种最根本的发问方式。过去的发问方式，人们问：为什么会有万物呢？然后我们去寻找它们背后的终极本质、终极根据，结果是找到一个形而上者。而 20 世纪以来的思想前沿——世界思想的前沿，却是进一步追问：存在者何以可能？包括形而上者是何以可能的？

2. 孔孟思想方法：仁爱→性体→情欲

就儒学来讲，孔子以后，正是在这种本源观念上，通过子思、孟子的"思孟学派"，我们逐渐建构了中国的形上学、儒家的形上学，具体来讲就是心性论，这是后来儒家两千年来的正宗思想。但是，汉代以后的儒家形上学的哲学建构，和孔孟、思孟是根本不同的。不同在什么地方呢？就在于：思孟以后、汉代以来的儒家心性论形上学，用今天的话来说，遗忘了存在本身，遗忘了真正的大本大源。他们一上来就设定了一个终极存在者、一个本体，然后用这个本体来解释一切。于是就形成了我刚才说的那种思维模式。但是，在孔子、孟子那里，还有更加本源的思考：心性本体是何以可能的？

我举一个具体的例子。在两千年来的形上学思考模式下，人们完全不能理解孟子的一个重要的思想。

人们认为，儒家建构本体论、形上学，就是确定至善之性为本体。就是说，它是一个绝对的存在者，一个形而上者，是用以说明世界万物何以可能的一个终极存在者。用《中庸》的话来说，就是"诚"。"诚者天之道"[①]，一般意义

[①] 《礼记·中庸》，《十三经注疏》本，中华书局 1980 年影印本。下引《礼记》皆为此版本。

上的"形而上者谓之道",就是这个形上本体。按照这样的理解,没有这个"诚",没有这个心性本体,世界就不存在,一切都不存在。这实际上是中西相通的一个思维模式:我们用一个终极的存在者来解释形下的万物是怎么可能的。只不过不同的学派、不同的哲学家所找到的形上的东西可能会有具体的不同。比如耶教找到上帝,然后上帝给出一切、创造世界等等。哲学当然就是从一个本体出发,重新把世界给出来。这是哲学的基本的思考方式。那么,在儒学心性论思想当中,本体就是心性、至善之性。我们要注意的是什么呢?它有两重意义:

第一重意义:它是本体——世界的本体,万物之存在的终极根据。在这个意义上,今天哲学把它叫做"绝对主体"。主体是能动的。绝对主体是什么意思呢?就是说,其他的东西在它面前都是受动的、被动的,而它本身不可能是被动的,它是绝对能动的。不管思考本体也好、上帝也好,反正就是这么回事。过去学界对于孔孟思想的理解不过如此,仿佛孔子、孟子有一天突发奇想,一下子悟到了这么一个东西——这个世界的本体。

第二:这么一个本体,它会落实在每个个体的身上,这就不再是一个绝对主体,而是一个相对主体,就是你我他、张三李四等等相对的主体。每一个相对主体,天然地、天赋地具有、分有了绝对主体的本质,所以每个人的本性是至善的。但是在经验生活当中,你这种本性会被遮蔽、被习染,用孟子的话说,就是良心本体被"茅塞"①,于是我们要做教化的工作,就是"顿开茅塞",把遮蔽物揭开,让本体重新明朗起来。还有荀子的一种说法,叫做"物蔽"②,就是被外物所遮蔽,于是荀子有一篇很著名的《解蔽》。"解蔽"成了今天哲学界、包括西方哲学研究界常用的一个词语,或者叫做"去蔽",就是把良心本体上面遮蔽的东西解开,使之重新明朗起来——"enlighten"。

过去的思考到此为止。但实际上,如果你具有今天的前沿观念,就能够理解,孔孟那里还有一层思想,真是被遮蔽了两千年,那就是我刚才所讲的大本大源。我现在举一个很具体的例子。孟子有一次跟他的学生有一段很著名的对话。学生问他:怪了,我们大家都是人,为什么有人成了小人,有人成了大人、君子呢?这是怎么回事?孟子解释:"从其大体为大人,从其小体为小人。"③这就是说,你这个人,在你的经验生活中老是跟着感觉走,你就会成为小人。"小体"是说的五官感觉,就是指向外物的感觉——指向外在俗物的

---

① 《孟子·尽心下》,《十三经注疏》本,中华书局1980年影印本。下引《孟子》皆用此版本。
② 《荀子·解蔽》,王先谦《荀子集解》本,《诸子集成》本,中华书局1957年版。
③ 《孟子·告子上》。

东西、向外逐物的东西。我记得前些年有一个很流行的口号:"跟着感觉走。"好像还有一首歌。那是很危险的,是"从其小体"。举个例子来说,假定你是银行的出纳员,你所接触到的外物,最多的就是钱——很诱人的钞票,它会打动你。"人生而静,感于物而动"①嘛,"感动"这个词语就是这样来的。大把大把的钞票,令你怦然心动,你跟着感觉走,就很危险了。所以孟子说,首先要"从其大体"。"大体"就是我们刚才讲的心性本体。你要跟着这个走,这时,看到大把的钞票、看到诱人的美色的时候,"反身而诚"②,赶紧想想你的本体,要不然的话,你就没有定力,定不住。这是回到本体上去。但是,孟子进一步讲:这个本体又是怎么确立起来的呢?这个维度的思考,是过去长期被遗忘了的。

　　孟子有一个很重要的命题:"先立乎其大者。"③这就是说,心性本体是需要被确立起来的。而这么一个层级的思考,后来一直被遗忘了。人们总觉得,良心本体本来就在那儿嘛,后来被遮蔽了嘛。孟子其实不是这个意思。本体这样的形而上者,它本身也是存在者,在轴心期的最本源的孔孟思想当中,和在我们当今世界最前沿的思想中,都是相通的,就是说:所有存在者,不管是形上存在者、还是形下存在者,都是被生成的、被给出的。本体也是如此。包括神性的本体,面对上帝,你可以追问他。对于一个基督徒来说,不允许这样的追问;而我们可以追问:上帝何来?你是怎么搞出上帝这个玩艺儿来的呢?因为上帝是一个存在者,而我们要问的是"存在者何以可能"。孟子讲得很明确:"先立乎其大者。"

　　怎么"立"这个"大者"呢?孟子另外有一段很著名的论述。他说,其实本来无所谓良心不良心、无所谓本体不本体、无所谓善性不善性,性体其实是被确立起来的,是哲学形上学的一种建构。真正的生活情境是什么呢?他举了一个例子:不管你这个人是好人、是坏人,只要你还是个人,还没有沦为禽兽,那么,"今人乍见孺子将入于井,莫不有怵惕恻隐之心"④。这是一个非常著名的例子:只要你还是个人,那么,你看到小孩快掉到井里了,那多危险啊,你心里必定"咯噔"一下,怵惕恻隐——你甚至有一种恐惧感(不是为自己的安危恐惧,而是为孩子的安危恐惧),进而产生一种强烈的同情感、恻隐感。然后呢,你肯定是不假思索地行动。后来孟子还讲了几句,意思是说,这一切

---

① 朱熹:《诗集传·序》,上海古籍出版社1980年版。
② 《孟子·尽心上》。
③ 《孟子·告子上》。
④ 《孟子·公孙丑上》。

跟你的思考没关系,跟你和他父母的交情没关系,跟记者是否要来采访没关系,你也来不及想这些问题,这就是一刹那的情感显现。孟子、孔子、儒家,他们真正的、最本源的观点在这里,就是说,什么本体啊、人性啊等等,所有存在者化的东西,都是如此生成的。在这一刹那间,你才真正成其为一个人;在这之前无所谓本心、良心什么的,也来不及讲什么道德。一切都由此开始。所以孟子接下来说,这是"火之始燃,泉之始达"①。所以,回到刚才的话题,在孟子看来,心性本体、世界本体是怎么被确立起来的?是怎么被设定的?他讲:"扩而充之"②。这就是说,这一刹那的最本真的情感显现,你赶紧把它把握住,再"扩充"它:把这么一种最本真的情感提升为,或确立为世界的本体,儒学把它称作"性"——人性的"性"。当我们人类进入轴心期、理性觉醒的时代以后,这种"扩充"就是"性"的确立过程。这个"性"既是世界的本体,也是"我"的本体。

3. 观念奠基层级:无→有→万物

你会发现,我这样重新解释一番孔孟儒学,就跟传统的讲法有很大的区别。我简单做一个图示:

形而下者
↑
形而上者

这是传统思想的思考模式。传统思想的思考模式是什么呢?是说世界上的万物是从哪里来的。我们人类个体也是这样的,小孩子从懵懂无知的时候就老问他妈:"我是哪来的?""你又是从哪来的?"他都是在问"存在者何以可能"的问题。他母亲会因为受到了一种教育,比如是一个基督徒,她会说:"我哪来的?你哪来的?很简单,都是上帝创造的啊。上帝创造了亚当啊,又用他的肋骨造出一个女人出来啊。"诸如此类。这样一种回答就是:一个唯一绝对的终极存在者给出众多相对的存在者——世界万物。这就是全部哲学和神学的思考方式,古今中外,概莫能外,我们今天把它叫做"形而上学"的思想方式。

而我刚才做了进一步的思想清理,是想告诉大家:在孔孟那里,也包括在我们当今世界最前沿的思想当中,还有一个观念层级。这个层级是什么呢?我现在先引用一下老子的说法,一下就明白了。老子有一个很著名的论

---

① 《孟子·公孙丑上》。
② 《孟子·公孙丑上》。

断,可以把全部的《老子》思想囊括进去:"天下万物生于有,有生于无。"①
图示:

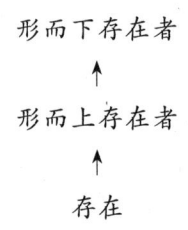

$$形而下存在者 \\ \uparrow \\ 形而上存在者 \\ \uparrow \\ 存在$$

我们用老子的话语来说,这儿(形而下存在者)是"万物",这儿(形而上存在者)是"有",这儿(存在)是"无"。

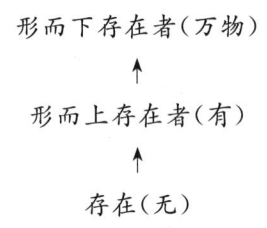

$$形而下存在者(万物) \\ \uparrow \\ 形而上存在者(有) \\ \uparrow \\ 存在(无)$$

但大家要注意,我们说的"无",不是佛教说的"空";所谓"无",是最真切的"存在"。至于"有"也是一种"物",可以叫做"唯物"(唯一之物);而"万物"也是一种"有",可以叫做"万有"(比如牛顿的"万有引力")。那么,有和无是怎么区分的呢?就"有"来看,不管是形而上者还是形而下者,它们有一个共同点,就是都是存在者,或者用通俗的话讲,是存在着的一个"东西"。我们常说某个人"不是个好东西",其实人就是个东西,只不过他有时是个好东西,有时是个坏东西。人是一个主体性存在者;主体性存在者之外的,就是对象性存在者。总而言之,这两个层级上的都是存在者。这就是传统的思考方式的全部的基本架构。

今天哲学界最前沿的思考则是这样的问题:存在者何以可能?这个问题怎么回答呢?我刚才问这个问题的问法,其实本身已经给出了答案,你不可能有其他的回答方式。存在者何以可能?如果按传统的思考方式,我们问:这个人是从哪来的?他妈生的呗!但是他妈也是一个存在者啊。那么这个小孩子又接着问:妈又是从哪里来的呢?姥姥生的呗!这也是一个存在者啊。那么姥姥又是从哪里来的呢?这样无穷倒退,最后倒退到一个形而上者,但还是一个存在者,还是没有回答问题。真正要回答这个问题,你给出

---

① 《老子》第四十章,《老子道德经注》本,《诸子集成》本,中华书局1957年版。下引《老子》皆为此版本。

的答案一定不能是一个存在者,那才可能回答这个问题。这就是20世纪哲学界最前沿的一个问题,用中国话语来说:"物是何以可能的?"老子有回答,孔子也有回答,道家和儒家在观念的层级上是一一对应的、完全相通的,只不过他们之间有一个很大的、根本的区别,这个问题待会儿再说。先说共同点。存在者何以可能?如果你不想陷入那种无穷倒退、退到最后还是一个存在者的话,你就只能有一个回答方式:一个存在者之所以成其为一个存在者,是因为它存在。这就是20世纪哲学所思考的根本问题:存在。这其实也是孔孟老庄思考的一个根本问题:这不只是西方的问题,中国人也从来就在思考存在的问题。

二、生活儒学的存在观念

那么,"存在"为什么是"无"呢?因为那是"无物存在"——还没有任何存在者存在的存在本身。很多学者觉得我的生活儒学的思想非常难理解,这是一个重要方面。我们两千年来所习惯的思考方式,西方、中国都是这样,已经固定化了、凝固化了,我们只会"思有",不会"思无"了。

1. 在:无

当然,很多学者研究道家哲学,也会大谈"无"。但是,他们所理解的"无"是不对的,不是老子讲的"无"。我觉得非常有必要作一下解释:很多学者所说的"无",不是我所说的"无",也不是老子所说的"无",不是孔子所说的"空空如也"那样的"无"[①]。那么,他们讲的是什么"无"呢?我举一个西方哲学家的例子,这个人是我们中国人非常熟悉的,因为马克思是他的学生。他就是黑格尔。我不知道诸位对黑格尔是否了解?应该多多少少是了解的吧。中国人对黑格尔是比较了解的。

黑格尔的著作《哲学全书》由三个部分构成:逻辑学、自然哲学、精神哲学。这个构造的意思:自然哲学是讲的整个自然界——自然万物是何以可能的,他重新把它们给出来——辩证逻辑地给出来;精神哲学是讲的人类社会、包括精神、思维——精神生活是怎么可能的,它们还是万物,黑格尔把它们给出来;但是,它的第一个阶段——逻辑学,不是我们通常所说的逻辑学,而是纯粹的、思想概念的世界,这其实是从柏拉图那里来的,就是一个理念世界。整个自然界的"万物"和人类社会、精神生活的"万物",都是从辩证逻辑的概念世界中出来的。但是,概念世界仍然还是一个存在者的世界。黑格尔

[①] 《论语·子罕》。

"哲学全书"的真正开端,是《逻辑学》的第一部第一编第一章第一节,第一个范畴是什么?就是"有"。全部世界从此开始。但是,黑格尔在这一节里特意反复强调:这是一种纯粹的有,不是万有,而是唯一者;这个"纯有",就是"无"。[①] 很多学者对于老子的思想,就是完全按黑格尔这种方式来理解的,那就大错而特错了——完全错位了!黑格尔讲的"有"和"无"没有区分;黑格尔所说的"无"和"有",就是形而上者,实际上就是上帝。

那么,他为什么又把这叫做"无"呢?这很简单,因为:这个可以涵盖一切的存在者,乃是唯一绝对的存在者。什么叫做"绝对"呢?就是没有东西可以和它"相对",没有东西可以在它之外,它没有"对待"物。因此,这样的东西是不可定义的。用逻辑学的术语来讲,它是没有内涵的,所以是"无"。你没法给一个本体下定义。上帝是没法下定义的,哲学的本体范畴也是没法下定义的。这是因为,定义的格式就是:

被定义概念＝种差＋属(上位概念)

我举个最简单的例子。古希腊的逻辑很发达,他们有一个很著名的命题,是关于"人"的定义。人是怎样的东西?人是动物。但这不是定义,只是判断,仅仅给出了一个"上位概念"——"动物"。定义是什么呢?是说人这样一种动物,它和其他动物、或其他东西的本质区别在哪里。这种本质是只有人才有、其他动物没有的。古希腊的那个著名定义是:"人是无毛两足动物。"想想,真是这样的啊:除了人以外,还有什么动物是既无毛、又有两足的呢?这就是"种差",是人和其他动物的一个本质区别。这是一个很典型的例子。

那么,你再想想,如果我们所谈的是涵盖一切的一个形而上者,在它之外,再也没有什么东西了,这就是"绝对"。那么,显然,第一,它没有"种差",因为既然没有在它以外的东西存在,那么它跟谁相比较呢?没法比较。第二,它也没有"上位概念"——没有比它更大的概念。人是一种动物,"动物"是"人"的上位概念;但是如果它是涵盖万有、包含一切的本体,你哪里去找比它更大的概念呢?没有了。所以我们说,这个作为本体的存在者,它是没有内涵的。用我们平常的话来说就是:没法说它。一说它,它就是一个有限的东西了。但本体是一个无限的东西。人是一个有限的存在者,怎么可能去把握无限的存在者呢?痴心妄想,不可能!

但是,我特别想指出的是:这是西方哲学家黑格尔理解的纯有之"无",它不是我这里想说的中国儒家、道家的"无"。它也不是西方当今最前沿的思

[①] 黑格尔:《逻辑学》上卷,杨一之译本,商务印书馆1966年版。

想所谈的"无",今天谈的"无"不是存在者、没有存在者。这就是我想讲的我们今天哲学界最前沿的一个观念——存在。儒家、道家(其实西方也是一样的)在轴心时代哲学建构之前的最本真的观念就是这样的"存在",后来才开始建构关于存在者的形上学、形下学。

2. 诚:爱

下面我就讲儒家和道家的区别。其根本点是什么?就在于有没有孟子所讲的"恻隐之心"、"不忍之心"。① 此时此刻,不仅什么道德啊、本体啊,一切都不存在,而且根本无物存在。这时遇到一个孩子要掉进井里了,"怵惕恻隐之心"显现,此时此刻,你才成其为一个人,才成其为一个主体性存在者。换句话说,不是你先是一个人了,然后有"怵惕恻隐之心";真切的理解应该反过来,如果你不能爱,你就不是人。不能反过来说。后来形上学建构起来了,才说:只要你是人,你就有人的本性,就是至善的、仁爱的。其实这是"扩而充之"建构形而上学之后的思考方式。真正的仁爱是什么?不是"什么":它"不是东西",即不是一个存在者,不知"情为何物",因为那根本不是物。恰恰相反,儒家把仁爱这样的情感看作所有一切物的大本大源,形而下者、形而上者都是由此生成的。

这就是说,儒家所说的仁爱,先行于任何存在者。用《中庸》的话来讲,这就是"诚"②。我们过去对《中庸》的理解,仅仅注意到"诚者天之道"这么一层意思,并把它理解为一个形而上存在者。《中庸》里确实有这层意思;但《中庸》的本源的观念并不在这里。《中庸》讲:"诚者自诚也,而道自道也。"这里至少有两层意思。第一,"诚"不是被其他的东西给出的,而是"自成"的,这就不是形而下的东西;不是被其他东西给出的,就至少是一个形而上者。但形而上者也是一物,就像老子讲的"道之为物"③。第二,《中庸》还有进一步的表达,大家非常熟悉的,就是"诚"作为仁爱情感,是如何给出这些东西来的,有正、反两个方面的表达。负面的表达:"不诚无物"——如果没有仁爱这样的情感显现,就无物存在,不管它是形上之物还是形下之物。这也表明了"诚"或者"仁"本身不是物。还有一个正面的表达:"诚者,非自成己而已也,所以成物也。成己,仁也;成物,知也。"这就给出了"己"和"物"。"己"其实也是一种"物"。"己"和"物"的架构一出来,就把全部存在者之间的基本结构给出来了,这就是"主—客"架构。我们作为一个人,面对任何一个人或物的时候,

---

① 《孟子·公孙丑上》。下同。
② 《礼记·中庸》。下同。
③ 《老子》第二十一章。

我们作出善恶或真假的判断,这一切的一切,它们的全部的基本架构就是"主—客"架构。世界万物之所以可以被认知,可以被判断,可以被进行善与恶的处置等等,全部的观念架构的根基就是如此。而儒家想告诉我们的是:"主—客"架构是何以可能的?主体是一个存在者——是主体性的存在者,这就是"己";客体也是一个存在者——是对象性的存在者,这就是"物"。这就形成了"主—客"架构。从知识论的角度来说,是主体去认识客体,或从实践论的角度说,去改造客体,这是"主—客"架构;从价值论的角度来说,也是如此。价值论也好,伦理学也好,知识论也好,科学也好,其根基都是这个"主—客"架构。但《中庸》告诉我们的是最本源的思想——"不诚无物",就是说:这样的存在者之间的架构,是被仁爱这样的情感所给出的。所以,在儒家的思想当中,仁爱是真正的大本大源:一切你所能设想到的存在者,无不出于仁爱;甚至善恶之恶,都是出于仁爱的。我明天讲"正义论"时会讲到这个话题,这是一个非常重要的、也很棘手的理论问题。

3. 存在不是个东西

把我刚才所讲的小结一下。

两千年来,儒学界从思孟以后,陷入了一种哲学形而上学的思考方式,完全遗忘了"存在"或"无"这样一个问题,完全不会想,即使你想到了别人也觉得很难理解,不习惯。比如,现在经常有人问我:"存在是什么?"这个问法本身就有问题,因为你在我回答之前,就已经预先设定它为"什么"了,而"什么"就是一个存在者、一个东西。你怎么能这样来问我呢?我并没有说它是一个东西、一个存在者呀!存在不是个东西,这种思考方法非常非常困难。这又回到我开始说的那个我经常会遭遇到的尴尬。(这)确实很难理解,因为我们习惯了思考存在者——"思有",思考一个可以下定义、可以凝固化地把握的东西,而完全丧失了"思无"的可能性。

但是,20世纪以来的思想领域重新发现了非常本源的观念,促使我们回想起中国儒家也有这样的观念,甚至谈得更好。我原来看海德格尔的书,也觉得他谈得挺好,但后来仔细看,觉得他问题很大。我们儒家谈得比他更好、更透彻!

可惜现在的学者一看到"存在"就想起德语里的 Sein,就说这是"西化"的东西。稍事休息,我会讲我们中国人是怎么讲"存在"的。谢谢大家!(鼓掌)

三、生活儒学的情感观念

刚才有几位同学问了我一些问题,我想补充解释一下,再接着讲刚才的问题。

1. 本体之问

首先是关于本体的问题。

我刚才讲了,人类大约在公元前8世纪到公元前6世纪之间进入了轴心时期,这个时期的人的理性开始觉醒,开始思考一些根本问题。这时(他们)首先思考的是万物,即我们所面对的这些东西是怎么来的。这个思考方式就是两千年来基本的思考模式,但这个思考模式在我们今天的哲学思想前沿里已经不再是根本问题了,因为当你追溯到不管是神性的上帝、还是哲学上的理性的本体这种唯一绝对的形而上者时,你仍然还是在思考存在者的问题,没有回到存在。刚才我也提到,尽管有些学者在那大谈"无",如黑格尔,但它还是"有"——还是一个存在者。但是,我们今天的思想前沿——包括全世界的思想最前沿,也包括我的生活儒学的核心部分,都是在思考"存在"这个层面上的问题,而不再是本体的问题。乃至于在当今世界哲学思想前沿的某些研究者看来,甚至本体都是多余的、可以不要的。当然,这个观点我是不赞同的。比如后现代主义,他们要解构本体,不要它。对于儒家来讲,有两种态度:一种是把过去历史上曾经建构过的本体照搬过来;另一种是重建本体。我持后一立场。所以,我跟西方的后现代主义不同,他们是根本不要本体、主体,而我的提法是:重建本体,重建主体,重建形而上学。这个问题,明天再讲。

现在我换一个角度来谈这个问题。今天中国哲学界的很多人,由于受到西方哲学话语的强烈影响,于是我们看到,很多哲学方面的文章、著作、文本,但凡谈到"本体"概念的时候,一下就容易想到西方的本体论——ontology。"ontology"过去被翻译成"本体论",今天一般翻做"存在论"。这样一来,今天人们一看到文章里出现"存在",马上就想到"ontology"。这就错了,完全错了。我举个最简单的例子。全部宋明理学——正宗的中国哲学,它的核心问题之一,就是探讨"本体"与"工夫"的关系问题。这也就是说,本体这个玩意儿,是中国土生土长的。宋明理学可以分为三个方面:本体论、工夫论、境界论。这是中国固有的东西。所以,如果你一看到"本体",就以为那是西方的东西,那是你自己的错误。由于受到"西学东渐"的影响,容易产生这样的错觉。

2. 存在之思

我现在就来讲一下我们中国人是怎么思考"存在"问题的。这直接可以和西方的存在论做一个对应。我希望等我讲完了,大家有一个认同,就是:我们中国人——特别是孔孟,也包括老庄,在原创时代、轴心时代,对本体或存在的思考,可能远比西方哲学更加深刻、更加本真。我下面谈这个问题,会从训诂学的角度来谈——从文字、音韵、训诂的角度来谈,这样才有根据,可以避免造成那种感觉,仿佛还是像西方的东西。我从这个角度来谈一谈中国最本真的"存在"观念。谈完之后,我希望大家得到这样一种印象:第一,中国的原创时代,特别是孔孟,他们所讲的"存在",既不是形而上者,也不是形而下者,而是这一切的大本大源,本体也是由此给出来的;第二,特别是在儒家这里,存在就是仁爱。爱就在,不爱就不在。我想传达这个观念,这是和西方的思想完全不同的观念,这是儒家特有的东西,非常独特的。

(1) 在

我们中国人在先秦时代、甚至更早的时候,就创造了这么一个词语:"在"。这不是什么哲学词语,那时候还没有哲学呢! 这个词语经常在日常地使用着。比如我们问:"某大爷他还在不在啊?"当一个人在谈"在"这个词语的时候,他脑子里出现的是一种怎样的观念? 今天我们恐怕已经很难理解:当用到"在"、"存"或者"生"这些词语的时候,它们自然而然地带出了怎样一些事情? 中华民族的远古先民是怎么理解存在的?

关于这个"在"字,我们可以去查许慎的《说文解字》[①],它是我们中国第一本专门解释汉字的本义的书,尽管后来的一些文字学家会认为他有的地方可能讲错了,但基本上还是承认他讲的绝大部分是正确的。"在"字是怎么写的? 是两个字构成的:"才"和"土"。[②] 现在看不出那是"才"字了,这是由于汉字楷化了以后,很多字原来的形状看不出来了。

关于"在"字的结构,有两种解释:

一种解释是把它看作形声字,就是说它有两个不同意义的符号:一个是"土",是表示意义的符号,"在"字表示伟大的母亲——大地。我们人类——中国人、西方人都是这样——都有对大地的崇拜,我们生于斯,长于斯。另一个是声符"才",表示这个"在"字的读音。

另外一种解释,古代叫做"右文说",现在语言学界有更深入的研究,认为凡是一个形声字的声符,其实也是有意义的。这种具体的语言学知识,跟我们的话题没有直接关系,我只是告诉大家这一点:这是一个定论,不再仅仅把它看作是一个形声字,它具有会意的特征。

从这个角度来看,我们说:"才"是什么意思呢? 它是一个象形字,画的是草木刚刚发芽的样子,也就是"小荷才露尖尖角"的"才"。那么,大家想想:

---

① 许慎:《说文解字》,徐铉等校定本,中华书局1963年版。下引《说文解字》皆为此版本。
② 许慎:《说文解字·土部》。

当我们的远古先民在说一个东西"在"、一个人"在"的时候,他自然而然地想到的却是"草木生长在大地上"。这就是他的"存在"观念。比如我刚才问的"某大爷他还在不在啊",说的是人、不是草木;但是,我们仍然是用的一个说草木的"在",没有用另外的词。这就是说,这个草木初生的"才",在我们远古先民的观念里,不仅仅代表草木的存在;或者进一步说,这个"才"根本就不是说的草木的存在;或者再换一个说法,在当时的观念里,根本就没有后来的人和非人的区别。

这么一种区分,我们今天的哲学上看得很重大,叫做万物、"存在者领域"的划分,科学的根基从这儿开始。这个领域划分,在中国和在西方,都表现为范畴表。西方正式列出的第一张范畴表,是亚里士多德《工具论》的第一篇《范畴篇》,列出十大范畴,是对全部世界万物所做的一种最大的区分。① 当我们把亚里士多德的这篇文章 Categories 翻译成中文的时候,我们选择了一个汉语词语"范畴",它出自《尚书·洪范》,它讲述的是"洪范九畴",其中第一畴是"五行",其实就是中国的范畴表。② 我这儿顺便说一下,中国第一张范畴表就是"洪范九畴"的"五行",这是中国对世界的看法和(对万物)最大的划分。我特别想强调、也有专门的文章谈这个问题:"五行"——金、木、水、火、土,并不是说的五种物质、实体,比如说"金"并不是说的金属;这是一种"纯粹关系结构",是一种"五"的纯粹关系形式,没有任何实质内容。③ "洪范九畴"的后八畴表明,谈任何问题都是这个"五"的结构。这是一个时空连续统:时间上的春、夏、秋、冬的四时,空间上的东、西、南、北、中的五方。如图:

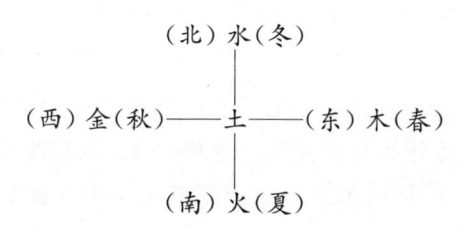

```
            (北)水(冬)
               │
(西)金(秋)——土——(东)木(春)
               │
            (南)火(夏)
```

中国人看世界,就是这样的时空统一,也就是这样一种"五"的纯粹关系。而西方,按亚里士多德的范畴表,他们理解的完全不同,"十大范畴"是说:这个世界全部是由实体构成的,这就是第一大范畴——实体;其他九大范畴,是非实体,全部都依附于实体。他们就这么去理解问题、看世界:实体和非实

---

① 亚里士多德:《工具论》,李匡武译本,广东人民出版社 1984 年版。
② 《尚书》,《十三经注疏》本,中华书局 1980 年影印本。
③ 黄玉顺:《儒家是如何从心性论推出伦理学的?——中国传统思维模式的一种探索》,《中州学刊》2004 年第 2 期。

体的关系。这就是中西的区分。

但是,我们对存在者、万物做出这样的区分,有一个前提,就是存在已经被存在者化了、物化了。面对林林总总的形而下的相对的存在者,(我们)去做区分、制定范畴表;后世根据这个范畴表,才能去描绘、言说这个世界。而我想说的是:在这个范畴表之前,无范畴,没有做这个区分,因为根本没有存在者存在,而只有存在本身的存在。对此,佛家有一种说法,叫做"无分别智"。庄子对此有一个说法,叫做"浑沌"[①]。"浑沌"不是贬义词,而是褒义词,是最高的境界,也可以说是最低的、最本真的境界,就是"无物存在"。此时此刻,没有草木存在,也没有人存在,因为人和草木"浑然一体",还没有成为被区分开来的物。我们中国人、我们的远古先民,一开始想到存在的时候,就没有把人和非人区分开,乃至于后来宋代的周敦颐也还有这样的本真领悟,当年他的院子里长野草了,他的学生要锄掉,他说:不要锄,这些野草"与自家意思一般"[②]。这表明他与草木亲密无间、没有区分,看到草木就跟看到亲人一样。这就叫做"浑沌",是非常本真的情境。

当一个人面对一个东西、一个人或者物的时候,最本真的境界是怎样的呢?他所面对的并不是一个对象——object,他面对的不是一个对象性存在者。很多时候,在某种本真的情感状态下,在爱的情境里,那是最本真的。

比如一个母亲,她当然会经常看着她的儿子,但她看她儿子和一个外人、比如说一个医生看她儿子的情形完全不同。医生看的时候,会"望闻问切"等等,看他是哪里出毛病了,这是认知性的、甚至很科学技术的行为;当妈的满怀深情地看儿子,并没有把他当一个对象去打量、去认知、去判断。当你去问一个母亲:"你为什么爱你的儿子呢?"她可能就会想:"是啊,这个家伙,我爱他什么地方呢?"然后开始打量儿子。这样一来,马上进入了"主—客"架构,儿子和母亲都被物化了,从本真状态中跌落出来了。这个时候没有爱,只有一个被认知、被研究的对象,比如,从外在看,这个儿子鼻子也长得不好看,眼睛也长得不好看,有什么可爱的呢?但母亲是不会想这个问题的,你向一个母亲问这样的问题,这本身就是很荒唐的。真正的爱是"无物"的。

反过来,儿子对母亲也是一样的。再举一个例子,有一次我去做一个报告,做完以后有一个听众站起来说:"黄先生,我特别能理解你。"我太高兴了,理解万岁嘛!但他接着说:"你对儒学有一种爱。所以,你是'儿不嫌母丑'。"

---

① 《庄子·应帝王》,《诸子集成》本,中华书局1957年版。下引《庄子》皆为此版本。
② 周敦颐:《周敦颐集》卷九,中华书局1990年版。

我当时就回答他说:"你这样说呢,有一定道理,但有一个误区。母亲怎么会是丑的呢?在儿子的眼中,母亲根本不存在美还是丑。"

再举一个例子,俗话说"情人眼里出西施",这话对不对?大错!我不知道在座的有没有体会:情人眼里既不出西施,也不出东施。情人"目中无人"。我说的"目中无人"的意思是:对于情人,你从来没有作为一个主体性存在者,把她作为一个对象性存在者来打量、研究:我爱她哪里呢?她脸上的比例是否符合黄金分割的原理呢?你不会分辨这些东西,想都不会想。反过来讲,一旦你对你的所爱进行对象化的打量、认知、研究的时候,至少此时此刻,爱已抽身而去。那就不再是本真状态了。

最本真的状态,就是"浑沌"。庄子讲的"浑沌之死",大家可能很熟悉吧?"南海之帝为儵,北海之帝为忽,中央之帝为浑沌。"①人们没有深入考究过这个问题,其实它包含着一个我们当今哲学思想最前沿的问题,就是:这个北方之帝、南方之帝,儵也好、忽也好,都是存在者化的东西,是处在非本真的状态;但它们原来是出自本真状态的——是浑沌给出来的;而且偶尔会回到浑沌那里去,"儵与忽时相与遇于浑沌之地,浑沌待之甚善"——浑沌对他们很好,那是啊,那是他们母亲啊。这一天,他们又回到浑沌那去了。回到浑沌,意味着:有区分的儵与忽不复存在,他们本来就是浑沌。那天他们回来了,要报恩,怎么报呢?儵与忽都已经转成了人样——主体性存在者、人模狗样的,都有七窍。他们就想:我们也给浑沌凿出七窍吧!把它也搞出一个人模狗样来。这一点大家特别要注意:他们要把浑沌变成人的样子——凿七窍,在哲学意义上,这就是赋予主体性。赋予主体性,那就不再是本真的浑沌,它就是一个存在者了,真正的浑沌就死掉了。这就是浑沌之死。这里面的哲理很深奥,就不再讲了。我再讲讲"儵忽"吧。"儵"也可以写做"倏"。"倏"和"忽"合起来,是一个联绵词"倏忽",这两个字就不能拆开来讲了。比如"蜘蛛","蜘"是什么东西?不能拆开讲。从语言学上讲,联绵词的两个音节只表示了一个词素。但是庄子故意把它们拆开了,以揭示"浑沌之死"。"倏忽"这个词,本来讲的是时间上的一刹那,其实根本不是时间,而是前时间的"无间"性。根本没有时间,没有任何东西存在,那就是"倏忽"。然后把它拆开了,它就成了人模狗样的"北方之帝"、"南方之帝"两个主体,离开了"浑沌"的本真境界、大本大源。这也是今天哲学上的一个最前沿的课题——时间性问题:时间何以可能?我今天当然不是讲这个(问题)的,只是顺便提一下。

---

① 《庄子·应帝王》。下同。

当我们说人"在"、不"在"的时候,我们说草木"在"、不"在",因为人和草木共同存在,没有区分,我们和草木本来就是一家的,这就是最本真的一种境界。由此可以看出,中国人和西方人在最初理解把握"存在"观念的时候,有共同点,就是"无物存在";但是有区别,中国人尤其有着对草木的亲近感。我举我儿子小时候的例子。城市里面很不容易看到野草,有一次他爷爷从幼儿园把他接回家的时候,他发现路边墙角长了一棵小草出来,他就非要绕过去,用脚去亲近一下小草(因为手被牵着),但是当时赶时间回家吃饭,他爷爷就把他拉走,他没有亲近成,结果回来就不吃饭,一直哭,最后大人没办法,只好又把他牵回去,他非要触动一下那棵小草,才回来吃饭了。这就是中国人几千年来对草木的感情的表现,这和西方人有区别:我们和草木是一家子的感觉。这体现在"在"字的构造里面。

(2) 生

我再讲一个字,就是鞠曦先生经常讲的"生"字。因为我讲的是"生活"儒学,把"生"、"活"这些字讲一下,很有意思。"生"这个字怎么构成的?是由两个字构成的:下面不消说了,是一个"土"字;上面这个字,大家肯定也知道吧,是"屮"字,还是一棵小草,不过"才"字是刚发出了一片叶瓣儿,而这个"屮"字是发了两片出来了。然后你可以想一个问题:我们远古先民在用到"生"这么个词语的时候,他为什么不仅仅是在讲草木之生,也在讲人之生?这是对存在的领悟,和"在"字一样,是同样一个道理:人和草木没有区分。这就是我们的生活、存在(的本源情境)。这可以说是最高的境界,也可以说是最低的境界,也就是重新回到最本真的境界。

(3) 存

再讲"存"字。这个字的上部,大家都知道了,是"才",但不是才子佳人的"才",而是——按许慎的解释——草木的初生。我们远古先民在讲到存在的时候,用到了这个"存"字。"存"字最古老的用法有两种。一种基本意义是"存在",就是今天哲学最前沿的观念。去查一下古代的训诂书,通常的解释是:"在,存也";"存,在也"。所以我们现在连起来说:"存在"。这种用法透露出来的消息是什么呢?就是人和草木共同存在、没有区分。区分的前提是存在者化、物化,那么,如果它根本还没有成其为一个物,还没有成为打量、思考的对象,它也就不存在。存在者不存在,只有存在本身。所以,老子要我们最终回到这个境界去,"复归于无物"[①]就是这个意思。不仅如此,这个"存"字里面还有一个"子"字,是说的人之初生。这就是说,"存"字表明了这样一种观

---

① 《老子》第十四章。

念：人之初和草木之初是一回事。大地是我们共同的母亲。

3. 情感之维

"存"字还有一种用法，可以去查《说文解字》对"存"字的解释："存，恤问也。"[1]恤问是一种问，但这种问不是说的提问题的问，不是认知性的，而是说的带着一种情感的问，比如说"慰问"。这个含义后来保存下来了，一直到民国年间还有这么一个常用词，叫"存问"。目前这种用法比较少见了，但台湾还常用这个词。那么，"存问"是什么意思呢？就是"恤问"。所谓"恤问"就是怀着一种恻隐、一种不忍、一种舍不得、一种怜惜的情感去问。那么，一个人为什么会对另外一个人有这么一种"恤"的情感？很简单：因为爱。如果你不爱他，你就不会"恤问"他。这个"爱"是广义的，爱有各种各样的显现样式。所以，汉语的"存"字的一种古老用法是存在——人和草木共同生活在大地上，另外一种意思就是：存在就是仁爱，仁爱就是存在。没有仁爱，也就没有存在。

这让我想起西方哲学家笛卡尔的命题"我思故我在"。它有两点是和儒家的本源性思考不同的：第一点，"我思故我在"是主体性存在者"我"的先行，而我们讲的最本真的情感(是)无"我"(的)；第二，我们讲存在，不是"思"，不是装模作样地思考了就存在了，儒家的"爱"(与此)不同，不爱就不存在，爱了才存在。这里面有一种很难理解、但其实是很好体会的观念：一种颠覆性的观念。

我们两千年来习惯于形而上学的思考方式，我们通常会想——举例来讲，谈到母爱，我们会想：先有一个儿子、有一个母亲，然后这个母亲对这个儿子有一种情感，叫"母爱"；反过来，儿子对母亲有一种爱，叫做"孝"。这是把关系搞反了。我今天讲，母爱，或者孝这种爱，是先于母亲或儿子而存在的。固然，在肉体和生理学上，有一个母亲已经在这里了；但是，如果没有母爱之显现，那么这个母亲还不存在——她还不是母亲。这个女人所以之成其为一个母亲，是因为母爱显现了。不能反过来说。我们过去的思考方式是反过来的：他们(的母子关系)在法律关系上已经确立了，是可鉴定的亲子关系，没什么好说的；然后他们俩可能会有、可能没有这种情感联系，但还是亲子关系。这种思考是不对的。我们应该这样说：如果没有母爱，这个女人不配成为母亲，母亲尚未诞生，母亲这个主体性的存在者尚未生成、尚未被给出。反过来讲也是这样的，你作为一个人，孝这样的爱还没有显现出来，你作为一个儿子是不存在的，不配成为一个儿子，儿子这样一个主体性存在者还

---

[1] 许慎：《说文解字·子部》。

没有诞生。因此,回到刚才《中庸》讲的"诚":"不诚无物","成己""成物"——正是这种诚、爱本身,才给出了自己和他者。

我们今天最前沿的问题,是如何"无中生有":不管是作为形而上者的"惟有",还是作为形而下者的"万有",这些存在者是怎么可能的呢?是由存在本身给出的。存在是什么呢?不是什么,而是无——无存在——先行于任何存在者(的存在)。这是儒、道相同的地方;区别在于,道家不讲仁爱,而儒家告诉我们:远古先民在发明上述那些字的时候,就已经领会到了存在就是爱、爱就是存在。所以,生活儒学会讲:生活就是存在,爱就是存在,爱之外别无存在。正是在这个意义上,(我们)才可以下(这样的)判断:在儒家这里,仁爱是所有一切存在者的大本大源,一切都由此而出。

孔子：无神论者抑有神论者？

◇ 郝长墀

摘　　要：本人认为判断孔子或者《论语》是否包含有神论或无神论思想，主要是看其思想体系是否与有神论思想或者无神论思想有一致的地方，我们不能简单地用有神论者或者无神论者来给孔子定位。《论语》中所包含的孔子的思想与鬼神存在的观念是不矛盾的：人死后精神性的存在是活着的人从事于孝的活动的前提。在这个意义上，孔子是有神论者。这与无神论思想是非常不同的。但是，在有关"天"的问题上，我们要区分开孔子在理论上的态度和在日常生活中的态度。尽管孔子在谈话中不自觉地采用了当时普通人所具有的天的信念，并不代表他一定相信人格性的天的存在。

关　键　词：孔子、无神论者、有神论者、鬼神、天

作者简介：郝长墀，武汉大学哲学学院珞珈学者、特聘教授、博士生导师。主要研究领域：先秦哲学、现象学、宗教哲学。

一、问　　题

2004年7月在华东师范大学举办的"罗蒂与中国哲学"学术会议上，一位美国教授有关孔子与有神论思想之间的关系的论文引起了很大的争论。几乎所有与会学者都认为这位美国教授关于孔子的有神论思想的诠释是不符合孔子思想的本来面目的。孔子到底是无神论者还是有神论者？对于这个问题回答，不是用"是"或者"不是"可以简单回答的。首先，我们应该界定一下什么是有神论，什么是无神论。对于无神论，无论在西方还是中国文化传统中，其含义是否认在自然界和人类社会之外有任何形式的精神性的存在，比如上帝、天、鬼神等等。无神论者认为，这个世界的本质是物质的，而人的心理和精神层面都是物质进化的产物。这个世界是唯一的存在，除此之外，什么都没有。而有神论思想比较复杂。在中国传统文化思想中，有神论不仅包括相信人死后灵魂成为鬼神，相信自然界有很多形式的精神性存在（善与恶的精神存在），还相信天是一个精神性的存在，是对人类的行为可以奖惩

的。在西方文化中，为了讨论方便，我们把有神论局限为相信有一神或者多神论思想，认为这个世界是由上帝创造的。如果进一步把有神论思想局限于《圣经》传统的宗教，那么，我们的讨论就更加明确。

在本文中，我将要论证的是，按照上面对于无神论的思想的界定，孔子不是无神论者，因为《论语》中关系"孝"的概念和理论包含了普通老百姓所相信的鬼神之类的精神存在。有关孔子是不是有神论者，是一个比较复杂的问题。首先，如果把有神论局限于希伯来文化传统的话，孔子不是一个有神论者。其次，按照《论语》思想体系，"天"作为能奖惩的有意志的精神存在是不必要的。第三，在《论语》中，的确有多处提到"天"，而且是精神性的存在。第二和第三点似乎是矛盾的。我将要论述在什么意义上第二和第三点不必是矛盾的。在回答孔子是不是有神论者或者无神论者这个问题时，我将把注意力集中在两个方面：一是《论语》的哲学体系与有神论思想之间的关系；二是《论语》和孔子生活的时代和文化背景。

有关孔子的思想，本文的假设是《论语》中的思想等于孔子本人的思想。对于孔子的思想的阐释将依赖于《论语》的文本。我将首先论述，孔子的道德思想是否需要宗教的基础，即道德真理是依赖于人本身呢，还是超越于人类的外在的根据。其次，讨论孔子的核心概念"孝"与鬼神思想的关系。最后，讨论《论语》中有关"天"的观念。

二、《论语》中关于人的概念

对于孔子而言，他主要关心的问题是，我们如何才能依据于礼仪来生活？礼是人行为的准则。"定公问：君使臣，臣事君，如之何？孔子对曰：君使臣以礼，臣事君以忠。"(3：19)[①]在君臣关系上，孔子认为，臣应该依据礼对于君王忠诚，而君王对于臣下也应该依据礼而用之，不能依靠个人的爱恶来随意派遣臣下。君王的权威和权力应该依据礼而体现出来；百官对于君王的服从也应该依据礼而忠诚。"子曰：谁能出不由户？何莫由斯道也？"(6：17)谁出门不一定经由门户？为什么人不需要沿着一定的道路走呢？人必须遵循一定的规则，就如人必须经门而出一样。

礼是从哪里来呢？孔子认为，礼仪或者礼的法则是从祖先那里继承下来的。那么，我们应该采用什么样的礼呢？"子曰：周监于二代，郁郁乎文哉！

---

① 本文引用《论语》版本是杨伯峻译注的《论语》，中华书局出版，2008年重印。在文中，所引句子的篇章表示如下：3：19是指第三篇第十九章。对话部分不加引号，只用冒号来表示。

吾从周。"(3：14)"子曰：行夏之时,乘殷之辂,服周之冕。"(15：11)"子曰：述而不作,信而好古,窃比于我老彭。"(7：1)孔子认为,周朝是对于夏和商文明的继承,在礼仪上是比较可信和完备的。因此,孔子的问题不是我们应该制定什么样的礼来规范人的行为,而是在日常生活中如何体现古代的礼仪。古人为什么制定礼仪？依据什么来制定礼仪？孔子没有做明确的讨论。我们的假设是：很可能对于孔子而言,重要的不是讨论礼仪本身的问题,而是在生活中如何依据礼仪而把我们自己改造成道德的人,或者文明的人。在孔子看来,对于周朝的礼仪,我们已经拥有足够的知识。问题的关键是,如何把古人之礼贯穿到生活的每个角落。"信而好古","述而不作",这两句话一方面说明孔子对于古代传下来的礼仪的完备性没有任何疑义,另外一方面,也说明孔子对于古代礼仪的热爱。在"述"中,不是制定新的礼仪,而是把古人的礼传下去："述"一方面是口述,是传授,是知识上的继承和传播；另外一方面,在孔子的思想中,"述"不应该是单纯的知识性的传播,而是身体力行。在对于古人的"礼"的"述"中,体现古人的礼,改造自己。对于道德知识,教和学都是道德的行为,都是在同时改造自己。简单的重述道德和礼仪规则,这是违反道德的行为,是伪君子。孔子的"述"还体现在他对于礼仪的深刻理解上,即在道德知识上,人永远是一个学生：学习成为自我,成为一个有道德的人,有文明的人,这是传授礼仪的本质。所以,孔子对于周礼的"述而不作,信而好古",是他个人对于道德和礼仪知识讲授过程的真正的体验之谈。对于道德和礼仪知识的传授,不同于讲授数学和科学知识。数学和自然科学知识对于人来说,是偶然性的；拥有什么样的数学和自然科学知识,对于人的社会化,对于人的本质来说,没有实质性的改变。但是,如果以传授自然科学知识的方式来传授道德和礼仪,那就是伪君子。言传身教,这是改变自己和改变他人的过程。①

---

① 我们必须注意到,在孔子或者先秦儒家那里,对于道德和伦理的思考在其根本上是为了塑造自身,同时改造他人。这与当代伦理学思想研究有着本质性的区分：无论是元伦理学研究善恶的形而上学地位和特性,还是规范伦理学对于道德规则和规范进行分析,对于孔子来说是很陌生的。元伦理学和规范伦理学的思维方式类似于自然科学的思维方式：自然界什么是最终或最基本的实体或元素,它们又遵守什么规则？以自然科学家或者客观的态度来研究伦理思想,把道德和伦理作为纯粹的研究对象,就如研究原子的构成一样,这种研究对于道德和伦理的本质含义即真理性问题的预设是不是犯了范畴性错误,即把道德和伦理看作如自然物体的特性一样看待,儒家是持怀疑态度的。就比较哲学的角度来看,西方形而上学主流思想和反映论认识论思想,对于研究道德真理性问题,是不是有关,这是个基本的问题。我们将在孔子思想中找到明确的回答。儒家伦理学可以用言行问题来回答元伦理学和规范伦理学问题：道德真理是在行为中实现和成就的；人不是仅仅如何道德命令或规范,相反,道德规范的真理性在人的行为中体现出来。我们需要把儒家注重行为,注重人的自我塑造,与西方伦理思想中的"结果论"consequentialism区分开来：目的与手段的关系不适用于儒家伦理思想因为整个道德修养过程就是人的实现过程,人是一个过程,是关系性的；儒家不是考虑某些行为的结果是否有利。

礼仪是用来做什么呢？是用于什么地方呢？"子曰：性相近，习相远也。"（17：2）尽管他没有详细论述这句话的含义，从《论语》中很多句子中可以印证，孔子基本上是这种观点：人的性情、感情和欲望不是什么纯粹的自然的东西或者特征；它们是原始材料，等待人依据礼仪进行改造和雕塑，而礼仪就是社会关系的法则，包括道德准则和为人处世的行为规则。"性"是抽象的，它只有在人类关系中才能得到发展和成熟。人的行为举止、待人接物等不是天生就会的，是后天学习修养的结果。在天性上或者自然的禀赋上，人是相似的，但是后天的学习或者社会化过程使得人和人之间有了很大的区分。礼仪的作用就是要让自然的"野蛮"人成为有文化有修养的君子。对于孔子来说，个体的差异是后天学习的结果。

在先秦儒家，对于如何成就人，如何做人的问题，孔子或者《论语》的回答，可以称之为"工匠模式"的思想：人生来是材料；只有像工匠一样进行打磨和锻造才能成为产品，成为艺术品。

从以上的所说可以看出，孔子认为，古代圣贤制定的礼仪是用来改造和塑造人的自然情感和欲望的。这是一种社会化的过程。《论语》认为，这种社会化过程，成就自我的过程，是一生的任务。"曾子曰：士不可以不弘毅，任重而道远。仁以为己任，不亦重乎？死而后已，不亦远乎？"（8：7）君子肩负着继承古代礼仪的任务，弘扬和传递道德精神，需要刚强的毅力。这是一个改造自己，改造社会的历史任务，是用无休止的过程。没有一刻可以说"完成了"。曾子的话暗含着这样的意思：儒家所理解的人不仅有个体和社会之间关系的层面，即家庭和国家，还具有历史的层面，即与古人和未来人的关系。这种纵向和横向的立体模式，表明儒家对于人的理解具有非常丰富的内涵。个体的人，在道德上的使命感，使得他远远超越了心理学上道德内在化的行为。道德化过程，不仅仅是自然个体的社会化。它同时还使得个体的人与古代人在精神上连接起来。道德权威不仅仅来源于自己的父母和君王。更重要的是对于古人的负责，对于未来子孙的责任。过去和未来都浓缩在当下的个体人的道德行为中，体现在对于古代礼仪的学习和继承中。身上肩负着礼仪中的"仁"的精神，这种历史使命能不重大吗？我们能够说，这个任务可以在某个时刻完成吗？对于人或者自我的理解上，以儒家为代表的"使命感"是非常具有独特意义的。使命感在时间"动感"上体现了人在现世之中对于现世的超越：时间性完全成了精神上的关系。在《论语》中，这种使命感就是仁。个体的人在使命感中，既是被动地接受任务，又是主动地实现和转递所接受的东西。

因此，对于孔子来说，在生活中实践礼或者使得礼体现在人的日常行为中,这是最重要的。用现代哲学的语言,我们可以说,道德真理不是被发现的,而是在日常生活中实现的。没有实践,就没有真理。在道德知识上,孔子认为,真理不是现成的东西放在那里等待人去发现,去摘取,而是在如何做的问题上体现什么是道德的问题。什么是善,什么是恶,这不是一个反映论的问题。善恶问题首先是一个实践和行为的问题,更准确的说,是如何实践的问题。人不是一个自然物体简单地遵循一定的规律和规则。下面,我们看看看《论语》中与之有关的段落。①

"子曰:我未见好仁者,恶不仁者。好仁者,无以尚之;恶不仁者,其为仁矣,不使不仁者加乎其身。有能一日用其力于仁矣乎?我未见力不足者。盖有之矣,我未之见也。"(4:6)孔子说这段话的具体背景不清楚,也许是对于这个世界上人的不道德行为的感慨,也许是批评他的学生,也许是暗含其他意义。无论背景如何,说话动机和目的是什么,从字面上看,孔子似乎是在强调道德与实践的问题。他把道德的人分为两种,一种是真正爱好仁义的人,一种是仅仅在语言和行为外表上不使自己违反礼仪。前者是最高境界的人(至少在这段话里),因为他的"好"指示着他用无限的情感来实践道德,做道德的事情和他的情感上的爱好一样,是非常愉悦的事情。同样的,他对于恶也是深恶痛绝。这类人和道德之间几乎没有缝隙。或者说,"仁"在他们身上体现出来,或者道德真理在他们身上显现、实践出来。而后者是在理智上和思想知道自己应该做什么,不应该做什么。这类人努力使自己避开不道德的事情。虽然说,他们不使不道德的东西在自己身上体现,或者自己不做不道德的事情,但是,他们还是和道德之间有一道缝隙,不能和道德一体。仅仅符合道德规则和礼仪,也是一种仁的行为。但是,在这种行为中,是否自己被道德和礼仪转化成一个君子,这是有疑问的。

孔子还说,无论如何,仁是体现在具体的日常生活中的,是和人的"力"有关的。人有聪明愚笨中等之分,人的能力有大小。人对于事物的知识的把握也有多少之分。但是,仁就如金子,一两纯金和十两纯金在质上都是一样的。道德行为也是如此:大事,小事,只要是道德的行为,都是道德的。所以,不是人没有能力和知识做道德的事情,是人根本不愿意去做。做一件道德的事情,不是去做一件惊天动地的伟大事业。只要每日都在小事情上修炼自己,就够了。但是,人总是为自己不做道德的事情找借口。这里孔子做了一个很重要的区分:道德或仁义是和人是什么有着本质关系的,金子总是金子,而人的能力、知识、财富、机遇、出身、名气等等都是与人的本质(如果我们用西

---

① 实际上,整个《论语》都与之有关。

方哲学语言来表达的话)无关的,是偶然性的东西。一个人能带领一批人马攻占一个坚壁的城堡,一个人能在科学上做出惊人的发现,一个人能够将财富从几块钱积累到几亿元,这些都不足以定义出他们是什么。令人可悲的是,在这个世界上,人们往往把这些非本质的东西看成是人生最重要的。这也许是孔子所哀叹的吧。

"子曰:文,莫吾犹人也。躬行君子,则吾未之有得。"(7:33)他说,我所知道的东西和别人也许差不多。但是,在实践中躬行所知,我却做不到。只有在实践中体现礼仪的人才是君子。这里孔子也许说得是反话。不过,孔子明确强调,书本和脑子中的东西与实际生活中体现出自己所学的东西之间有着本质性的差异。君子不是学习死记硬背出来的。对于古代的礼仪细节的熟练把握,不等于是一位君子。君子是在生活中实践道德真理。不是在生活中符合道德真理,而是在符合礼仪的言行中转化自己。礼仪不是空洞的规则,它的灵魂是在千万人的生命中延续和发展的。

"子曰:盖有不知而作之者,我无是也。多闻,择其善者而从之;多见而识之,知之次也。"(7:28)由于没有具体的语境,这段话的意思不是很清楚。我试着这么解读。孔子说,有的人也许做而不知自己为什么这么做,即仅仅在行为中符合道德标准。他认为自己不是这样的人。他觉得自己是向人学习,选择什么是善的,然后在自己的行为中体现出来,即"从之"。行为对于孔子是很重要的。所以他说,那些只会死记硬背的人,是属于更次的知的阶段。第一种人是什么人呢?"子曰:民可使由之,不可使知之。"(8:9)也许是指平民百姓。对于老百姓来说,你只能让他们遵守规则和服从命令,你无法使他们明白其中的原因。这里孔子区分了三种人:第一种人,只会行为不知道为何行为,第三种人只知道死记硬背,不知道在实践中修炼自身。他们是知和行的分离。简单的遵守道德规则和礼仪以及仅仅在脑子里对于礼仪熟记,这些都不是真正的知。真正的君子应该是自觉的转化自己,是知和行的统一。①

"子曰:二三子以我为隐乎?吾无隐乎尔。吾无行而不与二三子者,是丘也。"(7:24)也许孔子的学生觉得自己的老师没有把自己的真知识露出来。孔子说,我没有任何事情向你们隐瞒的;我所做的都体现了我所知道的。道德上的真知是体现在外在方面的。关于道德知识,就其形式上看,是人人皆知的。没有什么秘密和神秘的地方。关键是:你是不是真实行。不实行

---

① 这段话也许和如下的话没关系:"孔子曰:生而知者上也,学而知之者次也;困而知之者,又其次也;困而不学,民斯为下矣"16:9)。这里区分了四种知,而不是三种。

的人等于无知。①

"孔子曰：君子有九思：视思明，听思聪，色思温，貌思恭，言思忠，事思敬，疑思问，忿思难，见得思义。"(16：10)孔子认为，君子应该在九个方面注意自己如何行为，行为是否得体，是否符合礼仪。在看得时候，要明察秋毫，分清是非；在听他人话语的时候，要专心，分清所说的话是媚言呢还是真话；在表情上，对人要温和；在容貌上，对人要恭敬；对人说话要忠信；做事要精心敬业；有疑问，要请教他人；在愤怒的时候，考虑对他人有什么后果；有好处的地方，一定要考虑是否得之有道。这里的"思"很重要：这个字在这里不是思维和思想，而是指君子考虑如何与周围的人和事打交道，如何使得自己言行等符合礼仪。君子是什么？君子就是体现在这些活动之中的人。"九"代表多的意思，不是说君子就考虑这九件事情。

需要注意的是，孔子说到上面的"九思"，不是指一个人的独立活动；"九思"已经暗含了人的关系特征。"子曰：老者安之，朋友信之，少者怀之。"(5：26)孔子用很平实的语言来表达自己的志向：自己希望能做到的是，让长者安逸，朋友信任，爱护年轻人。孔子表现出的爱心，其具体内涵，我们将探讨。这里，我们只是强调人的行为中所涉及的关系性。

"人能弘道，非道弘人。"(15：29)对于孔子而言，道德真理和规则，其真理性主要是体现在实际的行动中的。在道德知识问题上，"是什么？"的问题取决于"如何做？"的问题。这里，黑格尔关于游泳的有名的例子很有帮助。一个人不跳进水里，在岸边上熟读关于游泳的知识，无论他对于书本知识的把握如何，他还是与游泳的真理无关，还是不会游泳。也就是说，关于游泳的知识还没有把他转化为一个会游泳的人。对于礼仪的精神把握也是如此：人在自己的日常生活中，努力使自己的言行符合礼仪，把自己彻底社会化；这个社会化过程就是人弘道的过程。作为道德主体，我和礼仪或者道有什么关系呢？仅仅是在脑子中熟记硬背吗？一个人有这么一个观念，他认为人应该服务于国家，献身国家的伟大事业。如果他仅仅是在口头上这么说，那么，他关于服务国家的责任和义务的真理体现在哪里呢？我们都知道，他应该在具体的行动中来报效祖国。没有这个实现道的过程，就不可能有关于道的真理。古代的礼仪是需要人来继承和发扬的；古代的礼仪不会自然而然的使得

---

① 这里实际上孔子还表达了一个很关键的问题：在个人与社会之间，在个人情感与伦理道德之间，伦理道德要求个人表达自己的情感，以便证实它是否是合乎伦理道德要求的。个人必须把自己转化为伦理主体，在这个转化过程中成就自身。对于儒家而言，社会化过程是一个绝对的过程，即个人必须通过社会化来完成自身。但是，我们将在墨子和道家哲学中看到，个人如何在宗教的层次上超越社会，超越人类世界。宗教的个人不是自然的个人，是比社会化更高的个人。

人变得更加文明更加高贵。用当今现象学的语言说,道是在人的行为中构成的;道不是独立于人的行为而存在的客观实在。道的真理性就体现在人的实践过程中。孔子关于道与人的关系,也非常符合美国实用主义关于真理的定义。真理是一个过程,一个自身验证的过程。真理是在实践中体现出来的,不是被发现的。注意:实践不是检验人的观念与客观实在是否妇符合的过程,而是产生真理的过程。仅仅存在于人的头脑中的关于道的观念,不是道本身。那是关于道的开端。道需要在人类生活中体现出来,变为现实的存在。"人能弘道",这一方面表明,孔子对于在人类社会中实践道的理念具有乐观的态度。另外一方面也说明,正是通过人类活动,道才出现,发展,以及完成。

人要想成为一个有道德的人,一个仁人,一个君子,需要在自己生活中的方方面面来体现的。我们不能以一个行为来界定什么是道德或者仁。与之相反,正是因为仁的精神才使得行为成为道德。孔子虽然强调实践或者生活是实现道的方式,但是道不等于某些实践活动。在理解道德和实践的问题,这是特别需要注意的。道必体现于言行,但是,道不局限于某些言行。"子张问曰:令尹子文三仕为尹令,无喜色;三已之,无愠色。旧令尹之政,必告新令尹。何如?子曰:忠矣。曰:仁矣乎?曰:未知。焉得仁?崔子弑齐君,陈文子有马十乘,弃而违之。至于他邦,则曰:犹吾大夫崔子也。违之。之一邦,则又曰:犹吾大夫崔子也。违之。何如?子曰:清矣。曰:仁矣乎?曰:未知。焉得仁。"(5:19)尹令子文和陈文子的行为体现了某些道德品性,即忠和清,但是,他们是不是仁人,这是很难说的。所以,孔子回答说"未知"。仁,作为道德的核心精神,和其他的道德品质不一样。如何在实践中体现仁,这是君子所关心的问题。

如何成为人,如何做人,从以上的引文中可以看出,这个问题与"天"等精神性存在没有任何关系。

三、《论语》中"孝"与鬼神思想的关系

《论语》中关于人从其根本上是关系性和过程性的观点,以及人是在实践和生活中体现和实现道德真理,这是它的普遍性意义。"君君、臣臣、父父、子子",非常典型地说出了上面的道理:人是在家庭关系和国家关系中定义自身的,而且是在完成自己的道德角色任务中成就自身的。君、臣、父、子都是相对性概念,是关系性概念。君要成为君,臣要成为臣,父要成为父,子要成为子。这些词都有任务和责任的含义。那么,这些关系的内涵是什么呢?是

亲亲之爱,是仁爱。

"有子曰:其为人也孝弟,而好犯上者,鲜矣!不好犯上,而好作乱者,未之有也。君子务本,本立而道生。孝弟也者,其为仁之本欤!"(1:2)这个篇章可以说是对于《论语》中儒家核心道德思想的概括。我们来看看它的含义:

(1)君子是一个孝顺和尊敬兄长的人。这是根本,因为它体现了儒家的最基本的信念:

(2)家庭关系,特别是父子关系和兄弟关系,是最基本的道德关系。

(3)因此,孝敬父母、尊敬兄长,这是儒家仁爱的内容。

(4)君臣关系类似于父子关系,上下级官员类似于兄弟关系。家庭关系是国家关系的摹本。这和柏拉图哲学中把灵魂的三个组成部分—理性、意志、欲望—看作是国家中国王、士兵、工匠三个组成部分的摹本是很不一样的。国家的基本组成部分是灵魂的三个心理学组成部分的投射。在柏拉图道德和政治哲学中,正义的品德就是智慧、勇敢、克制三个品德之间的和谐关系,体现的是灵魂的三个部分之间的和谐关系。其道德和政治思想背后是以关于灵魂这个实体的形而上学为基础的。而在《论语》中,政治关系是家庭关系的延伸。人和人之间的关系是最基本的关系。这体现了中西哲学很重要的区分。《论语》认为,家庭、国家是最基本的道德事实。

(5)正是因为上述的家庭关系和政治关系之间的类似性,即政治关系是家庭关系的延伸,一个道德的人,一个孝敬父母、尊敬兄长的人,在政治上也应该是效忠于君主,服从于上级的道德臣民。

(6)"道"生于本,而这个"本"就是父子、兄弟之间关系。家庭道德生活是一个人的道德的核心,是他的立人之本,但是,这不是全部。在天下有道的时候,"道"应该实现于政治生活。因此,对于孔子来说,政治生活的核心应该是建立在道德基础上的。

在孔子看来,父母(尤其是父亲)的意志,对于儿子来说,是绝对的。家庭是神圣的社会机构。我们将看到,这是与墨子哲学很不同的。

"子曰:事父母几谏,见志不从,又敬不违,劳而不怨。"(4:18)对于这段话有不同的理解,但是大意都差不多:在侍奉父母的时候,他们有过错,要非常婉转地指出他们的过错,如果他们还是不采纳的话,仍然恭敬有加,不要有任何怨言。这里,孔子首先强调,父母的权威是至上的。子女对于父母要百依百顺。无论父母的行为如何,子女都要保持恭敬的心态。在儒家的哲学中,特别是在《孝经》中,我们看到,由于父母给了子女的生命,父母对于子女的生命权都是绝对的。

这里,孔子没有说,假如父母的行为不符合礼仪怎么办?但是,在另外一个篇章中,孔子说得非常明白:在任何情况下,父子关系都是不容动摇的。家庭的利益是最高的。当家庭利益和国家利益发生冲突的时候,人应该毫不犹豫地保护家庭利益。

"叶公语孔子曰:吾党有直躬者,其父攘养,而子证之。孔子曰:吾党之直者异于是:父为子隐,子为父隐。直在其中矣。"(13:18)这个篇章的语境不是很清楚。我们不能百分之百的肯定,普通意义上的解释是不是完全无误,我们持谨慎的态度。不过,从后来《孟子》中关于舜的论述,我们可以比较肯定的是,孔子这里的的确确是主张父亲对于儿子的爱和儿子对于父亲的爱是人类社会的根基。这是在无论任何情况下都不能动摇的。家庭作为最基本的单位,作为人的最核心的内容,类似于韩非子哲学中的个人。在这个意义上,我们理解儒家的父子之爱。

孔子意识到,随着时间的推移,父母和儿女之间的关系是动态的。孝的内容也应该有所不同:生,要尽孝;死,要安葬好;祭祀,要敬且重。"孟懿子问孝。子曰:无违。樊迟御,子告之曰:孟孙问孝于我,我对曰,无违。樊迟曰:何谓也?子曰:生,事之以礼;死,葬之以礼;祭之以礼。"(2:5)孝是一生的任务和责任。父母在世的时候,子女应该依据礼仪来尽孝心,侍奉父母。这已经是很不容易的事情了。但是,父母和子女的关系不仅仅限制于生(在世)的关系。父母去世的时候,子女应该依据礼仪来举行葬礼。子女对于父母去世的悲痛,不应该是仅仅表现为眼泪和痛苦,还应该依照礼仪,使得父母的一生有一个很好的结局。举行葬礼,这也是孝的内容。同样的,父母去世之后,并不意味着父母和子女的关系已经结束了。在另外的篇章中,孔子说,父亲去世后,"三年无改于父之道,可谓孝矣"(1:11;4:20)。这是说儿子如何自觉地遵守和听从父亲的教诲。这是一个方面。另外一个方面是儿子如何表现出对于逝去的父母的缅怀和思念。在每年的一定的时间,根据礼仪的规定,对于父母进行祭祀。祭祀活动也是父母精神存在的一种方式。祭祀活动是去世的先辈和在世的后代联系的一个重要的形式。这里涉及香火延续问题。

"曾子曰:慎终,追远,民德归厚矣。"(1:9)对于父母的葬礼,一定要办的非常慎重。对于祖先的祭祀,一定要祭祀和缅怀,也是非常重要的。葬礼和祭祀,对于儒家来说,是孝的重要内容,不是可有可无的。为什么呢?生、死、祭,这是人存在的三种状态。从生物学的意义上看,人的生命的结束,对于这个人来说,是一切的完结。但是,父亲的生命并没有因为自己个体的生命的结束而完结,因为,儿子继承了父亲的家业。父亲的生命在儿子身上得到了延续。这种延续性主要是体现在道德的关系上。首先,是姓氏的继承。对于家族姓氏的继承,从而使得这个家族生命不断延续下去,这是人成为不朽的一种方式。儿子和孙子等等诞生,是家族生命延续的基础。但是,仅仅如此,还不够。光宗耀祖,这是每个儿孙的责任和义务。儿孙的不道德行为也是为祖辈的名声抹黑。所以,个体的存在,在这个家族的生物链条上获得了新的意义。续家谱的意义即在于此。其次,父母精神的存在和祖先的灵魂的存在不是在另外一个世界。他们的存在主要表现在祭祀活动之中。没有子女,死后无人在坟墓祭祀,这是很悲哀的事情。随着时间的推移,也就从人的心目中淡忘了。但是,正是祭祀活动一再表明祖先灵魂的存在和延续。

　　基于上面关于"孝"的思想,我们再来看看《论语》中的有关鬼神的观念。

　　"子不语怪、力、乱、神。"(7:21)孔子不讨论怪异之事,非常之力,迷乱之思,鬼神之事。这四个字虽然意思不是很清楚,应该是指超自然的非同寻常的事件和东西。"乱"好像不能理解为"叛乱"。"力"更不能理解为"勇力"。很多学者用这句意思模糊的话来赞美孔子的世俗哲学和清醒的理性主义。孔子虽然不讨论这些话题,但是,并不表明孔子认为这些东西是不存在的。

　　"祭如在,祭神如神在。子曰:吾不与祭,如不祭。"(3:12)祭祀祖先,就要显得祖先真的在场接受牺牲;祭祀神,就要觉得神真的在场接受牺牲。若是我们不能亲自参加祭祀活动,那是不能请别人代理的。不能参加的祭祀,就不祭。这里很明显,孔子认为祖先和一般意义上鬼神是存在的。这和前面看到的关于祖先和祖辈存在于祭祀活动中的思想是一致的。很多学者把这段话理解为,孔子的意思是,你祭祀的时候,就认为鬼神是存在的,这并不表明你真的以为鬼神是存在的。祭祀仅仅是表达后人对于先人的怀念。这样的理解似乎符合无神论思想。但是,它的问题是:如果你对于祭祀活动非常认真,但在你内心深处,你根本就不觉得鬼神的存在和在场,你所做的祭祀仪式不是虚伪的吗?不是自欺欺人的吗?

　　"季路问事鬼神。子曰:未能事人,焉能事鬼?曰:敢问死?曰:未知生,焉知死?"(11:12)现代一般的解释是,孔子认为对于鬼神的事情和死亡的事情不要考虑,因为它们没有人和生重要。学者往往引用这句话赞美孔子的注重此世的态度。这恐怕是一种明显的误解。虽然文本的语境不是很清楚,我们做如下的猜测也是有道理的:孔子很可能认为季路连如何侍奉父母和对待朋友都不知道,还问有关如何祭祀鬼神的事情干吗?!连活人都不知道如何尊重,哪里来的对于鬼神的敬重和畏惧?同理,季路连如何做人都不知道,为什么问死亡的问题?孔子的回答并不暗含着鬼神和死亡问题不重要。如果鬼神和死亡不重要,孔子为何还强调孝包含三种含义:"生,事之以礼;死,葬之以礼;祭之以礼。"(2:5)

下面的话，非常明白清楚地表明孔子对于鬼神的态度："子曰：禹，吾无间然矣！菲饮食而致孝乎鬼神，恶衣服而致美乎黻冕，卑宫室而尽力乎沟洫。禹，吾无间然矣。"（8：21）大禹作为圣王，他自己吃喝很简单，但是在祭祀鬼神上办得很丰盛，自己穿得很朴实，却在祭祀的礼貌和服装上非常考究，他自己住得很简陋，却把力量都用在治理水利造福天下人民。禹没有任何缺点可以说的。很显然，禹是先侍奉鬼神，然后是天下人。这与"子曰：未能事人，焉能事鬼？"在字面上是矛盾的。禹是先事鬼神，然后人民的。可以有几种理解。一是，前面11：12篇章是孔子针对季路的缺点而言的，不具有普遍意义；二是，禹作为圣王，对待当世人和先辈都是尽孝道，也就是说，禹的行为符合了2：5篇章所说的孝。

人死之后精神性的存在是孔子有关"孝"的概念的很重要的部分。这是他与无神论者之间的最根本性的区分。

四、《论语》中"天"的观念

从以上孔子对于父亲的权威、家庭的绝对性以及祭祀与不朽的关系的思想看，"天"在孔子的哲学中是可有可无的，或者，更准确地说，可以没有。很多学者认为，"天"在孔子的思想中没有多大重要地位。这一点是正确的。但是，《论语》中为什么多处提到"天"呢？

我认为，在《论语》、《孟子》、《荀子》文本中，关于天的文字可以反映出从春秋到战国，人们对于天的概念的演变。《论语》和《孟子》中所描述的天与墨子（介于孔子和孟子之间）的天非常类似。和普通老百姓一样，他们都认为天是一个具有意志的权威。这也可以在《墨子》中发现类似的"天"的概念。

《论语》所包含的道德思想是不需要宗教来作为基础的。但是，这不排除孔子在日常生活中，在和他的弟子以及其他人对话中，对于"天"的观念和当时人的理解是一样的。从《论语》中，我们可以窥视春秋时代人们所持有的有神论思想。

"天"是具有意志的。"王孙贾问曰：与其媚于奥，宁媚于灶。何谓也？子曰：不然。获罪于天，无所祷也。"（3：13）王孙贾问，有这么一句话，与其巴结奥（房屋西南角）神，不如巴结灶神，这是什么意思？孔子回答说，不能这么说。得罪了天，没有任何地方去祷告。这个对话没有具体语境，不是很清楚它的意思。但是，从结构和句子上看，孔子似乎认为，天是比奥神和灶神都高的神，是最高的权威。得罪奥神也罢，灶神也罢，都有其他地方求助。但是，如果得罪了天，对于天不敬，那么，你就不可能再到其他神那里求助了。王孙贾和孔子也许在这里讨论的是当时普遍的信仰，认为有很多神。孔子自己在理论上，也许未必相信这些神，但是，在现实生活里，也许和普通老百姓一样，有众神的观念。

天之所以能奖赏人，是因为天时时刻刻观察人类的行为。"子见南子，子路不说。夫子矢之曰：予所否者，天厌之，天厌之。"（6：28）孔子见卫灵公的夫人，可能是为了通过她影响政治改革。卫灵公的夫人南子的名声不好。所以子路知道后不高兴。孔子发誓说，如果我会见南子时，做了不恰当的事，天是知道的，天将抛弃我。这个篇章对于理解墨子很重要。因为在墨子哲学中，天是时时刻刻观察着人类社会，对于人的行为进行奖罚的。孔子这里说的和墨子很相似。这说明当时人对于天有着相似的观念。

孔子病重，子路以为他将不久人世，就让人按照诸侯的礼仪安排治丧的事务，这是违背礼仪的。孔子知道后，非常生气，说："吾谁欺？欺天乎？"（9：12）我欺骗谁呢？能欺骗上天吗？我们永远不可能欺骗上天的。

《论语》中关于"天命"思想。"二三子何患于丧乎？天下之无道也久矣，天将以夫子为木铎。"（3：24）这里是说，天用孔子来警示世人，传递先王礼仪。

"子畏于匡，曰：文王既没，文不在兹乎？天之将丧斯文也，后死者不得与于斯文也；天之未丧斯文也，匡人其如予何"（9：5）？孔子受困于匡地。孔子感慨而言：文王以后，礼仪的存续的职责难道不是由我来承担？如果天认为夏商周的礼仪没有存在的必要了，我，作为后来人，也就没有可能与古代礼仪发生关系了。天意不会使得礼仪的存续的事业断掉，匡人能把我怎么地？

上面的两个篇章中，我们看到，天不仅是个具有意志的存在者，也是个具有目的。天利用孔子来传递信息，这也许可以看作是"述而不作"的另外一个解释吧。孔子也许用普通人所说的天来表明自己传递古代礼仪的责任和使命，觉得自己是责无旁贷。改变当时的礼乐崩溃的局面，这也许是孔子存在的唯一意义。也可能孔子对于自己改变世界具有很强的信心和决心。

"颜渊死。子曰：噫！天丧予！天丧予！"（11：9）这里的意思不是完全明了。特意弟子颜回早逝，孔子非常悲痛。他感慨说，唉，难道天抛弃了我吗？这里情感表达也非常类似于普通人失去亲人时所用句子。我做了什么不对的了？为什么天这么惩罚我？难道天觉得我不仁义吗？天为何让我这么痛苦？

"子曰：莫我知也夫！子贡曰：何为其莫知子也？子曰：不怨天，不尤人，下学而上达。知我者其天乎。"（14：35）孔子说，没有人知道我啊。子贡不解其意。孔子解释说，对天没有什么抱怨的，对人也没有什么责备的。平时的学习和实践具有深远的意义。这恐怕只有上天才能理解我吧。这个篇章恐怕和《论语》第一篇章中说的是一样的。"子曰：学而时习之，不亦说乎？有朋自远方来，不亦乐乎？人不知而不愠，不也君子乎？"(1：1)

"孔子曰：君子有三畏：畏天命，畏大人，畏圣人之言。小人不知天命而不畏也，狎大人，侮圣人之言。"(16：8)君子应该敬畏三种权威：天命、王公大人、圣人之言。这是礼仪上所规定了的。也许孔子这里所说的等级制度，是依据于权威来划分的等级制度。"小人"是指那些无所畏惧的人，是目中无人的人。在"小人"眼中，只有利益驱使他们的行为，没有其他的东西值得他们尊敬的。所以，他们对于天命、大人、圣人之言持不屑一顾的轻慢的态度。

"司马牛忧曰：人皆有兄弟，我独亡。子夏曰：商闻之矣：死生有命，富贵在天。君子敬而无失，与人恭而有礼。四海之内，皆兄弟也。君子何患乎无兄弟也。"(12：5)司马牛的问题也许是和孝悌概念有关。孔子讲孝顺父母和尊敬兄长。司马牛可能是独子。司马牛无法践行"悌"的品德。子夏安慰他说，有没有兄弟，这不是人决定的，就如人的生命和死亡不可预料，人的富贵不可求一样。我们所能够做的就是在自己的生活中尽职尽责，待人接物符合礼仪。天下人都是你的兄弟，哪会没有机会实践"悌"呢？"天"和"命"在这里似乎是普通人一般所具有的观念，是超乎人力所决定的东西。

《论语》中也提到"天"与道德的关系。"子曰：予欲无言。子贡曰：子如不言，则小子何述焉？子曰：天何言哉？四时行焉，百物生焉，天何言哉？"(17：19)孔子这里的意思也许是强调，他关于道德礼仪的教诲都体现在他的具体生活中，体现在他的一举一动之中。这个前面我们看到的学习都是一样的意思。子贡不明白。孔子用天的例子来说明：天说话了吗？天之语言在于行，在于使得四时更替，万物生长。第一个"天何言哉？"是说，天说了什么？第二个"天何言哉？"是说，天以自己的行为表明了自己的言语。真理在于行为；言行一致。特别要注意的是，这里的"天"不是自然之天。"天"与"四时行焉，百物生焉"不是并列的关系，而是因果关系。天通过自然的变化来显示自己。

"子曰：天生德于予，桓魋其如予何？"(7：23)我们除开具体的语境，单就这句话来看，它和《中庸》的开头第一句很相似："天命之谓性"。无论其具体含义如何，可以肯定的是，孔子认为，天与人之德有关。

"子曰：大哉尧之为君也！巍巍乎！唯天为大，唯尧则之。荡荡乎，民无能名焉。巍巍乎其有成功也，焕乎其有文章。"(8：19)这个篇章和17：19非常类似。尧之德来自学习天之德。其德无名，无法用语言来表达。这里，圣人显然不是最高的准则。天才是最高的准则。这两个篇章与孔子的伦理思想不符合(参看2:1)。这可能来自道家。孔子可能没有意识到"天何言哉"与"唯天为大"所具有的超越性。也许,他把"天"理解为比喻和修辞。

如果把有神论思想理解为这个世界是由上帝创造的,那么,孔子和他同时代的人都不是有神论者。但是,从《论语》的文本中,我们看到,当时的人们相信天在一定的意义上是最高的权威,是能施赏降罚的。《论语》为我们提供了春秋时代人们关于天的一般信念的知识。

五、结　　论

我们可以看出,《论语》中所包含的孔子思想与鬼神存在的观念是不矛盾的:人死后精神性的存在是活着的人从事于孝的活动的前提。在这个意义上,孔子是有神论者。这与无神论思想是非常不同的。在有关"天"的问题上,我们要区分开孔子在理论上的态度和在日常生活中的态度。孔子,或者他弟子以及其他人,在谈话中不自觉地采用了当时普通人所具有的天的信念,并不代表他们一定相信有人格的天。判断孔子或者《论语》是否包含有神论思想,主要是看其思想体系是否与有神论思想或者无神论思想有一致的地方。本文的结论是,我们不能简单地用有神论者或者无神论者来给孔子定位。

从帝王之统到圣统：治教分立与孔子圣化

◇ 陈 赟

摘　　要："轴心时代"的突出问题是：帝、王时代业已终结，在没有帝王的情况下，政教生活还如何可能？天下与中国之天命，又将系于何处？"圣人"的出现，正与此一问题意识与历史背景有关。孔子是帝王之统的承接者，也是其真正终结者。孔子的出现，开辟了治教分立的格局，而通过《六经》，开辟了一个新时代，即以圣统含摄帝王之统。孔子以《六经》而为礼乐的制作立法但不参与特定时代的具体礼乐制作，从而与有位之王保持并立关系，从而创立了新的政教格局。

关　键　词：帝王之统、圣统、治教分立、《六经》、孔子

基本项目：本文列入教育部新世界优秀人才支持计划、上海市教委创新项目与上海市重点学科建设项目。

作者简介：陈赟，华东师范大学哲学系暨中国现代思想文化研究所教授，入选教育部新世纪优秀人才支持计划等。主要研究领域：中国哲学与思想、政治哲学等。

帝王时代的终结，与"天下失义，诸侯力正"[①]的困局联系在一起。周天子自坏其礼在上，[②]诸侯、大夫僭礼在下。诸侯称"王"运动愈演愈烈，僭越天子之名，导致了"王"这个词语的贬值。同时，现实政教体制又无法承担最高天命主体的长期缺位，于是在理想性、在精神性的层面，建构新的"有天下"的天命主体，就成了轴心时代的课题。《庄子》内篇的最后一篇题目为"应帝王"，就直接针对这一问题。在某种意义上，"应帝王"的主题与"轴心时代"形成的五帝三王的历史观相呼应。以帝王为主体的历史观，本身只有在帝、王历史

---

① 《墨子·明鬼下》。
② 司马迁《资治通鉴》卷一："以周之地则不大于曹、滕，以周之民则不众于邾、莒，然历数百年，宗主天下，虽以晋、楚、齐、秦之强不敢加者，何哉？徒以名分尚存故也。""今晋大夫暴蔑其君，剖分晋国，天子既不能讨，又宠秩之，使列于诸侯，是区区之名分复不能守而并弃之也。""故三晋之列于诸侯，非三晋之坏礼，乃天子自坏之也。"

业已终结的意识为前提才得以可能。① 换言之,帝王史观本身内蕴着帝、王时代的终结,本真意义上的"帝"与"王"不再可能,因而"轴心时代"的一个突出问题是:在没有帝、王的情况下,政教生活还如何可能? 若帝王不再,天下与中国,又将系于何处? 如何回应帝与王的问题,就成为回应中国何以可能、天下可以可能的问题的一个方式?"圣人"的出现,正与此一问题意识与历史背景有关。

一、作为帝、王后继者的圣人

"圣"字甲骨文未见,金文中或省作耳/口,是会意字,意谓声入心通,入于耳而出于口。《说文》的解释,圣就是通,从耳呈声,从耳闻的具体事物而通晓其根本。顾颉刚曾经撰《"圣"、"贤"观念和字义的演变》,指出:"圣"的意义,最初非常简单,只是聪明的意思,并无崇高与神秘意味;它所有的各种崇高和神秘的意义,完全是后人一次又一次地根据了时代的需要加上去的。甲骨文中,"圣"字未见;金文中,"圣"或省作"(耳/口)",见于《大保》:"王伐录子(耳/口)。"郭沫若《现两周金文辞大系》说:"'耳/口',古'圣'字,亦即古'声'字,从'口'、'耳'会意。'圣'以'壬'声,字稍后起。'声'字更属后起。"但据章太炎的研究,'圣'、'听'实为同字,皆得于'壬'字,古音本同,故而《释文》云:"听本或作圣"。"从性体上来看,'圣'只是'声入心通','入于耳而出于口'的意思。""圣"为什么与"声"相通?《风俗通》提供了一个文献上的根据:"圣者,声也,言闻声知情,故曰圣。"② 顾颉刚在《尹文子》如下的陈述中看到了"闻声知情"的具体例证:"钟鼓之声,怒而击之则武,忧而击之则悲,喜而击之则乐。其意变,其声亦变。"(《北堂书钞》一零八引)顾颉刚解释说:听到音乐声就知道人的内心的情绪。这和从形体上分析出来的"声入心通"、"入于耳,出于口"的意思完全合拍,当是"圣"的最初的具体意义。至于圣的另一个意思"通",也是从闻声知情而来的。《韩诗外传》卷五说孔子学鼓琴于师襄子,"持文王之声,知文王之为人";并引《传》说:"闻其末而达其本者,圣也。"这是说从耳闻的具体事物而通晓其根本,就是"圣"。顾颉刚总结道:"'圣'是'通'的意思也是从"闻声知情"演绎出来的。"春秋以前的一些典籍里出现的圣,都只

---

① 事实上,后帝、王的时代曾被理解为霸道的时代,即使不将霸道的出现作为帝王史观的内在构成部分,也应该注意其为帝、王史观的背景。

② 按顾颉刚所引《风俗通》之言乃《广韵》四十五叙"圣"字引。《太平御览》"人事部"四十二"叙圣"所引应劭《风俗通》为:"圣者,声也,通也。言其闻声知情,通于天地,调畅万物。"

是尚书的原意；以后的书中，有些使用仍沿用了这原意。在这个原意上的圣人，都只是聪明能干的意思，根据"圣"与"圣人"《诗经》中的具体使用，可发现：当时无论哪个人，只要他耳聪目明，就可以自居为"圣人"，别人也可以称他为"圣人"。①《逸周书·谥法》"称善简赋曰圣，敬宾厚礼曰圣"，更说明，"凡是精通一艺、通晓一方面事情的人和对别人态度恭敬的人，就都可以谥之为"圣"。当《礼记·乡饮酒义》云："仁义接，宾主有事，俎豆有数，曰圣。圣立而将之以敬曰礼，礼以体长幼曰德"时，圣只是通宾主之意，识得俎豆之数；这个意义上的圣还是知的代用辞，所以在这里，圣为初级，圣而后有礼，有礼而后有德。皮锡瑞《礼记浅说》云："古者圣、知通用。《论语·述而》：'若圣与仁'，即'若知与仁'，所谓'学不厌，知也；教不倦，仁也。盖以仁、义、礼、知并言，故先言仁义，既言'仁义接'而后言'知'，言'知'而后言'礼'。《礼记》以礼为主，故终言之，而曰'礼以体长幼曰德。'……古'圣'、'知'通用，此'圣'字即'知'字，盖以春为知，夏为仁，秋为义，冬为信。"②

但是在春秋战国时代，社会历史的状况为圣人观的意义变化提供了基础。随着周王朝的衰落，中原大地进入了诸侯、大夫称霸进而战争兼并的动乱状态。而此时社会生产力的发展已经从经济上将黄河与长江流域的众多诸侯国联系了起来，政治上的统一成为一种新的时代性要求。"从春秋到战国，诸侯国有兼并战争连接不断，客观上就是实现这一历史发展的要求的。但是，频繁的战争又使广大人民处于水深火热的痛苦之中，迫切需要把相互的兼并转化为全国的大统一来结束战争灾难。这就需要产生一个前所未有的伟大人物来领导人民实现这个愿望，开创历史的新局面。在当时的人们的心目中，这个伟大的人物，就是'圣人'，从而圣人这个观念就变得非常崇高，并逐步向神秘和玄妙莫测的方向来发展。"③的确，在政治上的统一遥遥无期的时候，精神与文化层面上的天下与中国的统一要求，最终落到了新的圣人观念上。因而，"圣"这个词语的发展变化的核心，是作为有天下的帝、王的后

---

① 例如《诗经》之"桑柔"云："维此圣人，瞻言百里。维彼愚人，复狂以喜。"顾颉刚指出：这是说圣人所见的和所谈的都可以考虑得很远，但愚人则只看到眼前，不知道祸患将临，反倒发狂地高兴了。另一个例子是《抑》中，将哲人与愚人相对，"其维哲人，告之话言，顺德之行。其维愚人，复谓我僭"。顾颉刚由此而得出，圣人与哲人的意义相同，只是聪明人的意思，本没有什么玄虚的意义。

② 以上参看顾颉刚：《"圣"、"贤"观念和字义的演变》，《中国哲学》第一辑，北京：三联书店1979年版；收入顾颉刚《古史辨》第一册，海口：海南出版社2003年版，又收入胡晓明、傅杰主编：《释中国》第二卷，上海：上海文艺出版社1998年版，第712—732页。

③ 顾颉刚：《"圣"、"贤"观念和字义的演变》，《中国哲学》第一辑，北京：三联书店1979年版，第80—81页。收入顾颉刚《古史辨》第一册，海口：海南出版社，2003；又收入胡晓明、傅杰主编：《释中国》第二卷，上海：上海文艺出版社1998年版，第712—732页。

继者出现的,它是帝、王时代终结之后,天命最高承担主体的新形式。所以,在春秋以来的典籍中,我们看到对圣的理解,总是与天下或中国的概念关联在一起;在这个意义上它是一个与王,或帝并列的范畴。"轴心时代"对圣人的理解,既然着眼于天下,那么,它就不会满足于某个具体的家与国。下面的文献可以清楚地表明这一点。①

《墨子·兼爱》:圣人,以治天下为事者也。

《墨子·尚贤中》:圣人之德,总乎天地也。

《墨子·节用上》:圣王之道,天下之大利也。

《墨子·大取》:圣人也,为天下也。

《墨子·公孟》:若使孔子当圣王,则岂不以孔子为天子哉?

《老子》二十二章:圣人抱一,为天下式。

《管子·正世》:圣人者,明于治乱之道,司于人事之终始者也。

《荀子·劝学》:圣人之所在,则天下理焉,在右则右重,在左则左重。

《荀子·正论》:圣人,备道全美者也,是悬天下之权称也。

《韩非子·扬权》:谨修所事,待命于天下,毋失其要,乃为圣人。

《韩非子·奸劫弑臣》:圣人……将以救群生之乱,去天下之祸,使强不凌弱,众不暴寡,耆老得遂,幼孤得长,边境不侵,君臣相亲,父子相保。

《淮南子·泰族训》:圣人者怀天心,声然能动化天下者也。

《吕氏春秋·仲春纪》:圣人之治天下,非易民性也,拊循其所有而涤荡之。

《吕氏春秋·仲春纪》:圣人深虑天下,莫贵于生。

《大戴礼记·诰志》:古之治天下者必圣人。

《易·象传》:观天之神道,而四时不忒;圣人以神道设教,而天下服矣。

《易传·系辞上》:圣人以通天下之志,以定天下之业,以断天下之疑。

上述对圣人的叙述,是作为最高政教主体而被思考的,在这个意义上,圣是新的状况下帝与王的替代者。与帝、王一样,圣人是在有限的空间(中国)

---

① 下面所引例句,部分来自蒋广辉:《思想的权威与权威的思想——先秦的圣人崇拜与经学的发生》,载其主编《中国经学思想史》第一卷,北京:中国社会科学出版社2003年版,第104—123页。

里开辟无限的政教境域(天下)的人,因此也是中国—天下在新时代的寄托所在。由于天下的敞开总是落实在具体的"中国",所以以天下为意的圣人同时也必意在中国。《韩非子·扬权》云:"事在四方,要在中央。圣人执要,四方来效。"这显然勾勒了圣人居于中国而远化四方的"有天下"的特性,与"帝王所都曰中"的传统具有极大的对应性。

圣人作为天命在身的最高政教主体,是承天之命,继天之道的。

《中庸》:大哉圣人之道! 洋洋乎发育万物,峻极于天。

《易·象传》:天地之道,恒久而不已也。……圣人久于其道,而天下化成。

《郭店楚简·成之闻之》:"圣人天德"何? 言慎求之于己,而可以至天常矣。

《国语·越语下》:天因人,圣人因天;人自生之,天地形之,圣人因而成之。

《礼记·礼运》:圣人参于天地,并于鬼神,以治政也。

《淮南子·泰族训》:圣人者,怀天心,声然能动化天下者也。

《春秋繁露·深察名号》:圣人之所命,天下以为正。正朝夕者视北辰,正嫌疑者视圣人。

以圣人承继天命,乃是轴心时代中国思想的最重要变动之一,这一变动与此前的帝、王承天之命构成鲜明的对照。在圣统成立之后,治统的天子之所以不同于此前的帝、王,就在于其固然顺承天命,但从此便必须在圣人的中介下进行;此与帝王本身即可承接天命,不需要外在的中介大不相同。这就是说,在圣统的架构下,圣人与天子在天命面前虽然平列,乃共治天下的不同主体,但追究其与作为正当性基础的天命之关联,则并非没有等级层次之别。由于圣人乃是政教生活的最高天命主体,因而其参与天地,化育万物,和泽万民。

《易·象传》说:天地养万物,圣人养贤以及万民。

《易·象传》:天地感,而万物化生。圣人感人心,而天下和平。

当然,作为最高的天命政教主体的新的圣人观念,毕竟不是在"有位"的地基上产生的,而是在政治统治现象之外的语境中为自己立基的,因此,有德者,而不是有位者,成为圣人形象构造的崭新维度。由此不难理解,在轴心时代的圣人观念的另一个变化是,从早期智慧、聪明、智者之义转向道德人格的维度发展。

《孟子·离娄上》：圣人，人伦之至。

《孟子·尽心下》：圣人，百世之师也。

《孟子·尽心下》：圣人之于道，命也。

《荀子·礼论》：圣人者，道之极也。

《荀子·解蔽》：圣人者，道之管也。

《荀子·哀公》：所谓大圣者，知通乎大道。应变而不穷，辨乎万物之情性者也。

《庄子·知北游》：圣人者，原天地之美，而达万物之理。

《鹖冠子·度万》：圣人者，德之正也。

圣人被"赋予了最高的'道德境界'的品性，使'圣人'在具有高超智能的同时，也使之成为'道德'和'人伦'的化身或完美体现者。"[1]智慧与道德的结合，在某种意义上揭示了圣人承担天命的"在身"依据。

圣人观在轴心时代的变化，与治教分离的社会历史背景相互构成。圣人乃是有大智与大德者，却未必是有位者，因此，其对天下的承担更多地通过"教"而不是"在位"天子的行政之"治"来进行。可以说，当圣统别于帝、王之统而获得独立时，治教分离的语境与之相互构成。孔子的出现是个转折，他的伟大功绩在开辟教统，以教统承接道统，从而承接天命。孔子在诸侯争霸的时代，欲推行周礼，致力于王道的实现。但在多年的奔走中终于明白，帝与王的时代已经结束了，治统与教统的合一不再可能。所谓"不复梦见周公"[2]、所谓"凤鸟不至，河不出图，洛不出书"[3]，所谓"西狩获麟"，[4]都深切地传达了这样一种认识。

帝、王的时代已经终结，政教的基础业已改变，在没有帝、王的时代里，政治生活需要新的开端。当孔子看到杞、宋之"文"与"献"不足征夏殷之礼时，[5]其感慨至深：夏、殷本为有天下之国，它们的礼乐都成了死的礼乐，那么，千千万万的不曾"有天下"、但悠久地携带着自己的古文化、自己的风教的诸方国，其湮灭式微也就更不可避免了。[6]换言之，上万年根系的方国时代即将成为历史

---

[1] 王中江：《儒家"圣人"理想的早期形态及其变异》，见氏著：《视域变化中的中国人文与思想世界》，郑州：中州古籍出版社2005年版，第1—15页。

[2] 《论语·雍也》。

[3] 《论语·子罕》。

[4] 《左传》哀公十四年。

[5] 《论语·八佾》记载孔子之言曰："夏礼吾能言之，杞不足征也。殷礼吾能言之，宋不足征也。文献不足故也。足，则吾能征之矣。"

[6] 《史记·太史公自序》："春秋之中，弑君三十六，亡国五十二，诸侯奔走不得保其社稷者不可胜数。"

的过去,它不再是政教实施的基础,一个新的时代即将出现。孔子作《春秋》,无论是对于孔子本人,还是对于中国的历史而言,都是一个伟大的转折。

孟子曰:"王者之迹熄而诗亡。诗亡,然后《春秋》作。晋之《乘》,楚之《梼杌》,鲁之《春秋》,一也。其事则齐桓、晋文,其文则史。孔子曰:'其义则丘窃取之矣。'"①

《说苑·君道》如下的说法可以视为对孟子之言的注脚:"周德不亡,《春秋》不作。"春秋作为一种题材,记载的不是王者的事迹,而是诸侯的事迹。"盖十五国风次第衰竭,而侯国春秋次第以兴。此学术变迁之一会乎?"②这并不仅仅意味着周德的衰亡,还有更深的意义。孔子在讲三代礼乐损益,明确提出"其或继周者"③,显然,"周"作为一个时代已经终结、一个新的时代即将来临的意识,在孔子那里已经不是什么奥秘。但春秋之作、西狩获麟等一系列征兆所传达的消息,并不仅仅是周德之亡,而是"王"的时代随着周德之衰已经终结了,如同帝的时代随着王的时代到来业已终结一样。其或继周的时代,虽然离不开对三代礼乐的损益,但三代之王所代表的政教典范已经不再了。正是出于这个认识,孔子才有《春秋》之作。晚年的孔子退而修《诗》、《书》、《礼》、《乐》,整理《六经》,终于使得新的政教主体——天下之士或君子——的营造有了基础。在这个意义上,无论是孟子所说的"人皆可以为尧舜",还是荀子所说的"涂之人可以为禹",这里的尧、舜、禹,都不再是作为有位之帝、王来讲的,而是作为有德之圣立论的。荀子的《劝学篇》谓,学始乎为士,终于为圣人,圣之可学,由德性所至,但帝、王之位则非能如此而致。这已经明确以圣统替代已经成为历史的帝王之统。

帝、王是在家天下的血缘性线索中成立的,一个王朝的帝王系列是同姓或同氏的有血缘关系的世袭"天子"。"帝"是氏族性的,为同氏者,虽然"帝"可"禅"可"让",但帝的单位主体却往往并不是个人,而是氏族。氏族在"帝"的时代乃是政教的基本单位。与此相应,在五帝时代,个人与氏常常不分,黄帝、炎帝等与其说是个人之名,不如说是部族之名。④ 在黄帝的"德"这一名目下,所内含的,与其说是黄帝个人的德性与德行,毋宁说是黄帝这一氏族的"集体品质",即由其氏族传统整体所展现的"精神气质"。在这个意义上,禅与让不是发生在两个独立的个人之间,而是发生在部族领袖与部族领袖之间,受禅的主体即便以个人的形式出现,但究其实质而言他是代表一个部族,

---

① 《孟子·离娄下》。
② 蒙文通:《中国史学史》,上海:上海人民出版社1996年版,第9页。
③ 《论语·为政》记载:子张问:"十世可知也?"子曰:"殷因与夏礼,所损益,可知也。周因于殷礼,所损益,可知也。其或继周者,虽百世,可知也。"
④ 参看徐旭生:《中国古史上的传说时代》,桂林:广西师范大学出版社2003年版。

也是通过一个部族的集体德能在行使帝业;正如五帝时代的某一世官的主体不是单个的个人,而是其整个氏族一样。在这个语境中,帝的时代,德与能都是集体性的品质。王是在"家天下"的架构下成立的,在这个意义上王之传承是家族性的,为同姓者。王者之德,总是与有天下的宗族之德联系在一起。是以有"夏后氏之德"、"商德"、"周德"等等的表述。大抵在春秋时代,德的主体才由氏族、宗族(家族)而转向个人。① 而圣与帝王不同,是纯粹依据个体的德能来确定的。当孔子在《论语·尧曰》、孟子在《尽心下》中叙述帝、王、圣的"道统"系列时,其实际的截取之法,是将帝统、王统纳入圣统中,而不是相反。这意味着在帝王之谱系中拣择那些符合圣统精义的,将之列入圣统。于是,在正统的叙述中,五帝时代只有尧、舜,而三王时代则只有禹、汤、文、武、周公,被纳入圣者之统。实际上,若就位而言,五帝时代的帝统不止包括尧、舜,还有颛顼、黄帝等等很多;三王时代的王者不仅有禹、汤、文、武、周公等五人,还有幽、厉、启等多位天子。在这个意义上,以圣统摄帝王之统,乃是一种拣择,在此,政教最高承担主体之氏族与宗族的要素得以淡化,而代之以个体的智慧与德行,天命下落的单位也不再是氏族与宗族,而是个人。是以颛顼、黄帝可入帝统,但却不入圣统;幽、厉本在王绪,但同样不能入于圣统。换言之,从圣统观照,则帝有圣帝、有非圣之帝;有圣王,亦有非圣之王。因而,圣统的成立,意味着以圣规定、截取帝、王之谱系,其截取的后果,当然是氏族与宗族性的帝王之德被转化为个体性的圣者之德,在这一转化中,圣统上升为最高尺度;但同时它也带来一个结果,就是将帝、王与"德"的必然关联的脉络中断,从而为"天子一位"或"天子一爵"的观念埋下伏笔。

圣统虽然有别于帝王之统,但在实际上又包含、统摄帝王之统。圣统的成立包含着对帝王政教遗产的总结与提炼。在这个意义上,圣统的成立并不仅仅是顾颉刚所谓的是为满足在诸侯争霸时代对天下统一的愿望而发明的一个想象性的观念之物。相反,它是在帝王终结之后,对"中国"与"天下"的精神基础与位格基础的反思的产物。圣人是作为中国精神的位格基础而被建构的,也就是说,圣人被构想为中国精神在位格上的完美体现,圣人之道由此而成为中国精神的基础,成为在天下承受、彰显天命的方式。惟有圣统作为更高的尺度,才能对帝、王之统作出价值上的评价。以德系帝、以礼系王,

---

① 斯维至:《说德》,《人文杂志》1982年第二期;修订文本见:《中国古代社会文化史论》,第365—395页。当然就姓氏本义而言,它们并不是基于血缘的构造,姓氏皆缘政治的意义而生,血缘的意义反而是后起的。姓氏乃是联系统治阶级的一种纽带。在三代,姓氏的血缘意义才凸显出来。说见杜正胜:《传统家族试论》,见黄宽重、王增贵主编《台湾学者论中国史 家族与社会》,北京:中国大百科全书出版社2005年版,第10页。

本有其历史的史迹为基础,但同样也包含着一种价值的评价。从帝到王的历史变化,被视为一种"德衰",并非偶然。因为只有在帝统的"禅让"中,天下之大位的"让"与"禅"的结合,才能保证以圣传圣,不受血统、出生等现成因素的影响;因而"天下大公"才得以实现。而在王统中,家天下意味着世袭制度将天下之大位落实在血统与出身之上,即便王朝之始有天下乃因为有"圣"者之德,但其世及制度却不能保证圣德的继续。因此,在不能以德继德的情况下,惟有采用替代性的方案,即以"礼"来保持天子之位的传续;礼虽然可以止乱,但却将在帝的时代据"德"而可在氏族间流动的"位",局限在宗族甚至出身的前定架构中,凝滞不通。这大概就是"德衰"的判断的根由所在。以圣统统摄帝王之统,甚至皇帝王霸之统,乃意味着一种彻底的解放,即将中国的政教实践从氏族、宗族、血缘、集体性、前定性的限制中,真正上升到理念的高度。在这个意义上,帝王史观,甚至皇帝王霸的史观中,内蕴着一个更高的尺度,这就是圣。由此而言,当疑古史学将帝王史观视为轴心时代的思想建构时,有其合理之处。因为唯有在圣人观念确立之后,帝王史观乃至皇帝王霸史观才可能得以出现。但正因如此,圣统与帝王之统的关系就变得复杂起来:一方面,圣统是帝王之统的替代者与终结者,帝与王所象征的政教,只能成为历史的过去,而不再是实践着的现实;另一方面,帝王之统又被统摄在圣统之中,是在圣统意识的参照下才得以建构起来,它的遗产作为某种要素而不是架构,被保存在圣统的架构中。这看似矛盾的现象,其实传达了思想与历史的深层吊诡。这个吊诡也正传达了圣人观念所具有的深刻意义:圣人既标志着一个时代,即圣人作为天命主体、最为政教典范的时代,也就是孔子之后的中国传统时期;另一方面,圣人本身又超越了任何一个时代,圣人作为最高天命主体之前的帝、王时代,乃是作为这个时代的过去,即作为这个时代的历史,而被构成起来。在这个意义上,帝王的政教史观与圣人的成立,可以视为同时性的,它们都是轴心时代的思想建构,只不过这一建构包含着两个相互联系的层面:一是对历史的建构,即帝、王政教史观的建构;二是对未来的建构,即圣人主导政教的新时代的建构,一种新的政教结构的可能性的建构。这两个建构是同时展开的,是同一个过程的两个不同方面。只有在新的可能性出现的前提下,旧的现实才得以真正终结,换言之,圣人的时代作为一种政教生活的可能性,首先被理解,而后才能据此从理念的高度去理解过去的时代,帝与王、德与礼,便是在这种情况下作为新的可能性的历史先导而得以产生的。由此,就观念产生的逻辑次第而言,圣人观先于帝王史观。但若就观念内部的历史结构而言,帝王的时代或者被作为圣人时代的特例,或者被视为圣人时代的先导,因此帝王的时代又先于圣的时代。

二、治教分立与孔子的圣化

将帝王之统纳入圣统,或以圣统统摄帝王之统,就必须如何区别入圣之帝、入圣之王与后帝王时代的圣人的典范差异问题,以先圣、中圣与后圣的表达来结构业已终结的帝、王时代与即将展开的新时代,就是对这个问题的一个回答。在这方面,汉代陆贾撰写的《新语》的第一篇是《道基》①,具有代表性:

先圣乃仰观天文,俯察地理,图画乾坤,以定人道。民始开悟,知有父子之亲,君臣之义,夫妇之道,长幼之序。于是百官立,王道乃生。民人食肉饮血,衣皮毛;至于神农,以为行虫走兽,难以养民,乃求可食之物,尝百草之实,察酸苦之味,教民食五谷。天下人民,野居穴处,未有室屋,则与禽兽同域。于是黄帝乃伐木构材,筑作宫室,上栋下宇,以避风雨。民知室居食谷,而未知功力。于是后稷乃列封疆,画畔界,以分土地之所宜,辟土殖谷,以用养民,种桑麻,致丝枲,以敝形体。

当斯之时,四渎未通,洪水为害;禹乃决江疏河,通之四渎,致之于海,大小相引,高下相受,百川顺流,各归其所,然后人民得去高险,处平土。川谷交错,风化未通,九州绝隔,未有舟车之用,以济深致远;于是奚仲乃桡曲为轮,因直为辕,驾马服牛,浮舟杖楫,以代人力。铄金镂木,分苞烧殖,以备器械;于是民知轻重,好利恶难,避劳就逸;于是皋陶乃立狱制罪,县赏设罚,异是非,明好恶,检奸邪,消佚乱。民知畏法,而无礼义。于是中圣乃设辟雍庠序之教,以正上下之仪,明父子之礼、君臣之义,使强不凌弱,众不暴寡,弃贪鄙之心,兴清洁之行。

礼义不行,②纲纪不立,后世衰废;于是后圣乃定《五经》,明六艺,承天统地,穷事察微,原情立本,以绪人伦,宗诸天地,纂修篇章,垂诸来世,被诸鸟兽,以匡衰乱,天人合策,原道悉备,智者达其心,百工穷其巧,乃调之以管弦丝竹之音,设钟鼓歌舞之乐,以节奢侈,正风俗,通文雅。③

---

① 黄震谓:"《道基》言天地既位,而列圣制作之功。"唐晏云:"此篇历叙前古帝、王,而总之以仁义。"王利器:《新语校注》,北京:中华书局1986年版,第1页。)《道基》所面对的是对帝王与后帝王时代进行历史分期,以明确《新语》一书将在什么样的时代性脉络中展开。前古帝、王被统摄在仁义与《六经》的架构下,实际上意味着以孔子之《六经》仁义之教居前古帝、王,并由此将"后孔子时代"作为一个新时代,也就是以孔子的《六经》为一个不同于往古帝、王的新时代之开端。就此而言,《道基》所具有的意义,往往被忽视了。

② "不"原文作"独",王利器从子汇本、唐本校改。

③ 王利器:《新语校注》,北京:中华书局1986年版,第9—18页。

显然,在陆贾的叙述中,"先圣"时代与通常所谓的帝皇之世联系在一起,由伏羲开其端,经神农、黄帝,对应于三代之前的五帝时代(三皇时代可以包含在这个时代中);中圣则似大禹开始,中经奚仲、皋陶,尤其指文王、周公;后圣指孔子,它与《五经》的删定整理联系在一起。① 由对中圣的叙述可以看出,先圣时代民不知礼义,这就是说先圣所确立的"父子之亲,君臣之义,夫妇之道,长幼之序,"仅以"德"(应该是氏族共同体的习惯法)的方式存在,而未及于礼义制度,当然也没有刑罚。礼义时代从大禹开始,也就是从三王时代开始,礼义的出现伴随着学校的教化而产生的,而教化的目标却恰恰是先圣所定的人道之基础:"父子之亲,君臣之义,夫妇之道,长幼之序。"学校的出现的理由是民知畏法却不明礼义,而礼义又是与刑罚一并出现的。显然,先圣与中圣对应着乃是五帝、三王,而后圣时代则指立足于"《六经》"的经法之治。其实在《孟子·离娄上》已经可以看到先圣、后圣的观念,"先圣、后圣,其揆一也。"这里的先圣指舜、后圣指文王。② 孟子又以禹、文王、孔子为三圣。③ 汉代班固《汉书·艺文志》云:"《易》道深矣,人更三圣,世历三古。"根据韦昭的注释,所谓"三圣"、"三古",就是指"伏羲为上古,文王为中古,孔子为下古。"这里的"三圣"与《道基》所谓的先圣、中圣、后圣相对应。④ 在某种意义上,三圣(先圣、中圣、后圣)中的三并不是确定的数目,而是三个时代以及与时代相对应的类型,即三种圣人;借助于此三种类型的圣人,学者们完成了对三个时代的划分:帝(三皇五帝的时代)、王(夏商周三代)与孔子所开启的一个新时代。

孔子所开启的新时代是与"定《五经》","明六艺"联系在一起的。《五经》与六艺并不是两个东西,而是对《诗》、《书》、《礼》、《乐》、《易》、《春秋》的统称。王利器云:"《五经》,孔子而后,称说《五经》者,当以陆氏此文为最先。其后,汉武帝建元五年春,初置《五经》博士,汉章帝时,会诸儒于白虎观,讲议《五经》同异……"⑤ 而

---

① 王利器:《新语校注》,北京:中华书局1986年版,第9—19页。王利器以先圣为伏羲,以中圣为文王、周公,以后圣为孔子。此徒从周易之经三古、历三圣而言;然而根据《道基》的语境,先圣、中圣与后圣亦包括黄帝、神农、大禹等而为言。故而王氏所谓"以文王、周公当中古,则中圣谓文王、周公也。所谓'设辟雍庠序之教'者,辟雍、上庠、东序,俱周大学之名也,然则陆贾此言中圣,亦谓文王、周公也。"乃拘执之论,不能会通《道基》之大义。但其云:"后圣,指孔子",则是不刊之论。

② 《孟子·离娄下》曰:"舜生于诸冯,迁于负夏,卒于鸣条;东夷之人也。文王生于岐周,卒于毕郢,西夷之人也。地之相去也,千有余里;世之相后也,千有余岁;得志行乎中国,若合符节。先圣后圣,其揆一也。"

③ 《孟子·滕文公上》云:"我亦欲正人心,息邪说,距诐行,放淫辞,以承三圣者。岂好辩哉!予不得已也。"其所谓三圣,或指禹、周公与孔子,或指尧舜、周公相武王、孔子。

④ 王利器云:"器按:三圣,即陆氏所谓先圣、中圣、后圣也。"《新语校注》,北京:中华书局1986年版,第9页。

⑤ 王利器:《新语校注》卷上"道基",北京:中华书局1986年版,第18页。

后《五经》之说才得以流行。但在此之前,通行的说法则是"《六经》",如《庄子·天运篇》。陆贾将《五经》(《六经》)与六艺连在一起,其实在《史记·太史公自序》中已有"夫儒者以六艺为法。六艺经传以千万数,累世不能通其学,当年不能究其礼",《史记正义》谓:"六艺,谓五礼、六乐、五射御、六书、九数也。"这个说法很有问题。因为《史记·滑稽列传》明云:"六艺于治,一也:礼以节人,乐以发和,书以道事,诗以达意,易以神化,春秋以道义。"《史记·孔子世家》:"孔子之时,周室微,而礼、乐废,诗、书缺……以备王道,成六艺。"显然,六艺乃是指《六经》。或许是因为《六经》成书者只有《诗》、《书》、《礼》、《易》、《春秋》五种,"乐"虽为一艺,但未成一书,因此"六艺"又被称为"《五经》",但孔子述作《六经》时,本不以成书为限,所以战国学者所谓"《六经》"并非六本书,而更接近于汉人所谓的"六艺"。《五经》与《六经》、六艺的问题在此不是问题的关键,问题的肯綮在于,孔子之所以跻身后圣,并开启一个新时代,乃是因为其述作"《六经》"。这个说法并不是陆贾个人的观点,而是战国以来的一个传统观念。《庄子·天运篇》亦表达了孔子以《六经》成为五帝三王的后继者的观点。

《庄子·天运篇》提出"三王五帝之礼义法度,其犹柤梨橘柚邪!其味相反而皆可于口。故礼义法度者,应时而变者也。今取猨狙而衣以周公之服,彼必龁啮挽裂,尽去而后慊。观古今之异,犹猨狙之异乎周公也。"在此,值得注意的是"应时而变"、"古今之异"的意识,它暗示五帝三王的时代已经终结。《天运篇》将从帝、王到圣(经),视为中国与天下之"天运"——或天命。对中国政教的历史性命运的关注,乃是《天运》的主轴。《天运篇》将内圣外王之道的转折归于孔子。《天运》首先借老聃之言表述了古帝、王之道的历史变易性:"尧授舜,舜授禹。禹用力而汤用兵,文王顺纣而不敢逆,武王逆纣而不肯顺,故曰不同。"帝王之道随时变易,在每一个时代都有所不同。正是在这种前提下,《天运》以"三王五帝"非(当今之)圣,[①]即在轴心时代及以后,帝、王不再可能成为政教实践的建造与实施者。那么,新的时代,新的圣人在哪里?耐人寻味的是,《天运篇》以孔子作为讨论圣人之道、讨论中国之天命运转问题的结尾,这暗示正是孔子而不是其他人,才是帝王的真正后继者。而使得孔子与

---

① 《天运》借老聃之口曰:"小子少进,余语汝三皇五帝之治天下:黄帝之治天下,使民心一。民有其亲死不哭而民不非也。尧之治天下,使民心亲。民有为其亲杀其杀而民不非也。舜之治天下,使民心竞。民孕妇十月生子,子生五月而能言,不至乎孩而始谁,则人始有夭矣。禹之治天下,使民心变,人有心而兵有顺,杀盗非杀人。自为种而'天下'耳。是以天下大骇,儒墨皆起。其作始有伦,而今乎妇女,何言哉! 余语汝:三皇五帝之治天下,名曰治之,而乱莫甚焉。三皇之知,上悖日月之明,下睽山川之精,中堕四时之施。其知惨于蛎虿之尾,鲜规之兽,莫得安其性命之情者,而犹自以为圣人,不可耻乎?其无耻也!"按这里的"三皇",应该为"三王",说见钟泰《庄子发微》,上海:上海古籍出版社2004年版,第335页。

于圣者之道的那种可能性,便在于《六经》:"丘治《诗》、《书》、《礼》、《乐》、《易》、《春秋》六经。"但《天运篇》没有表达对《六经》的直接肯定,而是接着引用了老聃对《六经》的批评:"夫《六经》,先王之陈迹也,岂其所以迹哉!今子之所言,犹迹也。夫迹,履之所出,而迹岂履哉!"表面上看,这是一个很强的批评,然而其本身却传达了《六经》作为先王陈迹,乃为履之所出的意义,换言之,《六经》虽为帝王的历史陈迹,但帝王之道,乃至内圣外王之道亦藏之于《六经》之中。"夫苟知化",则能即迹以见道,是故当老子最后曰:"可,丘得之矣"时,对孔子及其《六经》做了最终的肯定,《天运篇》在老子对孔子及其《六经》的这种肯定中结尾,其意蕴是耐人寻味的。明白了这个脉络,就会发现,对《天运篇》而言,承接回应帝、王之终结的,乃是孔子与他整理的《六经》。自此之后的内圣外王之道,及其政教典范,便皆系之于《诗》、《书》、《礼》、《乐》、《易》、《春秋》六经。

对《天运篇》而言,有两个孔子:一个是述作《六经》之前的那个孔子,一个是述作《六经》的孔子。《天运篇》批评了周游列国,欲行其道于当世的孔子,彼时之孔子,"伐树于宋,削迹于卫,穷于商周……围于陈蔡之间",虽然不辞劳苦,造次于是,颠沛于是,但由于不明白帝、王时代已经一去不复返,所以彼时的孔子在《天运篇》看来不过是"推舟于陆":"夫水行莫如用舟,而陆行莫如用车。以舟之可行于水也,而求推之于陆,则没世不行寻常。古今非水陆与?周鲁非舟车与?今蕲行周于鲁,是犹推舟于陆也!"《天运篇》甚至用东施效颦来比喻试图因袭帝、王之道而不懂得更化的那个孔子,感慨系之:"夫子其穷哉!"故而《天运》谓孔子"行年五十有一而不闻道"有其自身的着眼点,这与孔子自言"五十而知天命"乃是针对不同的问题而立言的,钟泰用后者来反驳前者,就不能切中《天运篇》自身的问题意识。① 只有在《天运篇》自身的思想结构中,才能明白其借老聃对孔子所说的如下话语的含义:"幸矣,子之不遇治世之君"。《天运篇》将孔子不遇明君视为一种"幸",这当然不是什么幸灾乐祸,这其实是说,正因为孔子不遇治世之君,才有治《诗》、《书》、《礼》、《乐》、《易》、《春秋》六经的可能性。对于孔子自身而言,正因修治《六经》,才有改变他行年五十一岁而不闻道的局面,这里所谓的道,不是五帝之帝道,也不是三代之王道,更非现代学者所青睐的形而上学或本体论的道,而是在帝王终结之后的"内圣外王之道"。《史记·孔子世家》以"退而修诗书礼乐"描述孔子之修治《六经》,退即是从欲行王道于当世的政治实践中退出,对孔子本人这是一种"退",而不是一种"进";但对于《天运篇》而言,如果着眼于"天运"——也就是着眼于天下的转移、天道的运行、圣人之道的兴替,而不是作为个人的孔

---

① 参见钟泰《庄子发微》"天运篇"的注解,上海:上海古籍出版社2004年版。

子的命运,那么,这个"退"字正是一种转"进",《天运》肯定的正是这个"退"字。《史记·仲尼世家》载:孔子曰:"'弗乎弗乎,君子病没世而名不称焉。吾道不行矣,吾何以自见于后世哉?'乃因史记作春秋。"孔子于《诗》、《书》、《礼》、《乐》、《易》,皆有发明,但后世学者独谓《春秋》为"作",盖作《春秋》在《六经》的述作中有特别的意义。而孔子之因史记而作春秋,乃在自知"吾道不行"之后。此一自知,乃是孔子由"退"而"进"之转折。以退为进,兹在《庄子·天运篇》的描述中,乃是"化"。"性不可易,命不可变,时不可止,道不可壅。苟得于道,无自而不可;失焉者,无自而可。"正是这个借老聃之口表述的见地,乃使孔子由"退而修诗书礼乐"、"不得已"整理《六经》,转进为通过《六经》而创制立法之大义的深切着明,"与化为人"而后"化人",从而为天下开辟了一个新格局,为圣人之道创立了一个新开端。"退而修诗书礼乐"、"不得已"整理《六经》,最多可能使孔子成为先师,而不可能成为至圣;复见老子并得到老子肯定的孔子,则是与化为人而能化人的孔子,是借《六经》以承帝王之道、垂经法于来世的"至圣",而不只是"先师"。无论是先师还是至圣,都不再同于那个周游列国、欲行其道于一个特定时代的孔子,借着《六经》之述作,孔子将自己的生命遭送到未来,遭送到一切时代,而成为一个真正意义上的立法者——即给出大经大法的圣人。

《天运篇》所发现的作为帝王后继者,同时也是作为新时代开辟者的孔子,乃是对轴心时代的不断深化的孔子观的一个典型性的总结。而孔子自身的生命历程的变化,即从周游列国以行道到退而修诗书礼乐作春秋,其所具有的意义,已经不再超出了孔子本人,而成为一个时代的见证。只有从孔子一己的生命进至于一历史与文化的视角,才可以看出《天运篇》赞许"以退为进"的孔子所具有的重要意义。事实上,王充在《论衡》中同样坚持了这一视角:

孔子曰:"吾自卫反鲁,然后乐正,雅、颂各得其所。"是谓孔子自知时也。何以自知? 鲁、卫,天下最贤之国也,鲁、卫不能用己,则天下莫能用己也,故退作春秋,删定诗、书。……鲁、卫不能用,自知极也;鲁人获麟,自知绝也。①

其实,帝王时代已经终结的意识,乃是战国学者们的一致共识。《荀子·非相》云:"圣王有百,吾孰法焉? 故曰文久而息,节族久而绝。""欲观圣王之迹,则于其粲然者矣,后王是也。彼后王者,天下之君也;舍后王而道上古,譬之是犹舍己之君而事人之君也。故曰:欲观千岁则数今日;欲知亿万则审一二;欲知上世则审周道;欲知周道则审其人所贵君子。故曰:以近知远,以一知万,以微知明,此之谓也。"荀子之所以提出法后王,正是因为他看到帝、王

---

① 黄晖:《论衡校释》卷二十六"知实",北京:中华书局1990年版,第1092页。

已经成为历史的陈迹:"五帝之外无传人,非无贤人也,久故也。五帝之中无传政,非无善政也,久故也。禹、汤有传政而不若周之察也,非无善政也,久故也。传者久则论略,近则论详,略则举大,详则举小。愚者闻其略而不知其详,闻其小而不知其大也,是以文久而灭,节族久而绝。"就连《韩非子·五蠹》也同样展现了寻求新的天命主体的自觉:"然则今有美尧、舜、汤、武、禹之道于当今之世者,必为新圣笑矣。"同样,《列子·杨朱篇》也表达了帝王不再的意识:"三皇之事若觉若梦,五帝之事若存若亡,三王之事或隐或显。"帝、王时代已经成为遥远的过去,新时代的基础必须重新确立。如前所述,圣人观的出现正与这一问题意识相关。是以"轴心"时代的学者们思考可能的天命主体当以何种方式出现。事实上,圣人观提供了得以将帝王之统以新的方式加以消化的可能性,学者们通过时王、后王、后圣、时圣、玄圣、素王等概念,试图给上述问题以新的回答。荀子所谓的"欲观千岁则数今日",与他在《不苟》所谓的"千人万人之情,一人之情是也;天地始者,今日是也;百王之道,后王是也。君子审后王之道而论于百王之前,若端拜而议"是一致的。荀子所谓的后王是谁?① 杨倞注云:"后王,当今之王。言后王之道,与百王不殊。"②"后王,近时之王也。粲然明白之貌。言近世明王之法,则是圣人之迹也。夫礼法所兴,以救当世之急,故随时设教,不必独拘于旧闻。而时人以为君必用尧舜之道、臣必行禹稷之术然后可,斯惑矣。孔子曰:殷因于夏礼,所损益可知也。故荀卿深陈以后王为法,而审其所贵君子焉。司马迁曰:法后王者,以其近已,而俗相类议卑而易行。"③ 刘台拱与王念孙都认为,荀子所谓的后王乃是指文王、武王。④《王制篇》:"王者之制,道不过三代,法不贰后王。道过三

---

① 廖名春曾对后王之往说进行整理,大体有三种意见:一是近时之王,即当今之王;二是周文王、周武王,因此法后王与法先王是一回事;三是圣人或素王。参见廖名春:《荀子新探》,台北:文津出版社1994年版,第165页。
② 王先谦:《荀子集解》卷二"不苟",北京:中华书局1988年版,第48页。
③ 王先谦:《荀子集解》卷三"非相",北京:中华书局1988年版,第80页。
④ 刘台拱云:"后王,谓文、武也。杨注非。"王念孙云:"后王二字,本篇指《非相篇》一见、《不苟篇》一见、《儒效篇》二见、《王制篇》一见、《正名篇》三见、《成相篇》一见,皆指文、武而言。杨注皆误。"但正如俞樾所云:"刘、汪、王三家之说,皆有意为荀子补弊扶偏,而实非其雅意也。据下文云:'彼后王者,天下之君也。舍后王而道上古,辟之是犹舍己之君而事人之君也。'然则荀子生于周末,以文、武为后王可也,若汉人则必以汉高祖为后王,唐人则必以唐太祖、太宗为后王,设于汉、唐之世而言三代之制,是所谓舍己之君而事人之君矣,岂其必以文、武为后王乎?盖孟子言'法先王'而荀子言'法后王',亦犹孟子言'性善'而荀子言'性恶',各就其是,初不相谋,比而同之,斯惑矣。《吕氏春秋·察今篇》曰:'上胡不法先王之治?非不贤也,为其不可得而法'又曰:'世易时移,变法宜矣。辟之若良医,病万变,药亦变。病变而药不变,乡之寿民,今为殇子矣。'盖当时固之论,固多如此。其后李斯相秦,废先王之法,一用秦制,后人遂以为荀卿罪,不知此固时为之也。后人不达此义,于数千年后欲胥先王之道而复之,而卒不可复,吾恐其适为秦人笑矣。"王先谦:《荀子集解》卷五"王制",北京:中华书局1988年版,第80—81页。

代谓之荡，法贰后王谓之不雅。"杨倞注"论王道不过夏殷周之事，过则久远难信；法不贰后王，言以当世之王为法，不离贰而远取之。"①在这里，显然，后王似与三代之王区分开来，法后王并不是法三代之王（夏商周），②而是法当世之王。当世之王，不是圣人，也不是传统意义上的帝、王，而是明王。"明王之法，则是圣人之迹"，则明王又以圣人为法。这表明了时代要求一种新的政治实践的新格局的意识。而荀子所谓法后王正是这种意识的集中体现。按：《礼记·礼运》云："虽先王未之有，可以义起。"作为后王的明王乃是"义起"而立。但是，在帝王时代终结的语境中，当世之王之有天下，不再可能是德有天下，而是位有天下。《荀子·正论》曰："天下归之之谓王，天下去之之谓亡。"在理想意义上，王天下者当有圣人之德，故而"非圣人莫非能王。"但圣与王毕竟有别，圣人有"不得执者"，如孔子、子弓；有"得执者"，如舜禹。③是以圣者在理上当王、但在势上却未必王，圣、王的分化，乃是"轴心时代"业已发生的历史时势。在这一语境中，《荀子·君子》强调："尊圣者王。"显然，"有天下"的内涵在轴心时代发生了分化：有"位有"，有"德有"。位有天下，意味着在现实政治的意义上为天下之君王，于治统为最尊；德有天下，意味着在文化与精神的层面上为天下之圣人，于教统为最尊。因而，有德之圣与有位之王共治天下的政教格局，自孔子之后始出。当然这里的有位之王，不同于三代之王，三代之王意味着德有天下与位有天下的合一，这种合一当然是自圣统成立之后、立足于圣统的追溯；孔子之后的王者，乃是位有天下者，而非德有天下者，王即所谓"天子"，但天子已经褪去了神圣的光环，天子乃一爵一位而已，此点后文还要阐发。

由此可以说，圣人观的出现，与治教二统的分化乃是同一过程。这一分化奠定了孔子之后的政教格局。王夫之曾谓："天下所极重而不可窃者二：天子之位也，是谓治统；圣人之教也，是谓道统。"④治统把握势权，道统掌握教理，势权是具体的、现实的，落实在一定的时空条件中，而教理则具有超越具体时空的普遍性的意义。吕坤有谓："天地间惟理与势为最尊。虽然，理又尊之尊也。庙堂之上言理，则天子不得以势相夺，即相夺焉，而理则常伸于天下万世。故势者，帝王之权也；理者，圣人之权也。帝王无圣人之理，则其权有时而屈，然则理也者，又势之所恃以为存亡者也。以莫大之权，无僭窃之禁，

---

① 王先谦：《荀子集解》卷五"王制"，北京：中华书局1988年版，第158页。
② 《正名》谓："后王之成名，刑名从商，爵名从周，文名从礼。散名之加于万物者则从诸夏之成俗曲期。"
③ 《荀子·非十二子》："是圣人之不得执者也，仲尼子弓是也"、"则圣人之得执者，舜禹是也"。此外，《臣道篇》有"圣臣"之说。
④ 王夫之：《读通鉴论》卷十三，《船山全书》第十册，长沙：岳麓书社1996年版，第479页。

儒林

此儒者之所不辞而敢于任斯道之南面也。"①帝王之治权必须通过道统之教理而获得正当性，但教理又需凭借势而得以实行。帝王时代往往被构想为帝王之势与圣人之理的有机结合，甚至二者未曾分化的一体状态。"帝王皆圣人在天子之位者也，作之君，作之师，萃于一身，未有人君敢自放于礼法者，故政与教皆自天子出，而天子超然于政教之外，所以示尊无二上也。"②所以，清代儒者李光地云："道统之与治统古者出于一，后世出于二。孟子序尧舜以来至于文王，率五百年而统一续，此道与治之出于一者也。自孔子后五百年而至建武，建武五百年而至贞观，贞观五百年而至南渡。夫东汉风俗一变至道，贞观治效几于成康，然律以纯王不能无愧。孔子之生东迁，朱子之在南渡，天盖付以斯道而时不逢。此道与治之出于二者也。"③治教合一的历史终结于有周，分离之局开始于孔子，自孔子以后，最高的天命主体由圣人之道统共同承担，由治统落实，二者并行于世。儒者承此圣人之教成就儒者之统，实即教统。王夫之有谓："儒者之统，与帝王之统并行于天下，而互为兴替。其合也，天下以道而治，道以天子而明；及其衰，而帝王之统绝，儒者犹保其道以孤行而无所待，以人存道，而道可不亡。"④

　　孔子开创的圣人之教统，以文而化天下，因此可与二帝三王并列。崔述《洙泗考信录》云："二帝三王孔子之事，一也；但圣人所处之时势不同，则圣人所以治天下亦异。是故，二帝以德治天下，三王以礼治天下，孔子以学治天下。"⑤以德治天下，被理解为五帝政教实践的理念精髓；以礼治天下乃是对三代政教实践的理念概括；以学治天下，则是以文教化天下。这一表述，将孔子与帝、王并立，可见在后帝、王时代并承接此帝王之绪的乃是孔子。虽然帝王时代终结了，但惟有孔子所立之教统，使其帝王之统精义不绝，换言之，帝王之统赖孔子而得以传于后世。这就是说，虽然治统与教统自孔子以后并行，但真正接得上上古帝王之统的，真正能够承载天命之重负的，在帝王终结之后，并不是治统，而是教统。由君臣构成的治统体系必须通过教统而实施统治，换言之，对于教统而言，由君臣构成之治统本质上只是教统之内容与精神的执行、实施与运用。在这个意义上，治教的分离，固然是教化权力与统治权力的分离，但同时它们并非平等的并列，而是转变成不同的分工：教统出道理，治统出执行，二者在最终的

---

①　吕坤：《呻吟语》卷一内篇"礼集·谈道"。
②　张尔田：《史微》，上海：上海书店出版社2006年版，第225页。
③　李光地：《榕村集》卷十《序一》《进读书笔录及论说序记杂文序》。该序文又收入《皇清文颖》卷十五。均见《文渊阁四库全书》。
④　王夫之：《读通鉴论》卷十五，《船山全书》第十册，长沙：岳麓书社1996年版，第568页。
⑤　崔述：《崔东壁遗书》，上海：上海古籍出版社1983年版，第261页。

层面上统一于天命。不仅如此,自孔子之后,出于治统的君主,不得跻身圣域,只能享一代一朝一家之祀;而作为圣人的孔子则得以在不同的朝代家族中被共同尊奉祭祀。因为教统与治统的分立,意味着圣人之"德有天下"不再受时代、现实之势的条件限制,可以在普遍的意义上"有天下",而治统之王者只能成为一代一朝之君王,"位有天下"始终受到具体的历史条件的限制。就此而言,教统独立于治统,亦是"德有天下"的"解放",具有伟大的意义。

将孔子作为"新圣"、"时圣"、"玄圣素王"等,总之作为帝王的后继者,在孔子之时已经出现,一直到汉代,后人所谓的孔子的"圣化"运动,得以最终完成。①《孟子》记载宰我之言云:"夫子贤于尧舜远矣。"②孔子弟子有若亦曰:"岂惟民哉,麒麟之于走兽,凤凰之于飞鸟,泰山之于丘垤,河海之于行潦,类也。圣人之于民,亦类也。出于其类,拔乎其萃。自生民以来,未有盛于孔子也。"③仪封人更以为"天下将以夫子为木铎"。④ 楚狂接舆见孔子所唱凤鸟之歌,也传达了同样的意思。《孟子·万章下》谓:"孔子,圣之时者也……孔子之谓集大成。"《礼记·中庸》谓:"仲尼祖述尧舜,宪章文武。"显然是以孔子继承帝王之统。在孔门之外,也流传着以孔子为圣人的记载。《墨子·公孟》载公孟子谓子墨子曰:"今孔子博于《诗》、《书》,察于礼乐,详于万物,若使孔子当圣王,则岂不以孔子为天子哉?"《韩非子·五蠹》更是直接说:"仲尼,天下圣人也,修行明道以游海内,海内说其仁,美其义,而为服役者七十人,盖贵仁者寡,能义者难也。故以天下之大,而为服役者七十人,而仁义者一人。鲁哀公,下主也,南面君国,境内之民莫敢不臣。民者固服于势,诚易以服人,故仲

---

① 孔子圣化的历史过程,可参看李冬君:《先秦诸子论孔子与孔子圣化》,《南开学报》,2000年第1期;《儒家分化与孔子圣化》,《南开学报》,1998年第3期。以及其著:《孔子圣化与儒者革命》,北京:人民大学出版社2004年版。
② 《孟子·公孙丑上》:"宰我曰:以予观于夫子,贤于尧舜远矣。"《左传》载:"吾闻将有达者曰孔丘,圣人之后也,而灭于宋。"
③ 《孟子·公孙丑上》。
④ 《论语·八佾》:"二三子何患于丧乎?天下之无道也久矣,天将以夫子为木铎!"类似的表述还有:《论语·子罕》:"太宰问于子贡曰:夫子圣者欤?何其多能也?子贡曰:固天纵之将圣,又多能也。"《论语·子张》:"叔孙武叔毁仲尼。子贡曰:无以为也!仲尼不可毁也。他人之贤者,丘陵也,犹可逾也;仲尼,日月也,无得而逾焉。人虽欲自绝,其何伤于日月乎?多见其不知量也。"《论语·子张》:"陈子禽谓子贡曰:子为恭也,仲尼岂贤于子乎?子贡曰:君子一言以为知,一言以为不知,言不可不慎也。夫子之不可及也,犹天之不可阶而升也。夫子之得邦家者,所谓立之斯立,道之斯行,绥之斯安,动之斯和。其生也荣,其死也哀,如之何其可及也?"《论语·子张》:"叔孙武叔语大夫于朝曰:子贡贤于仲尼。子服景伯以告子贡。子贡曰:譬之宫墙,赐之墙也及肩,窥见室家之好。夫子之墙数仞,不得其门而入,不见宗庙之美,百官之富。得其门者或寡矣。夫子之云,不亦宜乎!"《论语·子罕》载颜回云:"仰之弥高,钻之弥坚,瞻之在前,忽焉在后。夫子循循然善诱人,博我以文,约我以礼。欲罢不能,既竭吾才,如有所立卓尔。遂欲从之,末由也已。"

尼反为臣,而哀公顾为君。仲尼非怀其义,服其势也。故以义则仲尼不服于哀公,乘势则哀公臣仲尼。"

孔子之作春秋,在孟子看来,乃"天子之事"①,《孟子·尽心下》更是将孔子列入尧、舜、禹、汤、文、武、周公的圣统谱系,直以孔子承古之帝、王。《公羊传》禧公四年谓,孔子之作《春秋》,"以此为王者之事也",哀公四年谓孔子"制春秋之义,以俟后圣。"《淮南子·泛论训》将孔子的春秋作为一个周之后的一个新"王"时代:"周氏废,礼义坏,而《春秋》作","殷变夏,周变殷,《春秋》变周"。《说苑·君道》云:"孔子曰:'夏道不亡,商德不作;商德不亡,周德不作;周德不亡,《春秋》不作。'春秋作而君子知周道亡矣。"王充《论衡·对作篇》曰:"孔子作《春秋》,周民弊也。故采求毫毛之善,贬纤介之恶,拨乱世,反诸正,人道浃,王道备,所以检柙靡薄之俗者,悉具密致。夫防决不备,有水溢之害;网解不结,有兽失之患。是故周道不弊,则民不文薄;民不文薄,春秋不作。"又《论衡·超奇篇》:"孔子作春秋,以示王意。然则孔子之春秋,素王之业也。诸子之传书,素相之事也。观春秋以见王意,读诸子以睹相指。"②

素王也就是无冕之王。荀子即以孔子为无冕之王。《王霸》云:"綦定而国定,国定而天下定。仲尼无置锥之地,诚义乎志意,加义乎身行,着之言语,济之日,不隐乎天下,名垂乎后世。……是所谓义立而王也。"《解蔽篇》更云:"孔子仁知且不蔽,故学乱术,足以为先王者也。一家得周道,举而用之,不蔽于成积也。故德与周公齐,名与三王并,此不蔽之福也。"而孔子得与周公三王并的依据则在《六经》,③也就是诗、书、礼、乐、易、春秋的述作。《庄子·天下篇》不以孔子入百家之学,而以《诗》、《书》、《礼》、《乐》、《易》、《春秋》六经为内圣外王之道所由寄,亦表明了同样的用意。司马迁《史记·孔子世家》谓:"自天子王侯,中国言六艺者折中于夫子,可谓至圣矣。"显然,自轴心时代,孔子为新圣的共识,正在逐渐形成。

作为新圣,孔子通过开创了一个政教局面,而此后的中国历史,便在此局面的笼罩之下。柳诒徵指出:"自孔子以前数千年之文化,赖孔子而传;自孔子以后数千年之文化,赖孔子而开。"④孔子既是承接五帝三王的圣人,也是终结帝、王,甚至是终结圣人的圣人。前于孔子,可与孔子并列的乃是合于圣人

---

① 《孟子·滕文公下》。
② 类似的说法甚多,《文选》"答宾戏"注引《春秋元命包》曰:"孔子曰:丘作春秋,始于元,终于麟,王道成也。"《淮南子·主术训》曰:"春秋二百四十二年,亡国五十二,杀君三十六,采善锄丑,以成王道。"《春秋繁露》俞序篇:"仲尼之作春秋也,上探正天瑞,王公之位,万物民之所欲,下明得失,起贤才,以待后圣。"
③ 根据杨倞的注释:"'一家得',谓作春秋也。'周道举',谓删诗书定礼乐。'成积',旧习也。言其所用不滞于众人旧习,故能功业如此。"王先谦:《荀子集解》,北京:中华书局1988年版,第393—394页。
④ 柳诒徵:《中国文化史》上册,第二十五章,北京:东方出版社2008年版,第226页。

的帝者与王者；后于孔子，不复再有圣人，而所有的只是作为《六经》的诠释者与实践者的贤人君子。在这个意义上，说孔子是新圣，其实是针对帝王之入于圣统而论的，即针对尧、舜、禹、汤、文、武、周公、孔子这一道统谱系而立论的。但若明白就此一道统谱系而言，实际发生的是将古者帝王合于圣统者纳入圣统，而不是以圣统纳入帝王之统，而圣统的成立自孔子始，则明白尧、舜、禹、汤、文、武、周公与孔子实不可同日而语。尧、舜、禹、汤、文、武、周公，作为一代之帝、一朝之王，其道赖孔子而传，孔子之后的中国政教，恒以孔子为依归。是以以孔子为圣，站在今日视角而言，有效果历史的意义；对轴心时代而言，则有未来的意义。所谓孔子为来世立法，而不当一代之王。在这个意义上，整个"前轴心时代"的政教实践与历史，可谓至繁至久，但要而言之，只为一"大事因缘"，即作为圣者的孔子之出现而已。是以吕坤说道：

> 亘古五帝、三王不散之精英，铸成一个孔子，馀者犹成颜、曾以下诸贤至思、孟，而天地纯粹之气索然一空矣。春秋战国君臣之不肖也宜哉！后乎此者无圣人出焉。靳孔、孟诸贤之精英，而未尽泄与！①

强调孔子作为圣人的绝对性与唯一性，是吕坤的卓越见的。

章学诚认为孔子明立教之大成，周公集治统之大成。"盖君师分而治教不能合于一，气数之出于天者也。周公集治统之成，而孔子明立教之极，皆事理之不得不然，而非圣人异于前人，此道法之出于天者也。故隋唐以前，学校并祀周、孔，以周公为先圣，孔子为先师，盖言制作之为圣，而立教之为师。故孟子曰：'周公、仲尼之道一也。'然则周公、孔子，以时会而立统宗之极，圣人固藉时会欤？"②这就是说，周公为治统之集大成者，孔子为教统因此也就是师统之创建者。但需要注意的是，在孔子之前，治教未分，因此说周公集治统大成，实际上不是就周公说周公，而是就孔子说周公。相对于孔子之立教统，才有周公之集大成被视为治统之大成的表述。因此，在这里，周公集治统之成是奠基于孔子明立教之极的言述，前者是以后者为条件的，因而是派生的陈述。就"效果历史"而言，孔子之后的政教格局乃是基于《六经》的经法之治，也就是归宗于孔子创制的经法，而不是归于周公创制的礼乐，因此说周公集治统之大成并没有未来的意义，只是当世的意义。换言之，孔子明立教之极，乃与一新格局相随，此一新格局主导了其后的政教实践与历史。而周公集治统之大成，创制礼乐（王道）制度以函道德（帝道），或说藏道德（王道）于礼乐

---

① 吕坤：《呻吟语·圣贤》。
② 章学诚：《文史通义校注》，叶瑛校注，北京：中华书局2000年版，第122—123页。

（王道）之中，只是一旧格局的终结，只是此前帝道与王道的最终完成。张尔田谓："周公之圣为一代致太平，孔子之圣为万世立名教，孔子之微言大义莫备于今文，周公之典章制度亦莫详于古文，古文明而后周公致太平之道明，周公致太平之道明，而后孔子损益旧史、垂教万世之义明。"①在这个意义上，周公与孔子不可同日而语。因此，章学诚以周公为先圣、以孔子为先师，有其问题。说孔子为先师可，但若以周公为先圣以与孔子之先师并列则不可。因为，就中国文化的总体视域而论，圣统的成立始于孔子，终于孔子。以孔子说周公，则周公可入圣统；但若以周公说周公，则彼时圣与帝、与王相比，并无独立的意义，即便有其意义，也不能与帝、与王相比，是以说周公为圣，反而小了周公。是孔子之生命与德教，使得圣具有了与帝、王并立的意义。是以无孔子，则无圣，更无所谓圣统。只有帝统与王统罢了。就此而言，言周公集治统之大成，必在孔子之后方可说之。廖平说："西汉以前言经学皆主孔子，不系于周公。汉明帝与学校并祀周孔；郑君以先圣为周公，先师为孔子；议者以周公为先圣作经，孔子为先师传经。史公云：百家言黄帝不雅驯，皆折中于孔子。当时古书尚多，史公唯以孔子为归，此巨识也。今所传秦以前书，皆合于孔子，以外皆不传，如庄、墨、申、韩诸家皆主孔子，所言礼制皆同王制，其人皆师法孔子者也。太史公所言不雅驯者，大约如山海经、竹书之类，不与经说合者，当日此类书必多，今传者绝少。至于诸子百家，皆孔子之徒用孔子之说。"②故自孔子之后，言中国文化，其道大中至正者，必以孔子为开端。如冯友兰之《中国哲学史》、牟宗三之《心性与心体》等。胡适《中国哲学史大纲》以老子开端，则不通此中精义者也。

孔子不同于之前的帝、王，帝王之统中合于圣者，如尧、舜、禹、汤、文、武、周公，都是德位一致的。孔子则有德无位，因而其出现也可以说是帝、王传统的中断，惟其中断，才可能有新格局的开始。如何理解孔子的位置，事关重要。《庄子·天道篇》曾经提出"玄圣素王"的概念，③后人往往以此定位孔子。

---

① 张尔田：《史微》，上海：上海书店2006年版，第1—15、208—220页。
② 廖平：《廖平选集》上，成都：巴蜀书社1998年版，第406页。
③ 这一概念以圣王的原初合一与后来的分离为前提。这一分离从此作为一个象征性的事件而得以出现，先王之道者被纳入圣人之道，而不是圣人之道被纳入先王之道中加以处理。于是，是圣而不是王，成了道的直接诠释者。王道本身虽然可求诸天，但圣人的中介作用却得以凸显出来。在《庄子·天道篇》的脉络中，圣道与帝道之道不同。"帝道运而无所积，故天下归；圣道运而无所积，故海内服。""明于天，通于圣，六通四辟于帝王之德，其自为也，昧然无不静者矣！"显然，作为《天道篇》真正关切的乃是圣道，而不是帝道与王道。"圣人之静也，非曰静也善，故静也。万物无足以挠心者，故静也。水静则明烛须眉，平中准，大匠取法焉。水静犹明，而况精神！圣人之心静乎！天地之鉴也，万物之镜也。夫虚静恬淡寂漠无为者，天地之平而道德之至也。"《天道篇》以帝王圣人并举，"帝、王、圣人休焉"。正是在这种语境中，提出了"玄圣素王之道"的观念："虚静恬淡寂漠无为者，万物之本也。以此处上，帝王天子之德也；以此处下，玄圣素王之道也。……静而圣，动而王，无为也而尊，朴素而天下莫能与之争美。"

郭象注曰:"有其道为天下所归而无其爵者,所谓素王自贵也。"成玄英更明确地说:"用此无为而处物上者,天子帝尧之德也;用此虚淡而居臣下者,玄圣素王之道也。夫有其道而无其爵者,所谓玄圣素王自贵者也,即老君、尼父是也。"①显然,成玄英所以举出老君,是因为李唐一代尊老子,老子为李姓,尊老子乃有神化、抬高李氏家族之统治的意义。历代学者之所以以玄、素来理解孔子的圣、王位置,是因为孔子在现实政治中,位极人臣,另一方面也是为了突出与此前帝、王的差别。

《论衡·超奇》云:"然则孔子之春秋,素王之业也。"王晖《论衡校释》云:

> 《困学纪闻》八曰:"《家语》齐太史子余叹美孔子云:'天其素王之乎。'素,空也,言无位而空王之也。董仲舒《对策》云:(见《汉书》本传)'见素王之文。'贾逵《春秋序》云:'立素王之法。'郑玄《六艺论》云:'自号素王。'卢钦《公羊序》云:'制素王之道。'皆因《家语》之言,而失其义。"晖按:《文选·思友人诗》注,引《论语崇爵谶》曰:"子夏共撰仲尼微言,以当素王。"《御览》六百十引《钩命决》:"子曰:吾作孝经,以素王无爵之赏,斧钺之诛,与先王以托权。"《淮南·主术训》:"专行孝(一作教),以成素王。"《春秋纬》:"孔子作《春秋》,立素王之法。"(贾逵注《左传》"九丘"。)后《定贤篇》亦云:"孔子不王,素王之业,在于《春秋》。"《公羊》哀十四年疏引《孝经》说:"丘以匹夫徒步,以制正法。"亦即此义。盖孔子殷人,又天纵将圣,时人谓当受命为王,而孔子亦以为己任,故有素王之说。王应麟谓皆因《家语·本姓解》为说,失之。②

孔子并非王者,其作春秋,却具有王者的意义,故而与古之帝王之道相通。《风俗通·穷通》:"仲尼制春秋之义,着素王之法。"则孔子制义垂其法但无其位,是以虽然孔子之立法具有王者的意义,但却不能以王者定孔子。苏舆在理解《春秋繁露》时,有云:

> 素犹空也,孔子自立素王之法耳,非敢自谓素王。此语自明。说者造为素王至少臣之说,郑氏《六艺论》又云:"孔子自号素王。"谬矣。晋杜预《春秋左氏传序》已斥之。是汉世儒者并以《春秋》为一代之治,盖后人尊孔以尊王之意,非孔子所敢自居也。太史公引壶遂语云:"孔子作《春秋》,垂空文,以断礼义,当一王之法。"又《儒林传》云:"因史记作《春秋》,以当王法。其辞微而指博。"得其义矣。周子云:"《春秋》正王道,明大法

---

① 郭庆藩:《庄子集解》,北京:中华书局2004年版,第461页。
② 王晖:《论衡校释》卷十三"超奇第三十九",北京:中华书局1990年版,第609—610页。

也,孔子为后世王者而修也。"程子云:"夫子当周之季,以圣人不复作也,顺天应时之治,不复有也,于是作《春秋》,为百王不易之大法。"正与此合。夫王迹熄而《春秋》作,周道亡于幽厉,熄者其迹,亡者其道,非《春秋》敢于夺王统也。明高拱《春秋正旨》言"《春秋》乃明天子之义,非以天子赏罚之权自居",最合(见焦循《孟子正义》引。)而何休则云:"《春秋》托新王受命于鲁。"(隐元年注。)赵岐注《孟子》亦云:"明《春秋》借鲁受命立制。"于是有受命之说矣,此董子所不言也。(《符瑞篇》:"西狩受命。"谓受命作《春秋》,与何赵意异。)①

孔子受命立制之说,实不明于内圣外王之道的发现,对于政教格局之转进所具有的深远的意义。孔子之制作,非谓具体的制礼作乐,而是作《春秋》,《春秋》之作,乃是因帝王之迹以明内圣外王之道,虽然具有立法的意义,但无涉于具体的制作。若孔子不作《春秋》以发明政教生活的大经大法,则此后之儒者、君子、士人,在无帝、无王的时代无所归依,亦无有凭借以抗无道之君主与不义之治权。是以孔子虽然不制作礼乐,但却为礼乐的制作,乃至为整个政教生活垂立大法。

就现实的治统而论,孔子居处人臣之位;但若就教统而论,孔子实为立法创制之圣人。但孔子之立法创制不同于帝与王,此前之帝王,皆能有作,其所制作,在礼乐。《礼记·乐记》云:"王者功成作乐,治定制礼。"但礼乐随时而变易:"五帝殊时,不相沿乐;三王异世,不相袭礼。"②是以,一代有一代之礼乐,前代之礼乐未必能行于今日,今日之礼乐未必行于后世。是以礼乐之制作,代代而不同;古之帝王,功成制定而后有作。与此前帝王之有作礼乐相比,孔子自谓"述而不作"。③所谓述者,则继其志、述其事、承其业之谓也,《中庸》所谓"仲尼祖述尧舜,宪章文武",即此中之"述"义。孔子继承古帝、王制作礼乐之精义,而演为制作之经法纲纪,垂诸来世。是以孔子之述而不作,谓不作礼乐;孔子之开端创制,乃是有作与经法纲纪,空垂制礼作乐之法,以待来者。就此而言,孔子可谓是以其经法承前而启后。以经法垂诸后世,而不如五帝以德、三王以礼之治天下,是以圣之名立耳。如前所述,圣之义,就其所化而言,在天下而不仅在国家,以此化天下之意,圣乃上承接于古之帝王;就圣义乃以德行、智慧而不以人爵之位而言,则圣之名乃是古之帝王之统的中断;就圣之名乃是为百代立经法,而不是为一代制礼乐而言,则圣有过于古之帝王。是以"孔子贤于尧舜"之论,有其自身的意义。

---

① 苏舆:《春秋繁露义证》卷一《玉杯》,北京:中华书局1992年版,第29页。
② 《礼记·乐记》。
③ 《论语·述尔》。

善的生活需要真理吗？
——从儒家仁、义、礼、智、信谈起

◇ 谢文郁

摘　要："五常"之首"仁"提出了人与人之间的关系问题，它是儒家关注和思考的出发点。"仁、义"并称表明，儒家关注并寻找的是一种完善的人与人之间的关系。"义"就指称这种完善的人与人之间的关系，而"礼"则是"义"在现实中的形式表达。"义"是"礼"的基础。对"礼"所表达的"义"的理解，便是"智"。要使"行礼"成为可能，人与人之间还必须有相应的信任。"信"进入"五常"并逐渐确立其地位。人们关于"义"的理解是一个日日新的过程，如果真理问题意识缺场，这个过程就会中断。因此，我们必须重视真理问题。

关 键 词：善、真理问题、儒家"五常"、自由主义、保守主义

作者简介：谢文郁，山东大学犹太教与跨宗教研究中心教授，博士生导师。主要研究领域：西方哲学与宗教、中西哲学比较等。

"善的生活需要真理吗？"这个题目听起来可能感到有些别扭。不过，如果我们深入思考一下"善的生活"和"真理"这两种说法，我们并不难感受到其中的千丝万缕的联系。从西方思想史的角度看，真理问题是一个鸡肋问题，也就是说，无法放弃它，又无法解决它。我们可以称之为真理问题意识。在某种意义上，真理问题意识是令人绝望的。但是，中国思想史采取了淡化和消解真理问题意识的做法。因此，我今天想从中国思想史上的一个核心问题谈起，即：通过对儒家核心价值"五常"的顺序进行分析，揭示儒家的生存关怀，思想构架，以及实践方式，然后从中引出真理问题意识。我要说明的是，消解真理问题意识的做法其实是一种鸵鸟式的逃避，对思想发展的阻碍是摧毁性的。这里，我想采取宗教哲学的生存分析方法（其中隐含着中西比较哲学的视角），展示真理问题对思想发展的决定性意义。

---

* 本文根据本人在山东大学"什么是善的生活"讲座的演讲（2010 年 10 月 26 日）整理而成。

一

我们知道,孔子生活的时代是一个礼崩乐坏的时代。那时,周礼已经没有人遵守,整个社会各阶层的人物都在凭自己的心思意念做事,社会秩序进入混乱状态。在这样一种混乱状态中,孔子发现:对于我们生活的这个时代,大家都很不满意。从天子的角度看,他不满意于大家的不顺服("臣不臣")。从诸侯的角度看,大家都不满意于天子的无能("君不君")。每个人都有自己的角度来理解什么是好、什么是坏,都从自己的角度来判断是非。因此,中国思想界从春秋时代就开始提出这样的问题:这个社会究竟应当怎样去组织,应当怎样去管理?我们生活在世界上,但究竟怎么样才算一种好的生活?怎么样才算合适的生活?这在当时是个非常现实的问题。在这种情况下,孔子作为儒家(儒在当时的一个重要职责就是为人"司仪相礼"),提出了这样的问题:你是怎么理解"礼"的?"礼"在这个世界上应该怎么运行?

我们注意到,在《论语》中,孔子及其弟子把一个字看得非常之重——"仁"。为了解释"仁",他又加了一个"义"字。在"义"后面,我们知道还有一个"礼"字。我们逐一分析这几个字以及它们之间的关系。从字义的角度看,"仁"是"两个人"。这意味着什么呢?它意味,我们关心的是人和人的关系。这就是我们思想的出发点。我们并不关注桌子是怎么造的,这有木匠可以去做。我们不关心田是怎么种的,这有农民在种。我们不关注其他问题,我们关注的就是人和人之间的关系问题。"仁"就是我们关心的中心,全部思想都是围绕这一点来进行的。我认为这个出发点非常重要。对于我们的思维来说,你关心什么问题,你的思维方向就被规定了;你的思维所使用的材料也被限定了;进一步,你的如何处理这个问题的框架也就基本定型了。因此,你的整个思维都是围绕着这个"仁"(人和人的关系)来转了。在这个意义上,"仁"是孔子思想的出发点,这个出发点是一种生存关注,是一个完全现实的问题。

孔子时代的现实是"礼崩乐坏",这意味着各种各样的人和人之间的关系都暴露出来了。在日常生活中我们可以观察到各种各样的人和人之间的关系,比如说,强盗团体中有强盗之间的关系,家庭当中有成员之间的关系,社会上有各种趣味相投的人之间的关系,等等。既然孔子关心的是人和人之间的关系,那么学生就会问他:你是关心的是这种人和人之间的关系呢,还是那种人和人之间的关系呢?那么多人和人之间的关系,你究竟关心哪一种?于是孔子就用"义"来解释人和人之间的关系。在训诂上,"义者,宜也",就是"合适"的意思。但实际上,不论"义"还是"合适",这个字的含义是很复杂的。

我们来看孔子的思路。孔子认为他所讲的那个"仁"是有"义"的人和人之间的关系。那么,学生们接着就会问:你说的那个"义"是什么意思呢?孔子对"义"这个字从来没有下过任何明确的界定,但是留下了一些说法。比如"见得思义":你得到一些东西了、拥有一些东西了,在这些事情上,你要进一步想想"义"的事情。"见利"也要"思义":"利"就是有一些获得,在"利"上也要思"义"。孔子还谈到"君子义以为上",把"义"当作最高的东西,要不断盯住那个"义"。那个"义"是什么呢?无论如何,只要你是君子的话,你就要盯住那个"义"?"义"和"仁"比起来,"仁"还有"两个人"的意思,而"义"则是一个无法界定的字。在整个中国思想史上,"义"这个字是一直都说不清楚的。"江湖义气"的"义",和"舍生取义"的"义",所讲的其实相当不一样。但是在孔子那里有一点是很明确的,即他讲的"义"是一种最好的东西、最完善的东西。

"仁义"两个字在孔子那里合起来的意思是:我讲人和人之间的关系,关心的是人和人之间一定有最完善的关系;我关心的是把这种最完善的人和人之间的关系找出来,然后我们在这个社会实行之。那么这种最完善的人和人之间的关系是什么关系呢?他说,我们当然不是现在就给你一个简单的界定,因为这个问题在孔子看来是很复杂的,是需要我们要不断去追求那个东西。所以他接下来就提出,我们每个人都会对义有一定的理解。比如说我们生活在这个世界上,我们这帮人趣味相投,我们这帮人凑在一起一定是有一种人和人之间的关系的。哪种关系对我们来说才是合适的呢?哪种关系对我们来说是最好的呢?我们每个人都会想这个问题。比如说你今天说话、做事,说得、做得在我们看来不合适,在我们看来你这样做不对。那么为什么不对呢?你凭什么说人家不对呢?那一定是我认为我们这样一帮趣味相投的人坐在一起,应该按照我们认为好的那个东西去生活。所以,这里我们看到,我们每个人都在思考有一个"义"的东西在那里。这就是所谓的完善的人和人之间的关系。

当然,我们这个团体的人可能没有想那么多,只想着我们这个团体内部的人和人之间的关系。而孔子所想的却是,一个人不应当只停留在一个小集团里头,人和人的关系有更广阔的范围,应该在更广阔的范围里去谈论人和人之间的关系。因为涉及更广阔的范围,所以,在究竟什么事最完善的人和人之间的关系这个问题上,变得更加不确定了。但无论如何在孔子看来,一定有一种最完善的人和人之间的关系。无论如何,我们每个人对人和人之间的关系都有自己的理解。一旦我认为我理解了什么是最完善的人和人之间的关系,我就会把这种关系当作最好的。比如孔子说"吾从周",他认为"周

"礼"是最好的。这就涉及了孔子对最完善的人和人之间的关系的理解。我们既然认定了有一种完善的人和人之间的关系，我们就希望能把握住它，使之成为每个人都能遵守的东西。因此，就有了"礼"。

所谓"礼"就是对最完善的人与人之间关系的一种形式化表达。当我们把"礼"表达出来之后，这个"礼"实际上也是在表达我们对"义"的一种理解和把握。然而这种理解和把握一旦表达为"礼"，它就成了一种外在的东西。举个例子来说，我们是小偷；尽管我们去偷别人的东西，但是呢，我们相互之间不允许偷窃。于是我们就定下这个规矩，认为我们之间的人和人之间的最完善关系必须定下一些规矩：我们可以去偷别人，但我们之间不能相互偷窃。定下这个规矩之后，我们也就有了一个规范。这个规范就是一个"礼"，我们在座的每一位都必须执行。你若不遵守这个呢，大家就会觉得你不守"礼"，你做事不合适。大家如果都认为你做事不合适，就会来责备你，甚至会来强制你，对你进行压制。这是为了维持我们之间好的关系。这个例子表明："礼"的含义首先就是对"义"的把握与形式化。所以，"礼"是建立在"义"的基础上的，是我们对"义"的一种理解。

孔子在谈到"仁"、"义"、"礼"这三个字的时候，并没有接着谈更多。他只谈了这三者的关系：我们考虑的是人和人之间的关系，这就是"仁"。我们考虑的是人和人之间完善的关系，这就是"义"。什么是完善的人和人之间的关系呢？我们每个人都会对完善的人和人之间的关系有一定的理解，把我们的理解形式化之后就有了"礼"。有了"礼"之后，那种完善的人和人之间的关系就可以建立起来了。在这里实际上是一个圆圈，所以孔子说："克己复礼为仁"。"克己复礼为仁"，强调我们关心的是"为仁"，是人和人之间的关系。怎么样才能实现这个"仁"呢？完善的人和人之间的关系怎样才能实现呢？我们需要建立"礼"。在我看来，这是孔子比较关心的事情。这个顺序是很重要的："仁"—"义"—"礼"。不能倒过来。我们做事、我们的生活、我们为人处事，其实都是从一定的生存关注出发的，我们要解决我们的这个生存关注。在孔子看来我们关注的是人和人之间的关系，需要有一种完善的人和人之间的关系，最后要给出一定的"礼"来表达这种完善的人和人之间的关系。

这里有什么问题吗？因为"礼"是对我们关于"义"的理解的形式化的表达，所以"礼"是建立在"义"基础上的。那么，这里就会出现这种情况："礼"是建立在我们所理解的义的基础上的。一旦建立起来，它就会反过来要求严格地、无条件地执行。但是，我们对"义"的理解却会发生变化。我们原来认为人和人之间的完善关系是如此这般，过了一段时间，我们可能会认为人和人之间的关系有更多的东西，而这更多东西是现在的"礼"所没有包括的。既然我们的"礼"是建立在对"义"的一定理解基础之上的,而我们的理解现在发生了变化,那么"礼"就应该作出相应调整。在《论语》中孔子曾提到过"礼"的"损益"问题。这意味着儒家认为"礼"可以随着人对"义"理解的变化而更新变化,日新又日新以至于至善。"义"和"礼"的关系本来应该是这样的。但是,我们注意到,一方面,"礼"是建立在一定的关于"义"的理解基础上的;但是,另一方面,它又是作为外在的戒律来规范我们行为。因此,虽然你对"义"的理解发生变化,你想改变"礼",使之和你的理解相适应,但"礼"作为一种外在的行为规范却不允许你做如此改变。这就是问题所在。

孟子对这个问题的感受很深。有人找到孟子要挑战他,因为孟子强调孔子的学说是绝对正确的。所以有人就说,好,我们就来谈谈孔子的这套思路。现在我提出这个问题,挑战者说:"男女授受不亲,这是不是一条礼啊?"孟子说:"当然是一条礼。"挑战者接着说:"好。那么嫂子掉进水里要淹死了,你该不该去牵她的手啊?"这个问题实际上是非常具有挑战性的,因为:既然说是"礼",你就得按照"礼"的规定去做;而嫂子溺水你如果伸手去拉她,那一定就是"亲"了,这样你就违反了这个"礼"。(当然,有人会说嫂子溺水并不一定会溺到快要淹死的程度,因此这个挑战还存在缓和的可能。但我想,在挑战者和孟子那里,"嫂子快要淹死了"这预设是很清楚的。)我们说孟子强调孔子学说的绝对正确性,所以这个挑战其实是针对孔子的。孟子的回答很有意思,他说:"男女授受不亲是礼,但是嫂子溺水的时候你若不援手相救,你就是禽兽。"为了解决这里的张力,孟子在礼的执行问题上加了一个"权"字。在这里,孟子其实是增加了一个很重要的东西。

我们需要重视这个思路。孟子增加了什么东西呢?孟子称之为"权"。"权"就是自己琢磨着、自己权宜着、自己掂量着。这个"掂量",含义可是很深的。我们知道,按照孔子的理解,我们每个人在一定时候都对"义"有一定的理解,而"礼"是建立在我们对"义"理解基础上的。虽然是建立在一定的"义"之理解基础上的,但很多时候我们只谈论"仁"、"义"、"礼","人对'义'的理解"这件事就被遗忘了。我们常常觉得,已经有"礼"了,按照"礼"的方式去做事就可以了。现在,孟子在为孔子作辩护的时候就把这件事情提了出来,即这里还存在一个对"义"的理解问题。这就是我们所说的"掂量"、"琢磨"、"权宜"所包含的意思。也就是说我们在行"礼"的时候,还有一个很重要的东西,就是对"义"的理解。对"义"的理解其实也是对"礼"的理解,因为"礼"是建立在一定的"义"的基础上的。所以"权"这个字提出来之后,我们就出现了一个很重要的字,就是"智"。这是孟子的重要增加。

智就是你的思想,是你对"礼"的理解,就是一种"权",就是"琢磨"。在孟子看来，人在行"礼"的时候，并不是很简单地行"礼"。行"礼"不是一个简单的动作，而是在思想并理解了"礼"的含义之后并按照自己的理解去做。行"礼"的目的是要建立一个完善的人和人之间的关系。你得琢磨着"礼"所隐含的"义"。如果你不琢磨其中的"义"，而只是简单地行"礼"，那么孟子就会说你这不叫行"礼"。因为"礼"是建立在"义"基础上的，所以"礼"本身就包含那些指定"礼"的人对"义"的理解。对于我们这些后人来说，在行"礼"的时候，我们也必须去理解其中的"义"。这就一定需要"智"，需要我们对"义"有所理解。所谓对"义"有所理解，也就是对"礼"里面所包含的"义"有所理解。你要是没有那个理解，你是不可能行"礼"的。

我们可以通过例子对这一点略加展开。比如，我们说要孝敬父母。孝敬父母这件事是"礼"。面对这个"礼"，我们怎样做才算孝敬父母呢？如果没有"智"的话我们会发现，尽管大家都说"孝"，其实大家所作出来的事情常常完全不一样，甚至是完全对立的。比如，"父母在不远游"是"孝"；"承父之志"也是"孝"。在后一种理解中，你要有所作为（"承父之志"），要做很多事情，那么为了你的事业，你可能要离开父母去做你认为你该做的事情。除了"父母在不远游"、"承父之志"，我们还有"忠孝不能两全"这种说法。这都是对"孝"的理解。还有，如果一个人认为，孝敬父母的意思就是要父母有钱花、有好房子住、有好衣服穿、有好吃的吃等等，那么，这人就需要去外面打工。对于这个人的行为，那些持守"父母在不远游"的人会批评说：你这个人怎么那么不孝啊！父母在家里没人管，你怎么跑到外面去啊！不过，这个人可以反驳说：你才不孝呢！你为什么不孝呢？你看你父母吃得不好、穿得不好。看看我父母住的是什么？我父母衣服穿的是什么？我父母吃的什么？你这样让父母没吃没穿的，你才是不孝呢！那大家说究竟谁是不孝？这就涉及"智"的问题。你得理解"礼"。我们每个人都是按照自己对"礼"的理解去守礼的。

我们在"智"里面所理解的，首先就是"礼"所包含的"义"；然后把自己所理解的"义"落实为我的行动。这是谈"智"的时候所包含的两个方面。"仁—义—礼—智"这四常的顺序很重要。孟子谈论的"五常"是"仁—义—礼—智—圣"。在他看来，只要你从关心人和人的关系开始（"仁"），去寻找完善的人和人之间的关系（"义"），并通过"礼"来形式化地表达你的理解，最后通过"智"理解"礼"中之"义"，使"礼"落实为行为。这要这样做了，你就实现了你一开始关心的那个完善的人和人之间的关系。这也是一个圆圈。孟子认为，人在这个圆圈中成为圣人。"圣"强调的是个人的完善化。我们发现，很有意思的是，"圣"这个字后来没有成为"五常"之一。反而在西汉董仲舒之后，开始用另外一个字在取代"圣"的位置，那就是"信"。我们说"仁—义—礼—

智—信",就是"五常"。"信"取代"圣"之后,大家基本上就按照这个思路来讲"五常"。这个取代很有意思;我们需要更多的分析。

为什么"信"有那么大的力量能够在"五常"中取代"圣"呢?我们可以这样来看:孔子一开始的思路是,我们从"仁"出发,关心人和人的关系,因而不得不面对什么是完善的人和人的关系这个问题。因此,从"仁"出发就一定要有"义",即:寻找完善的人和人的关系。当人对于"义"有一定的理解之后,人就会使之形式化而通过"礼"来表达。显然,"礼"隐含着一定的"义"。"礼"是一种行为规范,人在守礼的时候必须对其中的"义"有所理解。这便是理解问题,要求人有"智"。我如何理解这个"礼",我就如何守礼。但是,我们要处理的是人和人之间的关系,是要实施一种完善的社会关系。守礼不仅仅是一种个人行为。也就是说,我不是一个人在孤立地守礼。一个孤立的人不存在守礼问题。守礼是在群体中,在人和人之间的关系中进行的。在群体中守礼意味着什么呢?比如,我们设想,如果人和人之间没有基本的信任关系,那么,在这个群体中,每一个的守礼行为都是枉然。你说你现在按照"仁—义—礼—智"这套东西在行"礼",但我根本就不相信你,因而认为你所做的一切都是骗人的。如果没有彼此的信任,你所做的每一件事情,尽管合乎规矩、合乎礼节,都会被认为是为了某种其他的什么目的。没有人会认为你在守礼。而且,我们完全可以解释说,你的"守礼行为"是表面现象,你的真实目的被掩盖了;其实你是不想守礼的,你现在是装模作样、在作秀等等。我们把这些评价都加在你身上,但就是不会认为你是在按照"仁—义—礼—智"做事情。

"信"指的是朋友之间的一种信任关系。作为一种情感,信任可以使两个没有血缘关系的人连接起来。因此,信任是一种人和人之间的纽带。在儒家的"五常"中,"信"的作用也仅仅是作为这样一种纽带。我们知道,在"仁—义—礼—智"这个圆圈中,由于出发点是"仁",这个圆圈要造就的是一个完善的社会关系,所以,它要求在社会中实现自身。也就是说,一个人必须在社会中守礼。但是,如果没有信任这个纽带,守礼这件事是无法完成的。人群之间的基本信任是守礼的前提。因此,在这个社会上守礼,必须有"信"。人如无信,社会成员之间没有纽带,人就无法守礼,从而也就不可能建立完善的人和人之间的关系,不可能为仁。从这个角度看,"仁—义—礼—智—信"作为"五常",就是一个完整的圆圈了。强调"五常"于是成了中国文化的标志性说法。

二

我们一开始提出的问题是关于"善的生活"。从儒家的角度看,在"仁—

义—礼—智—信"这个圆圈中,人就能过一种善的生活。这种生活观认为,人首先要把自己的关怀放在人和人之间的关系(仁)上;从这里出发去寻找完善的人和人之间关系(义);进而把自己所理解的"义"形式化为"礼",规范人的行为;有了"礼",人必须对"礼"有所理解(智),落实在行为上,即守礼;最后,这种守礼是在社会群体中进行的,因而离不开社会成员之间的基本信任。从仁开始,最后落实到信,乃是一个为仁的圆圈。这样,人在这个社会里面的为人处事就是恰当的,就是善的。如果社会成员都能做到这一点,那么,这个社会也是善的,也是合适的。这是儒家对于善的生活的基本理解。

我们注意到,几千年来,中国社会按照"五常"来组织社会,规范生活。同时,我们也看到,这里关于善的理解并没有一个所谓的"真理"问题。它不谈论什么"真理"问题。我们只是看到这里有关于"义"的问题,即:什么是完善的人和人之间的关系?前面指出,"义"的问题很复杂。人们关于"义"的理解,一方面,它必须形式化为"礼";另一方面,它在不同时期是会改变的。我们这样来分析。关于"义"的理解形式化为一定的"礼"。随着时间和环境的改变,人们关于"义"的理解发生了变化,进而提出了改变"礼"的要求。通常地,当人发现某个"礼"已经不符合他关于"义"的理解之后,他就会有冲动修改"礼"。随着对"义"的理解的改变,"礼"的改变就有了内在的动力。这里,改变某一"礼"的根据在于对"义"的理解已经达到了一个更高的程度。

然而,问题在于,一种关于"义"的理解在什么意义上说它已经达到更高的程度呢?一个人对"义"的理解当然可以作为一个标准进行评价。但是,它能否作为更高的标准来对现实中某个"礼"进行判断呢?人们对"礼"的理解是一个过程,从不理解到理解,从理解较少到理解较多。当一个人认为他的理解更高时,他必然面对这个挑战:他完全理解了这个"礼"的全部含义了吗?也许,在其他人看来,他的理解不过是处于从较少到较多的过程中。实际上,当有人认为某个"礼"必须修改时,别人却不这样认为。比如,20世纪的"五四运动"攻击女人裹脚,提倡恋爱自由。"五四运动"旗手认为,中国文化传统中的许多"礼"都必须抛弃,像鲁迅甚至认为,它们归根到底就是一个词:吃人。但是,问题在于,我们凭什么改?我们来考察一下这里的根据。

历史上,"五四运动"的旗手们接受了西方自由主义的一些想法。他们接受这些想法之后发现,女人不应该这样受到限制:裹脚对女人是一种很严酷的心灵摧残。但究竟是不是很严酷的摧残呢?实际上,很多女人在裹脚时是很心甘情愿的。当然,不排除确实有些人出于被迫,但这种人应该是少数。

他们还提倡恋爱自由,婚姻自主。有意思的是,几十年过去了,从许多调查材料来看,当代中国这个社会,在择偶这件事上,父母的意见对子女仍有很大的压力,父母最后做主的现象仍然普遍。到目前为止,在中国人的心理建构中,父母做主并不是一件不好的事。现在,我们说,这些规范(礼)得改一改,不能再这样下去了。那么,我们凭什么去改?"五四运动"旗手们拿西方个人主义的东西来改造中国传统中的这些规范(礼),所凭借的根据是西方文化的一些理念和做法。我们完全可以追问,这些根据可靠吗?他们可以辩护说,西方人的现实生活就是这样实践这些理念的,因而中国人也可以实践这些理念。从历史上看,整个"五四运动"就是在西方文化的影响下,以西方文化的一些价值理念为依据。因为西方文化优势,这些理念也就具有强烈的吸引力。

我们注意到,这些西方的东西拿来之后,和中国固有的"礼"发生了严重的冲突。在这种冲突中,双方都认为对方是错的。在"五四运动"的旗手看来,恨不得把那帮老顽固都杀了。而在保守派看来呢,他们也恨不得把这帮高举"五四"新文化运动大旗的旗手们都杀了。为什么呢?在前者看来,老顽固持守过时的"礼"不放;在后者看来,"五四运动"旗手们没有充分体会传统之礼的真义。这里,双方各自拥有自己的关于"礼"的理解。当他们站在各自的立场上指责对方,认为对方会给社会带来危害,强调自己的想法才是真正有益于社会的。于是,我们被卷入这场争论。但是,我们根据什么来判断他们之间谁对谁错呢?这里涉及了一个非常值得思考的问题。

简单来说,这便是真理问题。长期以来,在儒家思想的影响下,真理问题几乎不再提起。然而,"五四运动"这段历史实际上把真理问题重新提出来。我们必须认真对待。我们说,善的生活需要真理;那么,需要什么真理呢?真理问题的原始表达是这样的:我们需要下一个判断,即哪个才是对的?哪个才是真正合适的?我们拥有不同的关于"义"的理解,因而我们所依据判断标准是不同的,所给出的判断也会出现不同甚至冲突。这便是双方出现争论的根源。所谓合适的或好的、善的,在不同判断标准中是不同的。究竟哪个才是真正合适的、真正好的,或真正善的?这种包含"真正的"用词的问法本身便是真理问题的表达。只要我们揪住对错好坏、合适与否等问题不放,真理问题就不可回避。

在上述圆圈中,我们可以发现,儒家对这个问题的处理还是相当独到。它并不是简单采取你对我错这种方式,而是认为可以在修身养性的过程中,不断发展自己对"义"的理解。儒家认为,我们可以在开放中对"义"有更多的理解,有更高的理解。在过去几千年中,儒家的这种解决办法有相当的说服力。但是，面对"五四运动"所引入的西方文化，儒家发现自己无法处理"五四运动"带来的冲突。"五四运动"用西方文化来批评儒家，而儒家在相当长时间内无法回应"五四运动"的批评。我们看到，五四精神到目前为止，至少在中国大陆，仍然是主导性的。我想，儒家缺乏回应的力量，主要原因是忽略了真理问题。

我们注意到，直到如今，人们在谈论"五四运动"时仍然认为它所传递的理念（如今表现为自由主义理念）无可争议是正确的。不过，在过去二十年中，我们也注意到，批评"五四运动"的声音越来越大，认为它实际上是破坏了我们的传统文化。这种批评，我们称之为文化保守主义思潮。在这股思潮看来，"五四运动"只是把西方文化生硬地引入中国，缺乏合法性。一个显然的事实是，自由主义和保守主义在当代中国思想界的对峙已经形成。而且，文化保守主义的力量呈增大趋势。很有意思的是，目前中国思想界的自由主义者和保守主义者之间更多的是对抗，而不是对话。在许多场合双方人员在一起的时候，往往是话不投机半句多，彼此都觉得没有什么可谈的，一谈就崩，很情绪化。为什么呢？因为双方都认为对方是错的，没有什么可谈的。

我想，中国思想界的这种状况乃是因为真理问题意识缺场所导致的。如果缺乏真理意识，双方想当然地认为自己的立场就是真理，并把对方评判为错误立场。在这种真理问题意识缺场中，双方都只能是你说你的、我说我的。这样的局面会走向什么结局呢？我认为，无非有两个结局。第一个结局是，你死我活，把对方从肉体上消灭掉。我们知道，反右运动，文化大革命等等，都内含着这种结局的走向。另一种结局是，双方都想教化对方，使对方站到自己的立场上来。在过去几千年的历史中，儒家恰好是强调教化的。当人们面对周边蛮夷文化时，主要的做法便是教化他们。历史上，这种教化相当成功。值得注意的是，教化不是讨论和交流。教化的基本前提是，我是绝对正确，你没有读过圣贤书，所以肯定是错的。对于庞大而丰富的中原文化，周边蛮夷文化只有学习和归化的身份。在这种情形下，教化一直行之有效。但是，面对西方文化，儒家文化显然不可能通过教化的做法来和西方文化发生关系。显然，这种真理问题意识缺场的现状是没有出路的。

自由主义和保守主义之争不是一种思想交锋，而是一种情绪对抗。实际上，一个缺乏真理问题意识的人往往都认为自己的立场是绝对正确的。当他面对那些与他的立场格格不入的思想观念时，除非对方愿意接受教化，否则，他就从自己的绝对正确的立场出发完全否定对方。这是一种完全情绪化的态度。在真理问题意识缺场中的思想观念，一旦赋予了绝对性，它就受到情感的强烈支持。这便是自由主义和保守主义之间无法对话,只有情绪对抗的主要原因。这表明,我们的思想并不是全然理性的;它背后有一种情感在里面支持。深刻认识思想之间的这种情绪对抗事实,将有助于我们重视真理问题意识。

我们看到,真理问题意识缺场的结果是,两种根本对立的思想观念之间只有情绪对立,而无法进行对话。这一点并不难理解。在对立双方,该凭什么来判断什么是合适的?凭你的看法还是凭我的看法?比如,设想我们两个人一开始的时候还是有交流和讨论的。由于我们的立场观点出现根本性的对立,我们之间的争论就无法进行了。但我们说,总不能这样争下去,总有一个是正确的呀!总得有一个是合适的呀!是你的对,还是我的对?如果我们争论不清,那就找第三者来评判一下。但是,这第三者能解决问题吗?如果找到这个第三者,要是他站在你那一边,那我就不同意了。我会说:他跟你想法一样,他不算!他不能作为仲裁法官来判断。如果他站在我这一边呢,你也会说:那不算!这第三者为了使自己公正,说:你们两个都有所正确,有所错误,各打五十大板。我们会怎么评价这个人呢?我们就都会说:这个人有一半对的,一半错。我们还是会拿自己的标准来评判这一评判者,所以,第三者是找不到的。其实庄子就有这方面的论证,《齐物论》里面有一段,专门论证说我们找不到第三者来判断你、我的是非。

那么,这个是非问题究竟应该怎样解决?前面指出,因为真理问题意识缺场,我们之间的争论只有两条路:消灭对方或教化对方。当代西方科学哲学对科学史的研究也发生了非常类似的情况。托马斯·库恩,一个很重要的科学史家,八十年代时有人把他的一本书,《科学革命的结构》,翻译成中文。他在书中提出了一个很有意思的结论。他说,一种新的科学理论提出来之后,和持有旧科学理论的科学家们是势不两立的。那么科学是怎么发展的呢?科学的发展就是老一辈科学家都死完了,新一辈科学家成气候,把握话语权,只能是采取这种方式。这里谈的是肉体上消灭。但是,科学里面谈进步,因为有个进步概念,因而是认可了这样一种老一代死去新一代出来的模式。换个说法,如果老的一代不死去,科学是不可能发展的。这是科学发展的处理方式。科学毕竟只是人类生活中的一个很小领域。尽管科学渗透在我们生活的每一个方面,但我们可以完全不参与科学理论之争,仍然能够活下去。

然而,人追求善的生活,这决定了我们不可能无视我们现实生活中处处在场的价值判断之争。当代自由主义与保守主义之争凸显了真理问题意识缺场给思想发展带来的困境。我们对此需要有足够的重视。20世纪70年代末曾经有过一场关于实践是检验真理的标准大讨论,可惜的是,这场争论未能培养人们的真理问题意识。我这里不可能对真理问题展开讨论。我只是想指出一件事情,只要我们在谈论好生活、善生活,我们就不可能避免真理问题。反过来说,把真理问题提放在桌面上,对真理问题展开讨论,培养我们的真理问题意识,只有这样,追求善的生活这件事才能持续不断。

"宋太祖誓碑"的文献地图

◇ 杨海文

摘 要："宋太祖誓碑"在宋代政治思想史上具有重大影响，核心内容为"不杀士大夫"。其文献地图由两组史料构成：第一组为直接证明材料。目前所见南宋时期直接叙述"宋太祖誓碑"的现存史料有七条，其中，曹勋的《进前十事札子》、《北狩见闻录》最早记载此事，陆游本《避暑漫抄》记录得最完整；宋代以后，以《宋史》、王夫之《宋论》为代表，直接认同誓碑的存在。第二组为间接证明材料。包括程颐以及邵雍祖孙三代在内，以间接方式佐证了"宋太祖誓碑"的存在；宋代以后，以《宋史》、顾炎武《日知录》为代表，延续了这一言说方式。这两组材料，尤其是南宋李心传《建炎以来系年要录》以及元修《宋史》兼含直接、间接证明材料的双重属性，有可能确证"宋太祖誓碑"的真实性。有宋一代文化繁荣、理学昌盛，亦与"不杀士大夫"的制度设计密切相关。

关 键 词：宋太祖誓碑、不杀士大夫、祖宗家法、直接证明材料、间接证明材料

作者简介：杨海文，中山大学学报编辑部副教授。主要研究领域：中国哲学史、中国思想史。

相传宋太祖（赵匡胤，927—976）立国不久，订立誓约三条，核心内容又为"不杀士大夫"，并刻于石碑，藏于密室，极尽保密之能事，以致外人不详其情。此碑史称"宋太祖誓碑"或"宋太祖誓约"。现代学术史上，张荫麟（1905—1942）先生的《宋太祖誓碑及政事堂刻石考》最先质疑誓碑的真实性："南宋人所传北宋文献，有二事焉，本俱伪造，而伪出有因；其作伪所因伪之历史事实，甚关重要：此即所谓太祖誓碑及太祖政事堂刻石也。"同时又有保留地说："太庙藏约，而有待于徽宗传语高宗，则甚为秘密可知。北宋人臣虽不知有此约，然因历世君主遵守唯谨，遂认为有不杀大臣之不成

文的祖宗家法。"[①] 20世纪80年代中期,杜文玉的《宋太祖誓碑质疑》断言:"关于'誓碑'之事纯属子虚乌有,是根本不存在的。"[②]徐规先生的《宋太祖誓约辨析》指出:"宋太祖曾在太庙中立有誓碑及其所称太祖誓约的三条内容,这是他们沿袭曹勋所传徽宗寄语加以繁衍而成的,大部不足凭信。"同时也说:"这个藏于太庙的宋太祖誓约是否真有其事,当可作进一步的研究。然宋代实行重文抑武的政策,即以文臣驾驭武将,优待士大夫,不轻率加以诛杀,确为事实。"[③]以上三文也是目前为数不多的几篇学术专论中较有影响者[④],但它们均篇幅短小,未能容纳丰富乃至必要的史料。所幸"宋太祖不杀大臣"也是改革开放以来宋史研究的热点问题之一,[⑤] 2010年又出现了多篇有分量的专论。[⑥] 有鉴于此,本文试图结合相关研究动态,并从直接、间接两组证明材料的角度,勾勒出"宋太祖誓碑"的文献地图,以期学术界进一步探讨这桩宋代政治思想史上具有重大影响的史学公案。

一、从"引文安全"说起

近人丁传靖(1870—1930)依据宋、元、明、清五百多种著述,摘录宋代六百余人的史料,裒辑排列而成《宋人轶事汇编》。其书最初由商务印书馆1935年出版,并于1958年重印,但当时印数不多,且仅有断句,阅读不便,因而,中华书局重加标点,并改正若干明显错字,于1981年再度刊行。[⑦] 该书卷1《太

[①] 张荫麟:《宋太祖誓碑及政事堂刻石考》,《文史杂志》(半月刊)第1卷第7期,商务印书馆重庆分馆1941年1月出版,第15、16页。张文起止页码为第14—18页,首页仅为标题,尾页仅有数行;文章仅一半论宋太祖誓碑,另一半则论政事堂刻石,实为半篇专论。该文后来收入两个同名文集:1.《张荫麟文集》,国立编译馆、中华丛书编审委员会(台北)1956年版,第106—108页;2. 张云台编:《张荫麟文集》,教育科学出版社1993年版,第497—501页。本文引证,据中山大学图书馆藏《文史杂志》。

[②] 杜文玉:《宋太祖誓碑质疑》,《河南大学学报》社会科学版1986年第1期,第22页。杜文起止页码为第19—22页。

[③] 徐规:《宋太祖誓约辨析》,《历史研究》1986年第4期,第191、190页。按,"重文抑武",原文为"重文抑武",显系手民之误。徐规起止页码为第190—192页,尾页仅有数行。该文收入氏著:《仰素集》,杭州大学出版社1999年版,第589—592页。

[④] 据笔者陋见,从1941年到2010年,70年间,大陆学术界的专题论文不到10篇,有分量者尤少。

[⑤] 参见李华瑞:《改革开放以来宋史研究若干热点问题述评》,《史学月刊》2010年第3期,第19页。

[⑥] 参见刘浦江:《祖宗之法:再论宋太祖誓约及誓碑》,《文史》2010年第3辑(总第92辑),第145—158页;张希清:《再论宋太祖誓约:"不诛大臣、言官"》,浙江大学宋学研究中心编:《宋学研究集刊》第2辑,浙江大学出版社2010年版,第258—275页。以上两文,承蒙中山大学历史系曹家齐教授惠赐复印件,特此致谢。按,刘文所谓"再论",乃针对学术界相关研究而言,张文所谓"再论",乃因曾发表《宋太祖誓约与岳飞之死》,岳飞研究会编:《岳飞研究论文集》第2集(《中原文物》1989年特刊),第127—145页。

[⑦] 参见丁传靖辑:《宋人轶事汇编》上册,中华书局1981年版,"出版说明"。该书卷1《太

祖》有云：

> 艺祖受命之三年，密镌一碑，立于太庙寝殿之夹室，谓之誓碑，用销金黄幔蔽之，门钥封闭甚严。因敕有司，自后时享及新天子即位，谒庙礼毕，奏请恭读誓词。独一小黄门不识字者从，余皆远立。上至碑前，再拜跪瞻默诵讫，复再拜出。群臣近侍，皆不知所誓何事。自后列圣相承，皆踵故事。靖康之变，门皆洞开，人得纵观。碑高七八尺，阔四尺余，誓词三行，一云："柴氏子孙，有罪不得加刑，纵犯谋逆，止于狱内赐尽，不得市曹刑戮，亦不得连坐支属。"一云："不得杀士大夫及上书言事人。"一云："子孙有渝此誓者，天必殛之。"后建炎间，曹勋自金回，太上寄语，祖宗誓碑在太庙，恐今天子不及知云。（《避暑漫抄》）①

德富基金会、允晨文化实业股份有限公司2000年出版《朱子文集》，知名学者余英时应邀作序，因该序长达十余万言，故以《朱熹的历史世界》单独刊行②。之后，经过修订、扩充的《朱熹的历史世界——宋代士大夫政治文化的研究》，由三联书店2004年作为《余英时作品系列》六种之一出版。为了论证"不杀大臣及言事官"乃宋代重士的特殊表现，该书上篇第2章抄录了《避暑漫抄》这段文字，接着自注："丁传靖《宋人轶事汇编》卷一节引。按，丁氏书目以《避暑漫抄》为叶梦得所著，承西安林乐昌先生远道辗转相告，此书旧题撰人是陆游，见《中国图书综录》所列各种丛书本。附此志谢。"③

《宋人轶事汇编》下册附有"引用书目"，云《避暑漫抄》为叶梦得（1077—1148）所著④。杜文玉质疑"宋太祖誓碑"的文章，开篇即说"据叶梦得《避署漫抄》……"，"暑"字又误排为"署"⑤。尽管作者省略了文献的实际出处，但它显

---

① 丁传靖辑：《宋人轶事汇编》上册，第7—8页。
② 参见余英时：《朱熹的历史世界——宋代士大夫政治文化的研究》上册，三联书店2004年版，《自序二》第15页。
③ 余英时：《朱熹的历史世界——宋代士大夫政治文化的研究》上册，第203—204页。按，旧题陆游所撰《避暑漫抄》曾收入九种丛书：1.《续百川学海》戌集；2.《古今说海（嘉靖本、道光本、宣统排印本、民国石印本）·说纂部散录家》；3.《历代小史》；4.《说郛（宛委山堂本）》卷39；5.《五朝小说·宋人百家小说偏录家》；6.《五朝小说大观·宋人百家小说偏录家》；7.《说库》；8.《丛书集成初编·文学类》；9.《景印元明善本丛书十种·历代小史》。参见上海图书馆编：《中国图书综录》第2册，中华书局1960年版，第1060—1061页。
④ 参见丁传靖辑：《宋人轶事汇编》下册，"引用书目"第16页。台湾商务印书馆1986年版《景印文渊阁四库全书》第863册收录叶梦得《避暑话》。从书名看，《避暑漫抄》《避暑录话》形似，颇易混淆。
⑤ 参见杜文玉：《宋太祖誓碑质疑》，前揭刊，第19页。李峰原载《史学月刊》2005年第12期的《论北宋"不杀士大夫"》，亦直接援引《宋人轶事汇编》。

然转引自《宋人轶事汇编》。连余英时先生也一度误以为叶梦得著《避暑漫抄》,足见《宋人轶事汇编》的影响之广、之深。其实,中华书局编辑部 1980 年 4 月为《宋人轶事汇编》写的"出版说明"早已指出:"此书材料不少为节录,编录时在文字方面也有漏误,读者利用本书时,最好能查对原书,以免讹误。"①遗憾的是,有关"引文安全"的这一提醒,未能得到人们足够的重视。仅此一点,似乎也透露了"宋太祖誓碑"研究过去很多年内未能长足进展的某种缘由。

二、直接证明材料

张荫麟、徐规先生倒是以《避暑漫抄》为旧题陆游(1125—1210)所撰,但并未完整地过录全文,仅为节抄,亦未出具版本情况②。台湾新文丰出版公司出版的《丛书集成新编》第 86 册,据明代稗乘本翻印了署名陆游所撰的《避暑漫抄》,不分卷。其辞云:

艺祖受命之三年,密镌一碑,立于太庙寝殿之夹室,谓之誓碑,用销金黄幔蔽之,门鑰封闭甚严。因敕有司,自后时享及新天子即位,谒庙礼毕,奏请恭读誓词。是年秋享,礼官奏请如敕。上诣室前,再拜升阶。独小黄门不识字者一人从,余皆远立庭中。黄门验封启鑰,先入焚香明烛,揭幔,亟走出阶下,不敢仰视。上至碑前再拜,跪瞻默诵讫,复再拜而出。群臣及近侍,皆不知所誓何事。自后列圣相承,皆踵故事。岁时伏谒,恭读如仪,不敢漏泄。虽腹心大臣,如赵韩王、王魏公、韩魏公、富郑公、王荆公、文潞公、司马温公、吕许公、申公,皆天下重望,累朝最所倚任,亦不知也。靖康之变,犬戎入庙,悉取礼乐祭祀诸法物而去。门皆洞开,人得纵观。碑止高七八尺,阔四尺余,誓词三行,一云:"柴氏子孙有罪,不得加刑,纵犯谋逆,止于狱中赐尽,不得市曹刑戮,亦不得连坐支属。"一云:"不得杀士大夫及上书言事人。"一云:"子孙有渝此誓者,天必殛之。"后建炎中,曹勋自虏中回,太上寄语云,祖宗誓碑在太庙,恐今天子不及知云云。(《秘史》)③

---

① 丁传靖辑:《宋人轶事汇编》上册,"出版说明"。
② 参见张荫麟:《宋太祖誓碑及政事堂刻石考》,前揭刊,第 15 页;徐规:《宋太祖誓约辨析》,前揭刊,第 191 页。
③ 陆游:《避暑漫抄》,《丛书集成新编》第 86 册,台湾新文丰出版公司影印版(未署出版年月),第 668 页。

明清时期,跟以上记载大同小异的文本甚多。① 陆游本《避暑漫抄》注明所抄资料来源于《秘史》,明代陆楫(1515—1552)《古今说海》卷125《说纂九·散录三》亦有此说明。② 刘琳、沈治宏编著《现存宋人著述总录》(巴蜀书社1995年版)收录现存宋人典籍4855种、有名氏作者2370人,但无《秘史》一书。假定《避暑漫抄》为南宋文献,那么,依据"后建炎中,曹勋自虏中回,太上寄语云……",《秘史》亦为南宋作品无疑③。另外,在"宋太祖誓碑"的现存史料之中,陆游本《避暑漫抄》最为完整。包括标点符号在内,《宋人轶事汇编》本282字,《丛书集成新编》本432字,丁传靖先生遗漏了150字。其所遗漏者,主要有以下三段:

① 参见 1. 陶宗仪:《说郛》卷39上,《景印文渊阁四库全书》第878册,台湾商务印书馆1986年版,第143页;2. 陈汝锜:《甘露园短书》卷6"誓碑"条[中国人民大学图书馆藏明万历三十八年(1610)陈邦瞻刻、清康熙六年(1667)刘愿人重修本],《四库全书存目丛书》子部第87册,齐鲁书社1995年版,第74页;3. 陈全之:《蓬窗日录》卷5《事纪一》[台湾中央图书馆藏明嘉靖四十四年(1565)祁县知县岳木刻本],《四库全书存目丛书》子部第110册,齐鲁书社1995年版,第432页;4. 陆楫:《古今说海》卷125《说纂九·散录三》,《景印文渊阁四库全书》第886册,台湾商务印书馆1986年版,第59—60页;5. 李栻:《历代小史》卷22《避暑漫抄》,《历代小史》第9册(商务印书馆辑《景印元明善本丛书十种》本),上海商务印书馆1940年版,第5—6页(各卷分署页码);6. 潘永因:《宋稗类钞》卷1《君范》,《景印文渊阁四库全书》第1034册,台湾商务印书馆1986年版,第216—217页;7. 尤侗:《看鉴偶评》卷4[清康熙刻本],《四库未收书辑刊》第1辑第21册,北京出版社1997—2000年版,第478页;8. 袁栋:《书隐丛说》卷6"宋祖誓碑"条[北京图书馆分馆藏清乾隆刻本],《四库全书存目丛书》子部第116册,齐鲁书社1995年版,第477页;9. 史梦兰:《全史宫词》,《四库未收书辑刊》第2辑第30册[清咸丰六年(1856)刻本],北京出版社1997—2000年版,第666页。

② 参见陆楫:《古今说海》,《景印文渊阁四库全书》第886册,第60页。

③ 刘浦江先生指出:《避暑漫抄》始见于明代中叶,李栻编《历代小史》最早署名为陆游,但《避暑漫抄》题名陆游绝不可信,涉及"宋太祖誓碑"的这段文字或许抄自陶宗仪《说郛》;《秘史》"可能是某部宋人野史或笔记的简称,但遍检宋元明书目,却无从找到线索"。参见氏著:《祖宗之法:再论宋太祖誓约及誓碑》,前揭刊,第150—151页。此说可资参阅,然本文仍以"陆游《避暑漫抄》引《秘史》"作为南宋文献处理,旨在凸显《秘史》作为最初史源的重要性,以期引起学界进一步的探寻。盖因它也是目前学术界研究"宋太祖誓碑"最瓶颈的核心难题,这个瓶颈一旦突破,意味着誓碑的真伪性有可能迎刃而解。另外,史籍提到秦桧(1090—1155)于绍兴十四年(1144)"乞禁野史"。如李心传《建炎以来系年要录》卷151:"秦桧奏乞禁野史。上曰:'此尤为害事,如靖康以来私记,极不足信。上皇有帝尧之心,禅位渊圣,实出神断。而一时私传,以为事由蔡攸、吴敏。上皇曾谕宰执,谓当时若非朕意,谁敢建言,必有族灭之祸。'楼炤曰:'上皇圣谕亦尝报行,天下所共知也。'桧曰:'近时学者不知体。人谓司马迁作谤书,然《武纪》但尽记时事,岂敢自立议论?'"(李心传:《建炎以来系年要录》,《景印文渊阁四库全书》第327册,台湾商务印书馆1986年版,第108页)又如《宋史》卷473《秦桧传》:"桧乞禁野史。又命子熺以秘书少监领国史,进建炎元年至绍兴十二年《日历》五百九十卷。熺因太后北还,自颂桧功德凡二千余言,使著作郎王扬英、周执羔上之,皆迁秩。自桧再相,凡前罢相以来诏书章疏稍及桧者,率更易焚弃,日历、时政亡失不少,是后记载皆熺笔,无复公是非矣。"(脱脱等撰:《宋史》第39册,中华书局1977年版,第13760页)《秘史》是否因此禁毁,待考。又,张希清先生把本文所谓的"直接证明材料"分为曹勋系统、《避暑漫抄》系统,并将"誓约"与"誓碑"分开来看,认为曹勋系统可证誓约的真实性,《避暑漫抄》系统则未必能够证实誓碑的真实性。参见氏著:《再论宋太祖誓约:"不诛大臣、言官"》,前揭书,第259—267页。

[1]"是年秋享,礼官奏请如勅。上诣室前,再拜升阶。"

[2]"黄门验封启鑰,先入焚香明烛,揭幔,亟走出阶下,不敢仰视。"

[3]"岁时伏谒,恭读如仪,不敢漏泄。虽腹心大臣,如赵韩王、王魏公、韩魏公、富郑公、王荆公、文潞公、司马温公、吕许公、申公,皆天下重望,累朝最所倚任,亦不知也。"

王明清(1127—1202)亦是南宋人,与陆游同一时代,其《挥麈后录》卷1指出:

明清尝谓本朝法令宽明,臣下所犯,轻重有等,未尝妄加诛戮。恭闻太祖有约,藏之太庙,誓不杀大臣、言官,违者不祥。此诚前代不可跂及。虽卢多逊、丁谓罪大如此,仅止流窜,亦复北归。自晋公之后数十年,蔡持正始以吴处厚评其诗有讥讪语贬新州。又数年,章子厚党论乃兴,一时贤者,皆投炎荒,而子厚迄不能自免,爰其再启此门。元祐间治持正事,二三公不无千虑之一失。使如前代,则奸臣借口,当渫血无穷也。明清尝以此说语朱三十五丈希真,大以为然。太祖誓言,得之曹勋,云从徽宗在燕山,面喻云尔。勋南归,奏知思陵。①

南宋史学家李心传(1166—1243)晚于陆游、王明清,其《建炎以来系年要录》卷4《建炎元年四月》有云:

初,上皇行至邢赵之间。金右副元帅宗杰请观打围,遂遣郭药师奏谢。上皇曰:"天时如此,非公之罪。"药师惭而退。燕王俣以绝食薨于庆源,境上敛以马槽,犹露双足。上皇道中苦渴,摘桑椹食之。(此并据曹勋所进《北狩录》)至真定,入自东门,市人皆哭。过河十余日,谓管幹龙德宫阁门宣赞舍人曹勋曰:"我梦四日并出。此中原争立之象,不知中原之民尚肯推戴康王否?"翌日,出御衣三衬,自书领中曰:"可便即真,来救父母。"并持韦贤妃信,命勋间行诣王。邢夫人亦脱其御金环,使内侍持付勋曰:"为吾白大王,愿如此环,早得相见,并见吾父,为道无恙。"贤妃已下皆哭。上皇又谕勋曰:"如见康王,弟奏有清中原之策,悉举行之,毋以我为念。"又言:"艺祖有誓约,藏之太庙,誓不杀大臣及言事官,违者不

---

① 王明清:《挥麈录》,《景印文渊阁四库全书》第1038册,台湾商务印书馆1986年版,第419页。按,朱三十五丈希真即朱敦儒(1081—1159)。王明清自跋《挥麈后录》亦云:该书"总一百七十条,无一事一字无所从来"。同上书,第533页。

祥。"又宣谕尝密赐王马价、珠犀合子，及王尝启决河灌金人为验。①

陆游本《避暑漫抄》所谓"誓词三行"，如果不计缺少实质内容的第三条"子孙有渝此誓者，天必殛之"，实则两条。从上引《挥麈后录》、《建炎以来系年要录》看，重点又不是第一条"柴氏子孙有罪，不得加刑，纵犯谋逆，止于狱中赐尽，不得市曹刑戮，亦不得连坐支属"，而是第二条"不得杀士大夫及上书言事人"。这个转变十分值得注意，盖因后世议论"宋太祖誓碑"，大凡以"不杀士大夫"为中心。当然也有例外，如清代学者袁栋(生卒年不详)《书隐丛说》卷6"宋祖誓碑"条指出："虽有三语，其实止一语也。末行是总束语，中行是陪衬语，止有首行是主意。宋祖得天下于小儿，原有歉于隐微，故为是誓碑，而其忠厚处实过于六朝五代远矣，宜其享国久长哉。"②

陆游、王明清、李心传都提到曹勋(1098—1174)，上引《建炎以来系年要录》又有夹注"此并据曹勋所进《北狩录》"，那么，曹勋其人其书与"宋太祖誓碑"究竟有何关联呢？曹勋所进《北狩录》亦即《北狩见闻录》，《四库全书总目》卷51《史部七·杂史类》有云：

> 宋曹勋撰。勋字功显，阳翟人，宣和五年进士。南渡后官至昭信军节度使。事迹具《宋史》本传。是编首题"保信军承宣使知阁门事兼客省四方馆事臣曹勋编次"，盖建炎二年七月初至南京时所上。其始于靖康二年二月初七日，则以徽宗之入金营，惟勋及姜尧臣、徐中立、丁孚四人得在左右也。所记北行之事，皆与诸书相出入。惟述密赍衣领御书及双飞蛱蝶金环事，则勋身自奉使，较他书得自传闻者节次最详。末附徽宗轶事四条，亦当时所并上者。纪事大都近实，足以证《北狩日记》诸书之妄，且与高宗继统之事尤为有关。虽寥寥数页，实可资史家之考证也。③

《北狩见闻录》不分卷，为《景印文渊阁四库全书》第407册、《丛书集成新编》第117册收录，前者据两江总督采进本抄录，后者据清代学海类编本翻印，两者文字略有差异。曹勋此书属于最早叙述"宋太祖誓碑"的文献之一④，

---

① 李心传：《建炎以来系年要录》，《景印文渊阁四库全书》第325册，台湾商务印书馆1986年版，第96页。按，高宗建炎元年(1127)五月继统，因故，"建炎元年四月"实为"靖康二年四月"。
② 袁栋：《书隐丛说》，《四库全书存目丛书》子部第116册，第477页。
③ 永瑢等撰：《四库全书总目》上册，中华书局1965年版，第464页。按，文中"盖建炎二年七月初至南京时所上"，"建炎二年"当为"建炎元年"。
④ 有论者认为："《北狩见闻录》并不如四库馆臣评价的那般真实可信，而是多年后曹勋为自己仕途、名位而处心积虑写就的谄媚之书，那些被馆臣认为价值独到的文字偏就是曹勋的编造，特别是关于高宗继统的祯祥更不足为信。"参见景新强：《曹勋〈北狩见闻录〉质疑——兼辨〈四库提要〉之误》，《西北大学学报》哲学社会科学版2010年第3期，第50页。

加上相关内容又与李心传《建炎以来系年要录》所述差异较大,因此,以下来自学海类编本的引文虽然长了些,却极有必要:

燕王以途中乏食薨,时殓以马槽,犹露双足,就寨外焚化。徽庙敕令,人坚欲携行,徽庙止。至晚,徽庙伏其骨哀甚,曰:"吾行且相及。"时执兵虏人,亦皆泣下。过洺州,二太子请徽庙看围场。饭后,遣马并紫伞来迎,同行于田野中,看围猎。已而马皆负所得狐、兔。忽有二人,在徽庙马前立。太子指曰:"此上皇故臣郭药师、张令徽。"既见,二人皆再拜。令徽即退,药师独扣马跪奏曰:"念臣昔与上皇为君臣,向在燕京,死战数回,力不能胜,遂归金国,有负上皇恩德。"言讫泪下,又再拜。徽庙宣谕曰:"天时人事,理合如此。但当日欠一死耳!"太子曰:"药师煞忠于南朝。"徽庙曰:"药师未尝抗御大兵,而收功过厚,豢养至此,卒贻大祸。"太子曰:"此人不忠于天祚,则必不共于南朝。"徽庙曰:"是,是!"徽庙过河数日,宣谕曰:"我梦四日并出。此中原争立之众,不知中原之民,尚肯推戴康王否?"臣曰:"本朝德泽在民,至深至厚。今虽暂立异姓,终必思宋,不肯归邦昌,幸宽圣念。"又曰:"我梦想不妄,第记此梦。"次日,宣谕臣曰:"我左右惟尔后生健步,又备知我行事。我欲持信寻康王,庶知父母系念于彼,及此行艰难。"勋曰:"仰赖天威,可以伺便,冒围而出。愿不辱命,得达圣心。"是晚下程,徽庙出御衣衣衬一领(俗呼背心),拆领,写字于领中,曰"可便即真,来救父母",并押,计九字,复缝如故,付臣勋。又索于懿节皇后,得所戴金日镂子一只(双飞小胡蝶,俗名斗高飞),云是今上皇帝在藩邸时制,以为的验,及皇太后信。令臣勋见上奏之,诏诰丁宁,且泣且嘱曰:"无忘吾北行之苦。"又以拭泪白纱手帕子付臣,曰:"见上深致我思念。泪下之痛,父子未期相见,惟早清中原,速救父母。此外吾不多致语言,气已哽吾颈矣。俟到燕山,尔乃去。"懿节皇后初取环子与沈押班,令付臣,曰:"到时传语大王,愿早如此环,遂得相见,并见吾父,幸道无恙。"皇太后以下皆哭。徽庙圣训曰:"如见上,奏有可清中原之谋,急举行之,无以予为念。且保守宗庙,洗雪积愤。"又宣谕曰:"艺祖有约,藏于太庙,誓不诛大臣、用宦官,违者不祥[①]。故七圣相袭,未尝易辙。每念靖康中,诛罚为甚。今日之祸,虽不止此,要知而戒焉。"徽庙又

[①] 张希清指出:"无论是曹勋的《进前十事札子》,还是《北狩见闻录》,所传达的太祖誓约都是'誓不杀大臣、言官,违者不祥',根本没有'用宦官'的内容。"参见氏著:《再论宋太祖誓约:"不诛大臣、言官"》,前揭书,第264页。学海类编本、《景印文渊阁四库全书》本之《北狩见闻录》显然不是如此。

令奏上云:"恐吾宗之德未泯,士众推戴时,宜速应天顺民,保守取自家宗庙。若不协顺,记得光武未立事否?"又宣谕曾密赐上马价、珠犀合子等物,又上曾说欲决河灌渡河番人等事,以为密验。①

另外,曹勋《松隐集》卷26《进前十事札子》的第一事为:

> 臣顷离太上皇帝御前,得圣训曰:"金人迫逐,令拜北塞。我对以朕昔谬与大金结约为兄弟之国,于义无拜礼。今日虽被囚掳,头可断,拜不能设。金人见予不能屈,亦(阙)。然予岂畏死也!归奏但有可清中原之谋,悉举行之,无以予为念,且保守取自家宗庙。"言讫,呜咽,又语臣曰:"归可奏上:艺祖有约,藏于太庙,誓不诛大臣、言官,违者不祥。故七祖相袭,未尝辄易。每念靖康年中诛罚为甚,今日之祸虽不止此,然要当知而戒焉。"②

张希清指出:《进前十事札子》乃建炎元年(1127)所上,《北狩见闻录》乃绍兴十四年(1144)所编,前后相隔17年。③ 此说与前引四库馆臣所谓《北狩见闻录》"盖建炎二年(当为建炎元年)七月初至南京时所上"不合,论者又未出具文献来源,有必要略加考释。

《宋史》卷379《曹勋传》是目前考察曹勋生平事迹的重要文献。其辞云:

> 勋自燕山遁归。建炎元年七月,至南京,以御衣所书进入。高宗泣以示辅臣。勋建议募死士航海入金国东京,奉徽宗由海道归,执政难之,出勋于外,凡九年不得迁秩。绍兴五年,除江西兵马副都监,勋以远次为请,改浙东,言者论其不闲武艺,专事请求,竟夺新命。
>
> 十一年,兀术遣使议和,授勋成州团练使,副刘光远报之。及淮,遇兀术,遣还,言当遣尊官右职持节而来,盖欲亟和也。勋还,迁忠州防御使。金使萧毅等来,命勋为接伴使。未几,落阶官为容州观察使,充金国报谢副使,召入内殿,帝洒泣,谕以恳请亲族之意。及见金主,正使何铸伏地不能言,勋反覆开谕,金主首肯许还梓宫及太后。勋归,金遣高居安等卫送太后至临安,命勋充接伴使。迁保信军承宣使、枢密副都承旨。④

---

① 曹勋:《北狩见闻录》,《丛书集成新编》第117册,台湾新文丰出版公司影印版(未署出版年月),第167页。又见[宋]曹勋:《北狩见闻录》,[清]曹溶辑、[清]陶樾增订:《学海类编》第2册,广陵书社2007年版,第1107—1108页;此书据清道光晁氏本缩拼影印。

② 曹勋:《松隐集》,《景印文渊阁四库全书》第1129册,台湾商务印书馆1986年版,第483页。按,"亦(阙)"当为"亦止"。

③ 参见张希清:《再论宋太祖誓约:"不诛大臣、言官"》,前揭书,第259—260页。

④ 脱脱等撰:《宋史》第33册,第11700—11701页。

先看《进前十事札子》的写作年代。从绍兴十一年(1141)授成州团练使看"凡九年不得迁秩",可知曹勋建议"募死士航海入金国东京,奉徽宗由海道归",时在绍兴三年(1133)左右。《进前十事札子》亦未提及这一建议,因故,依据《宋史》本传,似难断定《进前十事札子》的具体写作年代。再看《北狩见闻录》的编次年代。《建炎以来系年要录》卷151云,绍兴十四年四月戊戌,"权吏部侍郎陈康伯为报大金贺生辰接伴使,容州观察使、知阁门事曹勋副之。自是岁为例,勋仍以尝将到先朝御笔及编修《接送馆伴例册》有劳,迁保信军承宣使"①;卷153云,绍兴十五年(1145)正月戊午,"保信军承宣使知阁门兼权枢密副都承旨曹勋提举洪州玉隆观,从所请也"②。加上《宋史》曹勋本传的记述,由四库馆臣所谓"是编首题'保信军承宣使知阁门事兼客省四方馆事臣曹勋编次'",可断《北狩见闻录》编次于绍兴十四年,而"建炎元年七月初至南京时所上"有误。总之,大体可说《进前十事札子》写作在前,《北狩见闻录》编次在后。

张荫麟先生指出:"誓碑之说,盖由《北狩见闻录》所载徽宗之寄语而繁衍耳。予所见《北狩见闻录》有二本,一为《学津讨原》本,一为许刻《三朝会编》所引本。二本异文甚多,关于太庙藏约之记载,二本之出入尤甚。"③凡《北狩见闻录》单独刊布者,本文均视为同一文献,学津讨原本依此通例。许刻《三朝会编》,亦即南宋徐梦莘(1126—1207)所撰《三朝北盟会编》,内容专记徽宗(赵佶,1082—1135)、钦宗(赵桓,1100—1156)、高宗(赵构,1107—1187)三朝与金国之间的和、战之事。该书卷96至卷100《靖康中帙》为"诸录杂记",摘录了有关靖康时期(1126—1127)的多家著述;卷98节录了曹勋的《北狩见闻录》,约为全文的1/4,以下为徽宗寄语:

[徽宗]又曰:"艺祖有约,藏于太庙,誓不诛大臣、言有,违者不祥。相袭未尝辄易。每念靖康,诛罚为甚。今日之祸,虽不在此,要当知而戒焉。"④

"言有"之"有",张荫麟先生以为:"字不可通,当是官字之讹。"⑤是故,"誓不诛大臣、言有",可校订为"誓不诛大臣、言官"。笔者私见,如果不改字而另

---

① 参见李心传:《建炎以来系年要录》,《景印文渊阁四库全书》第327册,第109页。
② 参见李心传:《建炎以来系年要录》,《景印文渊阁四库全书》第327册,第131页。
③ 张荫麟:《宋太祖誓碑及政事堂刻石考》,前揭刊,第15页。标点符号有所校正。
④ 徐梦莘:《三朝北盟会编》,《景印文渊阁四库全书》第350册,台湾商务印书馆1986年版,第759页。按,该书将《北狩见闻录》写为《北狩闻见录》。
⑤ 张荫麟:《宋太祖誓碑及政事堂刻石考》,前揭刊,第15页。标点符号有所校正。

行标点,亦可断句为"誓不诛大臣,言有违者不祥"。本文暂从张说。

留正(1129—1206)等人所撰的《增入名儒讲义皇宋中兴两朝圣政》,也值得注意。该书卷1有云:

> 上皇过河十余日,谓管干龙德宫曹勋曰:"我梦四日并出。此中原争立之象,不知中原之民尚肯推戴康王否?"翌日,出御衣三衬,自书领中曰:"可便即真,来救父母。"又谕勋曰:"如见康王,第奏有清中原之策,悉举行之,毋以我为念。"又言:"艺祖有誓约,藏之太庙,誓不杀大臣及言事官,违者不祥。"①

以上抄录的七条资料,均为南宋时期直接证明"宋太祖誓碑"的作品。它们是否就是南宋时期的全部现存史料,目前难以确证。从中可知,誓碑立于建隆三年(962),亦即"艺祖受命之三年";具体内容为"誓词三行",核心诉求又是"不得杀士大夫及上书言事人";因保密措施严格,直到北宋倒数第二年发生的靖康之变(1126),局外人才得以一窥誓碑的真容,而曹勋于南宋初年所撰的《进前十事札子》《北狩见闻录》,最先以文字的方式转述了徽宗的寄语。

从"誓词三行"的重点又是第二条看,七个文本的表达不尽相同,甚至差异较大。这种差异如表1所示:

表1 现存南宋史料对"宋太祖誓碑"第二条的表述

序号	内　　容	出　　处
1	誓不诛大臣、言官	曹勋《松隐集》卷26《进前十事札子》
2	誓不诛大臣、用宦官	曹勋《北狩见闻录》
3	誓不诛大臣、言官	徐梦莘《三朝北盟会编》卷98《靖康中帙》
4	不得杀士大夫及上书言事人	陆游《避暑漫抄》引《秘史》
5	誓不杀大臣、言官	王明清《挥麈后录》卷1
6	誓不杀大臣及言事官	留正等撰《增入名儒讲义皇宋中兴两朝圣政》卷1
7	誓不杀大臣及言事官	李心传《建炎以来系年要录》卷4《建炎元年四月》

关于《北狩见闻录》所说不用宦官,南宋王栐(生卒年不详)《燕翼诒谋录》卷5云:

---

① 留正等撰:《增入名儒讲义皇宋中兴两朝圣政》,《续修四库全书》第348册,上海古籍出版社2002年版,第222页。该书又称《皇宋中兴两朝圣政》或《中兴两朝圣政》,《四库未收书目提要》有云:"此书不知编集人姓名。"参见[清]永瑢等撰:《四库全书总目》下册,附录第1853页。

儒林

国初，宦者不过数十人，真宗时渐众，盖以遇郊恩，任子皆十数岁小儿，积累至多故也。皇祐五年闰七月戊辰，言者以为久弊当革，乃诏自供奉官至行门，以百八十员为额，遇阙额方许奏补。至元祐二年二月，又诏自供奉官至黄门，以百人为额。然流弊之久，终不能革，至宣、政间，动以千数矣。①

《宋史》卷466《宦者列传一》指出：

> 宋世待宦者甚严。太祖初定天下，掖庭给事不过五十人，宦寺中年方许养子为后。又诏臣僚家毋私蓄阉人，民间有阉童孺为货鬻者论死。去唐未远，有所惩也。
>
> 厥后，太宗却宰相之请，不授王继恩宣徽；真宗欲以刘承规为节度使，宰相持不可而止。中更主幼母后听政者凡三朝，在于前代，岂非宦者用事之秋乎！祖宗之法严，宰相之权重，貂珰有怀奸慝，旋踵屏除，君臣相与防微杜渐之虑深矣。
>
> 然而宣政间童贯、梁师成之祸，亦岂细哉！南渡苗、刘之逆，亦宦者所激也。《坊记》曰："君子之道，辟则坊与！大为之坊，民犹逾之。"可不戒哉！作《宦者传》。②

但是，誓碑第二条究竟说的是"誓不诛大臣、用宦官"，还是"誓不杀大臣及言事官"呢？且看以下四条材料：

> 昌陵初即位，誓不杀大臣，不杀功臣，不杀谏臣，折三矢藏之太庙，俾子孙世守之。徽宗北狩，惧祖训之失坠也，以黄中单亲书之，遣内侍曹勋间道归国，付之思陵，子孙罔敢逾越。周家忠厚未必过之。（俞德邻《佩韦斋辑闻》卷1）③

> 靖康初，为阁门宣赞舍人、勾当龙德宫，除武义大夫。从徽宗北迁，过河十余日，谓勋曰："不知中原之民推戴康王否？"翌日，出御衣书领中曰："可便即真，来救父母。"并持韦贤妃、邢夫人信，命勋间行诣王。又谕

---

① 王栐著、诚刚点校：《燕翼诒谋录》，中华书局1981年版，第46页。此书与《默记》合为一册，并分署页码。

② 脱脱等撰：《宋史》第39册，第13599—13600页。按，《宋史》卷466—卷469为《宦者列传》。

③ 俞德邻：《佩韦斋辑闻》，《景印文渊阁四库全书》第865册，台湾商务印书馆1986年版，第579页；又见氏著：《佩韦斋集》卷17《辑闻》，《景印文渊阁四库全书》第1189册，台湾商务印书馆1986年版，第135页。两者文字均同。据考证，此书系俞德邻晚年所作，时距宋亡二十余年。参见李裕民：《四库提要订误（增订本）》，中华书局2005年版，第256页。

勋："见康王第言有清中原之策，悉举行之，毋以我为念。"又言"艺祖有誓约藏之太庙，不杀大臣及言事官，违者不祥"。（《宋史》卷379《曹勋传》）①

上皇过河十余日，谓管幹龙德宫曹勋曰："我梦四日并出。此中原争立之象，不知中原之民尚肯推戴康王否？"翌日，出御衣三衬，自书领中曰："可便即真，来救父母。"又谕勋曰："如见康王，第奏有清中原之策，悉举行之，毋以我为念。"又言："艺祖有誓约，藏之太庙，誓不杀大臣及言事官，违者不祥。"（《宋史全文》卷16上）②

太祖勒石，锁置殿中，使嗣君即位，入而跪读。其戒有三：一、保全柴氏子孙；二、不杀士大夫；三、不加农田之赋。呜呼！若此三者，不谓之盛德也不能。（王夫之《宋论》卷1《太祖》）③

曹勋的两种著述是现存七条南宋时期直接记载"宋太祖誓碑"中最早的文献，但是，元代官修《宋史》以及王夫之（1619—1692）《宋论》等论述并未采纳《北狩见闻录》"誓不诛大臣、用宦官"的记述，而是大体沿袭了《进前十事札子》"誓不杀大臣及言事官"的表达。俞德邻（1231—1293）、王夫之的表述亦区别于其他文献，王夫之甚至将誓碑第三条更改为"不加农田之赋"。另外，欧阳修（1007—1073）《新五代史》卷37《伶官传序》云："世言晋王之将终也，以三矢赐庄宗而告之曰：'梁，吾仇也；燕王，吾所立，契丹与吾约为兄弟，而皆背晋以归梁。此三者，吾遗恨也。与尔三矢，尔其无忘乃父之志！'庄宗受而藏之于庙。其后用兵，则遣从事以一少牢告庙，请其矢，盛以锦囊，负而前驱，及凯旋而纳之。方其系燕父子以组，函梁君臣之首，入于太庙，还矢先王，而告以成功，其意气之盛，可谓壮哉！"④这里所谓"三矢藏之太庙"，可与俞德邻所说"折三矢藏之太庙"互为发明。

---

① 脱脱等撰：《宋史》第33册，第11700页。《宋史》卷24《高宗本纪一》云：建炎元年秋七月，"丙辰，徽宗自燕山密遣阁门宣赞舍人曹勋至，赐帝绢半臂，书其领曰：'便可即真，来援父母。'帝泣以示辅臣"（同上书第2册，第447页）。按，《曹勋传》云"可便即真，来救父母"，《高宗本纪一》云"便可即真，来援父母"，两者文字差异较大。

② 不著撰人：《宋史全文》，《景印文渊阁四库全书》第330册，台湾商务印书馆1986年版，第586页。按《宋史全文》又名《宋史全文续资治通鉴》。《四库全书总目》卷47提要《宋史全文》，依据内府藏本，有云："此本目录前有坊间原题，称'本堂得宋鉴善本，乃名公所编，前宋已盛行，再付诸梓'云云，盖本元人所编，而坊贾假托焘名，诡称前宋盛行耳。"[清]永瑢等撰：《四库全书总目》上册，第428页。

③ 王夫之：《宋论》，《续修四库全书》第450册，上海古籍出版社2002年版，第354页。

④ 欧阳修撰、徐无党注：《新五代史》，《景印文渊阁四库全书》第279册，台湾商务印书馆1986年版，第228页。

三、间接证明材料

按照《避暑漫抄》的叙事,"宋太祖誓碑"属于最高密级的国家机密,知此机密者惟有天子本人,因故,连"累朝最所倚任"的赵韩王(赵普,922—992)、王魏公(王旦,957—1017)、吕许公(吕夷简,978—1040)、文潞公(文彦博,1006—1097)、富郑公(富弼,1004—1083)、韩魏公(韩琦,1008—1075)、王荆公(王安石,1021—1086)、司马温公(司马光,1019—1086)、申公(吕公著,1018—1089)等九位宰辅"亦不知也"①。有论者指出:"就太祖本意而言,此誓约应视为宋代君主的一种自我约束,是自律而非他律,不杀士大夫只是由君主掌握的一项施政原则……宋代的某些祖宗家法是只可意会的,属于'内部掌握'的原则,譬如太祖若是真的发过'子孙有渝此誓者,天必殛之'之类诅咒式的毒誓,又怎好公诸于世?"②但是,跻身"北宋五子"之列的邵雍(1011—1077)、程颐(1033—1107)以下的言说,则透露出另外的信息:

> 吾曹养拙赖明时,为幸居多宁不知。天下英才中遁迹,人间好景处开眉。生来只惯见丰稔,老去未尝经乱离。五事历将前代举,帝尧而下固无之。(一事,革命之日,市不易肆;二事,以据天下,在即位后;三事,未尝杀一无罪;四事,百年方四叶;五事,百年无腹心患。)(邵雍《击壤集》卷15《观盛化吟》之二)③

> 尝观自三代而后,本朝有超越古今者五事:如百年无内乱;四圣百年;受命之日,市不易肆;百年未尝诛杀大臣;至诚以待夷狄。此皆大抵以忠厚廉耻为之纲纪,故能如此。盖睿主开基,规模自别。(《二程遗书》卷15《伊川先生语一》)④

邵雍以"未尝杀一无罪"为"帝尧而下固无之"的五事之一,程颐以"百年未尝诛杀大臣"为"本朝有超越古今者"的五事之一,既有美化时政的一面,另一面未尝不是"不得杀士大夫及上书言事人"或者重视知识分子的客观反映。《二程外书》卷7《胡氏本拾遗》记:"明道见神宗论人才。上曰:'朕未之见也。'

---

① 《宋史》卷210—卷214为《宰辅表》(见中华书局1977年标点本,第16册),现按各人首次出任宰辅的时间先后排序。
② 刘浦江:《祖宗之法:再论宋太祖誓约及誓碑》,前揭刊,第151—152页。
③ 邵雍:《击壤集》,《景印文渊阁四库全书》第1101册,台湾商务印书馆1986年版,第115—116页。
④ 程颢、程颐:《二程遗书》,上海古籍出版社1992年版,第122页。该书与《二程外书》合为一册,并分署页码。

明道曰:'陛下奈何轻天下士?'上耸然曰:'朕不敢!朕不敢!'(此段见《行状》,无'上曰:"朕未之见也"'一句)"①据《续资治通鉴长编》卷221,熙宁四年(1071)三月,神宗问:"更张法制,于士大夫诚多不悦,然于百姓何所不便?"文彦博曰:"为与士大夫治天下,非与百姓治天下也。"②从程颢(1032—1085)、文彦博分别与宋神宗(赵顼,1048—1085)的对话看,足见其时知识分子的地位之尊。更早一些,宋仁宗(赵祯,1010—1063)明道二年(1033),欧阳修致函时任司谏的范仲淹(989—1052),把七品的司谏与位高权重的宰相相提并论,回应了誓碑所谓"不杀言事官"的主题。其辞云:

> 故(一有谓字)士学古怀道者仕于时,不得为宰相,必为谏官。谏官虽卑,与宰相等。天子曰不可,宰相曰可,天子曰然,宰相曰不然,坐乎庙堂之上,与天子相可否者,宰相也。天子曰是,谏官曰非,天子曰必行,谏官曰必不可行,立殿陛之前,与天子争是非者,谏官也。宰相尊,行其道;谏官卑,行其言。言行,道亦行也。九卿、百司、郡县之吏守一职者,任一职之责;宰相、谏官系天下之事,亦任天下之责。然宰相、九卿而下失职者,受责于有司;谏官之失职也,取讥于君子。有司之法行乎一时,君子之讥著之简册(一作册书)而昭明,垂之百世而不泯,甚可惧也。夫七品之官,任天下之责,惧百世之讥,岂不重邪(一作欤)!非材且贤者,不能为也。③

"不杀士大夫"之为祖宗家法,北宋笔记亦多有记载,甚至涉及范仲淹、蔡确(1037—1093)等位居宰辅者:

> 庆历中,劫盗张海横行数路,将过高邮。知军姚仲约度不能御,谕军中富民出金帛,市牛酒,使人迎劳,且厚遗之。海悦径去,不为暴。事闻,朝廷大怒。时范文正在政府,富郑公在枢府,郑公议欲诛仲约以正法,范公欲宥之,争于上前。富公曰:"盗贼公行,守臣不能战,不能守,而使民酿钱遗之,法所当诛也;不诛,郡县无复肯守者矣。闻高邮之民疾之,欲食其肉,不可释也。"范公曰:"郡县兵械足以战守,遇贼不御,而又赂之,此法所当诛也。今高邮无兵与械,虽仲约之义当勉力战守,然事有可恕,

---

① 朱熹编:《二程外书》,上海古籍出版社1992年版,第37页。
② 参见李焘:《续资治通鉴长编》,《景印文渊阁四库全书》第317册,台湾商务印书馆1986年版,第644页。
③ 欧阳修撰、周必大编:《文忠集》卷66《上范司谏书》,《景印文渊阁四库全书》第1102册,台湾商务印书馆1986年版,第522—523页。按,"立殿陛之前"句,"立"字后当有"乎"字,以对仗于上述"坐乎庙堂之上"。

戮之恐非法意也。小民之情，得釀出财物，而免于杀掠，理必喜之，而云欲食其肉，传者过也。"仁宗释然从之，仲约由此免死。既而富公慍曰："方今患法不举，而多方沮之，何以整众？"范公密告之曰："祖宗以来，未尝轻杀臣下，此盛德事，奈何欲轻坏之？且吾与公在此，同僚之间，同心者有几？虽上意亦未知所定也，而轻导人主以诛戮臣下，它日手滑，虽吾辈亦未敢自保也。"富公终不以为然。及二公迹不自安，范公出按陕西，富公出按河北，范公因自乞守边。富公自河北还，及国门，不许入，未测朝廷意，比夜彷徨不能寐，遶床叹曰："范六丈，圣人也！"（苏辙《龙川别志》卷下）①

神宗时，以陕西用兵失利，内地出令斩一漕臣。明日，宰相蔡确奏知，上曰："昨日批出斩某人，已行否？"确曰："方欲奏知。"上曰："此事何疑？"确曰："祖宗以未尝杀士人臣事，不意自陛下始。"上沉吟久之，曰："可与刺面配远恶处。"门下侍郎章惇曰："如此，即不若杀之。"上曰："何故？"曰："士可杀，不可辱！"上声色俱厉曰："快意事便做不得一件！"惇曰："如此快意事，不做得也好！"（吕源云）（侯延庆《退斋笔录》）②

以上邵雍、程颐、苏辙（1039—1112）、侯延庆（生卒年不详）所述，可以视为北宋时期对"宋太祖誓碑"的间接证明材料。假定范仲淹所说"祖宗以来，未尝轻杀臣下"，确为仁宗庆历（1041—1048）年间之事，那么，从现存史料看，可断"不杀士大夫"之为祖宗家法，已在这一时期开始流传③。神宗所谓"快意事便做不得一件"，亦与上引《二程外书》"朕不敢！朕不敢"若合符节，表明"不杀士大夫"这一祖宗遗制已对最高统治者产生巨大的威慑。南宋之际，这类间接证明材料同样时有出现，诸如：

康节先公谓本朝五事自唐虞而下所未有者：一、革命之日，市不易肆；二、克服天下，在即位后；三、未尝杀一无罪；四、百年方四叶；五、百

---

① 苏辙：《龙川别志》，《景印文渊阁四库全书》第1037册，台湾商务印书馆1986年版，第51页。这个故事亦见《续资治通鉴长编》卷145《庆历三年》，其中，"姚仲约"作"晁仲约"。参见李焘：《续资治通鉴长编》，《景印文渊阁四库全书》第316册，台湾商务印书馆1986年版，第372—373页。

② 侯延庆：《退斋笔录》，《丛书集成新编》第84册，台湾新文丰出版公司影印版（未署出版年月），第698页。《蓼花洲闲录》曾抄录这段文字，两者文字稍异。如，"祖宗以未尝杀士人臣事，不意自陛下始"，《蓼花洲闲录》为"祖宗以来，未尝杀士人，臣等不欲自陛下始"。参见高文虎（生卒年不详）：《蓼花洲闲录》，《丛书集成新编》第86册，台湾新文丰出版公司影印版（未署出版年月），第752页。

③ 邓小南指出："'祖宗家法'作为成说而正式出现，应该是在仁宗年间。"氏著：《"正家之法"与赵宋的"祖宗家法"》，《北京大学学报》哲学社会科学版2000年第4期，第78页。

年无心腹患。(邵伯温《闻见录》卷18)①

惇、卞起同文馆狱,使蔡京、安惇穷治。于是时中人郝随,日夜媒孽称制中,眩惑左右,惇、卞交关谋议,奉行文书于外,作追废太皇太后诏,请上宣读于灵殿。钦圣献肃皇太后、钦成皇后苦要上,语甚悲,曰:"吾二人日侍崇庆,天日在上,此语曷从出?且上必行此,亦何有于我!"上感悟,取惇、卞奏,就烛焚之。禁中相庆,而随等不悦。明日,惇、卞理前请。上怒曰:"卿等不欲朕入英宗神御殿乎!"抵其奏于地。同文之狱,追逮后殿御药官张士良,胁以刀锯、鼎镬,无所得。又适有星变,诏曰:"朕遵祖宗遗志,未尝诛戮大臣,释勿治。"(邵博《闻见后录》卷2"哲庙实录"条)②

曾布言:"……祖宗以来,未尝诛杀大臣,今[梁]焘更有罪恶,亦不过徙海外。"上曰:"祖宗未尝诛杀大臣,今岂有此?"(李焘《续资治通鉴长编》卷495《元符元年》)③

哲宗御迩英阁,召宰执暨讲读官讲《礼记》、读《宝训》。顾临读至:"汉武帝籍提封为上林苑。仁宗曰:'山泽之利当与众共之,何用此也!'丁度对曰:'臣事陛下二十年,每奉德音,未始不本于忧勤,此盖祖宗家法尔。'"读毕,宰臣吕大防等进曰:"祖宗家法甚多,自三代以后,唯本朝百三十年中外无事,盖由祖宗所立家法最善,臣请举其略:自古人主事母后,朝见有时,如汉武帝五日一朝长乐宫。祖宗以来,事母后皆朝夕见,此事亲之法也。前代大长公主用臣妾之礼,本朝必先致恭,仁宗以侄事姑之礼见献穆大长公主,此事长之法也。"上曰:"今宫中见行家人礼。"大防等曰:"前代宫闱多不肃,宫人或与廷臣相见,唐入阁图有昭容位。本朝宫禁严密,内外整肃,此治内之法也。[前代外戚多预政事,常致败乱。本朝母后之族皆不预事,此待外戚之法也。]前代宫室多尚华侈。本朝宫殿止用赤白,此尚俭之法也。前代人君虽在宫禁,出舆入辇。祖宗皆步自内庭,出御后殿。岂乏人力哉,亦欲涉历广庭,稍冒寒暑尔,此勤身之法也。前代人主在禁中,冠服苟简。祖宗以来,燕居必以礼。窃闻陛下昨[郊]礼毕,具礼服谢太皇太后,此尚礼之法也。前代多深于用刑,大者诛戮,小者远窜。唯本朝用法最轻,臣下有罪,止于罢黜,此宽仁之法也。

---

① 邵伯温:《闻见录》,《景印文渊阁四库全书》第1038册,台湾商务印书馆1986年版,第820页。

② 邵博:《闻见后录》,《景印文渊阁四库全书》第1039册,台湾商务印书馆1986年版,第221页。

③ 李焘:《续资治通鉴长编》,《景印文渊阁四库全书》第322册,台湾商务印书馆1986年版,第495页。

至于虚己纳谏,不好畋猎,不尚玩好,不用玉器,饮食不贵异味,御厨止用羊肉,此皆祖宗家法所以致太平者。陛下不须远法前代,但尽行家法,足以为天下。"上甚然之。列圣家法之盛,大臣启迪之忠,皆可书而诵也。(周煇《清波杂志》卷1"祖宗家法"条)①

壬午,执政奏以朝散郎、主管亳州明道宫潘良贵提点荆湖南路刑狱公事。上曰:"良贵顷为谏官,与袁植皆劝朕诛杀。祖宗以来,未尝戮近臣,故好生之德,信于天下。若此,必失人心。"赵鼎曰:"谏诤之职,尤不可以此导人主。"(李心传《建炎以来系年要录》卷34《建炎四年六月》)②

邵伯温(1057—1134)、邵博(？—1158)均生活于两宋之际。《四库全书总目》卷141《子部五十一·小说家类二》云《闻见录》"成于绍兴二年"③,亦即1132年。邵博于"绍兴二十七年三月一日丙寅"自序,可知《闻见后录》成书于1157年。④《闻见录》、《闻见后录》皆成书于1127—1162年在位的南宋高宗时期,加上伯温乃邵雍之子、邵博乃伯温之子,因而,邵氏祖孙三代可谓"宋太祖誓碑"之间接证明材料由北宋而南宋的突出传承者。

1086—1100年在位的北宋哲宗(赵煦,1076—1100),尤为以上间接证明材料重点渲染。现依故事发生的先后顺序,略作分析。

其一,周煇(1127—?)所述宰辅吕大防(1027—1097)给哲宗总结"祖宗家法",据"唯本朝百三十年中外无事"一语,可知时在元祐五年(1090)。吕大防认为当朝有八个方面胜过前代,前七个方面是事亲之法、事长之法、治内之法、待外戚之法、尚俭之法、勤身之法、尚礼之法,第八个方面是宽仁之法:"前代多深于用刑,大者诛戮,小者远窜。唯本朝用法最轻,臣下有罪,止于罢黜,此宽仁之法也。"同为"祖宗家法",前七个方面仅仅体现并作用于皇室,第八个方面则体现并作用于朝廷。皇室只是"小家",朝廷才是"大家",吕大防最后推出"臣下有罪,止于罢黜"的宽仁之法,目的之一显然在于提醒哲宗要时刻牢记并遵循作为顶级国家机密的"宋太祖誓碑"。哲宗时年15岁,继位仅5年。

其二,邵博所述故事,可断发生于绍圣四年(1097)。盖因毕沅(1730—1797)《续资治通鉴》卷85"绍圣四年十二月"条有云:"先是蔡京、安惇共治文

---

① 周煇著,刘永翔校注:《清波杂志校注》,中华书局1994年版,第15—16页。
② 李心传:《建炎以来系年要录》,《景印文渊阁四库全书》第325册,第510页。
③ 参见永瑢等撰:《四库全书总目》下册,第1198页。
④ 邵博著,刘德权、李剑雄点校:《邵氏闻见后录》,中华书局1997年版,《邵氏闻见后录序》第1页。

及甫事,将大有所诛戮。会星变,帝谕曰:'朕遵祖宗遗志,未尝诛杀大臣,刘挚等可释勿治。'然京、惇极力锻炼不少置,而焘先卒;后七日,挚亦卒。众皆疑两人不得其死。"①《宋史》卷200《刑法志二》亦载哲宗之语:"挚等已谪遐方,朕遵祖宗遗志,未尝杀戮大臣,其释勿治。"②哲宗在位期间,先是宣仁皇后垂帘听政,重用司马光一系的元祐党人,亲政之后则标举王安石,大兴绍述党锢③。但是,从邵博的叙事看,哲宗不欲章惇(1035—1105)穷治元祐旧臣,诏曰"朕遵祖宗遗志,未尝诛戮大臣,释勿治",表明哲宗在底线上并不敢违背"不杀士大夫"的祖宗家法。

其三,李焘(1115—1184)所述曾布(1036—1107)与哲宗的对话,明言为元符元年(1098)之事。君臣两人讨论的人物,亦即上引《续资治通鉴》"焘先卒"的梁焘(1034—1097)。梁焘属于元祐党人,曾布则是绍述主将。据《宋史》卷342本传,梁焘乃卒于贬所④。梁焘并未被杀,可见哲宗与曾布即使在党锢炽烈之际,也没有破坏"不杀士大夫"这一祖宗遗制。

从现有史料看,神宗没有直接说过"不杀士大夫",高宗则明确指出"祖宗以来,未尝戮近臣"。但是,在"不杀士大夫"之为祖宗家法的传播史上,哲宗更是关键人物,这与绍述党锢极为相关。《宋史纪事本末》卷46《绍述》"绍圣四年三月"条云:"章惇议遣吕升卿、董必察访岭南,将尽杀流人。帝曰:'朕遵祖宗遗制,未尝杀戮大臣,其释勿治。'""元符二年闰九月"条又云:"由是重得罪者八百三十家,士大夫或千里会逮,天下怨疾,有'二蔡、二惇'之谣。"⑤蔡京(1047—1126)、蔡卞(1048—1117)、章惇、安惇(1042—1104)借绍述党锢将元祐党人一网打尽,但必须承认,"不杀士大夫"这一祖宗家法,终究确保了吕大防、刘挚(1030—1098)、苏辙、苏轼(1037—1101)、梁焘、刘安世(1048—1125)等人只是被流放,而不是被杀头。另外,上引《闻见后录》云"又适有星变,诏曰:'朕遵祖宗遗志,未尝诛戮大臣,释勿治'",如果参考《宋史》卷17《哲宗本纪一》、卷18《哲宗本纪二》反复提及的"白虹贯日"、"太白昼见"、"彗出西方",可知星象灾异对于哲宗遵循"不杀士大夫"的祖宗家法也起到了重要作用。

---

① 毕沅:《续资治通鉴》,上海古籍出版社1987年版,第445页。
② 参见脱脱等撰:《宋史》第15册,第5000页。
③ "绍述"旨在继承并复兴神宗朝熙宁(1068—1077)、元丰(1078—1085)之法度,始于哲宗绍圣元年(1094),终于徽宗宣和七年(1125),凡32年。《宋史》卷18《哲宗本纪二》赞曰:"哲宗以冲幼践阼,宣仁同政。初年召用马、吕诸贤,罢青苗,复常平,登俊良,辟言路,天下人心,翕然向治。而元祐之政,庶几仁宗。奈何熙、丰旧奸桀去未尽,已而媒蘖复用,卒假绍述之言,务反前政,报复善良,驯致党籍祸兴,君子尽斥,而宋政益散矣。吁,可惜哉!"(脱脱等撰:《宋史》第2册,第354页)
④ 参见脱脱等撰:《宋史》第31册,第10890页。
⑤ 陈邦瞻编:《宋史纪事本末》第2册,中华书局1977年版,第455、457页。

宋代以后，也有这类间接证明材料。假定元修《宋史》亦取材于宋人笔记，那么，《宋史》卷340《吕大防传》有个段落[①]，就是上引《清波杂志》卷1"祖宗家法"条的翻版；《宋史》卷471《章惇传》有个段落[②]，就是上引《闻见后录》卷2"哲庙实录"条的翻版。为避免重复，这两个段落不再抄录。如上所述，《宋史》的编撰班子知道有"宋太祖誓碑"这回事。因而，《吕大防传》与《清波杂志》的相似，《章惇传》与《闻见后录》的类同，隐含了以"间接材料"去证实、支持"直接材料"的意图。《宋史》卷425《刘应龙传》有段话，也有着相近的诉求：南宋理宗（赵昀，1205—1264）时期，刘应龙（生卒年不详）即以"祖宗以来，大臣有罪未尝轻肆诛戮"为吴潜（1195—1262）辩护。其辞云：

先是，理宗久未有子，以弟福王与芮之子为皇子，丞相吴潜有异论，帝已不乐。大元兵度江，朝野震动，逐丞相丁大全，复起潜为相，帝问潜策安出，潜对曰："当迁幸。"又问卿如何，潜曰："臣当死守于此。"帝泣下曰："卿欲为张邦昌乎？"潜不敢复言。未几北兵退，帝语群臣曰："吴潜几误朕。"遂罢潜相。帝怒潜不已，应龙朝受命，帝夜出象简书疏稿授应龙，使劾潜，应龙谓："潜本有贤誉，独论事失当，临变寡断。祖宗以来，大臣有罪未尝轻肆诛戮。欲望姑从宽典，以全体貌。"帝大怒。[③]

回顾前面抄录的材料，其实仅有陆游本《避暑漫抄》、王夫之《宋论》真正以宋太祖为主人公。宋朝于960年开国，年号建隆，使用了三年（960—962）。在此期间，宋太祖有何言论可与"不得杀士大夫及上书言事人"相表里呢？明代学者陈邦瞻（1557—1623）《宋史纪事本末》卷7《太祖建隆以来诸政》提供的以下材料，可资参考：

[太祖]尤注意刑辟，尝读二《典》，叹曰："尧、舜之罪四凶，止从投窜，何近代法网之密耶！"故定为折杖法，以递减流、徒、杖、笞之刑。自开宝以来，犯大辟非情理深害者，多得贷死；惟赃吏弃市，即未尝贷。[④]

任何道德性观念的形成与演进，既关乎经典的阅读，也关乎人性的召唤，

---

① 参见脱脱等撰：《宋史》第31册，第10842—10843页。按，《清波杂志》"唯本朝百三十年中外无事"，《宋史》为"唯本朝百二十年中外无事"。宋朝960年立国，以"百三十年"计，其时为1090年；以"百二十年"计，其时为1080年。《宋史》当误，盖因吕大防1090年出任宰辅，其时哲宗15岁。若依"百二十年"，不独吕大防尚未入相，哲宗亦未登基。
② 参见脱脱等撰：《宋史》第39册，第13711—13712页。
③ 脱脱等撰：《宋史》第36册，第12669—12670页。
④ 陈邦瞻编：《宋史纪事本末》第1册，第40页。

更关乎实践的力度与持久。北宋魏泰(1082年前后在世)《东轩笔录》卷9有段关于赵匡胤"虽用兵,亦戒杀戮"的记述,从中可见"宋太祖誓碑"未必就是空穴来风:

> 太祖圣性至仁,虽用兵,亦戒杀戮。亲征太原,道经潞州麻衣和尚院,躬祷于佛前曰:"此行上以吊伐为意,誓不杀一人。"开宝中,遣将平金陵,亲召曹彬、潘美戒之曰:"城陷之日,慎无杀戮。设若困斗,则李煜一门,不可加害。"故彬于江南得王师吊伐之体,由圣训丁宁也。真宗常语宰臣:"以河东之役,兵力十倍,当一举克捷。良由上党发愿之时,左右有闻之者。敌闻此语,知神兵自戢,故坚守不下,至烦再举也。"①

这里要特别指出,间接证明材料讨论"不杀士大夫",但只把它视为宋朝超迈前代的"祖宗家法",并没有明确地纳入到"宋太祖誓碑"的特定结构之中。另外,从"祖宗家法"来谈"不杀士大夫",多于从"宋太祖誓碑"来谈"不杀士大夫",亦是文献所见的历史事实。难道在不成文的"祖宗家法"这个庞杂系统之中,"不杀士大夫"是一回事,"宋太祖誓碑"又是另外一回事,二者毫不相干吗?这显然与历史记载不相符。有论者指出:"北宋有一条习惯法:不杀大臣言事官。或曰这是宋太祖誓约,藏之太庙,又有说太祖并无此誓约者。但无论如何,北宋一代,不杀大臣言事官,却是不争的客观事实,故可说是不成文的习惯法——故事。这个'故事',限制了皇帝对宰辅及大臣的处置权,使皇帝虽操宰辅进退之权,但又无生杀之权。大臣亦是如此。如此一来,士大夫积极参政而无杀身之虞,其参政之勇气自会倍增。"②在笔者看来,更合理的解释为:"宋太祖誓碑"不仅仅是"祖宗家法"之一,且是其最重要的源头,而间接证明材料视野中的"祖宗家法"早已把"宋太祖誓碑"涵化于其间,以致不必再明显地借重它来达成自身的话语权威。顾炎武(1613—1682)《日知录》卷15"宋朝家法"条即在此基础上指出:

> 宋世典常不立,政事丛脞,一代之制,殊不足言。然其过于前人者数事:如人君宫中自行三年之丧,一也;外言不入于梱,二也;未及末命即立族子为皇嗣,三也;不杀大臣及言事官,四也。此皆汉唐之所不及,故得继世享国至三百余年。若其职官军旅食货之制,冗杂无纪,后之为国

---

① 魏泰:《东轩笔录》,《景印文渊阁四库全书》第1037册,台湾商务印书馆1986年版,第469—470页。按,"此行上以吊伐为意"之"上",当为"止"字。
② 张其凡:《"皇帝与士大夫共治天下"试析——北宋政治架构探微》,《暨南学报》哲学社会科学版2001年第6期,第116页。

者并当取以为戒。(【杨氏曰】不杀大臣是美事,然如蔡京、秦桧、丁大全诸人则失刑也。)[①]

南宋李心传《建炎以来系年要录》以及元修《宋史》之中,既有直接证明材料,又有间接证明材料,兼具双重属性。但是,《宋史》刊行之后,为何王夫之《宋论》明言"宋太祖誓碑",顾炎武《日知录》只说"宋朝家法"呢?两者其实并不矛盾:"宋太祖誓碑"含义特定,好比一个标志;"宋朝家法"意义宽泛,类似一种风格。因而,服务于"不杀士大夫"这一中心思想,或言"宋太祖誓碑",或言"宋朝家法",或兼而言之,可以视为两宋以后既相区别、又相联系的三种言说方式。

四、真伪与影响

综上所述,"宋太祖誓碑"的文献地图由两组史料构成:第一组为直接证明材料,目前所见南宋时期直接叙述"宋太祖誓碑"的现存史料有七条,曹勋的《北狩见闻录》最早记载此事,陆游的《避暑漫抄》记录得最完整;宋代以后,以《宋史》、王夫之《宋论》为代表,直接认同誓碑的存在。第二组为间接证明材料,包括程颐以及邵雍祖孙三代在内,以间接方式佐证了"宋太祖誓碑"的存在;宋代以后,以《宋史》、顾炎武《日知录》为代表,延续了这一言说方式。两组材料之中,《建炎以来系年要录》及《宋史》又兼含直接、间接证明材料的双重属性。笔者认为,以上两组材料有可能确证"宋太祖誓碑"的真实性。这幅文献地图或如表2所示:

表2 "宋太祖誓碑"的文献地图

时代	直接证明材料	间接证明材料	备 注
北宋		1. 邵雍《击壤集》卷15《观盛化吟》之二 2.《二程遗书》卷15《伊川先生语一》 3. 苏辙《龙川别志》卷下 4. 侯延庆《退斋笔录》	1. 迄今尚未发现北宋时期的直接证明材料。 2. 北宋时期的间接证明材料仅为示例。

[①] 黄汝成著,秦克诚点校:《日知录集释》,岳麓书社1994年版,第572—573页。个别手民之误,有所校订。

续表

时代	直接证明材料	间接证明材料	备注
南宋	1. 曹勋《松隐集》卷26《进前十事札子》 2. 曹勋《北狩见闻录》 3. 徐梦莘《三朝北盟会编》卷98《靖康中帙》 4. 陆游《避暑漫抄》引《秘史》 5. 王明清《挥麈后录》卷1 6. 留正等撰《增入名儒讲义皇宋中兴两朝圣政》卷1 7. 李心传《建炎以来系年要录》卷4《建炎元年四月》	1. 邵伯温《闻见录》卷18 2. 邵博《闻见后录》卷2"哲庙实录"条 3. 李焘《续资治通鉴长编》卷495《元符元年》 4. 周煇《清波杂志》卷1"祖宗家法"条 5. 李心传《建炎以来系年要录》卷34《建炎四年六月》	1. 《进前十事札子》、《北狩见闻录》为最早记载"宋太祖誓碑"的史料。 2. 《避暑漫抄》为记载"宋太祖誓碑"最完整的史料。 3. 目前所见南宋时期直接叙述"宋太祖誓碑"的现存史料仅此七条。 4. 《建炎以来系年要录》兼含直接、间接证明材料。 5. 南宋时期的间接证明材料仅为示例。
宋代以后	1. 俞德邻《佩韦斋辑闻》卷1（又见《佩韦斋集》卷17《辑闻》） 2. 《宋史》卷379《曹勋传》 3. 《宋史全文》卷16上 4. 陶宗仪《说郛》卷39上抄录陆游本《避暑漫抄》 5. 陈汝錡《甘露园短书》卷6"誓碑"条 6. 陈邦之《蓬窗日录》卷5《事纪一》 7. 陆楫《古今说海》卷125《说纂九·散录三》抄录陆游本《避暑漫抄》 8. [明]李栻：《历代小史》卷22抄录陆游本《避暑漫抄》 9. 潘永因《宋稗类钞》卷1《君范》 10. 尤侗《看鉴偶评》卷4 11. 王夫之《宋论》卷1《太祖》 12. 袁栋《书隐丛说》卷6"宋祖誓碑"条 13. 史梦兰《全史宫词》卷16《宋》	1. 《宋史》卷200《刑法志二》 2. 《宋史》卷340《吕大防传》 3. 《宋史》卷425《刘应龙传》 4. 《宋史》卷471《章惇传》 5. 陈邦瞻《宋史纪事本末》卷46《绍述》 6. 顾炎武《日知录》卷15"宋朝家法"条	1. 元修《宋史》兼含直接、间接证明材料。 2. 《佩韦斋辑闻》、《宋论》所记"宋太祖誓碑"的内容，不同于《避暑漫抄》所记。 3. 两宋以后的直接证明材料、间接证明材料仅为示例。

对照表2，有两个问题需要特别说明。

其一，"宋太祖誓碑"的真伪性问题。立于962年的"宋太祖誓碑"，直到1126年—1128年期间才首度为外界所知，确实令人质疑。杜文玉甚至认为，"宋太祖誓碑"有可能是宋高宗出于政治目的，联袂曹勋编造的"假话"①。《清波杂志》校注者刘永翔指出："顾考之《长编》及《宋史·太祖纪》，建隆三年后太祖杀士大夫多矣，疑此说谬也。然宋代中期后重于杀士大夫亦为事实。"②仅凭"假话"与"杀人"两说，实不足以证伪"宋太祖誓碑"的真实性。有论者指出："今人在没有任何史料凭据的情况下，随意推断这是曹勋、高宗或徽宗杜撰出来的故事，恐怕是不够慎重的。"③徐规先生有段话说得很中肯，可资借鉴："杜同志在否定誓碑的同时，还列举宋代皇帝杀戮某些文臣武将以至贪官污吏的事例，作为宋高宗'出于某种政治需要'和曹勋'共同编造'不杀大臣、言官'这套假话'的反证，这同拙文上引北宋皇帝和宰执大臣的谈话显有违戾。我们知道，假如宋代最高统治者感到其自身利益受严重威胁时，也会不惜把'祖宗家法'置诸脑后，对士大夫开杀戒的。不过，这并非那个时代的主流。所谓'不杀'乃指不轻率诛杀，决非绝对不杀。这是毋庸多论的。对待这样一件宋代政治史上影响深远的大事，应取审慎的态度，不可以偏概全，一概抹煞。"④

北宋时期的直接证明材料至今尚属空白，那么，"宋太祖誓碑"究竟是确有其事还是子虚乌有呢？有论者指出："历史上是否存在有宋太祖誓碑及誓约内容如何，现今学术界仍有不同意见，但从现见文献中看，南宋士大夫对此誓碑及其'不诛大臣'誓约，并未有否定的记载。"⑤其实，直到张荫麟先生1941年存疑之前，从南宋到清末，均无人怀疑誓碑的真实性⑥。晚清史梦兰

---

① 参见杜文玉：《宋太祖誓碑质疑》，前揭刊，第21页。也有论者提出"徽宗杜撰说"："由于徽宗的心思不在太祖誓约上，故而杜撰时甚少文饰，结果不免漏洞百出，体现在内容上就是把'用宦官'也作为誓约的一部分。"参见李峰：《论北宋"不杀士大夫"》，前揭刊，第34页。

② 周煇著、刘永翔校注：《清波杂志校注》，中华书局1994年版，第18页。按，此语乃对吕大防所说"宽仁之法"的注释；文中"重于杀士大夫"，依文意及史实，"重于杀"当为"轻于杀"。

③ 刘浦江：《祖宗之法：再论宋太祖誓约及誓碑》，载前揭刊，第149页。

④ 徐规：《宋太祖誓约辨析》，前揭刊，第191—192页。有论者虽然认为"不杀士大夫"是赵宋之世的"伪家法"，但同样承认北宋中后期确实存在着"不轻杀士大夫"的历史事实。参见李峰：《论北宋"不杀士大夫"》，前揭刊，第31页。

⑤ 顾宏义：《岳飞之死与宋太祖"不杀大臣"誓约考》，《华东师范大学学报》哲学社会科学版2001年第1期，第114页。

⑥ 相传宋朝开国元勋赵普有言："半部《论语》治天下。"对此，古人多有质疑。如《纲鉴合编》卷28袁了凡（？—1609）评曰："已极夸诞，匪征于实。"参见袁了凡、王凤洲：《纲鉴合编》第3册，北京市中国书店1985年版（据世界书局1936年版影印），第1511页。《御批历代通鉴辑览》卷72（转下页）

(1813—1898)《全史宫词》卷 16《宋》有首宫词："庙享钦遵四孟时,牙盘别设踵唐仪。太常礼毕群班退,夹室焚香读誓碑。"并自注后二句典出《避暑漫抄》①。前引四库馆臣还说过,曹勋的《北狩见闻录》"纪事大都近实"。现代学术史上,全盘否定者亦极少。譬如本文重点讨论的三位作者,张荫麟、徐规师徒实际上处于疑、信之间,甚至信多于疑②;仅有杜文玉彻底怀疑,但其提供的论据并不令人信服。正是基于本文勾勒的文献地图,同时参照现代学术史的讨论状态,笔者认为,"宋太祖誓碑"当是确有其事而非子虚乌有的,其存在的可能性远远大于不存在的可能性③。更何况,"口碑"又比"石碑"更有思想文化价值:"存石碑于道左,自能炫人目耳,悦服游客;树丰碑于人心,则能永垂后世,警策来者。"④

其二,"宋太祖誓碑"的文化影响问题。明代叶子奇(1327?—1390?)《草木子》卷 4《谈薮篇》有言:"传世之盛,汉以文,晋以字,唐以诗,宋以理学","宋朝文不如汉,字不如晋,诗不如唐,独理学之明,上接三代"⑤。王夫之《宋论》卷 1《太祖》有言:"自太祖勒不杀士大夫之誓以诏子孙,终宋之世,文臣无欧刀之辟。"⑥有宋一代"文臣无欧刀之辟"与"独理学之明,上接三代"的密切关联,正如张荫麟先生所说:

(接上页)清高宗(爱新觉罗·弘历,1711—1799)御批:"今乃云半部定天下,半部致太平,尤为卤莽可笑。"参见傅恒等奉敕撰:《御批历代通鉴辑览》,《景印文渊阁四库全书》第 338 册,台湾商务印书馆 1986 年版,第 32 页。现代学者洪业(1893—1980)1970 年曾发表长文《半部论语治天下辨》,以为它是一个"撒谎的故事"。参见氏著:《洪业论学集》,中华书局 1981 年版,第 426 页。历史上,"宋太祖誓碑"为何没有像"半部《论语》治天下"那样受到质疑,十分值得思考。

① 参见史梦兰:《全史宫词》,《四库未收书辑刊》第 2 辑第 30 册,第 666 页。
② 有论者认为,"张荫麟先生虽不相信有所谓太庙誓碑,但他并未否认太祖誓约的存在"。参见刘浦江:《祖宗之法:再论宋太祖誓约及誓碑》,前揭刊,第 145 页。
③ 刘浦江、张希清先生均将"誓约"与"誓碑"分开来看,并倾向于认为"誓约"可信,而"誓碑"不妨存疑。刘浦江指出:"就现有史料来看,对太祖誓约及誓碑的记载似应区别对待。太祖誓约一事有明确可信的史源,没有理由怀疑它的真实性。至于太祖誓碑,虽然这个故事本身似乎没有什么破绽,但因史料来历不明、出处待考,且缺乏必要的旁证材料,本着不轻信、不妄疑的原则,目前对誓碑之真伪虚实,不可言其必有,亦不可言其必无。"(氏著:《祖宗之法:再论宋太祖誓约及誓碑》,前揭刊,第 152 页)张希清指出:"'誓碑'是否存在,还有待进一步的研究、考证;即便'誓碑'真的是'纯属子虚乌有',但宋太祖誓约也是的确真有其事的。"(氏著:《再论宋太祖誓碑:"不诛大臣、言官"》,前揭书,第 267 页)在目前无法确认陆游本《避暑漫抄》所引《秘史》之史源的前提下,这一看法有其合理性,但笔者以为,既然陆游本《避暑漫抄》所引《秘史》的史源问题尚未得到真正澄清,那么,从长远看,合"誓碑"与"誓约"为一体,还是较为保险的做法。
④ 2010 年 11 月,笔者以《"宋太祖誓碑"的文献地图》一文,参加"纪念鹤山书院创建 800 周年国际论坛暨宋明理学与东方哲学国际学术研讨会",深圳大学哲学系王立新教授会上为之题词。
⑤ 参见叶子奇:《草木子》,《景印文渊阁四库全书》第 866 册,台湾商务印书馆 1986 年版,第 784 页。
⑥ 王夫之:《宋论》,《续修四库全书》第 450 册,第 355 页。

太祖不杀大臣及言官之密约所造成之家法,于有宋一代历史影响甚巨。由此事可以了解北宋言官之张横,朝议之嚣杂,主势之降杀,国是之摇荡,而荆公所以致慨于"今人未可非商鞅,商鞅能令法必行"也。神宗变法之不能有大成,此其远因矣。此就恶影响言也。若就善影响言,则宋朝之优礼大臣言官实养成士大夫之自尊心,实启发其对于个人人格尊严之认识。此则北宋理学或道学之精神基础所由奠也。①

赵宋之世善待士人,重视文化,可谓空其前并绝其后。空其前者,据宋初史学家薛居正(912—981)等撰《旧五代史》卷107《王章传》记载,五代时期的王章"常轻视文臣,曰:'此等若与一把算子,未知颠倒,何益于事'"②。绝其后者,清代赵翼(1727—1814)《廿二史札记》卷32"明祖晚年去严刑"条指出:"明祖惩元季纵弛,特用重典驭下,稍有独犯,刀锯随之。时京官每旦入朝,必与妻子诀,及暮无事则相庆,以为又活一日。(见《草木子》)"③以此观之,有宋一代文化繁荣,理学昌盛,成就了汉唐之后又一个思想文化高峰,这跟"宋太祖誓碑"繁衍出"不杀士大夫"的制度设计是密不可分的。

这一制度设计以古代的"人治"而不是现代的"法治"作为理论根据,其局限性、片面性亦毋庸讳言。退一步,从古代"人治"的角度看,它也不是十全十美的,正如清初学者朱一是(1610—1671)《为可堂初集》卷2《三桓论》所言:"赵宋之得天下,亦法乎周而全用王,虽无分封世卿之祸,然立碑太庙,垂不杀大臣之戒,柄臣误国者世有之,国亦久长而不振。惟汉之制度,承周秦之后,鉴其弊而伯王杂用,庶为近之,有天下者所当法也。"④不过,针对高宗杀文臣陈东(1086—1127)、布衣欧阳澈(1097—1127)上书一事⑤,明人陈汝锜(生卒年不详)《甘露园短书》卷6"誓碑"条云:"后高宗即位于金陵,道君从燕中寄

---

① 张荫麟:《宋太祖誓碑及政事堂刻石考》,前揭刊,第16页。
② 参见薛居正等撰:《旧五代史》第5册,中华书局1976年版,第1410页。按,南宋罗大经(1196—1242)《鹤林玉露》卷5有言:"《五代史》:汉王章不喜文士,尝语人曰:'此辈与一把筭子,未知颠倒,何益于国!'筭子,本俗尚,欧公据其言History之,殊有古意。温公《通鉴》改作'授之握筭,不知纵横',不如《欧史》矣。"(《景印文渊阁四库全书》第865册,台湾商务印书馆1986年版,第298页)
③ 赵翼:《廿二史札记》,《续修四库全书》第453册,上海古籍出版社2002年版,第576—577页。按,查《草木子》(收入《景印文渊阁四库全书》第866册),无"时京官每旦入朝,必与妻子诀,及暮无事则相庆,以为又活一日"一语。未知赵翼是否另有所本。
④ 朱一是:《为可堂初集》,《四库未收书辑刊》第1辑第21册,北京出版社1997—2000年版,第695页。此书据清顺治十一年(1654)刻本影印。
⑤ 李心传《建炎以来系年要录》卷8"建炎七年八月"条:"壬午,斩太学生陈东、抚州进士欧阳澈于都市……行路之人有为之哭者,上甚悔之。"(《景印文渊阁四库全书》第325册,第164—165页)欧阳澈其人其事,参见张剑:《欧阳澈略考》,《北京大学学报》哲学社会科学版2010年第5期,第147—149页。

书,首以誓碑嘱之,虑高宗之不及见也。乃不数月,而遂以黄潜善潜杀大学士陈东、布衣欧阳澈,何耶?"①清代尤侗(1618—1704)《看鉴偶评》卷4曰:"后建炎中,曹勋北回,徽宗寄语云:'祖宗誓碑在太庙,恐今天子不及知。'呜呼,高宗果未之见耶,何陈东、欧阳澈杀之不疑也!"②这些评论则显示了"宋太祖誓碑"经久不息的历史影响。

(2010年7月31日第一稿写毕,8月4日第二稿写毕,9月3日第三稿写毕,9月28日第四稿写毕,11月7日定稿)

---

① 陈汝錡:《甘露园短书》,《四库全书存目丛书》子部第87册,第74页。
② 尤侗:《看鉴偶评》,《四库未收书辑刊》第1辑第21册,第478页。

附录：《避暑漫抄》系统相关文献举例

	朝代、作者及题名	内　　容	出　处
1	旧题［南宋］陆游（1125—1210）《避暑漫抄》	艺祖受命之三年,密镌一碑,立于太庙寝殿之夹室,谓之誓碑,用销金黄幔蔽之,门鑰封闭甚严。因勅有司,自后时享及新天子即位,谒庙礼毕,奏请恭读誓词。是年秋享,礼官奏请如勅。上诣室前,再拜升阶。独小黄门不识字者一人从,余皆远立庭中。黄门验封启鑰,先入焚香明烛,揭幔,亟走出阶下,不敢仰视。上至碑前再拜,跪瞻默诵讫,复再拜而出。群臣及近侍,皆不知所誓何事。自后列圣相承,皆踵故事。岁时伏谒,恭读如仪,不敢漏泄。虽腹心大臣,如赵韩王、王魏公、韩魏公、富郑公、王荆公、文潞公、司马温公、吕许公、申公,皆天下重望,累朝最所倚任,亦不知也。靖康之变,犬戎入庙,悉取礼乐祭祀诸法物而去。门皆洞开,人得纵观。碑止高七八尺,阔四尺余,誓词三行,一云:"柴氏子孙有罪,不得加刑,纵犯谋逆,止于狱中赐尽,不得市曹刑戮,亦不得连坐支属。"一云:"不得杀士大夫及上书言事人。"一云:"子孙有渝此誓者,天必殛之。"后建炎中,曹勋自房中回,太上寄语云,祖宗誓碑在太庙,恐今天子不及知云云。（《秘史》）	《丛书集成新编》第86册,台湾新文丰出版公司影印版（未署出版年月）,第668页。此书据明代稗乘本翻印。
2	［明］陶宗仪（1329—约1412）《说郛》卷39上抄《避暑漫抄》（陆游）	艺祖受命之三年,密镌一碑,立于太庙寝殿之夹室,谓之誓碑,用销金黄幔蔽之,门鑰封闭甚严。因勅有司,自后时享及新天子即位,谒庙礼毕,奏请恭读誓词。是年秋享,礼官奏请如勅。上诣室前,再拜升阶。独小黄门不识字者一人从,余皆远立庭中。黄门验封启鑰,先入焚香明烛,揭幔,亟走出阶下,不敢仰视。上至碑前再拜,跪瞻默诵讫,复再拜而出。群臣及近侍,皆不知所誓何事。自后列圣相承,皆踵故事。岁时伏谒,恭读如仪,不敢漏泄。虽腹心大臣,如赵韩王、王魏公、韩魏公、富郑公、王荆公、文潞公、司马温公、吕许公、申公,皆天下重望,累朝最所倚任,亦不知也。靖康之变,金人入庙,悉取礼乐祭祀诸法物而去。门皆洞开,人得纵观。碑止高七八尺,阔四尺余,誓词三行,一云:"柴氏子孙有罪,不得加刑,纵犯谋逆,止于狱中赐尽,不得市曹刑戮,亦不得连坐支属。"一云:"不得杀士大夫及上书言事人。"一云:"子孙有渝此誓者,天必殛之。"至建炎中,曹勋自北中回,太上寄语云,祖宗誓碑在某处,恐今天子不及知云云。	《景印文渊阁四库全书》第878册,台湾商务印书馆1986年版,第143页。

续表

	朝代、作者及题名	内　　容	出　　处
3	[明]陈汝锜（生卒年不详）《甘露园短书》卷6"誓碑"条	宋太祖受命之三年，密镌一碑，置太庙夹室中，谓之誓碑，黄幔障之，门鑰甚严。因勑有司，自后时享及新主嗣位，奏请恭读誓碑。读时，唯小黄门不识字者一人亲封启鑰，群臣皆远立庭中，不知誓何事也。靖康之变，犬羊入庙，人始得纵观。誓词三行，一云："柴氏子孙有罪，不得加刑。"一云："不得杀士大夫及上书言事人。"一云："子孙渝此誓者，天必殛之。"前宋九君二百年，俱谨守誓。后高宗即位于金陵，道君从燕中寄书，首以誓碑嘱之，虑高宗之不及见也。乃不数月，而遂以黄潜善潜杀大学士陈东、布衣欧阳澈，何耶？既临之誓，又重以嘱，而听用邈邈，首相违犯，其播迁颠沛于粤，以苗刘死，而身病薰腐，终竟无后，非不幸耳。	《四库全书存目丛书》子部第87册，齐鲁书社1995年版，第74页。此书据中国人民大学图书馆藏明万历三十八年(1610)陈邦瞻刻、清康熙六年(1667)刘愿人重修本影印。
4	[明]陈全之（1512—1580）《蓬窗日录》卷5《事纪一》	宋太祖于太庙寝殿夹室镌一碑，谓之誓碑，封闭甚严。新天子即位，礼启默诵，虽腹心大臣、近臣皆不知。靖康之变，方得纵观。其词三行，一云："柴氏子孙，不得加刑、市戮、连坐、支属。"一云："不得杀士大夫及上书言事人。"一云："子孙有渝此誓者，天必殛之。"其立国也如此。	《四库全书存目丛书》子部第110册，齐鲁书社1995年版，第432页。此书据台湾中央图书馆藏明嘉靖四十四年(1565)祁县知县岳木刻本影印。

续表

	朝代、作者及题名	内　　容	出　处
5	[明]陆楫（1515—1552）《古今说海》卷125《说纂九·散录三》抄《避暑漫抄》(宋陆游)	艺祖受命之三年，密镌一碑，立于太庙寝殿之夹室，谓之誓碑，用销金黄幔蔽之，门鑰封闭甚严。因勅有司，自后时享及新天子即位，谒庙礼毕，奏请恭读誓词。是年秋享，礼官奏请如勅。上诣室前，再拜升阶。独小黄门不识字者一人从，余皆远立庭中。黄门验封启鑰，先入焚香明烛，揭幔，亟走出阶下，不敢仰视。上至碑前再拜，跪瞻默诵讫，复再拜而出。群臣及近侍，皆不知所誓何事。自后列圣相承，皆踵故事。岁时伏谒，恭读默如仪，不敢漏泄。虽腹心大臣，如赵韩王、王魏公、韩魏公、富郑公、王荆公、文潞公、司马温公、吕许公、申公，皆天下重望，累朝最所倚任，亦不知也。靖康之变，金人入庙，悉取礼乐祭祀诸法物而去。门皆洞开，人得纵观。碑止高七八尺，阔四尺余，誓词三行，一云："柴氏子孙有罪，不得加刑，纵犯谋逆，止于狱中赐尽，不得市曹刑戮，亦不得连坐支属。"一云："不得杀士大夫及上书言事人。"一云："子孙有渝此誓者，天必殛之。"后建炎中，曹勋自金营回，太上寄语云，祖宗誓碑在太庙，恐今天子不及知云云。(《秘史》)	《景印文渊阁四库全书》第886册，台湾商务印书馆1986年版，第59—60页。
6	[明]李栻(生卒年不详)：《历代小史》卷22《避暑漫抄》	艺祖受命之三年，密镌一碑，立于太庙寝殿之夹室，谓之誓碑，用销金黄幔蔽之，门鑰封闭甚严。因勅有司，自后时享及新天子即位，谒庙礼毕，奏请恭读誓词。是年秋享，礼官奏请如勅。上诣室前，再拜升阶。独小黄门不识字者一人从，余皆远立庭中。黄门验封启鑰，先入焚香明烛，揭幔，亟走出阶下，不敢仰视。上至碑前再拜，跪瞻默诵讫，复再拜而出。群臣及近侍，皆不知所誓何事。自后列圣相承，皆踵故事。岁时伏谒，恭读默如仪，不敢漏泄。虽腹心大臣，如赵韩王、王魏公、韩魏公、富郑公、王荆公、潞文公、司马温公、吕许公、申公，皆天下重望，累朝最所倚任，亦不知也。靖康之变，犬戎入庙，悉取礼乐祭祀诸法物而去。门皆洞开，人得纵观。碑止高七八尺，阔四尺余，誓词三行，一云："柴氏子孙有罪，不得加刑，纵犯谋逆，止于狱中赐尽，不得市曹刑戮，亦不得连坐支属。"一云："不得杀士大夫及上书言事人。"一云："子孙有渝此誓者，天必殛之。"后建炎中，曹勋自房中回，太上寄语云，祖宗誓碑在太庙，恐今天子不及知云云。	[明]李栻：《历代小史》第9册(商务印书馆辑《景印元明善本丛书十种》本)，上海商务印书馆1940年版，《历代小史》卷22《避暑漫抄》第5—6页①。按，"文潞公"，此本作"潞文公"。

① 因中山大学图书馆未藏《历代小史》，此条材料由华东师范大学哲学系贡华南教授、四川大学政治学院邓曦泽博士分别代为复核，特此致谢。

续表

	朝代、作者及题名	内　　容	出　　处
7	[清]潘永因(生卒年不详)《宋稗类钞》卷1《君范》	艺祖受命之三年，密镌一碑，立于太庙寝殿之夹室，谓之誓碑，用销金黄幔蔽之，门鑰封闭甚严。因勅有司，自后时享及新天子即位，谒庙礼毕，奏请恭读誓词。独一小黄门不识字者一人从，余皆远立庭中，不敢仰视。上至碑前再拜，跪瞻默诵讫，复再拜而出。群臣及近侍，皆不知所誓何事。自后列圣相承，皆踵故事。岁时伏谒，恭读如仪，不敢漏泄。靖康之变，悉取礼乐祭祀诸法物而去。门皆洞开，人得纵观。碑止高七八尺，阔四尺余，誓词三行，一云："柴氏子孙有罪，不得加刑，纵犯谋逆，止于狱中赐尽，不得市曹刑戮，亦不得连坐支属。"一云："不得杀士大夫及上书言事人。"一云："子孙有渝此誓者，天必殛之。"后建炎中，曹勋自金回，太上寄语，祖宗誓碑在太庙，恐今天子不及知云。	《景印文渊阁四库全书》第1034册，台湾商务印书馆1986年版，第216—217页。
8	[清]尤侗(1618—1704)《看鉴偶评》卷4	艺祖立誓碑，在太庙夹室，门鑰封闭甚严。凡新天子即位，诣碑前，仰瞻默诵而出。群臣及内侍皆不知也。靖康之乱，庙门洞开，人得纵观。誓词三行，一云："柴氏子孙有罪，不得加刑，纵犯谋逆，止于狱中赐尽，不得市曹刑戮，亦不得连坐支属。"一云："不得杀士大夫及上书言事人。"一云："子孙有渝此誓者，天必殛之。"后建炎中，曹勋北回，徽宗寄语云："祖宗誓碑在太庙，恐今天子不及知。"呜呼，高宗果未之见耶，何陈东、欧阳澈杀之不疑也！	《四库未收书辑刊》第1辑第21册，北京出版社1997—2000年版，第478页。此书据清康熙刻本影印。
9	[清]王夫之(1619—1692)《宋论》卷1《太祖》	太祖勒石，锁置殿中，使嗣君即位，入而跪读。其戒有三：一、保全柴氏子孙；二、不杀士大夫；三、不加农田之赋。呜呼！若此三者，不谓之盛德也不能。	《续修四库全书》第450册，上海古籍出版社2002年版，第354页。
10	[清]袁栋(生卒年不详)《书隐丛说》卷6"宋祖誓碑"条	宋太祖混一之后，立誓碑于太庙夹室。凡嗣皇帝初立，止随不识字小黄门一人至夹室中，焚香跪读而已。宫壶亲臣亦莫有知者。永著为令，天下终不知誓碑之为何语也。后二圣北狩，太庙重门洞开，臣民得纵观之。止有三行，一曰："柴氏子孙，有罪不得刑于市，止可赐死。"一曰："不得诛杀卿士大夫及言事者。"一曰："子孙有不遵者，明神殛之。"虽有三语，其实止一语也。末行是总束语，中行是陪衬语，止有首行是主意。宋祖得天下于小儿，原有歉于隐微，故为是誓碑，而其忠厚处实过于六朝五代远矣，宜其享国久长哉！	《四库全书存目丛书》子部第116册，齐鲁书社1995年版，第477页。此书据北京图书馆分馆藏清乾隆刻本影印。

续表

	朝代、作者及题名	内　　容	出　处
11	[清]史梦兰（1813—1898）《全史宫词》卷16《宋》	【宫词】庙享钦遵四孟时，牙盘别设踵唐仪。太常礼毕群班退，夹室焚香读誓碑。 【《文献通考》】宋制，太庙岁以四孟月及季冬，凡五享。开宝初，上亲享太庙，见所陈笾豆簠簋，问曰："此何物也？"左右以礼器对。上曰："吾祖宗宁识？"亟命撤去，进常膳，如平生。既而曰："古礼不可废也！"命复设之。于是，判太常寺和岘言："按唐天宝中，享太庙礼料外每室加常食一牙盘。五代以来，遂废其礼，今请如唐故事！"乃诏别设牙盘食，禘祫时享皆用之。 【《避暑漫录》】艺祖受命之三年，密镌一碑，立于太庙寝殿之夹室，谓之誓碑。用销金黄幔蔽之，门鑰封闭甚严。因勅有司，自后时享及新天子即位，谒庙礼毕，奏请恭读誓词。群臣及近侍，皆不知所誓何事。靖康之变，门皆洞开，人得纵观。誓词三行，一云："柴氏子孙有罪，不得加刑，纵犯谋逆，止于狱中赐尽，不得市曹刑戮，亦不得连坐支属。"一云："不得杀士大夫及上书言事人。"一云："子孙有渝此誓者，天必殛之。"	《四库未收书辑刊》第2辑第30册，北京出版社1997—2000年版，第666页。此书据清咸丰六年（1856）刻本影印。

鲁儒学的地域性传统
◇ 徐庆文

摘　要：自孔子后，儒学的传承是按两条理路行进的，一条是忠于儒家经典《六经》的注释和传播（继承），一条是对儒学的创造性改造（创新）。山东是儒学的发祥地，山东的学人因处"圣人之地"，自荀子以后就选择了对儒家经典注疏这条理路，而荒于对儒家思想的创造。所以，山东的儒学研究在汉代显赫，自宋以后显得沉寂。这构成了山东儒学发展的地域性特征。

关　键　词：儒学、地域性、继承、创新

作者简介：徐庆文，山东大学儒学高等研究院副教授。主要研究领域：儒学、中国哲学。

儒学的形成与地域性文化传统有着紧密的关联。傅斯年认为，鲁是西周初年周在东方文明故城中开辟的一个殖民地。西周之故城既亡于戎，南国又亡于楚，而"周礼尽在鲁矣"。鲁国人揖让之礼甚讲究，而行事甚乖戾（太史公语），于是拿诗书礼乐做法宝的儒家出自鲁国，是再自然没有的事情。孔子的一些弟子将儒学流播他国，但"儒学一由鲁国散到别处便马上变样子"，从中"我们清清楚楚的认识出地方环境之限制人"；而齐人喜作荒诞不经之论，这一文化传统孕育了"骨子里只是阴阳五行，又合着一些放言侈论"的"齐儒学"，而有别于鲁国"儒者的正统"①。这精确点明了鲁儒学的地域性传统的发端。

儒家思想由春秋时期孔子创立。孔子居鲁国，因而，山东在春秋时期就成为儒家思想的中心。春秋时期各家思想并立，孔子在周礼的基础上创立了孔门学派。孔子创立学派之初，孔门学派只是当时学派分立中的一派。《汉书·艺文志》描述孔门学派为："盖出于司徒之官，助人君顺阴阳明教化者也。游文于《六经》之中，留意于仁义之际，祖述尧舜，宪章文武，宗师仲尼，以重其言，于道最为高"②。由此，我们可以知道孔门学派的特点是以孔子为宗师，以

---

① 傅斯年：《民族与古代中国史》，石家庄：河北教育出版社2002年版，第210页。
② 《汉书》卷三十《艺文志》，北京：中华书局2007年版，第333页。

《六经》为经典,主张仁义、礼乐、中庸之道等,维护君臣、父子、夫妇等伦常关系的门派。

孔门学派以《六经》为经典。孔子在聚徒讲学中秉承周代礼乐文化传统,"行夏之时,乘殷之辂,服周之冕"(《论语·卫灵公》),"周监于二代,郁郁乎文哉,吾从周"(《论语·八佾》),"其或有继周者,虽百世可知也"(《论语·为政》)。由于孔子讲学的影响越来越大,逐渐形成了孔门学派独特的传统——谨守周代礼乐文化。这一传统在孔子讲学的鲁国扎根生长,演变成为日后当地的地域文化特色。司马迁曾感叹"夫齐、鲁之间于文学,自古以来,其天性也。"①

应该承认,孔子虽然谨守周代礼乐文化,以《六经》为经典,但他讲学并没有干巴巴地照搬周礼和《六经》。孔子特别注重启发式教学,善于因人、因时、因地进行个别施教,因此,孔子学生中,从孔子那里学到的知识并不完全相同。"循循然善诱人"是孔子弟子对老师的印象,每个学生都会从教师那里得到不同的启发,而每个学生理解老师的思想也有差别。颜渊认为孔子思想的核心是"仁",曾参认为孔子的"一贯之道"是"忠恕"。所以,孔子弟子也形成了各自不同的特色。"德行:颜渊、闵子骞、冉伯牛、仲弓;言语:宰我、子贡;政事:冉有、季路;文学:子游、子夏。"(《论语·先进》)而孔子的再传弟子,其思想的分化就很大了。尤其孔子死后,"儒分为八","七十子之徒散游诸侯"。但是,在齐鲁大地,由孔子形成的孔门学派的特色并没有因孔子弟子的离散而削弱,孔门学派的谨守周礼传统一直坚持下来。"天下并争于战国,儒术既绌焉,然齐、鲁之间,学者独不废也。"②由此可知,鲁国学者对孔门学派的持守程度,即使是刘邦"举兵围鲁","鲁中诸儒尚讲诵习礼乐,弦歌之间不绝"③。

鲁国学者为何独自钟情于孔门学派?这恐怕是学者的使命使然。孟子曰:"由孔子而来,至于今,百有余岁,去圣人之世,若此其未远也。近圣人之居,若此其甚也。然而无有乎尔,则亦无有乎尔。"(《孟子·尽心下》)孟子所说的要传圣人学问,其条件一是"去圣人之世",二是"近圣人之居"。满足这两个条件的只有鲁国了,所以,鲁国学者自觉担负起传承孔门学派的使命。孟子认为自己"未得为孔子徒也,予私淑诸人也。"(《孟子·离娄下》)自觉承担起将孔门学派发扬光大的重任。荀子在稷下学宫游学中,吸取各家思想阐扬孔门学派,使孔门学派经久不衰,同时积极承担《六经》的承传任务,延续孔

---

① 《史记》卷一百二十一《儒林列传》,郑州:中州古籍出版社1996年版,第867页。
② 《史记》卷一百二十一《儒林列传》,第867页。
③ 同上。

门学派经典的传承。"盖自七十子之徒既殁,汉诸儒未兴,中更战国、暴秦之乱,《六艺》之传赖以不绝者,荀卿也。周公作之,孔子述之,荀卿子传之,其揆一也。"①所以,司马迁认为说"孟子、荀卿之列,咸遵夫子之业而润色之,以学显于当世。"②

孔门学派经过战国时期和各派争鸣以及秦代的焚书坑儒后,呈现衰败之势。特别是秦代尚法术,秦始皇怕诸子的"私学"诽毁秦王朝,下令除《秦记》以外,其他各国历史书一律焚毁,尤其是民间的《诗》、《书》百家语更要烧掉,又把诽谤秦政的方技之士和部分博士儒生坑于咸阳。于是,孔门学派的显学地位受到了非常致命的打压,由显而隐。

真正使孔门学派的地域性特征凸显的是汉代。西汉更秦后,前期崇尚黄老之学,博士诸儒不能尊显,处于"具官待问"状态。汉武帝即位后,丞相卫绾上奏认为,目前"所举贤良,或治申、商、韩非、苏秦、张仪之言,乱国政,请皆罢"③。后董仲舒献对策认为,"诸不在六艺之科,孔子之术者,皆绝其道,勿使并进。"④汉武帝采纳了董仲舒的建议,"罢黜百家,表章《六经》"⑤,只设《五经》博士,由此确立了儒家及儒家经典的权威地位。孔门学派也变成了儒家思想和儒学。

儒学由先秦孔门学派的显学经秦代的打压,又经西汉前期的隐匿,终于被抬升到了国家意识形态领域的独尊地位,这无疑带来了儒学繁荣的最佳契机。"故汉兴,然后诸儒始得修其经艺,讲习大射乡饮之礼。"⑥汉武帝时期,在设立《五经》博士的基础上又出现了经学。经学是对儒家经传的注释解说、阐发经义的学科。儿宽"见上(汉武帝)语经学"⑦,欧阳生"初见武帝,语经学"⑧,说明在汉武帝时期经学已经作为一门学科被学者认同。经学的出现使儒家经典分化越来越细,儒学的传承分支越来越多。在官方,《诗》有齐、鲁、韩三家,《书》有欧阳、大夏侯、小夏侯三家,《易》有施、孟、梁丘、京氏四家,《春秋公羊》有严、颜二家。在民间,古文经学泛起。

与经学的细化相对应,儒学的地域特色也越来越浓。特别是作为儒学的原生地——山东的儒学特色突出出来。"邹鲁守经学",为学谨严,遵循师法

---

① 王先谦:《荀子集解·考证下》,北京:中华书局1988年版,第31页。
② 《史记》卷一百二十一《儒林列传》,第867页。
③ 《汉书》卷六《武帝纪》,第39页。
④ 《汉书》卷五十六《董仲舒传》,第570页。
⑤ 《汉书》卷六《武帝纪》,第52页。
⑥ 《史记》卷一百二十一《儒林列传》,第867页。
⑦ 《汉书》卷五十八《公孙弘卜式兒宽传》,第591页。
⑧ 《汉书》卷八十八《儒林传》,第878页。

奠定了山东地域性儒学的特征。汉初《五经》七家八位传经大师,山东居《五经》六家。《五经》传承中,《诗》三家中山东占据了辕固生、申培两家,现在所传的《诗》是由齐人毛亨、毛苌所传;传《书》的三家欧阳生、夏侯胜、夏侯建均出自山东;传《易》的四家中,孟喜、梁丘贺出自山东;传《春秋》的颜安乐亦出自山东。可以说,山东是经学传承中的重镇,经学的传承几乎出自山东。

山东的传经系统一直延续至东汉。东汉设十四家博士,山东居八家。更为可贵的是,东汉时期的郑玄博贯群经,"囊括大典,网罗众家",成为汉代经学的集大成者,在学界开创了"郑学"道统。而晋代的王肃,由于"不好郑氏"而遍注群经,创立了"王学"。"郑学"、"王学"成为当时学术界影响最大的两个学派儒学分支。由此可以看出山东在传播儒家经典方面的影响和作用。

正是由于经博士们的努力,儒家经典变得庞大起来。汉初设《五经》博士,主治《诗》、《书》、《礼》、《易》、《春秋》,东汉及魏晋时期又将《论语》、《孝经》列入经学,出现七经之说。东晋又流行十经,唐代有九经取士之制度。儒家典籍越来越庞大,加之各代学人对经的训诂、义疏、正义、疏证、笺等等,形成了儒家典籍浩如烟海的局面。儒家典籍的丰富,为儒学发源地山东增光添色的同时,也为儒学经典的传承带来了障碍。儒家典籍的不断增多,削弱了通经式学人出现的几率,取而代之的是熟习某一部典籍的专门人才。然而,固守着儒家某一典籍的专业人才中,由于对经典理解水平有高有低,加之对经典的注疏采取的不同方法和视野,使得注疏后的经典变得异常繁杂,难分伯仲。于是,儒家经典的权威注释成为相当困难的事情。与之相关联,山东地域建立起来的传经特色也湮没在浩繁的经典注疏之中。

宋代至清代,是儒学发展的成熟阶段。两汉儒学虽然处于国家意识形态领域的独尊地位,然而,魏晋后佛学兴盛,唐代又倡道家,儒学的尊位就打了很大的折扣。魏晋隋唐时期,研习儒家经典之士也不如两汉时期地位显赫。宋代,统治阶层重新褒扬儒学,抬高儒学的地位。先是宋真宗追谥孔子为"玄圣文宣王",驾幸曲阜,拜谒孔庙;又是宋仁宗下诏赐封孔子后裔为"衍圣公"。于是,百官视孔子之道如日月经天,江河行地,树万世师表,历百代而常新。所以儒学地位重新显赫,士人习儒风气大涨。宋初三先生、北宋五子等相继引领儒学发展潮流,继之濂学、关学、洛学、新学等儒家学派兴起。然而,从宋至清,山东儒学的地方特色不再突出,甚至被其他地方兴起的特色儒学所覆盖,一度变得可有可无。这与"近圣人之地"的地缘极其不相符。诚然,我们不否认这里有南宋朝廷南迁,文化重心南移的因素,但这不能成为山东地域儒学特色被遮蔽的原因,毕竟,山东的"近圣人之地"是不能改变的,在"圣人之地"发扬光大圣人之学是天经地义的事情。这期间,出现了许多影响比较大的儒学学派,如宋明时期推崇《诗经》、《尚书》、《周礼》并给以新解释的临川学派;发挥孔子"仁"和"敬"理念的洛学;以《易》为基础的关学;强调"理"的程朱理学、鲁斋学派、东林学派;调和朱陆的草庐学派、金华学派;重事功的永嘉学派;强调心学的甘泉学派、阳明学派;注重下层人士修养的泰州学派;对王学"补偏救弊"的蕺山学派……。这些学派共同支撑起儒学林立的事业,促进儒学的进一步发展。而宋明时期地处"圣人之地"的山东,仅"宋初三先生"中石介、孙复①在宋初儒学的发展中起到过奠基作用。作为儒学发展重要载体的儒学大讲堂——书院,山东地域也仅有徂徕书院闻名,但徂徕书院兴起较晚,远没有岳麓书院、白鹿洞书院、鹅湖书院等影响大。清代儒学发展中又出现了许多学派,如颜李学派、常州学派、吴派、皖派等,同时也出现了一些有名的书院,如诂经精舍、南菁书院、广雅书院、万木草堂等。而山东地域儒学特色仍然没有彰显。

　　仔细考察儒学的发展历程,即可明确山东地域儒学的兴盛与沉寂的因缘。其实,居"圣人之地"的学人们始终没有放弃儒家思想的传承。先秦时期儒家只是诸子中的一家,弘扬儒家思想的最有效最直接的办法就是延续儒家经典。然而,儒家经典的延续只是弘扬儒学的一个方面,并不完全等同于儒学的光大,这一点,孟子和荀子非常清醒。孟子光大孔子思想并不像孔子那样一味强调"仁",而是以"心"释"仁"、以"义"行"仁";荀子光大儒学则是依"礼"成"仁"。孟子荀子都根据时代的特征对儒学进行了创造,二者被后世公认为巨儒,一个被称为"亚圣",一个被称为"复圣"。这说明,自孔子后,儒学的传承其实是按两条理路行进的,一条是忠于儒家经典《六经》的注释和传播(继承或传经之儒),一条是对儒学的创造性改造(创新或创造之儒)。这两条理路依据时代不同而各有彰隐。大体上,儒学受到当时统治者的打压和其他学派猛烈抨击,面临断裂局面时,传经成为首要任务;而当儒学成为显学时,对儒学的创造性改造尤为重要。战国时期,群雄并起,儒家思想与道家、墨家等相攻讦,孟子通过对儒家思想的创造使儒学再次凸显。荀子一方面传播儒家经典,另一方面对儒学进行改造,为儒学的弘扬起到承接作用。由于秦代以法家思想治理国家,儒家思想面临着断裂的危机,所以,汉初儒学传承中儒家经典的地位变得显赫,"经"之真假,"经"之注疏等等就成为儒学得以发展首先正视和必须解决的问题。因此,具有传"经"功能的"《五经》"博士成为儒学发展的至关重要的人物。即便如此,儒学发展的另一条理路在汉初也同样显示出它的重要性和显赫地位。陆贾、贾谊、董仲舒等人以儒学为基础,兼宗

---

① 孙复为晋州平阳今山西临汾人,在山东泰山聚徒讲学,号称"泰山先生"。

道、法。特别是董仲舒以儒学为核心，融摄阴阳法术、名家、道家等建立了一个庞大的儒学体系，提出新王制说，并开启了儒学谶纬化的先河。董仲舒的"罢黜百家、独尊儒术"建议被汉武帝采纳后，儒学登上了国家意识形态领域的独尊地位。应该说，整个汉代，儒学传承的两条理路同样彰显，既有对儒家经典的注疏，又有对儒学思想的创造。儒家经典在汉以后，经过几代人的注疏，已经达到浩如烟海时，"经"的传承很自然的就由显而隐了。这时，儒学的发展必须与时代契合，并吸纳其他学说进行改造。也因此，创造之儒自然成为儒学发展的主要理路。宋明理学的崛起就是很好的证明。山东的学人因处"圣人之地"，自荀子以后就选择了对儒家经典注疏这条理路，而荒于对儒家思想的创造。所以，山东的儒学研究在汉代显赫，自宋以后就略显沉寂，出现这种地域性特征也就成为理所当然之事了。

近代以降，儒学的存在状态发生了根本性变化，儒家思想在意识形态领域的一尊地位不再。在西方坚船利炮和各种思潮的冲击下，儒学地位一降再降。特别是在西学冲击下，传统经学解体后，传经之儒已经走入历史，儒学的传承只能是对儒家思想的重新诠释和创造。20世纪出现的现代新儒家群体担负起了这个使命。另一方面，由于交通条件和通讯技术等的发展，儒学的地域性存在变得模糊了。然而，居"圣人之地"的山东人却依然凭借对儒学的固守欲保持儒学"圣地"的显赫地位，利用一切机会试图重振儒学。例如，民国初期康有为、陈焕章等发起孔教运动时，劳乃宣、卫视贤在青岛发起尊孔文社，王锡蕃等人在济南发起孔道会，孔祥霖等在曲阜成立曲阜经学会，与北京的孔教会遥相呼应，支持孔教运动。1912年在上海创立的孔教会，其总部迁址北京后，又于1914年迁址曲阜，形成了北京、曲阜两个活动中心。再如，1929年6月8日，山东省立第二师范学校公演林语堂改编的独幕剧《子见南子》，引起很大轰动。一封署名"孔氏六十族人"的信就递到了教育部，状告山东省立第二师范学校侮辱他们的祖宗，要求撤换校长。此事惊动了南京政府的许多要员，包括国民党中央执委、国民政府委员兼中央研究院院长蔡元培，教育部长蒋梦麟，工商部长孔祥熙，甚至于蒋介石。最后以山东省立第二师范学校校长"调厅，另有任用"结束。这些事例都为山东这块儒学"圣地"维护儒学提供了证明。而事实上，尽管山东地域对儒学的维护在接续儒学命脉中起到一定作用，但远不如现代新儒家学人对儒学的创造所起的作用大。

在当代，文化的多元化存在将任何民族文化均纳入整个多元文化之中，也因此，民族文化如何在多元文化中复兴显得尤为重要。诚然，民族文化的复兴离不开文化经典的诠释以及对文化本身的敬仰和固守，但更重要的是对民族文化的创造和转换，使民族文化与多元文化有机契合。对于作为中华民族主体文化的儒学来说,儒家思想典籍的整理出版、祭孔大典的举行、儒学国际会议的召开等,无疑具有光大儒学的意义,但从儒学的传承来讲,更重要的恐怕不是这些,而是对儒学的创造(哲学化改造),赋予儒学以时代内容,增强儒学发展的生命。这一点,一度被居"圣人之地"的学人所忽视,造成山东地域儒学守成有功、创造乏力的局面,与"圣人之地"儒学所应有的特色不相适应。今天,作为"原生态"儒学发祥地的山东,应该怎样通过反省儒家思想的发展历程,再造儒学的区位优势呢?这值得我们深思。

(特约编辑:翟奎凤)

传说与新闻
——左史记言右史记事新考

◇ 刘 斌

摘 要：《汉书·艺文志》所载"左史记言，右史记事，事为《春秋》，言为《尚书》"一语关涉中国史学源起，为史学史研究长期以来悬而未决的基础理论课题。前人的研究因为在"言""事"二者何以对举的层面上分辨不清，遂至误入歧途而久攻不克。文献研究表明，"言""事"二者在言语和行动的意义差别外，还存在时间趋向上的不同，在传言与时事的层面上，二者表现出鲜明的古今新旧之别，所谓"左史记言，右史记事，事为《春秋》，言为《尚书》"的分职正是在这个层面上对举而言的。此一分职，特别是其所揭示的记言传统，对于中华史学本身而言有其重大的理论价值和意义，对于整个上古学术文化的传承与发展而言也是关系重大。

关 键 词：记言、记事、言本、中国史学

作者简介：刘斌，山东大学儒学高等研究院讲师。主要研究领域：儒家思想文化史、20世纪《论语》学。

中华民族素以厚重的文明历史以及伴随于此的绵长的修史传统见重于世。然而，遗憾的是，就像上古历史因为文献缺失而扑朔迷离一样，传统史学中，同时也是文明和文化史上的一些基本问题，也因为去今久远、史无明文的缘故而悬疑千载、难解成谜。若"左史记言、右史记事"者便即其一。这一涉及分工的传统史学的基本课题自战国中晚期（《礼记·玉藻》盖作于斯时）以来便长期困扰着我国学术界，《汉书·艺文志》与《礼记》所言左右相异本身就很说明问题。

一、既 有 探 讨

经年累积的关于此一课题的既有探讨已是不胜枚举。

《礼记·玉藻》：

> 天子……玄端而居，动则左史书之，言则右史书之，御瞽几声之

上下。

《汉书·艺文志》：

> 古之王者世有史官。君举必书，所以慎言行，昭法式也。左史记言，右史记事，事为《春秋》，言为《尚书》，帝王靡不同之。

熊安生：

> 按《周礼·大史职》云："大师，抱天时，与大师同车。"又《左传》齐太史书"崔杼弑君"，是大史记动作之事，在君左厢，则大史为左史也。《周礼》内史掌诸侯、孤、卿、大夫之策命，《左传》王命内史叔兴父策命晋侯为侯伯，是皆言诰之事，是内史所掌在君之右，为右史也。（孙希旦《礼记集解》引）

刘知几：

> 古者言为《尚书》，事为《春秋》，左右二史，分尸其职。盖桓、文作霸，纠合同盟，春秋之时，事之大者也，而《尚书》缺记。秦师败绩，缪公诫誓，《尚书》之中，言之大者也，而《春秋》靡录。此则言、事有别，断可知矣。逮左氏为书，不遵古法，言之与事，同在传中。然而言事相兼，烦省合理，故使读者寻绎不倦，览讽忘疲。（《史通·载言》）

> 盖史之建官，其来尚矣。昔轩辕氏受命，仓颉、沮诵实居其职。至于三代，其数渐繁。案《周官》、《礼记》，有太史、小史、内史、外史、左史、右史之名。太史掌国之六典，小史掌邦国之志，内史掌书王命，外史掌书使乎四方，左史记言，右史记事。（《史通·史官建置》）

> 盖《书》之所主，本于号令，所以宣王道之正义，发话言于臣下，故其所载，皆典、谟、训、诰、誓、命之文。至于《尧》、《舜》二典直序人事，《禹贡》一篇唯言地理，《洪范》总述灾祥，《顾命》都陈丧礼。兹亦为例不纯者也。（《史通·六家》）

孔颖达：

> 左是阳道，阳气施生，故令之记动；右是阴道，阴气安静，故使之记言。《艺文志》称"左史记言，右史记事"，误耳。（《春秋左氏传序正义》）

章学诚：

> 《记》曰："左史记言，右史记动。"其职不见于《周官》，其书不传于后世，殆礼家之悬文欤？后儒不察，而以《尚书》分属记言，《春秋》分属记事，则失之甚也。夫《春秋》不能舍传而空存其事目，则左氏所记之言，不

嘗千万矣。《尚书》典谟之篇，记事而言亦具焉；训诰之篇，记言而事亦见焉。古人事见于言，言以为事，未尝分事言为二物也。(《文史通义·书教上》)

蔡元培：

> 余惟新闻者，史之流裔耳。古之人君，左史记言，右史记事，非犹今新闻中记某某之谈话若行动乎？"不修春秋"，录各国之报告，非犹今新闻中有专电、通讯若译件乎？由是观之，虽谓新闻之内容，无异于史可也。然则我国固早有史学矣，何需乎特别之新闻学？

> 虽然，新闻之与史，又有异点。两者虽同记已往之事，史所记不嫌其旧，而新闻所记则愈新愈善。其异一。作史者可穷年累月以成之，而新闻则成于俄顷。其异二。史者纯粹著述之业，而新闻则有营业性质。其异三。是以我国虽有史学，而不足以包新闻学。(蔡元培：《〈新闻学大意〉·序》，高平叔主编《蔡元培全集·第三卷》，中华书局1984年版，第189—190页。)

刘师培：

> 上古之君，左史记言，右史记动，言为《尚书》，动为《春秋》，故唐、虞、夏、殷咸有《尚书》，而古代史书复有三坟、五典，是为《书经》、《春秋》之始。(《经学教科书》，上海古籍出版社2006年版，第11页。)

钱穆：

> 我要提出一个极大的问题，就是中国古代人对历史记载有一个很特别的地方，就是所谓"记言""记事"之分。诸位都说历史是记事的，但中国古人看重历史，不仅看重其事，还更看重讲话。从前人认为《尚书》是记言的，如誓、诰、谟、训，不都是讲话吗？我第一次讲《尚书》，提出《召诰篇》，那就是召公同人讲话。《国语》、《国策》里很多只是讲话，一段一段保留在那里，就是历史。而《左传》中主要的，乃是两百四十年的事情放在那里，便显然见得一是记言，一是记事了。

> 我们再进一步讲，固没有在事情中没有讲话，也没有讲话而不牵涉到事情的，这里我们不能太严格地分。我在《西周书文体辨》里，就说讲话里必兼记事，而《左传》亦在记事里就连带记着很多的"言"。我们只能说中国古代言与事并重，说话同行事一样看重，但并不能说中国古代人把讲话同行事分别开，如说"左史记言，右史记事"，这话恐有些靠不住。又如说"动则左史书之，言则右史书之"，一个天子的行动，由左史写下

来,他的讲话,由右史写下来,此和说左史记言,右史记事,恰相反对。又且在古书里可找到许多史官名,而并无所谓左史与右史的分别。所以我疑心这些话靠不住。可是中国古代人对于历史既看重事情又看重讲话,那是一定的。

现在我们再讲到记言,这个"言"字也和我们现在人所讲"思想"有一些不同。当然讲话都由思想来,可是说中国历史里看重讲话,不能便说是看重思想。……

从另一方面讲,言一定是思想,哲学也一定是思想。我们可以这样说,随便的说话就是言,这些说话用特殊的某一种的说法来说,就变成了哲学。……中国人的理论,往往脱口而出,只是说话。没有系统,没有组织,一个人在那里平白出口讲,不成哲学,可是它确是一番思想啊!虽然由他一个人随口讲,竟可跑到我们全世界人的心里,大家认为对,那就是立言。……

现在说中国史学有记言记事两条大路。像《国语》、《国策》都是记言的,远从《尚书》一路下来。但到孔子时代,记言又走了另外一条路,那就是百家言。孔子、孟子、荀子是儒家,老子、庄子是道家,各自著书。如《论语》、《老子》等书,发展成另一条大路,中国人叫它做"子书"。中国人从经学里发展出史学,我们已经讲过,《尚书》、《春秋》便都在经学里的。但史学又发展出了一套子学,子学则只是记"言"的,从其所言,可来研究他们的思想。我们要研究中国思想,从周公开始,周公以前则难讲了。近则从春秋开始,如看一部《左传》,它里面所载贤卿大夫种种讲话,不晓得有多少,但此许多讲话,有可信,有不可信。有有价值的,有无价值的。要讲史学,便又该讲到孟子所谓的知言之学。……若诸位没有知言工夫,只把中国历史当作记事一边去看,便失掉了中国史学中重要的一部分。(钱穆《中国史学名著》,三联书店2000年版,第41—46页。)

徐复观:

《礼记·玉藻》"天子……玄端而居,动则左史书之,言则右史书之"。把言与动分属于左右史的各别纪录,这是出自汉初儒者,喜作机械性的对称分别,有如"刚日读经,柔日读史"之类,是不能相信的。但史之有左右,而天子的重要言行,皆由史加以记录,则可以相信。(《原史——由宗教通向人文的史学的成立》,《两汉思想史》第三卷,华东师范大学出版社2001年版,第139页。)

余英时：

根据若干旧籍之记载，古代史官有所谓"左史""右史"之分，比较通行的说法是"左史记言，右史记事，事为《春秋》，言为《尚书》"，依照这种说法，中国在极古远的时代即已有两派史家，一记言（相当于柯氏所谓思想或内在面），一记事（相当于柯氏所谓单纯的"事"或外在面），各不相涉。古代是否真有记言记事之分，就本文的题旨说，是无关紧要的。值得我们注意的是，这一说法之出现至少已说明，在中国历史哲学中历史这一观念曾一度分裂为二，柯氏所谓历史事件之内在与外在面盖未能合而为一整体。此种严格的分类本不可通，故刘知几已谓《尚书》所载并不净是记言之文。（余英时《章实斋与柯林伍德的历史思想——中西历史哲学的一点比较·（二）史学中言与事之合一》，《余英时文集·第一卷：史学、史家与时代》，广西师范大学出版社2004年版，第156页。）

刘起釪：

《礼记·玉藻》说："动则左史书之，言则右史书之。"《汉书·艺文志》则说："左史记言，右史记事。"郑玄《六艺论》亦说："右史记事，左史记言。"（清王谟、洪颐煊有辑本）虽把左右史职掌刚好彼此说倒了，但总反映当时跟在统治者身边的史官随时记注着统治者的"言"和"事"。其目的就是《艺文志》所说的："古之王者，世有史官，君举必书，所以慎言行，昭法式也。"其下文接着说："事为《春秋》，言为《尚书》。"就是说，"记事"的成果，是成年累月积累下来的所记录的"大事记"，后世看到的就是侥幸存下来的《春秋》和晋代出土的《竹书纪年》。"记言"的成果，是讲话记录或文告等，后世能看到的只有侥幸存下来的《尚书》和《逸周书》中的寥寥几篇。（刘起釪：《尚书学史》，中华书局1989年版，第4页。）

金景芳：

今日言中国史学史的，多视《汉书·艺文志》"左史记言，右史记事，事为春秋，言为尚书，帝王靡不同之"数语为不刊之论，从而总想于中国古史中寻找所谓"左史"、"右史"。其实，这是误信刘歆的譾言，在中国古时，并没有"左史记言，右史记事，事为春秋，言为尚书"这回事。……当然《礼记·玉藻》有"天子……玄端而居，动则左史书之，言则右史书之"。但是仔细考察这段文字，它所说的，与所谓"左史记言，右史记事"亦并非相合。第一，它说右史记言，而不是左史记言；第二，它说的左史右史，只是指在天子的左右而言，并不能证明当时的史官是以左右命名的。实际上,《汉书·艺文志》这条记述是没有根据的。我们知道,《汉书·艺文志》是抄袭刘歆《七略》的。所以,"左史记言,右史记事,事为春秋,言为尚书"数语,定是刘歆的旧文,而绝不是班固的新作。……他知道《公羊》、《谷梁》之可贵在于它们能阐发《春秋》的微言大义,所以他想出办法,一则制造出"昔仲尼没而微言绝,七十子丧而大义乖"的谬说,用以否定《公羊》、《谷梁》;二则说《春秋》是记事的,而不是道义的,并进一步贬低《春秋》。正因为这样,他才捏造出"左史记言,右史记事,事为春秋,言为尚书,帝王靡不同之"的谰言,以蛊惑人心。……这纯粹是一种阴谋。(《"左史记言,右史记事,事为春秋,言为尚书"谰言发覆》,1981年10月《史学集刊》复刊号)

俞志慧:

譬如文献中"左史记事,右史记言"、"左史记言,右史记事"的记载,二说显然互相乖异,遂引得古来许多经师设法为之弥缝,其实,从常识层面看,这种说法之不能成立是显而易见的,盖举事每每有言,所出之言又往往与事紧密联系,准此,二位史官如何能够做到各司其职?(《回到常识:关于国学研究的一种方法论的思考》,《国学研究》第16卷,第130页。)

从《玉藻》与《汉志》述有小异的言之凿凿,到后世学者传信又存疑的莫衷一是,此一关涉传统史学源起的古老公案纠缠中国学界已有两千余年。

二、传言与时事

现在来看,此一问题的要害大约并不在"左"与"右"的差异,而在"言"与"事"的分别,毕竟"记言"与"记事"才是分职的依据与核心的规定。避开"言""事"而专谈"左""右",分析得再为精辟,也不免避实就虚、隔靴搔痒之嫌。而两千多年来在此一问题上所以未有众所公认的解答出现,笔者以为,恰是因了学界贤达为"言""事"二字的表层意思所迷惑,以至雾锁双眼,不见日月,遂至长期固步不前。

当然,说解开迷思的关键在考察"言"与"事"的分别,绝不是说"左""右"二字无关紧要。事实上,深入书山探寻此处"言""事"之确诂的道路正由"左""右"二字的相对所给出。《老子》说"吉事尚左,凶事尚右",左之与右若吉之与凶。按照这一图式,大约类乎左右的"言""事"二者也当有一种若"吉"之与"凶"的关系,方能解得开迷思,将先秦的联句补写清楚。最初人们以言说与行止二义来填空大约也是寻着同样的思路，只是其早已在此起彼伏的质疑中难于坚守本不对号的位子，这在上引包括章学诚、徐复观、俞志慧等古今人的文字中看得清楚。旧法既有问题，那么引旧法立说便只能是将错就错乃至错上加错，若是，则上引熊安生、刘知几、刘师培、蔡元培、钱穆、余英时、刘起釪，乃至刘歆、班固以至《玉藻》作者可能都有些嫌疑。《汉志》一边说"言为《尚书》，事为《春秋》"，一边又谓孔子于《春秋》"有所褒讳贬损，不可书见，口授弟子"，"末世口说流行，故有《公羊》、《谷梁》、《邹》、《夹》之传"云云。记事之书赖于言传，这本身就颇有些悖论的味道。不过，解疑的线索总是在表相的内里，"口授弟子"、"口说流传"两节实是触到了要害。

这就是"言"的问题。

言语或语言，固然是世人表达情感交流思想的手段，但同时更是一种保存记忆、承继文明的形式，文字本身也是出于语言记录需要而发明的一种工具，是符号化的语言而已。同文字相比，语言作为文明记录的形式，其地位无疑更为基本，效用也更为广泛，因之同各种文本相对，那些借助耳闻口授传承下来的文明片段，我们不妨称其为言本或语本。此一传承形式及相关资料和成果，在上古中国的文明史上有着十分特殊和地位与价值。当时的人们或称以"语"，或谓之"谚"，或呼作"言"，或者仅以"闻之"一类字眼标记，乃至径为称引不加指明。若"先民有言，询于刍荛"（《诗经·大雅·生民之什·板》）、"人亦有言：靡哲不愚"（《诗经·大雅·荡之什·抑》），孔子举"人而无恒，不可以作巫医"（《论语·子路》）的南人"言"，庄子引"众人重利，廉士重名"的"野语"（《庄子·刻意》），韩非援"为政犹沐也，虽有弃发，必为之"之"古谚"（《韩非子·六反》），《大学》称"人莫知其子之恶，莫知其苗之硕"的民谚，皆是其例。

又《谷梁传·僖公二年》："语曰：'唇亡则齿寒。'"，范宁注"语，谚言也"，便是对言、语、谚三者相同性质的说明。虽然从内涵和外延上讲，"言"字的该摄范围明显要更广，若训、谟、誓、诰、诵、赞、讴、歌、讽、议、诗、论、语、谚等均是不同的言说方式（所谓"王豹处于淇，而河西善讴；绵驹处于高唐，而齐右善歌"），不同的言说方式与具体的内容相结合便会形成不同的言本类型，而流传于口耳或落实为文字的那些内容也便成了不同的言本材料。《尚书·舜典》"敷奏以言，明试以功，车服以庸"，刘勰称"然则敷奏以言，则章表之义也；明试以功，即授爵之典也"（《文心雕龙·章表》），意颇近之。今文《尚书》以及《诗经》所录古歌词，应该都在言本材料的范围内，为口耳材料的后来记录。

既是口耳材料，自然是以流行性为其根本特征与核心限定，许慎谓"谚"为"传语"（《说文·言部》），刘勰称其系"廛路浅言"（《文心雕龙·书记》），就是某种局域性解说与佐证。种种发于唇舌承于耳际的篇章段落乃或零言碎语,非经相当时间的历史考核不足以称流行,不能流行即无从广传,无从广传便不能谓以"传言"。所以,先秦经子所见的种种"言""语"大多都是流传已久而后见于文字的古音旧物。傅斯年先生在言及口说史料时称:"古昔无文字之民族,每有巫祝一特殊阶级,以口说传史料,竟能经数百年,未甚失其原样子者(《旧约》书之大部分由于口传,后世乃以之著史)。故祝史所用之语,每非当时之普通语言,而是早若干时期之语言。"①所谓"祝史所用之语"基于口说而来,与我们此处所说的承于口耳的"言""语"正同,谓其在语言上"早若干时期",实际上即在强调此类材料源自前古,而非生诸近世。《后汉书·儒林列传》所载《五经》无双许叔重"、"说经铿铿杨子行"、"解经不穷戴侍中"几则新近出现的流行语,所以被专门标以"时人为之语曰"的字样,恰可反证出视"言""语"为古音而不以为时物盖为当时人的一种共识。

早在中古以前,人们就已发现了口传材料的史料价值,所谓"青史曲缀以街谈"(《文心雕龙·诸子》),《国语》一书的出现本身就是很好的证据,而《左传》、《史》、《汉》等征"言"引"语"以为说更是屡见不鲜。其实,"言"类资料的史学价值并非仅止于保存史料而已。《孟子·万章上》载有几则材料,可以帮助我们做进一步的分析。

万章问曰:"象日以杀舜为事,立为天子则放之,何也?"孟子曰:"封之也;或曰,放焉。""敢问或曰放者,何谓也?"曰:"象不得有为于其国,天子使吏治其国而纳其贡税焉,故谓之放。岂得暴彼民哉?虽然,欲常常而见之,故源源而来,'不及贡,以政接于有庳。'此之谓也。"

咸丘蒙问曰:"语云:'盛德之士,君不得而臣,父不得而子。'舜南面而立,尧帅诸侯北面而朝之,瞽瞍亦北面而朝之。舜见瞽瞍,其容有蹙。孔子曰:'于斯时也,天下殆哉,岌岌乎!'不识此语诚然乎哉?"孟子曰:"否;此非君子之言,齐东野人之语也。"

使之主祭,而百神享之,是天受之;使之主事,而事治,百姓安之,是民受之也。……尧崩,三年之丧毕,舜避尧之子于南河之南,天下诸侯朝觐者,不之尧之子而之舜;讼狱者,不之尧之子而之舜;讴歌者,不讴歌尧之子而讴歌舜,故曰,天也。夫然后之中国,践天子位焉。……《泰誓》曰:'天视自我民视,天听自我民听。'此之谓也。

万章问曰:"人有言:'至于禹而德衰,不传于贤,而传于子。'有诸?"

---

① 《傅斯年全集》第二卷,长沙:湖南教育出版社,2000,第350—351页。

"政接有庳"者,摹史记实也;"舜见瞽瞍"者,记事叙史也;"天视自民"者,明理记实也;"传子德衰"者,叙事论史也。显然,保存史料外,言类资料更有史评史论含蕴其中,完全可以目之为言类史"书",或径谓之"史言",再或者借用一个时髦的名词称为"史话"。《荀子·正论》所载"世俗之说者"曰"尧舜不能教化"、"治古无肉刑"、"汤武不能禁令"、"尧舜禅让"、"桀纣有天下,汤武篡而夺之"等亦属同类。而《韩非子·内储说》、《外储说》考虑到史言流变所造成的不同版本的问题甚至一个故事载录好几种说法。正是在此意义上,韩非才会有所谓"上古之传言,《春秋》所记,犯法为逆以成大奸者,未尝不从尊贵之臣也"(《韩非子·备内》)这类将传言与史书并列看待的属性判断。与"言为《尚书》,事为《春秋》"的话头相对照,不难发现,作为上古之书的《尚书》若剥离掉其文字形式,正是上古之传言一类。刘勰谓"羊公之辞开府,有誉于前谈;庾公之让中书,信美于往载"(《文心雕龙·章表》),以"前谈"与"往载"互文,可谓知"言"。

同"言"的既往品格相对,我们发现,"事"之为物则更多地表现出某种近今和当下取向。

《荀子·致士》:

凡流言、流说、流事、流谋、流誉、流愬不官而衡至者,君子慎之。

《孙子·九地》:

易其事,革其谋,使民无识;易其居,迂其途,使民不得虑。

行文以谋与事比对。《说文》"虑难曰谋",《易·讼》"君子以作事谋始",《后汉书·朱浮传》"盖闻智者顺时而谋,愚者逆理而动",知此所言事谓近今之行也。

《韩非·喻老》:

随时以举事,因资而立功,用万物之能而获利其上,故曰:"不为而成。"

《韩非·五蠹》:

是以圣人不期修古,不法常可,论世之事,因为之备。事因于世,而备适于事。世异则事异,事异则备变。

《管子·五辅》:

审时以举事,以事动民,以民动国,以国动天下,天下动然后功名可成也。

《管子·乘马·失时》：

> 时之处事精矣，不可藏而舍也。故曰："今日不为，明日亡货。"昔之日已往而不来矣。

《左传·宣十二年》：

> 德立刑行，政成事时，典从礼顺，若之何敌之？

随时，因世，择时，及时，总之与时俱进、不失于时，"事"的时新色彩于此清晰可见。

礼书有所谓"事酒"者。《周礼·天官·酒正》"辨三酒之物，一曰事酒，二曰昔酒，三曰清酒"，郑玄《注》：

> 事酒，酌有事者之酒，其酒则今之醳酒也。昔酒，今之酋久白酒，所谓旧醳者也。清酒，今中山冬酿，接夏而成。

贾公彦《疏》：

> 对事酒为新醳，昔酒为旧醳，清酒不得醳名。云"清酒，今中山冬酿，接夏而成"者，以昔酒为久，冬酿接春，明此清酒久于昔酒，自然接夏也。

孙诒让《周礼正义》：

> 惠士奇云："醳酒有旧有新，旧为昔酒，则新为事酒矣。"案：惠说是也。

俞樾《群经平议·周官一》：

> 事酒者，谓临事而酿也。三酒以新旧为次，疏谓昔酒久酿乃孰，清酒更久于昔，然则事酒最在前，其为新酒可知矣。《释名·释饮食》曰"事酒，有事而酿之酒也"，此说得之。

《礼记·郊特牲》"缩酌用茅，明酌也"郑玄《注》：

> 事酒，今之醳酒，皆新成也。

孔颖达《正义》：

> 言古之事酒正是汉之醳酒。事酒与醳酒皆是新作而成。

无论是郑玄以事酒为醳酒、昔酒为旧醳，还是贾公彦称事酒为新醳、昔酒为旧醳，总之是在强调酒的新旧问题：事酒临时而酿，昔酒久酿乃孰，事者新，昔者旧。

从上引注解来看，昔酒之昔确是久远、久旧的意思。从字义演变的角度来看，当是自其"从前、往日"之意引申而来。与之相对"事"字明显亦可作当时、当下、近今等方向的同义引申，而这显然正与传言的往古属性相对。

《尚书·说命下》：

> 人求多闻，时惟建事，学于古训，乃有获。事不师古，以克永世，匪说攸闻。

此处的"事"正是当下时事的意思，而"古训"云者，亦当是传言之类。《诗·大雅·烝民》有"古训是式"的话，义与此同。与韩非将"上古之传言"与"《春秋》（之）所记"并列相比，此处以时事同古训对举，在言事二者时间属性的揭示上无疑更为有力。

言者旧，事者新；言为往古，事为近今；古之与今，即前之与后；前之与后，即左之与右。《韩非子·外储说》分《左上》《左下》《右上》《右下》，所谓左右即上下、前后的意思。《荀子·大略》"有法者以法行，无法者以类举。以其本知其末，以其左知其右"，以左知右，即以前知后。又《孙子》："故备前则后寡，备后则前寡，备左则右寡，备右则左寡，无所不备，则无所不寡。""不知战地，不知战日，则左不能救右，右不能救左，前不能救后，后不能救前"（《虚实》）。"平陆处易，右背高，前死后生"（《行军》）。这些显然都是以左右为前后的例子，从前无"左"字而突然冒出"右背高"三字一条来看，大约在孙子的体系中左右根本就是前后的意思。空间指称转用于时间划分在上古文化中屡见不鲜，若上下、前后、远近皆是。左右二字同为空间指称，显然也有这方面的潜质。上引《荀子》、《韩非子》的例子显然即是用来指称时间上之前后的。准此，我们认为，左右史职的分工，固然在内容上有古今之别，纵在左之与右上亦包含着时间上的前后不同。后儒说以阴阳，或者不可。[①]

唐代有所谓"时政记"。

《旧唐书·姚璹传》：

> 自永徽以后，左、右史虽得对仗承旨，仗下后谋议，皆不预闻。璹以为帝王谟训，不可暂无纪述，若不宣自宰相，史官无从得书。乃表请仗下所言军国政要，宰相一人专知撰录，号为时政记，每月封送史馆。宰相之撰时政记，自璹始也。

又《赵憬传》：

[①] 庞朴先生指出：阴阳二字起源甚早，最初并无深奥意义，至于春秋时代仍只在"科学"的意义上用来讲天气。左阳右阴的提法显然在科学意义之外，已进至哲学层面。参庞朴《阴阳五行探源》，载《中国社会科学》1984年第3期。

上问曰:"近日起居注记何事?"憬对曰:"古者左史记言,人君动止,有实言随即记录,起居注是也。国朝永徽中,起居唯得对仗承旨,仗下后谋议皆不得闻,其记注唯编制敕,更无他事。所以长寿中姚璹知政事,以为亲承德音谟训,若不宣旨,宰相、史官无以得书。璹请宰相一人记录所论军国政事,谓之时政记,每月送史馆。既而时政记又废。"上曰:"君举必书,义存劝诫。既尝有时政记,宰臣宜依故事为之。"无何,憬卒,时政记亦不行。

又《李吉甫传》:

(永和)八年十月,上御延英殿,问时政记记何事。时吉甫监修国史,先对曰:"是宰相记天子事以授史官之实录也。古者,右史记言,今起居舍人是;左史记事,今起居郎是。永徽中,宰相姚璹监修国史,虑造膝之言,或不可闻,因请随奏对而记于仗下,以授于史官,今时政记是也。"上曰:"间或不修,何也?"曰:"面奉德音,未及施行,总谓机密,故不可书以送史官;其间有谋议出于臣下者,又不可自书以付史官;及已行者,制令昭然,天下皆得闻知,即史官之记,不待书以授也。且臣观时政记者,姚璹修之于长寿,及璹罢而事寝;贾耽、齐抗修之于贞元,及耽、抗罢而事废。然则关时政化者,不虚美,不隐恶,谓之良史也。"

说是唐高宗时左右史职被人为限制,不得备闻机务,693年姚璹"表请仗下所言军国政要,宰相一人专知撰录,号为时政记,每月封送史馆"。显然,所谓"时政记"乃是为了弥补当时起居注的不足而发明的,内容上与当时左右史所记实同。时政记,就是当时(当下)政事之记录。由此反推,左右史所记起居注自然也是一种时政记,只是因为种种原因无法做到完备,所以需要作些补充。

唐朝的左右史同春秋战国乃至更前时期的左右史在职责上显然会有所不同。不过既是承旧袭古,两者之间自然会有某种自觉的承继。即上来看,除了在秉笔直书的良史传统上接力前贤外,述记当时的工作指向显然也是一脉相续的。而被众口一词的指为"事经"的《春秋》,就其内质而言,正是一种当时记述的累积。

《宋书·徐广传》载称:

(义熙)二年,尚书奏曰:"臣闻左史述言,右官书事,《乘》、《志》显于晋、郑,《阳秋》著乎鲁史。自皇代有造,中兴晋祀,道风帝典,焕乎史策。而太和以降,世历三朝,玄风圣迹,倏为畴古。臣等参详,宜敕著作郎徐广撰成国史。"诏曰:"先朝至德光被,未著方策,宜流风缅代,永贻将来者也。便敕撰集。"

从太和元年(367)到义熙二年(406)不过40年光阴,所谓"玄风圣迹,倏为畴古"的话不免有造势的成分,但奏文以晋之《乘》、鲁之《春秋》并为国史的称法实颇有启发意义,用现在的词来说,国史就是当代史。所以这样的定位实于无意中点明了"记事"云者职在书今的分工特质。《左传·文六年》有谓:"闰月不告朔,非礼也。闰以正时,时以作事,事以厚生,生民之道于是乎在矣。不告闰朔,弃时政也,何以为民?"正可与"时政记"云者在历史的长河里相视而对照,时以作事,时事也;时事者,时政也。

以"言""事"二字所包含的恰好相对的时间倾向,即新旧、古今,来为"左史记言,右史记事,言为《尚书》,事为《春秋》"的古谚解疑,可以轻易化解以言事为言行的旧训所带来许多问题,较之前者似乎要更为合理。

其实,同"事"字相类似,"言"之为物,天生的就表现出某种先在特征,所谓"驷不及舌"(《论语·颜渊》),"无言不仇,无德不报"(《诗经·大雅·抑》),"白圭之玷,尚可磨也;斯言之玷,不可为也",都是习见的例子。上文所谈及的言事的古今指向应当看作是此一基本特征的逻辑延伸。正是因为有先在与时新的基本取向,所以当"言"与"事"一起出现的时候,二者之间经常会呈现出某种前后差别。

《论语·里仁》:

古者言之不出,耻躬之不逮也。

《论语·为政》:

(君子)先行其言而后从之。

《韩非子·二柄》:

为人臣者陈而言,君以其言授之事,专以其事责其功。功当其事,事当其言,则赏;功不当其事,事不当其言,则罚。

《韩非子·说难》:

夫事以密成,语以泄败。

陈言而从事,密而后事成,事后也;言出而后行,败以致语泄,言先也。

又《韩非子·喻老》:

事者,为也;为生于时,知者无常事。书者,言也;言生于知,知者不藏书。

《荀子·解蔽》："人生而有知,知而有志。志也者,藏也;然而有所谓虚,不以所已藏害所将受谓之虚。"志者记也,已藏者也;言者,代藏书者也;志生于知,言生于知,言志性同,皆已有之物也。事因时而生,言先时已有,前后之别明矣。

《论语·公冶长》孔子说：

> 始吾于人也,听其言而信其行;今吾于人也,听其言而观其行。

较诸上列,此处言先行后的特点更为明显,不再多述。值得注意的是,孔子此言提醒我们有言行如一,有言行背离,就个体而言,言行关系不外于此。准是,我们说,如果古所谓记言记事确是在言之与行(实则,事行二者略有不同,《中庸》谓："言前定,则不跲。事前定,则不困。行前定,则不疚。道前定,则不穷。")的意义上来使用,那么便必然有如下两种推理：言行如一的情况下,记言记事但有其一便足,实则无须分职;言行背离的情况下,录之实为无益,分职更无必须;若谓古人针对言行不一而设职记录,更是荒诞离奇。

回到我们的思路。"记言"、"记事"二者对举,在用法上同上述内容有其类似,只是相对于上面所举材料中言事二者在时间上隐约的潜藏的对比性而言,作为史职描述的"记言""记事"二者,内中"言""事"二字前后相对的时间色彩得到了大大张扬。当然,这不是说"言"与"事"不可以后指或前指。事实上,作为两个隐含时间属性的名词,两者都有向着相反方向拓展的冲动,既有所谓"成事",也有所谓"新言"。而且,在这种拓展中,两者在一定程度上甚至具有了充当历史意识之表征的能力："旧言之择,新言之念"(辑本《归藏·齐母经》);"前事之不忘,后事之师"(《战国策·赵一》)。知此,则在不少可以用为历史表达的字眼中,既能表时又能指事且富含历史意蕴和气息的"言"、"事"二者,被幸运地选为史官分职凝练表述的用字也就不足为奇了。

至此,对于这个困扰中国学界两千多年、关乎中国史学源起的古老谜题,大约可以作如下的解题式描述：

古者左史记言以述古,右史记事以书今,言者传言,事者时事,言则《尚书》,事则《春秋》。

如果说,这种理解确有其一定道理,比较有效地解决了言事二者在平面维度上,因彼此交织而不可避免地会有产生种种困难与纠结的问题的话,那么我们大约也就不得不承认,两千年来的中国学界固执言行对立的向度来读解和分析此一问题,实于一种错误的思路或者说方向上,迷失了太久。对照第一部分所引,若《礼记》、《汉志》、熊安生、刘知几、孔颖达、章学诚、蔡元培、刘师培、钱穆、徐复观、余英时、刘起釪、金景芳、俞志慧等,显然都未勘破言事二字在古今层面对待而言的秘密。倒是余英时先生大胆超越乃师钱穆的旧说,试图在另一个层面借助柯林伍德的史学思想,即所谓历史事件之内在与外在面,来重新诠释此一命题,很有一些新意。不过考虑到古人对《春秋》"观辞立晓,而访义方隐"(《文心雕龙·宗经》)的分析,英时先生的读解在多大程度上能够成立,也还是一个问题。当然,笔者在此问题上所以能偶有所得,实赖于前辈大师的不断摸索。若章学诚、徐复观、金景芳、俞志慧,包括余英时等对此命题的怀疑,对于问题的解决来说就有相当的正面意义。而章学诚、徐复观、俞志慧谓史官言行并记,蔡元培谓新闻为史,在问题的解决上言各有中,为后来人基于层累研究的新跃进提供了参照和基础,更是令人感念和尊敬。

新的思路往往会带来新的问题,而且,有些旧思路下所必须面对和解决的问题,同样也无法回避。比如左右史分职出现时间的问题,出现原因的问题,分职的历史意义的问题,等等。

三、记言记事与中华学术起源

要彻底弄清如上的问题,就不得不从源头上说起。

众所周知,文字并非从来就有。语言作为沟通手段的出现本身便经历了一个漫长的发展过程。事实上,只有当人们在同天地自然的搏斗中,出于情感表达和生存需要而发展出这样一些借以问答沟通提携互助的表意音符的时候,我们才可以向他们奉上人类先祖的称呼。较诸文字抑或工具,语言的产生才是人类文明的头一块基石。不过自语言的使用到作为语言标记的文字的出现,仍要经历很长一段时间。太炎先生便曾指出,"语言不齐,自结绳之世已然,仓颉离于草昧,盖已二三千岁矣"[①]。这期间的人类先祖,无论是渔猎也好,采摘也罢,或者是早期的农业种植,都不免有些生产生活的经验需要总结,战天斗地的教训必须汲取,如何记住这些经验教训以供时人参考、来者借鉴,乃成为中华先民必须面对和解决的,关系族群前程的大问题。最初的努力自然是强化记忆,让一时的经验教训借助口耳相传的形式变成族群性的长期乃至历代的通识。此即前文所提到的言本、语本问题。此一问题古人大概早已注意,所谓"三皇百世计神玄书"(《白虎通·书契所始》引《书璇玑钤》),玄就是无就是空,计神就是用心、费神、凭借大脑记忆,说三皇那么长的岁月里人都是费神心记,将事情"写"在空气里。不过记忆很不可靠,而且难于校正和对比。结绳的出现多少有一些帮助,所谓结绳而治。郑玄谓"事大

---

① 上海人民出版社编:《章太炎全集七》,上海,上海人民出版社1999年版,第162页。

大结其绳,事小小结其绳"(《周易正义》引)。(清)严如熤《苗疆风俗考》①载:"苗民不知文字,父子递传,以鼠、牛、虎、马记年月,暗与历书合","性善忘,惧有忘,则结于绳","太古之意犹存"。当然,同语言一样,结绳也有其明显的不足,就是保存时间有限,所以其更多的应该是用为对近今事情的辅助记忆。人们习惯上总是说结绳记事,自来没有说结绳记言者,这本身对于我们就很有些启发意义。准此,在文字出现以前的语音时代,心传旧言、绳记时事(离不开语言的支持),盖即文明传承的主要形式,也当是最早的记言记事分职。

后来"鸟迹代绳,文字始炳"(《文心雕龙·原道》),结绳之法被"易之以书契"(《易·系辞下》),古代文明由语音时代进入文字时代。口耳相传的文明载记方式固是其心依旧,但后发优势明显的文字载记法亦开始慢慢流行。《世本》谓沮诵、仓颉作书,并黄帝时史官。《广韵·鱼韵》"沮,止也非也",《诗·小雅·巧言》"君子如怒,乱庶遄沮",毛《传》"沮,止也"。然则沮诵者,非诵止诵之谓也。盖时人因言传之易失而非诵,因非诵而造字,字成而有止诵之功,显然这本身就很有文明传承在方式流转上的表征意义。而契文"史"字所呈现的执笔录口②的构形特点恰正与我们对沮诵二字的文化解读密合。文字既由史官发明,其初,文书之事盖皆为史官之职,对"诵"的传记当即其主要任务之一。这就涉及了文字出现的政治动因的问题。研究表明,在上古中国长期存在着巫统与血统的斗争。文化知识最初都掌握在巫的手中,若通天之术、祀天之法、神话传说乃至治病法门等。世俗权力欲摆脱巫统势力的束缚真正独立就不能不有其技而止其事。颛顼时代绝地天通的改革所反映的正是这样一种事实。说"及少昊之衰也""家为巫史""蒸享无度","颛顼受之,乃命南正重司天以属神,命火正黎司地以属民,使复旧常,无相侵渎,是谓绝地天通"(《国语·楚语下》)。巫者的通天之能在一场猛烈的宗教改革后为据传为史官先祖的南正重所攫取。当然,这一转变的到来有个历史的过程,所谓"家为巫史"正是此一过程的某种写照。大约文字发明以后,在世俗权力的授意下史官即开始大规模地向巫者渗透(也或者掌握了文字的巫本身即开始表露出史的特征),协助其降神通天,并借助文字记录其历代传诵的知识与故事,包括降神通天时的咒语(《周礼·大司乐》所谓"乐语"与之有类)。而后才

---

① 其书载杭州古籍书店1985年版《小方壶斋舆地丛抄第10册》影光绪十七、二十、二十三年上海著易堂印本第八帙。

② 关于史字原意众说纷纭,徐复观谓其与祝史之祝一样,从口为意,下部构形"像右手执笔,将笔所写之册,由口告之于神,故右手所执之笔,由手直通向口"(《原史——由宗教通向人文史学的成立》,《两汉思想史》第三卷,华东师范大学出版社2001年版,第136页)。笔者以为径谓执笔录口更好,毕竟书而后告也是执笔录口之意。

会有绝地天通的故事。从这个角度来看,仓颉造字而"鬼夜哭"(《淮南子·本经训》)的传说大约不是没有道理,沮诵之名非诵并止诵的含义本身,大概便内蕴有血统势力向巫统势力叫板和挑战的气息。而各地所记部族之巫所传诵的知识与故事最后很可能就汇集成了后世所见《山海经》一类带有鲜明的民神杂糅特征的文字,即所谓神话传说。

同神话传说相比,古人对占卜内容的记录有着明显的记事色彩。结合后世屡见的史官占断之例,以及《周礼·占人》"君占体,大夫占色,史占墨,卜人占坼"、《左传·昭公二年》晋韩宣子聘鲁,"观书于大史氏,见《易象》与鲁《春秋》"的文字,我们说上古之时史官除了本身参与占卜活动以外,很可能同时还是占卜记录的保存者。辑本《归藏》提到黄帝与炎帝将战涿鹿之野而筮于巫咸,《左传·僖公二十五年》卜偃为晋侯卜勤王之吉凶,卜曰吉,"遇黄帝战于阪泉之兆"。如果说此类文字所及内容属实,那么考虑到黄帝之世文字始兴的背景,笔者以为有关记录当为史官所传。退一步说,这类材料至少可以说明对占卜记录的保存由来已久,中华民族历史意识的萌发渊源甚古。王宇信先生曾专门论及商朝对甲骨卜辞的有意保存,谓"帝乙、辛时的征夷方卜辞,多是在外所卜,千里迢迢携回京师,也是为了保存"。[①] 尽管有意保留占卜记录可能非是出于载记历史的考虑,但在上古占卜本是时事之要务,而卜辞本身更是时事之述记,人为地大量保存此类记录,事实上也就无意中为后世保存了一部刻于龟甲和兽骨的大事记。陈梦家将卜人归于史官,而以甲骨卜辞为殷代的王家档案,当有此一方面的考虑。《尚书·多士》说"惟殷先人,有册有典",今天此类材料已难考见,其为记言记事之书亦未可知。

颛顼宗教改革以后,尽管巫统势力被限制,但并未消失,两者之间在宗教领域的斗争也一直在持续,此消彼长起起伏伏。周公制礼以后,以文王配祀上帝,神化人"德"以沟通天人,这种矛盾总算在周礼的体系内被化解。"皇天无亲,惟德是辅"(《尚书·蔡仲之命》),行德则天佑,乱德则神弃,人间之"德"成了神人交通的新平台,"至治馨香,感于神明。黍稷非馨,明德惟馨"(《尚书·君陈》),总之"神所凭依,将在德矣"(《左传·僖公六年》)。巫者代宣神意、沟通天人的角色被人用一种概念上的创新所取缔。另外,其所擅长的占卜之术也为史官所精通,孔子说"赞而不达于数,则其为之巫;数而不达于德,则其为之史"(《帛书周易·要》),虽是一种横向的分析,实也反映了某种纵向的演进。上古文化史中巫史转变的跃进大约正在此一时期。巫者之能多为源出血统的史官所取代,其在文化传承和现实生活中的地位因之迅速降低也

---

① 王宇信:《甲骨学通论(增订本)》,中国社会科学出版社1993年版,第122页。

就是势所必至、自然而然了。而代行其事的史官则与"德"观念一起开始承担起协助与监督王权的职责。《国语·周语下》单子对鲁侯问有"吾非瞽、史,焉知天道"答语,反过来说就是唯有瞽、史乃知天道。史官成了天道的代言人,后世来看,良史所笔记确也有监人德行、代天宣判的气势。西周后期自厉王开始乱德逆行,政治陷于昏暗,以至民怨沸腾而有共和之乱;宣、幽二王踵而继之,卒至犬戎灭国,东迁洛邑。后世所谓言为《尚书》、事为《春秋》的史官分职当即出现于此一转折发生的共和前后。证据有三。一者,时间上来看,后世所提到的《春秋》记事之例以《墨子·明鬼》所记周宣王错杀其臣杜伯之事为最早,其文谓:"当是之时,周人从者莫不见,远者莫不闻,著在周之春秋。为君者以教其臣,为父者以警其子,曰:'戒之慎之,凡杀不辜者,其得不祥,鬼神之诛,若此之憯遬也!'"又《孟子》谓"王者之迹熄而《诗》亡,《诗》亡然后《春秋》作",蒙文通先生指出就"十二国《诗》言之,明夷、厉以后,至乎顷、襄,而《诗》零落以尽"[①],则《诗》亡之端正自共和前后,《春秋》之作盖亦斯时肇始。二者,共和元年是我国有系统纪年的开始,这当然不仅仅是一种历史的巧合,当有其背后清晰深刻的历史原因在。三者,从政治动机或者策略上来看,史官述古记今无非是要重申周初所拟定的信德保民的政治原则,让统治者循德而安邦定国,此所以《尚书》处处以德字相标尚,而《礼记·文王世子》乃有"圣人之记事也,虑之以大,爱之以敬,行之以礼,修之以孝养,纪之以义,终之以仁。是故古之人一举事而众皆知其德之备也"的评说。"德"观念本是周初统治者在调和巫统血统矛盾基础上出于国家长治久安考虑而发明的自我监督机制,尽管上有神明之奖惩为助,但说到底它终是一条人间法则,君明则行,主昏易弃,臣下进谏再多,逢着周厉一类也是无用。所以负有监督责任的史官们,乃煞费苦心地将前朝佳话拣选整理用为劝谏,并据实直书君王得失以为对比,乃至如《墨子·明鬼》所言借鬼神以恫吓,其目的皆在规范人君德行自不待言。反过来说,所以会如此不遗余力地强调"德",显然正是因了王者的失德,《左传·桓公二年》鲁"取郜大鼎于宋""纳于太庙",臧哀伯谏以非礼,"周内史闻之,曰:'臧孙达其有后于鲁乎!君违,不忘谏之以德。'"《僖公七年》管仲称:"诸侯之会,其德刑礼义,无国不记。"谓:"夫合诸侯,以崇德也。"正是其例。"疾今之政,以思往者"(《荀子·大略》)。考诸故史,宗周德衰正自厉王始。由此,再结合今文《尚书》的成书时代,我们大体可以作出这样一种推定:左史记言,右史记事,言为《尚书》、事为《春秋》的史官分职约在共和前后西周德衰之际出现,分工内容为对上古传言的整理与当下大事的记录,

---

① 蒙文通:《中国史学史》,上海:上海人民出版社2006年版,第10页。

其在经书上的体现为《尚书》与《春秋》；仅就《尚书》来看，传言整理工作到了战国时期盖已基本完成，于是传言整理转进为对时王言论的载记，时人对古所谓"记言""记事"分职的具体内容也随之日渐模糊，因之乃会出现《礼记·玉藻》[①]"动则左史书之，言则右史书之"一类不明其实的言论。《汉志》标出"左史记言，右史记事，事为《春秋》，言为《尚书》"的话当亦是前承有自，所以才会在大肆标榜此一古谚的同时，复有"君举必书，所以慎言行，昭法式"一类言辞。

那么，人们不禁要问，记言记事所记的言和事都是什么呢？那些事情才能进入左右史笔下成为史书的内容呢？要解决这个问题最简单的方法是翻看《尚书》与《春秋》，因为史有明文，二者正是左右史职工作成绩的体现。当然，也可以从文献中寻找直接的答案。《左传·庄二十三年》："二十三年夏，公如齐观社，非礼也。曹刿谏曰：'不可。夫礼，所以整民也。故会以训上下之则，制财用之节。朝以正班爵之义，帅长幼之序。征伐以讨其不然。诸侯有王，王有巡守，以大习之。非是，君不举矣。君举必书。书而不法，后嗣何观？'"《文公七年》："正德、利用、厚生，谓之三事。"《荀子·强国》："故王者敬日，霸者敬时，仅存之国危而后戚之。亡国至亡而后知亡，至死而后知死，亡国之祸败，不可胜悔也。霸者之善箸焉，可以时托也；王者之功名，不可胜日志也。"《礼记·曲礼上》"史载笔，士载言"，孔颖达谓"言，谓盟会之辞，旧事也"，崔灵恩说"必载盟会之辞者，或寻旧盟，或用旧会之礼，应须知之，故载自随也"[②]，孙希旦称"君出则大史、内史载笔以从，以备记载；其士又载旧时记载之言，以备征考也"[③]。由上来看，史职所书之言与事，乃朝聘、会盟、巡守、征讨、正德、利用、厚生一类关乎国计民生的大事，即便在君王的意义上，也绝非有言必录、凡行必书。后世不明君举必书的真实指向乃至惹恼君王与权贵催生出"时政记"一类东西，正是反证。

另外，还有一个必须解决的问题是所谓《周礼》所载史职与左右史关系的问题。世人多信左右史的分职早于《周礼》所载，若是，则左右史分职同后者必然存在某种继承和沿革。此前人们总是力图将周礼所载各职全部分化到左右史的身上以为对应。愚见不然，因为但就文献内容来看，史官所职显然非止记言记事而已。个人看来，在记言记事的意义上，左右史相当于《周礼》

---

① 学者指出《玉藻》成书当在公元前468到公元前304年左右的一百多年间。参张磊《礼记·玉藻〉研究》，载《齐鲁文化研究》第8辑，泰山出版社2009年12月出版。

② 阮元校刻：《十三经注疏附校勘记》，北京：中华书局1980年版，第1250页。

③ 孙希旦撰，沈啸寰、王星贤点校：《礼记集解》全三册，北京：中华书局1989年版，第83页。

所载外史和内史。证据有二：一者，外内作为空间概念同左右一样有古今远近之意。《论语》"车中不内顾"，内谓后，向后。此种空间指向盖亦很容易向时间层面引申。《荀子·非相》："五帝之外无传人，非无贤人也，久故也；五帝之中无传政，非无善政也，久故也；禹汤有传政而不若周之察也，非无善政也，久故也。传者久则论略，近则论详。略则举大，详则举小。"此处外字意为以前，中即是内，此从空间角度很容易理解，所谓五帝之中即指五帝当时，是外内实有远近、古今意。二者，《周礼》谓内史"凡四方之事书，内史读之。王制禄，则赞为之，以方出之。赏赐，亦如之。内史掌书王命，遂贰之"，外史"掌四方之志，掌三皇五帝之书"，是正与前文我们分析的右史记今、记时事，左史存古、记传言的分工相契合。其他大史、小史、御史、冯相氏、保章氏等职，当是继承包括祭祀、通天、律时等其他史官职能而来。纵是内外史所职，恐亦有前代左右史所无者。

再谈谈所谓"时政记"。必须承认，"时政记"的出现自有其独特的文化价值，除了帮助我们揭示了"记事"史官所记为近今时事外，同时其还反映了先秦以降史官地位日趋衰落的总体趋势。如前有言，世俗权力的权威完全确立以后，曾经长期与世俗权力斗争的巫统势力被以周礼的形式吸收、改造或者说招安，史官取而代之成为王权的监督者，由此形成了世俗权力内部的某种自我监督机制。但权力天生的就排斥制衡与监督，所以史官群体在帮助世俗权力完成对宗教权力的瓦解以后，无论自身的监督职能表现得怎样温和，在被监督者都不免有如芒在背的感觉，所谓孔子成《春秋》而乱臣贼子惧，因之也就不能不走上巫统覆灭的旧路，最后沦落成权力结构的某种点缀。是在今日，表现得尤为明显。

从中国文化进展的角度来看，有必要对记言传统作多一些叙述。

其一，在传言的意义上，记言工作所及非止《尚书》一经而已，《五经》之中若《周易》、《诗经》应该皆在其列。《诗经》为古歌词，《礼记·王制》所言天子巡守"命大师陈诗，以观民风"即所谓采诗传统，其本在传言之列不言自明；《易经》中大量引用了上古歌谣，每卦皆有绝无例外，这就充分说明，即便不好说《易经》产生之初即为古歌[①]，但其传播确是借助了歌谣的方式，成文以前盖亦传言而已。知此，则《五经》之中至少有三经盖为传言之结集，而此三者实为古代中国文学、哲学和史学的源头所自。当然，考虑到《诗》为"王迹"之见证的话，它同时还可视为史书，或者说更应该视同史书。《左传·文公七年》载郤缺之言，谓："夏书曰：'戒之用休，董之用威，劝之以九歌，勿使坏。'九功

[①] 此由黄玉顺先生多年前所发明，可参其《易经古歌考释》。

之德皆可歌也,谓之九歌。六府、三事,谓之九功。水、火、金、木、土、谷,谓之六府;正德、利用、厚生,谓之三事。义而行之,谓之德礼。"此处所言歌传功德之事,正是传言载史的一种方式,与《诗经》所载性质实同。又:"天地定位,祀徧群神。""昔伊耆始蜡,以祭八神。其辞云:'土反其宅,水归其壑,昆虫无作,草木归其泽。'则上皇祝文,爰在兹矣!"(《文心雕龙·祝盟》)古礼之起,源乎上古,黄以周说"自伏羲以后至黄帝,吉凶宾军嘉五礼始具"[1],后世之礼若《周礼》乃损益前礼而成,则自黄帝至夏礼、殷礼,期间礼义、礼仪之传,随或有殷人册典可凭借,但总体上实不能不依靠旧言相传的方式,《周礼》"大史""读礼书而协事"、"小史""大祭祀,读礼法",《礼记·曲礼下》有"居丧,未葬读丧礼,既葬读祭礼,丧复常,读乐章"的文字,《王制》"析言破律,乱名改作",孙希旦称:"愚谓言,如'史载言'之言,谓国家之旧典故事也。"差可用为《礼》取传言的后世说明。《乐经》久佚,文献无考,但"诗为乐心,声为乐体"(《文心雕龙·乐府》),古乐之传赖于声音之道者独重,《周礼》大司乐以"乐语教国子",《乐记》谓"《商》者,五帝之遗音也,商之遗音也,商人识之,故谓之《商》。《齐》者,三代之遗音也,齐人识之,故谓之《齐》",即其证据。今观《诗》《书》《礼》皆为具体的诗、书、礼的汇集,《乐经》盖亦古乐之集合,若是,则其成其传必赖声律之模拟、乐语之传诵断无可疑。

其二,如前引孟子所载"史言"所显示,以言语形式流传的古史旧说乃至神话故事,往往兼叙事与明理于一体,既作历史的叙述,又作历史的反思。进入文字时代以后,史实的传述相对变得容易,随着记事功能越来越多的为文字所代替,对历史本身的解读和分析变得更有魅力、更引人重视,"史言"、"史话"评史、论史的特点更加明显和突出,思想性、理论性大大增强。史官基于历史知识的格言警句被人奉为经典屡屡征引,本身就颇说明问题。《左传·僖十五年》引史佚"无始祸,无怙乱,无重怒"之言,《文十五年》引其"兄弟至美"一语,《论语·季氏》孔子引周任(马融注谓"古之良史")"陈力就列,不能则止"一语,是其例。这种早期的历史反思随着史官地位的凸显与其历史智慧的张扬,在知识界逐渐扩大强化为一种基于历史和现实背景进行深入分析和体悟的思想潮流,老子说"执古之道,以御今之有。能知古始,是谓道纪"(传本《老子·第十四章》),荀子说"善言古者必有节于今,善言天者必有征于人。凡论者,贵其有辨合、有符验。故坐而言之,起而可设,张而可施行"(《荀子·性恶》),正是援古以辅今、即今以观古的意思。西周而后记言工作开始发生偏尚谚语箴言类思想性、理论性言辞的对象性转移正是此一总体动向的

---

[1] 黄以周撰,王文锦点校:《礼书通故》(全六册),北京:中华书局2007年版,第21页。

体现。宗周以后,这种来源于传言流递、彰显于史官群体的反思传统,随着王官之学的没落、宫廷知识群体的四散而在整个社会流淌成一片论史济世的思想汪洋,即所谓百家之学。"其大体所资,必枢纽经典,采故实于前代,观通变于当今"(《文心雕龙·议对》)。孟子"游于圣人之门者难为言"(《孟子·尽心章句上》)的话正是对当时广泛流行的立言存世传统的生动写照,而杜预注《左传》所谓"立言"不朽首列史佚,次列周任与臧文仲,则有某种寻流溯源的味道。《荀子·正论》谓子宋子"说不免于以至治为至乱"、"说必不行",实即诸子之学偏于义理的内证。从这个意义上说张尔田百家之学皆出于史的论断不是没有道理。蒙文通以百家语为百家史,在史评的意义上也都成立。而且,后世来看,诸子之学大多也都是依靠传言的形式流传存续,李斯所谓"天下敢有藏《诗》、《书》、百家语者,悉诣守、尉杂烧之"(《史记·秦始皇本纪》),内中"百家"①之"语"当即取用其传言意。可见表现于史学体制内的记言传统,除了同经学紧密相关以外,与诸子之学也有着千丝万缕的联系,确是同整体中华学术文化的起源与发端相关极大,其对于古代中国学术文化的传承与演进而言可谓贡献卓著、厥功至伟。

三者,进入文字时代后,依托语言承继文明的载述方式依旧流行。《周礼》有"诵训"一职"掌道方志,以诏观事",郑《注》谓:"说四方所识久远之事,以告王观博古。"孙诒让谓:"方志,即'外史'四方之志,所以识记久远掌故。外史掌其书,此官则为王说之,告王使博观古事,二官为联事也。"书掌于外史,说归乎诵训,是为王解说地方历史之官职也,实为史职之近邻。或者诵训之事本即史官之职,后来因职设官遂离而独立。由"诵训"所职来看,以语音语言为媒介,以诵训说解为手段的文明传承方式显然在文字时代依旧存在。《荀子·大略》说"言不称师谓之畔,教而不称师谓之倍。倍畔之人,明君不内,朝士大夫遇诸涂不与言",仍可见出上古文明口耳相传的余风。而《致士》"诵说而不陵不犯可以为师"之言、《大略》"少不讽诵,壮不议论;虽可,未成也。君子壹教,弟子壹学,亟成"的话,孔子"素隐行怪,后世有述"(《中庸》)的声明、"祖述尧舜,宪章文武"的行止,以及子贡对颜渊"夙兴夜寐,讽诵崇礼"(《大戴礼记·卫将军文子》)的称许,更是言传之法承继文明的生动写照。由当下生活反观,可以说这种方式不仅存在,而且事实上还十分流行。

---

① 关于诸子起源,刘勰称:"诸子者,入道见志之书。太上立德,其次立言。百姓之群居,苦纷杂而莫显;君子之处世,疾名德之不章。唯英才特达,则炳曜垂文,腾其姓氏,悬诸日月焉。昔风后、力牧、伊尹,咸其流也。篇述者,盖上古遗语,而战代所记者也。至鬻熊知道,而文王咨询,馀文遗事,录为《鬻子》。子目肇始,莫先于兹。"诸子百家的集中出现是在春秋战国,但其上源不当以东周为断。刘勰上推之于黄帝之时自有其道理。当然,"作者"愈古,其书之成愈赖传言,是不言自明。

接续上文,稍作条理,我们说本文对于"左史记言,右史记事,事为《春秋》,言为《尚书》"问题的解读大约有如下几方面的启示意义:

一、语言是文明传承的主要形式和手段,文字系语言之工具,是语言的符号化的呈现形式,记言传统标志了自觉的文明传承的起始。

二、文明在语音时代已经发生,记言工作作为对上古文明的总结,同时也意味着后世中国人文学术的起始,若《易经》《诗经》《尚书》皆为传言所记便是某种晚近性标志。

三、就史学本身而言:1. 视记言为史料整理,记事为史书修纂,则中国史研究天生即有史料整理与史书修纂的分工,有古史研究与近当代研究的分工;2. 视记言为初步的史书编纂,则后世修前朝史书的传统从来就有,源出上古;3. 记言工作还说明近今出现于国内的所谓口述史,在我国史学发生之初便已出现,而且是史料搜集乃至史学创作的核心形式,中华史学自有其传统,无须因欧风美雨而目眩神迷。

四、从史言、史话的角度来讲,最大的史家不是太史而是群众,或者说是以时空为基本架构的历史本身,最厚重、最全面、最庄严、最令人向往又最令人敬畏的史书,不是正史,而是口碑。历史总是自我发生并自我载记,人民群众既是历史发展的动力,也是记述历史的主体。知此,当明吾辈虽是芸芸众生,实不可妄自菲薄,更不可自甘堕落。"多少事,从来急;天地转,光阴迫。一万年太久,只争朝夕。"便是无可奈何,莫令一日虚过。

五、史官深察天道以正人事,搓录传言、载记时事,实即司马迁所谓究天人通古今六字,究天人者位也,通古今者职也,是对后世史学工作有其一以贯之的指导意义。

六、既知言传为文明承继的核心形式,那么在文明交流与碰撞频繁而热烈的今天,我们尤其应注意运用此一形式来推销自己,将经典诵读推广到欧美去。

总之,言之与事,一者驷不及舌遽为陈迹,一者因世俯仰与时常新,二者本身便有旧新之别、成变之异。左右二史,一记传说,一记新闻,一采往古之传言,一述近今之时事,道古论今,周备无遗。前人迷于言事的表面,一味作平面的解读,遂至纠葛不清,陷入歧途,史职分工的理论内蕴与价值亦因此珠沉渊底,暗而不彰。将横向的观察改成纵向的分析,庶几能拨云见日,洞见一片新天地。

(特约编辑:江曦)

儒学与出土文献研究

楚简《鬼神之明》考辨

◇ 曾振宇

摘　要：在学派属性上，上博楚简《鬼神之明》属于儒家作品还是墨家作品？这一问题近几年在学界引起了广泛讨论。《鬼神之明》的"鬼神"观念与《论语》、《墨子》相比较，在内涵上确有相近之处。但在鬼神是否能"为祸福"上，楚简《鬼神之明》"鬼神又（有）所明，又（有）所不明"的观点与《墨子》截然不同。就楚简《鬼神之明》全篇思想主题而论，断定其为墨家文献显然证据不足。

关　键　词：《鬼神之明》、鬼神、赏善罚暴、墨家

作者简介：曾振宇，山东大学儒学高等研究院教授、博士生导师，山东省"泰山学者"、中国孔子研究院教授。主要研究领域：中国古代思想。

上博楚简《鬼神之明》出土后，在学界引起了较大反响。引起争论的一个重要原因在于：《鬼神之明》是否如简文整理者曹锦炎先生所言属于墨家著作？日本学者浅野裕一认为："将《鬼神之明》看作是墨家的著作是没有任何问题的。"[1]西山尚志也断定"《鬼神之明》是属于墨家的文献"。[2] 但是，也有学者提出与之完全相反的观点，李锐认为，"或不如将之视为'反墨'的文献"[3]，丁四新也认为"该篇也只可能属于墨家异端完全背离师说的作品"。[4] 对

---

[1] 参见浅野裕一：《上博楚简〈鬼神之明〉与〈墨子〉明鬼论》，丁四新主编：《新出楚简国际学术研讨会论文集》，湖北教育出版社2007年版。

[2] 参见西山尚志：《上博楚简〈鬼神之明〉的所属学派问题》，任守景主编：《墨子研究论丛》八，齐鲁书社2009年版。冈本光生也认为"上博楚简〈鬼神之明〉的原型和《墨子·公孟》两段对话的原型同时形成，后来〈鬼神之明〉的原型被墨家放弃了。""我们可以说，有充分理由说明〈鬼神之明〉虽然在墨家内部得到讨论，但没有被纳入《墨子》本书中，最终被放弃了。"冈本光生：《上博楚简〈鬼神之明〉与〈墨子·公孟〉所见两段对话》，任守景主编：《墨子研究论丛》八，齐鲁书社2009年版。

[3] 李锐：《论上博简〈鬼神之明〉篇的学派性质——兼说对文献学派属性判定的误区》，《湖北大学学报》2009年第1期。

[4] 丁四新：《上博楚简〈鬼神〉篇注释》，丁四新主编：《新出楚简国际学术研讨会论文集》，湖北教育出版社2007年版。

同一篇简文产生观点如此对立的情况,在近几年出土简帛的研究中,比较罕见。

一、"鬼神"观念考辨

为便于讨论,先将《鬼神之明》全文整揭如下:"今夫鬼神又(有)所明,又(有)所不明,则曰(以)亓(其)赏善罚暴也。昔者尧舜禹汤叚(仁)义圣智,天下灋之。此曰(以)贵为天子,富又(有)天下,长年又(有)壐(誉),逡(后)世遂(述)之。则鬼神之赏,此明矣。及桀受(纣)幽万(厉),焚圣人,杀讦(谏)者,侧(贼)百眚(姓),嬰(乱)邦家。此曰(以)桀折于鬲山,而受(纣)首于只社,身不没,为天下笑。则鬼[神之罚,此明]矣。及五(伍)子疋(胥)者,天下之圣人也,鸱尼(夷)而死。荣夷公者,天下之嬰(乱)人也,长年而没。女(如)曰(以)此诘之,则善者或不赏,而暴[者或不罚。古(故)]吾因加"鬼神不明",则必又(有)古(故)。亓(其)力能至(致)安(焉)而弗为嘑(乎)?吾弗智(知)也;意亓(其)力古(固)不能至(致)安(焉)嘑(乎)?吾或(又)弗智(知)也。此两者枳(歧)。吾古(故)[曰:"鬼神又(有)]所明,又(有)所不明。"此之冑(谓)嘑(乎)?"①

远在夏、商时代,就已产生了鬼神观念与鬼神崇拜。夏代统治者开始用天命神权思想论证君权存在合法性,殷商统治者继而建立了比较完整的鬼神崇拜系统。孙诒让总结出了"天神、地示、人鬼"商人鬼神系统,陈梦家在《殷墟卜辞综述》进一步将其分列如下:

甲、天神:上帝,日,东母,西母,云,风,雨,雪。
乙、地示:社,四方,四戈,四巫,山,川。
丙、人鬼:先王,先公,先妣,诸子,诸母、旧臣。②

金景芳的观点与陈梦家大抵相似,"大体上说,殷人对自然崇拜,于天神有上帝、日、东母、西母、风、云、雨、雪等等;于地祇有社、方(四方)、山、岳、河、川等等;对祖先崇拜(周人称为'人鬼'的)不仅于先王、先妣有复杂的祀典,而且于名臣又有配享制度……"③这种天神、地祇、人鬼崇拜系统成为全社会民众精神信仰之基础,影响日渐深远。陈梦家指出,殷商时期祖先崇拜有一大特点,祖先崇拜与天神崇拜逐渐混合为一,而且"祖先崇拜压倒了天神崇

---

① 马承源主编:《上海博物馆藏战国楚竹书五》,上海古籍出版社2005年版,第307—320页,《鬼神之明》由曹锦炎先生释文。
② 参见陈梦家:《殷墟卜辞综述》第十七章《宗教》,中华书局1988年版,第562页。
③ 金景芳:《中国奴隶社会史》,上海人民出版社1983年版,第97页。

拜。"①迨至西周,周人对这一天神、地祇、人鬼崇拜系统有所损益,根据《周礼·大宗伯》所载,具体表现在三方面:其一,在天神类系统,强调对上天、天帝之信仰,"昊天上帝"为天子祭祀的最高神灵;其二,人鬼类只祭后稷等先祖,删除了祭祀先妣、诸母等内容;其三,地祇类特别注重对社稷土谷之神的祭祀。周人虽强化了对"昊天上帝"的崇拜,但对祖先神的敬仰丝毫未弱化。《国语·鲁语》云:"黄帝能成命百物,以明民共财;颛顼能修之。帝喾能序三辰以固民,尧能单均刑法以仪民。舜勤民事而野死,鲧障洪水而殛死,禹能以德修鲧之功,契为司徒而民辑,冥勤其官而水死,汤以宽治民而除其邪,稷勤百谷而山死,文王以文昭,武王去民之秽。故有虞氏禘黄帝而祖颛顼,郊尧而宗舜;夏后氏禘黄帝而祖颛顼,郊鲧而宗禹;商人禘舜而祖契,郊冥而宗汤;周人禘喾而郊稷,祖文王而宗武王。"祖先神崇拜源自图腾崇拜,从早期的动物、植物崇拜衍变为对人自身的崇拜,这是生命起源理论的一次飞跃。夏人、商人、周人所禘、所祖、所郊、所宗、所报之人,皆是声名显赫之祖先。

商周之后,在鬼神起源问题上,存在一个比较流行的观点:"人死曰鬼"。《墨子·明鬼下》将鬼神分为三类,"古之今之为鬼,非他也,有天鬼,亦有山水鬼神者,亦有人死而为鬼者。"《礼记·祭法》云:"其万物死,皆曰折;人死曰鬼。"《尔雅·释训》亦云:"鬼之为言归也",《说文》释"鬼":"人所归为鬼。"但是,人死为鬼何以可能?在对这一问题深层次的探索上,无论思维方式、抑或具体论证过程,都存在一趋同性现象——皆从阴阳气学视域解释鬼神之生成。《左传》昭公七年载子产观点:"人生始化曰魄,既生魄,阳曰魂。用物精多,则魂魄强。是以有精爽,至于神明。匹夫匹妇强死,其魂魄犹能冯依于人,以为淫厉"。这是较早地从生理学和阴阳气学角度解释鬼神起源的材料。《吕氏春秋·振乱》高诱注:"魂,人之阳精也。阳精为魂,阴精为魄"。魄为人之形体,魂为人之精神。形体强壮,精神旺盛,则"魂魄强"。人死后躯体化为泥土,但精神可"至于神明"。普通人被迫害而死,其鬼魂仍然能依附在活人身上活动。《周易·系辞上传》云:"精气为物,游魂为变,是故知鬼神之情状。与天地相似,故不违"。《易传》作者非常明确地从气学高度阐释鬼神起源,"精气"化生万物,而且"游魂"也是由精气流变而成,由此可知鬼神同天地变化相似。《易传》实际上认为天地万物和人类生命,乃至鬼神都由精气化生,这就将自然、生命和精神意识置放于一共同的哲学本体之上。这一认识,比荀子"人有气有生有知亦且有义"的观点有所深化。《管子·内业》继而对鬼神之缘起作了进一步的发挥:"凡人之生也,天出其精,地出其形,合此以为

---

① 参见陈梦家:《殷墟卜辞综述》第十七章《宗教》,中华书局1988年版,第562页。

人"。何谓"精"？"精也者，气之精者也"。"精"就是指精微无形之神气，"气之精""流于天地之间，谓之鬼神"，"鬼神"实即无所附着状态的、游动不已的精神。《内业》篇认为，健康的身体"可以为精舍"，存纳精神。人一旦排除了杂念，"敬除其舍，精将自来"。人的精神充足，悟性与智慧也就增多。"精之所舍，而知之所生"。所以说"气之精""藏于胸中，谓之圣人"。要保养身体，首先要知道如何涵养精神，"得之而勿舍"。在《易传》和《管子·内业》思想基础上，两汉时期的鬼神学说有所发展，基本上皆是沿着阴阳气学思维范式思考："人死曰鬼。鬼者，归也。精气归于天，肉归于土，血归于水，脉归于泽，声归于雷，动作归于风，眼归于日月，骨归于木，筋归于山，齿归于石，膏归于露，发归于革，呼吸之气归复于人。"①"且夫死者，终生之化，而物之归者也……。精神者天之有也；形骸者地之有也。精神离形，各归其真，故谓之鬼，鬼之为言归也。其尸块然独处，岂有知哉？"②"魂气归于天，形魄归于地。"③"鬼神，阴阳也。"④通而论之，汉代学者对鬼神的认识可归纳为：人类生命由精神与形体结合而成。精神为阳性，又叫魂，或称魂气；躯体为阴性，又叫魄、魄气，阴精、阴神又称之为形骸、形魄。精神是元气本原固有的内在"因子"之一，人死后，精神离开躯体，化而为鬼。躯体是阴气所化生的生命质料，与精神相结合，成为有生命的个体。一旦精神游离躯体，生命个体就将成为一具没有知觉意识的尸体，迅速腐烂而为泥土。

楚简《鬼神之明》中的"鬼神"显然不是那种"人死曰鬼"普普通通的鬼，而是位居至上地位、具有主宰功能的神灵，偶像崇拜色彩浓郁。"昔者尧舜禹汤息（仁）乂圣智，天下瀗之。此吕（以）贵为天子，富又（有）天下，长年又（有）璺（誉），逡（后）世遂（述）之。则鬼神之赏，此明矣。及桀受（纣）幽万（厉），焚圣人，杀訐（谏）者，恻（贼）百眚（姓），婴（乱）邦家。此吕（以）桀折于鬲山，而受（纣）首于只社，身不没，为天下笑。则鬼［神之罚，此明］矣。"⑤能对尧舜禹汤予以赏赐、对夏桀商纣进行惩罚的鬼神应当不是普通的鬼神，当是位尊权重如后稷先祖之类的祖先神。《鬼神之明》反复出现的是"鬼神之赏"、"鬼神之罚"，而非"天之赏"、"天之罚"或"上帝之赏"、"上帝之罚"。由此可以看出，《鬼神之明》中的鬼神应是人鬼类之祖先神。《墨子·大取》云："鬼，非人也。

---

① 《太平御览》卷883录《韩诗外传》，中华书局1960年版，第3923页。
② 《汉书·杨王孙传》，中华书局，1962年版。
③ 孙希旦：《礼记集解·郊特牲》，中华书局1989年版。
④ 同上。
⑤ 马承源主编：《上海博物馆藏战国楚竹书（五）》，上海古籍出版社，2005年版，第307—320页，《鬼神之明》由曹锦炎先生释文。

兄之鬼,兄也。"《小取》解释说:"人之鬼,非人也。兄之鬼,兄也。祭人之鬼,非祭人也。祭兄之鬼,乃祭兄也。"从《大取》、《小取》对"鬼"所下定义分析,《墨子》文本中的鬼神也是祖先神。这一文化现象在儒家《论语》中也有表现,《论语·泰伯》记载孔子说禹"菲饮食而致孝乎鬼神",《礼记·表记》又载孔子言"夏道尊命,事鬼敬神而远之,近人而忠焉。""殷人尊神,率民以事神,先鬼而后礼……""致孝乎鬼神"是西周时代"孝"内涵之一。根据有的学者考证,西周时代孝的内涵丰富,涵盖八个方面:敬养父母、祭享祖先、继承先祖遗志、孝于宗室、孝于婚媾、孝于夫君、孝友合一、勤于政事。① 西周时代孝的对象广泛,不仅涵盖健在的父母尊长,也涵摄已去世的父、母、祖、妣;不仅指涉直系亲属,也指涉宗室、宗庙、宗老、大宗、兄弟、婚姻、朋友等等。缘此,大禹"致孝"的鬼神当是人鬼类的先祖。因此,孔子思想中的鬼神观与楚简《鬼神之明》基本相同。《墨子·公孟》列举"儒之道足以丧天下者"四大罪状,其中一条是"儒以天为不明,以鬼为不神,天、鬼不说,此足以丧天下"。《墨子·公孟》所言儒者,当是战国儒家,而非孔子之原始儒家。因为在墨子心中,孔子思想有"当而不可易者"。如果把楚简《鬼神之明》与《墨子·明鬼下》比较,其中的相同相通之处也非常明显:"子墨子曰:若以众之耳目之请,以为不足信也,不以断疑。不识若昔者三代圣王,尧、舜、禹、汤、文、武者,足以为法乎?故于此乎,自中人以上皆曰:'若昔者三代圣王,足以为法矣。'若苟昔者三代圣王,足以为法。然则姑尝上观圣王之事,昔者武王之攻殷诛纣也,使诸侯分其祭,曰:'使亲者受内祀,疏者受外祀。'故武王必以鬼神为有,是故攻殷伐纣,使诸侯分其祭。若鬼神无有,则武王何祭分哉!非惟武王之事为然也,故圣王其赏也必于祖,其僇也必于社。赏于祖者何也?告分之均也。僇于社者何也?告听之中。非惟若书之说为然也,且惟昔者虞、夏、商、周三代之圣王,其始建国营都,日必择国之正坛,置以为宗庙。必择木之修茂者,立以为菆位。必择国之父兄慈孝贞良者,以为祝宗。必择六畜之胜腯肥倅,毛以为牺牲,珪璧琮璜,称财为度。必择五谷之芳黄,以为酒醴粢盛,故酒醴粢盛,与岁上下也。故古圣王治天下也,故必先鬼神而后人者,此也。故曰:官府选效,必先祭器、祭服,毕藏于府,祝宗有司,毕立于朝,牺牲不与昔聚群。故古者圣王之为政若此。古者圣王必以鬼神为,其务鬼神厚矣。又恐后世子孙不能知也,故书之竹帛,传遗后世子孙。咸恐其腐蠹绝灭,后世子孙不得而记,故琢之盘盂,镂之金石,以重之。有恐后世子孙不能敬莙以取羊,故先王之

---

① 参见李裕民:《殷周金文中的"孝"和孔丘"孝道"的反动本质》,《考古学报》1974年第2期。王慎行:《试论西周孝道观的形成及其特点》,《社会科学战线》1989年第1期。

书。圣人一尺之帛,一篇之书,语数鬼神之有也,重有重之。此其故。何则圣王务之,今执无鬼者曰:'鬼神者,固无有。'则此反圣王之务。反圣王之务,则非所以为君子之道也。"楚简《鬼神之明》和《墨子·明鬼下》在论证鬼神是否存在过程中,存在一个共同的逻辑思维特点:利用圣人崇拜社会心理来论证鬼神确实不仅是一历史事实,也是一经验事实。圣人崇拜是中国传统文化的一大特点。无论儒家、墨家,还是道家,都认为人类生命存在着内在超越的可能性,而"圣人"就是人人所追求的理想人格境界,恰如《鬼神之明》所言:"昔者尧舜禹汤悫(仁)义圣智,天下灋之。"《说文解字》释"圣":"通也,从耳,呈声。"由此可知它的本义与听觉功能有关。但是,这仅仅只是"圣"字的初始涵义,几千年中国传统文化中所呈现出来的圣人观念显然不是这一原初含义所能全部涵盖。换言之,能够充分呈现圣人观念及其对中华文化发生影响的,乃是在以后历史过程中对"圣"之原初含义所作的文化发生学意义的阐发。在中国传统文化中,圣人作为一种理想人格,有双重特点:其一,圣人是智慧的化身。孔子弟子与时人曾经讨论孔子何以被尊称为圣人:"太宰问于子贡曰:'夫子圣者与? 何其多能也?'"朱熹注:"太宰盖以多能为圣也。"又云:"圣无不通,多能乃其余事……"①孔子被尊奉为圣人,这与他的"多能"有关,而中国人所理解的"能"或"智"有别于古希腊智者的逻辑学意义上的雄辩,而是指对天地人整个宇宙人生奥义的充分觉悟。《韩诗外传》提出"仁道"有四种境界:圣仁、智仁、德仁和谦仁。其中的"圣仁"是"上知天能用其时;下知地能用其财;中知人能安乐人。"②圣人兼通天、地、人"三才",也就是《荀子·哀公篇》所说的"大圣者,知通乎大道,应变而不穷,辨乎万物之性情者也。"圣人兼通天地人,也就是与大道相通,"知通乎大道"。道是天地间规律、法则,"道便是无躯壳底圣人,圣人便是有躯壳底道。"③惟圣人能够通道,与道为一,圣人是道之化身,是天下最高智慧者。因此,"圣仁"是四种圣人中境界最高者。其二,圣人具有神妙无方、妙不可测。《尚书·大禹谟》说:"帝德广运,乃圣乃神,乃武乃文。"宋代蔡沈《书集传》解释说:"故自其大而化之而言,则谓之圣;自其圣而不可知而言,则谓之神;自其威之可畏而言,则谓之武;自其英华发外而言,则谓之文。""圣而不可知"是指圣人出神入化、神妙无方,正如《内经素问·天元纪大论》所言:"阴阳不测谓之神,神用无方

---

① 朱熹:《论语集注·子罕》,《四书集注》,中华书局1983年版,第110页。
② 韩婴撰、许维遹校释:《韩诗外传》卷一,中华书局1980年版。
③ 黎靖德编:《朱子语类》卷一百三十,中华书局1986年版,第3117页。

谓之圣"。① 在中国传统文化中,圣人被认为具有能够知往测来、料事必中的神秘能力:"故圣人者后天地而生,而知天地之始;先天地而亡,而知天地之终。力不若天地,而知天地之任。"②圣与神相牵扯,圣即神,圣人无所不知、无所不能。③ 既然"武王必以鬼神为有",鬼神之存在就已获得了形而上的证明。对待鬼神的态度应当立足于信仰前提下的"天下瀸之"和"三代圣王,足以为法",而非事实判断前提下的逻辑证明。楚简《鬼神之明》和《墨子》逻辑思维方式和部分文句上的趋同性,应当引起我们高度的重视。

二、"赏善罚暴"考辨

"今夫鬼神又(有)所明,又(有)所不明,则曰(以)亓(其)赏善罚暴也。"④《鬼神之明》"赏善罚暴"思想实际上已涉及中国古代源远流长的善恶报应信仰。《老子》七十九章云:"天道无亲,常与善人。"类似文句又分别见于《说苑·敬慎》、《孔子家语·观周》和《史记·伯夷列传》。"天道无亲"之"天道"

---

① 《黄帝内经素问·天元纪大论》,人民卫生出版社1992年版,第377页。
② 《鹖冠子·能天》,中华书局2004年版,下同。
③ 不仅如此,圣人甚至具有与众不同的相貌。在历史上,孔子的相貌一直在变化,这种变化的曲线与孔子逐渐被神化的历程是一致的。根据《庄子·外物》记载,孔子"修上而趋下,末偻而后耳。"孔子上身长下身短,伸着脖子驼着背,两只耳朵往后紧贴着脑袋。《荀子·非相》载:"仲尼长,子弓短",也指出孔子身材修长,《孔子家语·困誓》记载孔子"长九尺有六寸,河目隆颡,其头似尧,其颈似皋陶,其肩似子产,然自腰已下不及禹者三寸,累然如丧家之狗。"王肃注:"河目,上下匡平而长。"总而言之,先秦时期有关孔子相貌的材料非常有限。迨至汉代,史料有所增加。《史记·孔子世家》载:"孔子长九尺有六寸,人皆谓之'长人'而异之。"司马迁认为,孔子在当时已有"长人"之绰号。《史记·孔子世家》又载:孔子"生而首上圩顶",唐人司马贞在《史记·孔子世家》索隐中解释说:"圩顶言顶上窳也,故孔子顶如反宇。反宇者,若屋宇之反,中低而四傍高也。"孔子的头顶中间低四周高,司马贞这一解释极有可能源自纬书。汉代谶纬神学出现后,孔子逐渐被神化,圣人自有异相。有关孔子相貌的材料越来越多,相貌特点似乎越来越清晰:孔子身高九尺六寸,牛唇狮鼻、海口辅喉、虎掌龟脊。根据谶纬神学的表述,可将孔子相貌概括为"七露":唇露齿、眼露睛、鼻露孔、耳露窿。明代学者张岱《夜航船》卷十三《容貌部·形体·四十九表》记载,仲尼生而具四十九表:反首、洼面、月角、日准、河目、海口、牛唇、昌颜、均喉、骈齿……。张岱"四十九表"的说法明显受到佛教影响,因为佛有"三十二相,八十种好"之记载,受到佛教理论刺激的中国本土学者迫切地将儒学宗教化,以此与佛教相抗衡。除孔子之外,其他诸如"黄帝龙颜"、"尧眉八彩"、"舜重瞳子"、"禹耳三漏"、"汤臂三肘"、"文王四乳"等等,表述的都是这一共同的文化现象,体现的是中华民族共同的深层意识与思维方式。董仲舒在《春秋繁露》一书中所讲的"圣人之性",显然也是指一种理想的人格境界,这种理想的人格境界已经彻底超越了"本我",背弃了"本我",恶的属性已经彻底从人性中剔除。圣人已经获得了一个崭新的生命本质,这一生命本质就是善。很显然,这种理想的人格境界是为人类道德生命预设了有望超越自身的理想目标,并不仅仅具有形而上的哲学思辨意义。
④ 马承源主编:《上海博物馆藏战国楚竹书五》,上海古籍出版社2005年版,第307—320页,采用曹锦炎先生释文。

与"不窥牖,见天道"之"天道",实际上是"道"的同义词。①"天"是周人崇拜对象,与殷人所崇拜的"帝"或"上帝"相比较,两种崇拜最大区别在于:"天"只是至上神;而"帝"或"上帝"既是殷人至上神,又是祖先神。天与周朝统治阶层没有血缘关系,所以"天道无亲"、一视同仁。河上公注云:"天道无有亲疏,唯与善人,则与司契同也。"②既然"常与",说明天有所选择,有其亘古不渝的价值取向。广而论之,"天道无亲,常与善人"实际上属于古代善恶报应思想。汤用彤先生曾认为道教"承负说""中土典籍所不尝有",推测承负说是"比附佛家因果报相寻之意"③而来。其实善恶报应观念并非单一来源于佛教,早在先秦时期就已流行于世:"圣人有明德者,若不当世,其后必有达人。"④"始作俑者,其无后乎!"⑤先秦时期的善恶报应观念认为人们的善恶行为不仅影响行为人本身,还会对后代子孙产生影响,恰如《易传·文言》所论:"积善之家,必有余庆,积不善之家,必有余殃。"其后《太平经》在善恶报应的基础上提出"承负说":"天地之性,半善半恶。故君子上善以闭奸。兴善者得善,兴恶者得恶。"⑥行善必得天福,作恶多端必遭上天诛杀,饱受承负之责。道教承负说与佛教善恶报应思想相比较,两者的不同之处显而易见:在善恶报应的时空范围上,佛教主张三世因果业报,承负说则以人的前后五代共十世为限,"因复过去,流其后世,成承五祖。一小周十世,而一反初";⑦在报应的主宰力量上,承负说认为是上天,而佛教则认为是人自己的思想和行为,即"业力";在报应的承载者上,佛教的观点是自作自受,承负说相信人会承受先祖带来的福祸,而自身的善恶行为也会给子孙带来影响。由此可推测,"天道无亲,常与善人"或许是西周春秋时期广泛流行于世的名言警句,善恶报应观念在佛教传入之前就已流布于世。

此文需重点讨论的是,《鬼神之明》对鬼神"赏善罚暴"怀疑思想与《墨子》"以鬼神为明,能为祸福,为善者赏之,为不善者罚之"之间的关系。《墨子·明鬼下》:"故鬼神之明,不可为幽闲广泽、山林深谷,鬼神之明必知之。鬼神之罚,不可为富贵众强、勇力强武、坚甲利兵,鬼神之罚必胜之。若以为不然,昔者夏王桀贵为天子,富有天下,上诟天侮鬼,下殃傲天下之万民,祥上帝伐

---

① 刘笑敢认为:"这里的'天道'不限于'天之道'的意义,不限于自然界的道理,应该和本根之'道'是同义词。"参见刘笑敢《老子古今》,中国社会科学出版社2006年版,第476页。
② 王卡点校:《老子道德经河上公章句》,中华书局1993年版,第301页。
③ 汤用彤:《读〈太平经〉书所见》《汤用彤学术论文集》,中华书局1983年版,第71页。
④ 《左传·昭公七年》,《春秋左传正义》,北京大学出版社1999年版。
⑤ 焦循撰:《孟子正义》卷15《离娄下》,中华书局1987年版,第63页
⑥ 王明:《太平经合校》卷137—153《太平经钞壬部》,中华书局1960年版,第702页。
⑦ 王明:《太平经合校》卷18—34《解承负诀》,第22页。

元山帝行。故于此乎天乃使汤至明罚焉。汤以车九两,鸟阵雁行。汤乘大赞,犯遂下众人之〈虫高〉遂,王乎禽推哆、大戏。故昔夏王桀,贵为天子,富有天下,有勇力之人推哆、大戏,生列兕虎,指画杀人。人民之众兆亿,侯盈厥泽陵。然不能以此圉鬼神之诛。此吾所谓鬼神之罚,不可为富贵众强、勇力强武、坚甲利兵者,此也。且不惟此为然,昔者殷王纣贵为天子,富有天下,上诟天侮鬼,下殃傲天下之万民,播弃黎老,贼诛孩子,楚毒无罪,刳剔孕妇,庶旧鳏寡,号咷无告也。故于此乎天乃使武王至明罚焉。武王以择车百两,虎贲之卒四百人,先庶国节窥戎,与殷人战乎牧之野。王乎禽费中、恶来,众畔百走,武王逐奔入宫,万年梓株,折纣而系之赤环,载之白旗,以为天下诸侯僇。故昔者殷王纣贵为天子,富有天下,有勇力之人费中、恶来、崇侯虎,指寡杀人。人民之众兆亿,侯盈厥泽陵,然不能以此圉鬼神之诛。此吾所谓鬼神之罚,不可为富贵众强、勇力强武、坚甲利兵者,此也。且《禽艾》之道之曰:'得玑无小,灭宗无大。'"墨子对上天"不善之有罚,为善之有赏"的信仰非常坚定,不容有丝毫怀疑。综合《墨子》与《鬼神之明》"赏善罚暴"善恶报应思想,有四点值得注意:

1.《墨子》善恶报应的主宰力量是上天。在《墨子》思想逻辑结构中,"天、鬼、人"呈现出三极结构,表面上看似乎壁垒森严、互不渗透。其实不然,人往往被称为"天之人"、"鬼神之主"。① "天、鬼、人"互为说明,在"天"、"鬼"背后真正起主宰作用的是人,民本主义色彩十分浓郁。简文《鬼神之明》缺乏人为"鬼神之主"之类表述,哲学思辨深度不如《墨子》,人文关怀深度也不及《墨子》。

2.《墨子》善恶报应的承载者是为善者或作恶者自身,夏王桀、殷王纣虽"勇力强武、坚甲利兵",皆不能"圉鬼神之诛";在这一点上,《鬼神之明》与《墨子》相同。"尧舜禹汤悥(仁)义圣智",鬼神使之"贵为天子",桀、纣、幽、厉,为恶多端,鬼神罚以"折于鬲山"、"首于只社,身不没"。

3.《墨子》善恶报应的时空范围是现世现报。"戒之!慎之!凡杀不辜者,其得不祥。鬼神之诛,若此之憯遬也。"②"憯遬",孙诒让《墨子间诂》认为"憯、速义同",《玉篇·手部》又云"撠,侧林切,急疾也。"从《鬼神之明》所列举尧、舜、禹、汤、夏桀、殷纣、伍子胥和荣夷公事例分析,《鬼神之明》作者也是主张现世现报,与《墨子》并无二致。

4. 在《墨子》思想中,"不善之有罚,为善之有赏"不仅是一深信不疑的信

---

① 《墨子·非攻下》,孙诒让著《墨子间诂》,诸子集成本,上海书店1988年版。
② 同上。

仰，而且也蕴含强烈的现实社会政治诉求："逮至昔三代圣王既没，天下失义，诸侯力正。是以存夫为人君臣上下者之不惠忠也，父子弟兄之不慈孝弟长贞良也，正长之不强于听治，贱人之不强于从事也。民之为淫暴寇乱盗贼，以兵刃、毒药、水火，退无罪人乎道路率径，夺人车马、衣裘以自利者，并作由此始，是以天下乱。此其故何以然也？则皆以疑惑鬼神之有与无之别，不明乎鬼神之能赏贤而罚暴也。今若使天下之人，偕若信鬼神之能赏贤而罚暴也，则夫天下岂乱哉！"天下失范的根源在于不信鬼神"能赏贤而罚暴"，《墨子》这一段话的背后实际上隐含着一个逻辑推断：人有所畏惧，方能对自身言行有所制约；人一旦无所畏惧，则无恶不作。"古圣王皆以鬼神为神明，而为祸福，执有祥不祥，是以政治而国安也。自桀、纣以下，皆以鬼神为不神明，不能为祸福，执无祥不祥，是以政乱而国危也。"[1]这是典型的"三表法"之"本之于古者圣王之事"论证方法，这一逻辑论证方式在《鬼神之明》所列举尧、舜、禹、汤、夏桀、殷纣等历史事例中也客观存在。从"善者或不赏，而暴[者或不罚。古（故）]吾因加'鬼神不明'"之怀疑与诘问中，也可体悟简文作者希望鬼神在"赏贤罚暴"上能够不产生事实与逻辑上的矛盾，其中蕴含的社会政治诉求似乎也能感觉一二。

三、结　　语

楚简《鬼神之明》中的"鬼神"含义与《论语》、《墨子》基本相同，主要指人鬼类的先祖。但在鬼神是否能"为祸福"上，观点与态度有所不同。孔子对待鬼神所持态度为"存而不论"，更多倡扬的是人如何积极入世，治国平天下；《鬼神之明》对鬼神"为祸福"持怀疑态度，既没有完全肯定，也没有完全否定；墨子对"鬼神之能赏贤而罚暴"的信仰坚不可摧、始终如一。虽然《墨子》文本中几次出现关于鬼神是否能"为祸福"的争议，但文章的立论是阐发墨子的核心观点，这与楚简《鬼神之明》主题思想有明显差异。据此推断，楚简《鬼神之明》思想虽与《论语》、《墨子》有相通之处，但"鬼神又（有）所明，又（有）所不明"恰恰正是墨家所一再批判的观点。因此，就楚简《鬼神之明》全篇思想基调而论，断定其为墨家文献确有方凿圆枘之嫌。

（特约编辑：江曦）

---

[1] 《墨子·公孟》，孙诒让著《墨子间诂》，诸子集成本，上海书店1988年版。

郭店楚简"天生本、人生化"解

◇ 曹　峰

摘　要：郭店楚简《语丛一》简3"天生鯀、人生卯"应读为"天生本、人生化"，简48至简49的"凡物有本有卯，有终有始"应读为"凡物有本有化，有终有始"。和《性自命出》所见"性→命→天"、"道→情→性"两条线索联系起来看，郭店楚简所见儒学已具有形上思维，而这种形上思维以天人相分和生成论为思想背景。郭店楚简存在永恒不变的"本"和移动常变的"化"相对应的思路，天负责"本"的领域，人为作用的领域只在于"化"。

关键词：郭店楚简、语丛、本、化、天人相分

作者简介：曹峰，中国人民大学哲学院教授，博士生导师。主要研究领域：1，依据出土文献展开的先秦秦汉哲学研究；2，从政治思想角度展开的先秦名学研究；3，以中国哲学为中心的日本汉学研究。

　　郭店楚简《性自命出》篇有所谓"性自命出，命自天降，道始于情，情生于性"，学者多与《中庸》的"天命之谓性，率性之谓道，修道之谓教"联系起来，倒推《性自命出》的文意，说《性自命出》的"性"是"天命"所致，又通过《中庸》的"率性之谓道"，认为"性"就是道德的根本。以此证成《性自命出》篇与子思的关系，证明《性自命出》篇属于思孟学派①。然而，如果我们仔细分析《性自命出》这段话，可以发现，这里并没有"天命"连用②。同时，我们还可以发现，在许多学者眼中如此重要的一段话，《性自命出》并没有加以展开，作出更为深入的分析，却只是一笔带过而已，这是非常值得注意的现象。

　　那么，在郭店楚简中，"天"、"命"、"性"是如何被排列和定位的呢？从《性自命出》的"性自命出，命自天降，道始于情，情生于性"看，这里显然有两条线

---

①　如蒙培元：《〈性自命出〉的思想特征及其与思孟学派的关系》，《甘肃社会科学》2008年第2期说"《性自命出》涉及很多问题，有比较丰富的内容，但是，就其整篇所反映的思维模式或模型而言，与今本《中庸》最为接近，不如说两者有基本相同的思维模式。"

②　这一点，李泽厚、吕绍纲、陈来早已指出。详见李泽厚：《初读郭店简印象纪要》，《道家文化研究》第17辑；吕绍纲：《性命说》，《孔子研究》1999年第3期；陈来：《荆门竹简之〈性自命出〉初探》，姜广辉主编：《中国哲学》第20辑郭店楚简研究专辑，沈阳：辽宁教育出版社2000年版。

索,一条是"性→命→天",另外一条是"道→情→性",这里的"道"显然指的是"人道",即人应该遵循的人伦规范①。这两条线索分别代表两个不同的领域,前者属于"天",后者属于人,因此显然有着天人相对的思路,而"性"既属于"天"又属于"人",是由"天"到"人"的媒介。

那么,郭店楚简其他篇章中是否也有类似的天人相对、对人伦道德以外的问题表示关注的内容呢?类似的表述方式亦可见于《语丛》。如下所示,《语丛一》中也有地方论述到"天"、"命":

1　又(有)天又(有)喻(命),又(有)勿(物)又(有)名(《语丛一》简2)
2　又(有)天又(有)命,又(有)𡉈(地)又(有)㓝(形)(《语丛一》简12)
3　又(有)命又(有)廈(文)又(有)名,而句(后)(《语丛一》简4)又(有)鯀(《语丛一》简5)

由此可见,"物"、"名"、"地"、"形"这些非人力可为的、和人的道德伦理无关的存在直接来自"天"和"命",第三句话虽然没有提到"天",但结构相似,我们仍然可以说,"文""名"也同样是天生的、人为之外的东西。"鯀"如下文所论证的那样,可以读为"本",因此,在《语丛一》作者看来,"物"、"名"、"地"、"形"、"文"都是天生的、具有本质规定性的东西。

从《性自命出》篇的"性自命出,命自天降"看,"性"既属于"天"的范畴,又是走向"人"的中介。《语丛》中没有找到"天"、"命"、"性"按前后排列的表述,但从《性自命出》的"性自命出,命自天降"看,"有天有命有性"的存在也是可能的②。《性自命出》所见另外一条线索,即"情"出自"性"的论述,在《语丛二》中得到了充分的反映,《语丛二》以非常整齐四字句的格式,描述了各种各样的人"情"("情"、"欲"、"爱"、"子"、"恶"、"喜"、"愠"、"惧"、"智"、"强"、"弱")③及各种伦理"礼"、"敬"、"爱"、"亲"、"忠",皆出自"性"。

《语丛》中还可以看到郭店楚简对存在物本末地位的清晰认识。郭店楚简《语丛一》中有一句非常重要的话,对了解文意起到关键性作用。原释文作"天生鯀、人生卯。(简3)"裘锡圭按以为"鯀"当解作"伦",意为"伦序"。这样

---

① 《语丛二》有"情生于性,礼生于情",可以佐证。
② 李零:《郭店楚简校读记(增订本)》(北京:中国人民大学出版社,2007年)对《语丛三》作过这样的补充,"有天有命,有 68a〔命有性,是谓〕69a 生。70a"如果这一补充正确,那就意味着存在"天"、"命"、"性"前后排列的句子。但《语丛》前三篇中不见"是谓"句型,而且"有命"重复,因此这里的可能性不大。笔者将69b上调69a 的位置,将此句补充调整为"又(有)天又(有)命又(有)〔勿物〕又(有)〕名"。详见曹峰:《楚地出土文献与先秦思想研究》台北:台湾书房出版有限公司,2010 年第三章《郭店楚简〈语丛〉一、三两篇所见"名"的研究》,又见简帛研究网,2007 年 4 月 12 日。
③ 释文参李零:《郭店楚简校读记增订本》,第 220—221 页。

说来就是"伦序"由天所生。裘按未进一步解释何谓"人生卯"①。

如果先提出结论，笔者以为此句当读为"天生本、人生化。"如果可以这样解释，那么这句话就对理解《性自命出》为什么能够排列出"性→命→天"、"道→情→性"两条线索，对理解郭店楚简儒家思想的背景具有重要意义。

"鯀"字，学者多从裘按读为"伦"。"卯"的字形作"％"，分歧较大。目前，关于"天生鯀、人生％"中的"％"字，学界大致有两派意见。一派认为从字形分析，可以直接读"化"，如周凤五指出"'％'，从人从匕，唯人形小有讹变，致奇诡难识。"②而另外一派则从"卯"出发，将该字读为"末"或"谋"。下面对与"鯀"和"％"相关文例一一作出分析。

关于简3"天生鯀、人生卯。"周凤五读"鯀"为"伦"、读"％"为"化"，并指出"前者指生物的自然繁殖，后者则强调人类的文明教化。"③姜广辉读法相同，指出"天生伦类，人生文明。这里'化'释为'文明'，是取'人文化成'之意。"④刘钊也相同，进一步解释说："'伦'指道理。《礼记·中庸》：'今天下车同轨，书同文，行同伦。'孔颖达疏：'伦，道也，言人所行之行皆同道理。''化'指风俗、风气。简文说天生出道理，人生出风俗。"⑤陈伟武将"鯀"读为"根"，将"％"读为"末"，指出"楚简'天生根，人生末'为道家言。天生之根，犹如《鹖冠子·泰鸿》所说的'神明之所根'。与天之所生相比，人之所生自然只能称为'卯（末）'了。"⑥何琳仪的看法类似，他将从鱼从玄的"鯀"读为"玄"，并指出："'化'原篆作'％'，其所从'人'和倒'人'皆稍有变异。《语丛》此字甚多，《释文》均释'卯'，文意难通。'玄'、'化'联文，参《文选·曹植责躬诗》'玄化滂流。'下文'又（有）蠢（本）又（有）化。'参《楚辞·天问》'何本何化。'"⑦李零未释"鯀"字，但认为读"卯"可疑。⑧

《语丛一》有"凡物（简48）有本有卯，有终有始。（简49）"周凤五、姜广辉、刘钊均读作"有本有化"⑨。周凤五指出："'始'与'终'相对为义，则释'卯'不词，当读为'有本有化'，其言仍侧重在人类的文明教化。""本"字字形作

---

① 荆州市博物馆编：《郭店楚墓竹简》，北京：文物出版社1998年，第200页。
② 周凤五：《郭店楚简〈忠信之道〉考释》，收入姜广辉主编：《中国哲学》21辑《郭店简与儒学研究》专号，沈阳：辽宁教育出版社2000年版，第139页。
③ 周凤五：《郭店楚简〈忠信之道〉考释》，第139—140页。
④ 姜广辉：《〈郭店楚墓竹简·语丛一〉疏解一》，简帛研究网，2002年9月9日。
⑤ 刘钊：《郭店楚简校释》，福州：福建人民出版社2005年版，第183—184页。
⑥ 陈伟武：《郭店楚简识小录》，《华学》第四辑，北京：紫禁城出版社2000年8月，第78页。
⑦ 何琳仪：《郭店楚简选释》，《文物研究》12集，合肥：黄山出版社2000年1月，第203页。
⑧ 李零：《郭店楚简校读记增订本》，第210页。第214页也有同样意见。
⑨ 周凤五：《郭店楚简〈忠信之道〉考释》，第139—140页。姜广辉：《〈郭店楚墓竹简·语丛一〉疏解六》，简帛研究网，2002年10月2日。刘钊：《郭店楚简校释》，第191—192页。

"蠹"，如前所言，陈伟武读为"根"，他认为"郭店简'蠹（根）'与'卯（末）'对举，且彼此连称，传世文献亦有可以互证者。如《莊子·天地》：'是終始本末不相坐'。《礼记·大学》：'物有本末，事有終始，知所先後，則近道矣。'《说苑·建本》：'夫本不正者末必倚，始不正者終必衰。'"①何琳仪的见解已如上文所示，读为"有本有化"。李天虹先将"卯"读为"标"，然后训为"末"，指出"'卯'当与'末'义同。以音求之，古卯为明母幽部字，标为帮母宵部字，音近可通。標，《玉篇·木部》：'標，末也。'为本、标对称之例。"②李零认为"卯"字可疑："我们从文义看，此字似应读'末'。"③白于蓝则读为"凡物有本有卯（流），有终有始。"④

《语丛二》简 44 的"名，娄也。由臭鯀生。"刘钊读为"名，数也。由鼻鯀生。"但说"此句不解，待考。"⑤李零认为此句极重要，故而置于《语丛二》之首，读为"名数也，由臭鯀生。"认为"名数"就是"儒家讨论性情和欲望的有关范畴"⑥。

《语丛》中还有两句话和"化"字有关。即《语丛二》的"智生于性，化生于智，（简 20）悦生于化，好生于悦，（简 21）从生于好。（简 22）"和《语丛三》的"爻（治）者化。（简 32）化则难犯也。（简 45）"⑦第一句，刘钊读为"智生于性，化生于智，悦生于化，好生于悦，从生于好。"认为"化"是"随顺、仿效"之意。"简文说智慧生成于天性，摹仿生成于智慧，喜悦生成于随顺，喜好生成于喜悦，顺从生成于喜好。"⑧李零先说读"卯"可疑，后又将此字读为"末"，认为此句意为"性生智，智生末（技巧），末生悦，悦生好，好生从（听从）。"⑨第二句，裘按指出"'卯'字简文中屡见，从文意看似应有'别'一类意义，待考。"⑩李零和刘钊均将简 32 和简 45 连读，李零说"'化'似和末有关，这里或许可以读为'蔑'，是小视之意。"⑪刘钊读"化"为"化"，视其为"教化"之意⑫。

---

① 陈伟武：《郭店楚简识小录》，第 78 页。
② 李天虹：《郭店楚简文字杂释》，《郭店楚简国际学术研讨会论文集》，武汉：湖北人民出版社，2000 年 5 月，第 98 页。
③ 李零：《郭店楚简校读记增订本》，第 211 页。
④ 白于蓝：《郭店楚简释读箚记》，《古文字论集二》，《考古与文物丛刊》第四号，2001 年。
⑤ 刘钊：《郭店楚简校释》，第 200 页、第 206 页。
⑥ 李零：《郭店楚简校读记增订本》，第 227 页。
⑦ 此处编联從李零：《郭店楚简校读记增订本》，第 193 页。
⑧ 刘钊：《郭店楚简校释》，第 200 页、第 202 页。
⑨ 李零：《郭店楚简校读记增订本》，第 227 页。
⑩ 荆州市博物馆编：《郭店楚墓竹简》，第 213 页。
⑪ 李零：《郭店楚简校读记增订本》，第 201 页。
⑫ 刘钊：《郭店楚简校释》，第 200 页、第 215 页。

连卲名读"卯"字为"谋","据《说文》,谋字古文从母声,《释名·释亲属》云:'母,冒也,含生己也。'《释名·释天》云:'卯,冒也,载冒上而出也。'《说文》云:'卯,冒也,二月万物冒地而出,象开门之形。'《论衡·超奇》:'心思为谋。'《逸周书·周祝》云:'故天有时,人以为正,地出利而民是争,人出谋,而圣人是经。'《管子·内业》云:'春秋冬夏,天之时也;山陵川谷,地之枝也;喜怒取予,人之谋也。'"

李家浩先分析"卯"的字形,认为和包山楚简 226、228、230、239、242 号简所见"卯"字类似,"《语丛》的文字比较瘦长,大概书写者为了字形结构匀称,有意把'卯'字的左右旁写作一正一倒类似'化'字形,但实非'化'字。"①他认为《语丛二》的"智生于性,卯生于智,(简 20)悦生于卯,好生于悦,(简 21)从生于好。(简 22)"和《语丛三》的"燮(治)者卯。(简 32)卯则难犯也。(简 45)"所见"卯"都应读为谋"。《楚地出土战国简册[十四种]》除了"凡物有本有标"从李天虹说外,余皆采用连卲名、李家浩的意见,将"卯"读为"谋"②。

廖名春在支持读"卯"、读"谋"的基础上,进一步将所有的"卯"均训为"猷"。廖名春指出"卯"和"猷"均为幽部字,可以通假。且古字中从"酉"之字和从"卯"之字多通用。故《语丛一》简 3 可读为"天生伦、人生猷","猷"可训为"谋"。"以人谋来应对天常,文从字顺。"《语丛二》简20~简22 可读为"智生于性,猷生于智,悦生于猷,好生于悦,从生于好。""是说人谋来自人生而具有的智性,成功的喜悦则来自人谋。"《语丛三》可读为"燮(治)者猷。(简 32)猷则难犯也。(简 45)""是说治人当有谋略,有谋略则难以被入侵犯。"《语丛一》简 48、简 49 可训为"凡物有本有酉,有终有始。"廖名春先将"酉"读为"遒",再训为"终"。故"有本有酉"即"有终有始"③。

其他还有两种说法,刘信芳把"卯"读为"舛"。释《语丛一》简 49 为"有本有舛","'本'谓舛事物之本柢,'舛'谓事物之孳益。《语丛一》简三又云:'天生鯀,人生舛。'或谓'鯀'读为'伦',非是。'鯀'亦读为'本',凡天造地成之物,是为'本',人工生产之物,往往一型而多器,是为'舛'。"④

从以上各家见解看,似廖名春说最为周延,将郭店楚简中所见六个"卯"

---

① 李天浩:《关于郭店楚墓竹简〈语丛二〉51 号简文的释读》,《新出楚简国际学术研讨会会议论文集郭店·其他简卷》,武汉大学,2006 年 6 月,第 5 页。
② 陈伟等著:《楚地出土战国简册[十四种]》,北京:经济科学出版社 2009 年 9 月。第 245、246、253、258 页。
③ 详见廖名春:《郭店简〈语丛〉诸篇"卯"字试释》,《先秦文本与思想国际学术研讨会》,台湾大学,2010 年 8 月。
④ 详见刘信芳:《郭店简文字考释二则》,《古文字与古文献》试刊号,台北:楚文化研究筹备处,1999 年 10 月,第 59 页。

都作出了看似合理的解释。但其解释存在两个问题,第一,"🦑"是否一定可以释为"卯",廖名春采用了李家浩对"🦑"字形的分析,然而李家浩说也只是一种推测,而且楚简中"卯"字多见,左右非常对称,与该字形并不相似。① 第二,将"🦑"字读为"卯",读为"谋"或"兽",对于解释"天生鲦、人生🦑""凡物有本有🦑,有终有始"并无多少说服力。"天生鲦、人生🦑"显然在刻意突出天人之别。"鲦"如许多学者所言,可以读为"本",笔者赞同,并在下文中做详细论证,那么和"鲦"相比,"🦑"就居于次要的、从属的地位,,这一点无论将"🦑"字读为"化"的学者姑且不论,从"卯"出发,理解其意为"末"、为"别"、为"舛"的学者也是由此思路出发的。而读为"谋",则失去了对比的效果。"凡物有本有🦑,有终有始"如果读为"凡物有本有道,有终有始","有本有道"即"有终有始"的话,那等于是在同义反复,已有了"有终有始",为什么还要再说"有本有道(终)"呢?

笔者以为,《语丛一》"天生鲦、人生🦑",和"凡物有本有🦑,有终有始"显然可以对读。而将"🦑"读为"化",笔者以为从字形、从文意看,都比较符合。"🦑"的字形,如周凤五所指出的那样,很可能是"化"字讹变,"鲦"字则可以读为"本"。"凡物有本有化"告诉我们包括人在内的世间万物都既有本生的成分也有化生的成分,这种本生的成分应该就是"鲦",即由天生成的、命定的、人力不可及的成分,而"化"在其次,也就是说"本"、"化"有上下本质之别。然而,"化"虽然在下、在其次,但却是一种作用方式,如果将此字读作"末"、"别"、"舛",虽然也显现出天人上下本末之别,但对人而言是变相的否定,人的作用、功能完全展现不出来。通读郭店楚简儒家文献可知,其论述的重点其实不在于天,而在于人不同于天的、特殊的作用,即建立在自然人性基础上的、非强制的、感化式的道德政治②。因此,可以说"化"字最能够体现这一功能。

"鲦"的内容通过"有命有文有名,而后有鲦"(《语丛一》简4~简5)可以看得很清楚,"命"指天所赋与的本质性规定。《语丛一》对"文"没有做太多的解释,但应该不是文章、文饰,而指事物的内在机理。笔者曾对《语丛一》及《语丛三》所见的"名"做过考察,认为郭店楚简反映出古人心目中"名"的神秘地位以及对"名"的崇高评价。"名"不是凡人所能把握的对象,它反映着事物的本质,唯有圣人才能把握之。"鲦"来自于"命"、"文"、"名"这三者,因此

---

① 可以参见何琳仪:《战国古文字典》上册,北京:中华书局1998年版,第262页。
② 例如《性自命出》讨论"礼作于情"的问题,《缁衣》、《尊德义》、《成之闻之》均论及和"迁善"相关的问题。

应该是一个来自"天"、非人力所能把握的概念。如果这个概念用"伦"去表示,恐不相称。《语丛二》说"名,数也,由愈鯀生。"也强调了"名"、"数"这类本质性、规定性的东西无法由人力所生。"名"、"数"并不是"儒家讨论性情和欲望的有关范畴",作者想说的其实是,"性情和欲望的有关范畴"可以由人化生,但"名"、"数"不行①。

从"天"为上、为主,"人"为下、为次的思路出发,笔者以为将"鯀"读作"伦"有些牵强。因为第一,"伦"无法体现出比"化"更高、更重要的意涵。第二,传世文献中找不到"伦"、"化"相对的句子。

显然,与"天"相关的"命"、"文"、"名"、"数"既不是伦序,也不是道理,而是天赋予"物"的本质内涵,因此将"鯀"读作"本"是最为合适的。读为"本",文意就完全通顺了。事物中先天的、本质的、命定的部分只能得自于天,而"礼"、"乐"、"亲"、"爱"等各种人伦及喜乐怒恶等各种心理则由人力化生。《语丛一》说"知天所为,知人所为,然后知道,知道然后知命。"就是在强调既要了解"本"也要了解"化"。"本"、"化"相对,十分多见,除了《语丛一》的"凡物有本有化"外,传世文献中也可以举《楚辞·天问》的"阴阳三合,何本何化?"为例证。

笔者以为"鯀"当读为"本",如前文所示,刘信芳已经这样读,但没有提供证据。从语音上看,"鯀"为见纽文部,"本"为帮纽文部,韵部虽然相同,但声纽却离得较远。而且读者会提出,下面既然有"凡物有本有化",那为何"天生鯀、人生化"不使用"本"字,而要使用"鯀"字。这的确是个难解的问题,为何要区别使用,笔者为法解释,但"鯀"、"本"相通却存在可能性,我们注意到"凡物有本有化"的"本"的字形,上从"本"下从二"虫",作"蠢",从二"虫"的字可以读作"混",属见纽文部,和"鯀"一样,如郭店楚简《老子》甲本"有状混成"的"混"字就从二"虫"。郭店楚简中的"本"字多从"本"从"臼",从二"虫"的"本"字只有这一个,作者为什么要这样创作这样一个独特的字呢?是否提醒读者此处的"本"意同"鯀"呢?

《语丛》中有从"心"从"为"读为"化"的字,见《语丛一》"察天道以化民气"。我们由此也可以读出天人相对的含意,这里突出了人(其实是圣人)应该做的事情是通过把握天道去"化民气"。就在同一段话中出现了"凡物有本有祓,有终有始",因此,我们说"天道"的性质体现为"本"的话,那么人道的特征则体现为"化","天"代表"始"的话,"人"则代表"终",这在逻辑上是成立

---

① 详见曹峰:《郭店楚简〈语丛〉一、三两篇所见"名"的研究》。收入《楚地出土文献与先秦思想研究》,又见简帛研究网,2007年4月12日。

的。之于"有本有化"、"天生鯀、人生化"为什么没有使用这个字,可能因为从"心"从"为"的字一般读作"伪",在《语丛一》只是偶尔假借为"化","天生鯀、人生化"中的"化"才是"化"的常用字。

那么,《语丛二》的"智生于性,㲋生于智,(简20)悦生于㲋,好生于悦,(简21)从生于好。(简22)"和《语丛三》的"叕(治)者㲋。(简32)㲋则难犯也。(简45)"该如何解释呢?笔者以为或许可以读作"伪",即"㲋(化)"在这里成为"伪"的借字,从《语丛二》的前后文看,"伪"在这里可能也代表一种情绪,未必表示人为或伪诈。《语丛三》这一条则不明何义。将其释为"猷"、"谋",如廖名春所言"是说治人当有谋略,有谋略则难以被人侵犯",看上去解释通了。但在讨论人性与儒学关系为主题的《语丛三》,突然出现推崇谋略的话,实在不可思议。

笔者以为,郭店楚简中出现"天生本、人生化",是可以理解的思想现象,和《性自命出》所见"性→命→天"、"道→情→性"两条线索联系起来看,郭店楚简所见儒学已具有形上思维,而这种形上思维又以天人相分和生成论为思想背景。就天人相分而言,郭店楚简存在永恒不变的"本"和移动常变的"化"相对应的思路,天负责"本"的领域,人为作用的领域只在于"化"。就生成论而言,从"天生本、人生化"、"凡物有本有化、有终有始"、"性自命出,命自天降,道始于情,情生于性"可以看出,郭店楚简通过生成论的表达方式追问事物的起源、存在的依据以及行为的方式。而通过郭店楚简所见大量的儒道交融现象看,这种天人相分的思想又很可能来自道家。①

此外,笔者以为,如果将荀子、孟子与郭店楚简相比,显然荀子更为接近。首先,荀子关于"性"的种种认识,如"不事而自然谓之性"(《性恶》)、"生之所以然者谓之性"(《正名》)和郭店楚简儒家文献的自然人性论最为接近,其次,"天人相分"正是荀子思想的基本构造,对道家思想大量吸纳也是《荀子》的一大特色。因此有可能荀子接受过类似"天生本、人生化"的思想,在天人相分基础上,更发展出性伪之分。当然荀子更重视的是"人",为此,他更倾向"人生化"的一面,反复强调"圣王之治,而礼义之化",从而发挥出圣人"化性起伪"的哲学。

这些复杂的问题,不是本文所能承载,但又必须涉及的问题,详细论述可参拙文《郭店楚简中的"天"、"命"、"性"——兼论郭店楚简所见道家对儒家的

---

① 当然,"道家"这个概念形成于汉初,但"道家"的前身在先秦早已出现,并在社会上产生了巨大影响。

影响》①。

（此文雏形为《郭店楚简〈语丛一〉"天生本、人生化"试解》，复旦大学出土文献与古文字研究中心网，2009年8月26日。后收入拙著《楚地出土文献与先秦思想研究》，台北：台湾书房出版有限公司，2010年。但作了全面修改，已和原文面目大不相同。）

（特约编辑：江曦）

---

① 该文发表于"先秦文本与思想国际学术研讨会"，台湾大学，2010年8月。

汉代经学研究

《春秋繁露》的作者是不是董仲舒?

◇ 鲁惟一（Michael Loewe）

摘　　要：作者提出了董仲舒与《春秋繁露》之间的关系，以为，其中包含了董仲舒的部分作品，但不是全部。但是作者自己承认，这仅仅是怀疑。

关　键　词：《春秋繁露》、董仲舒

作者简介：鲁惟一（Michael Loewe），著名的英国汉学家。伦敦大学博士。曾任剑桥大学东亚系主任，现为剑桥大学荣休教授。与崔瑞德（Denis Twitchett）合编过《剑桥中国秦汉史》(The Cambridge Histor of China Volume Ⅰ：the Ch'in and Han Empires, 221 B. C. — A. D. 220, Cambridge: Cambridge University Press, 1986; 杨品泉等译，北京：中国社会科学出版社，1992 年)等。

鲁惟一：我的朋友，很抱歉，我的汉语说得不太好，所以我想最好我还是说英语，免得产生误会。

这次受邀来到山东大学作演讲，我感到深深的荣幸，非常高兴在这里与各位同学及在座的老师见面。下面我想谈一谈董仲舒。关于他，在我头脑中有三个基本问题：第一个大概也是最重要和最难回答的问题是，在西汉时期是否存在一个得到全面认同的儒学体系。第二，如果董仲舒在建立这一思想体系的过程中扮演了什么角色的话，那么究竟是怎样的角色。第三个问题是，在据说由董仲舒所作的《春秋繁露》这本书中，究竟哪些部分确实是由他写成，或者是后代附加进去的。

传统的看法认为，董仲舒是汉代儒学体系的奠基人。在孔子去世五百年后的汉代，董仲舒将儒学这一包含孔子教导的传统观念体系与当时的政治经济发展相协调，并且结合进了一些哲学性的概念。董仲舒被看做对汉代的政治决策有巨大影响的人，据说他被所有受儒家思想影响或与儒家学术有关的人所尊敬。

我们要问，我们评价董仲舒的依据是什么呢？除了《春秋繁露》这部有疑问的著作外，我们还能看到保存在班固于公元一世纪编着的《汉书》中的三篇策论，也就是所谓的《天人三策》。在《汉书》中，班固从五个方面称赞了董仲舒。首先是对孔子及孔子学说的尊崇和推明。的确，自公元前二百多年汉初以来一直到董仲舒以前，几乎没有人称引过孔子，而董仲舒引用孔子则是相当频繁的，不过在董仲舒之后，却要再等上大约五十年才开始有其他人引用到孔子。班固称赞董仲舒的第二点，是对别家著述的抑黜。不过，在这一时期我们并没有看到政府下达过什么抑黜百家的政令，而更为肯定的是，在百余年之后的皇家藏书之中显然还包含着各种各样不同学派的作品。第三点，班固称赞董仲舒建立学校。但是，我们看不到什么证据表明在董仲舒提议这样做以后有任何结果产生。第四个问题，据班固讲，董仲舒曾倡议招纳贤良之士做官。不过同样，也没有证据显示有什么后续的事情发生。班固称赞董仲舒的第五点是建立太学。可是我们没法确定这件事实际上真是依照董仲舒的建议进行的，例如，学校系统事实上直到公元66年，也就是董仲舒去世大约150年以后，才算全面建立起来。

不过董仲舒在有一件事上确实被认为开创了范例，他开辟了一种解释自然灾害的新方式。一次日食、一场地震发生了，这意味着什么呢？董仲舒认为这些灾难是上天降下的警告，他还说，如果你看《春秋》这本书，你就会在里边读到这类内容，例如把某次日食的发生解释为由于某种不当的行为而招致了上天的警示。就我们所知只有一个人接受了董仲舒这种对自然灾异的新解说，那就是著名的学者刘向，而别的学者则都以不同的方式来解释这些现象。

那么我们怎么知道董仲舒确实对中央政府有所影响呢？我们根本一无所知，他从来没有在中央政府中担任过重要职务。当时的中央政府在长安，也就是现在的西安，但是在较长的时间里，董仲舒都是被派往外地的，一次到了现在的江苏，还有一次是在山东南部。很有可能的是，被送往这些地方正是董仲舒在京城的仇人为了将他排挤在外，在江苏或是山东这里，董仲舒是没法影响到中央政府的。而且，我们认为，仇人将他送去这些地方实际上是盼着他被当地的诸侯王除掉。我还可以给你们指出两点来证明董仲舒没有影响到帝国政策：第一是关于与敌对民族匈奴的关系，董仲舒在这一问题上是希望通过绥靖政策与匈奴保持和平的，而当时的汉武帝政府却不断地发动战争。第二点，据可信的记载，董仲舒对不断增长的贫富差异提出过异议。当时，有少部分富人占据了大量的土地，而一些农民却穷到几乎活不下去，董仲舒对这种状况非常忧虑，但是他的抗议却没有产生什么结果。此外，在汉代著作中很少有人提到董仲舒，在后代史书中也很少，如果翻阅一下正史，你可以从汉代往下一直找到清代，你会发现提到董仲舒的地方少得可怜。

董仲舒的确在一个特定领域里具有很高的权威和声望，那就是关于《公羊传》。可是两百多年以后，当时研究《公羊传》的最主要的学者，第一个为《公羊传》作注的何休，却从来没提到过董仲舒。另外，据说董仲舒为孔子提出了"素王"这一称号，但是几乎没有证据表明孔子本人把自己看做"素王"，这一说法似乎也是不太稳固的。在董仲舒的可靠作品《天人三策》中还有一个重要的地方，在最后一篇策论里他以讨论《春秋》所称赞和提倡的"一统"——"春秋大一统"来结尾。那么这里我们必须问，这个"一统"是什么意思，看起来，这里讨论的并不是一个帝国统一的问题，而是一个思想统一的问题。

下面我要转到一个业已讨论了八九百年的问题，那就是关于《春秋繁露》的作者问题。我们注意到的第一点是，这本书在西汉末的皇家藏书目录中并没有提到，根据现有的材料，《春秋繁露》这一书名的出现大概始于六世纪。而宋代那些著名藏书家对他们所藏图书版本的评论告诉我们，当时《春秋繁露》这本书存在各种不同长度的版本，有的大约十卷，有的或者有二十五卷，并且他们还提到这些文本充满了错误。我们看到，宋代一些非常著名的学者，像朱熹、陈振孙、程大昌，他们都认为《春秋繁露》这本书并非董仲舒所作。这部著作没有唐代学者的注本传世，得一直等到清代才有像卢文弨、凌曙等人为这本书做注，只有这时候我们才看到学者们开始乐意注解这本书。《四库全书》的编纂者们，他们把董仲舒视为最著名的儒家学者，也仍然怀疑《春秋繁露》是否由董仲舒所作。我还需要补充的是，当代学者徐复观的说法与前面很不一样，他确实是相信这部著作的真实性。

是的，到现在为止我只是给出了一些前人的观点，你们大家会想，这个人只是简单复述别人的意见，这也太没意思了，要怀疑文本，总该拿点像样的理由出来。那么我认为，我们对文本的作者提出疑问至少可以基于两个根据：第一，《春秋繁露》的文本与董仲舒其他作品之间是否协调一致。第二，《春秋繁露》中是否能找到年代错位的蛛丝马迹，即是说，文本是否提到了一些在董仲舒的时代不会发生的事件。

这是一个很难的问题，《春秋繁露》现存有七十九章，而我要把注意力投向两点。首先，我们发现，《汉书》中董仲舒的三篇对策讲到了阴阳而没有讲到五行，但是在《春秋繁露》中，却有大约五六篇是关于五行的，特别有一篇讲求雨的方法，也明显是遵循五行学说的要求，而且非常详细。然后还有一点是，《春秋繁露》的部分篇章提到了一些董仲舒的时候并不存在的事件。这些篇章是关于郊祭的,而这些内容只有到董仲舒之后才可能发生,在这些篇章中,作者试图阐述保留郊祭之礼的理由,但是在董仲舒的时候却并不存在要废止郊祭的问题。

我已经给了你们两个例子,一个是《春秋繁露》的材料与董的其他作品不相协调,第二个是年代的错位,书中提到了当时没有发生的事情。现在,我要特别把注意力转向《春秋繁露》中题为《三代改制质文》的一篇。这篇文本涉及了中国王朝政治史中的一个基本问题,那就是自尧舜一直到近代的政权更迭问题。我们要讨论的这篇文本对此提出了一个叫做"三统"的方案,这一方案与其他地方所见的任何说法都极为不同。要总结概括这方面情况是很困难的,我们涉及了所有帝国政府一个共同的根本问题:改变旧有的制度是正当的吗?因循过往的惯例是必须的吗?我们有没有进行改制的资格?《三代改制质文》在此给出的回答是多方面的,但与此前的任何说法都不同,而重要的是,它与后代的一些材料却极为相似。此外,在这篇文本中有一些陈述非常像纬书中的说法。我有一个我没法证实的提议,我认为这一特定篇章与公元79年的那场讨论,也就是《白虎通》所报道的白虎观会议有关,我认为这确实没法证明,但我猜想这一文本可能是那次讨论的另一份报告。

好,我希望我讲的这些已经充分说明了《春秋繁露》问题的困难度和复杂性。这本书确实包含了很多《公羊传》的学说,所以我设想,或许在西汉末确曾有过一本叫做《春秋繁露》的书,里面包括了一些董仲舒写的主要关于《公羊传》的文章,这些篇目至今还在那儿。而在董仲舒的时代以后,另外的一些篇章就被附加到了书中,最后导致这书有被作为纬书禁毁的可能。于是有人就把整部书标上了董仲舒的名字,这本书从而在这位杰出公羊学家的大名的帮助下流传了下来。我得重申,这些只是一些提议,最后一点我自己无法证明,也不认为其他人能证明得了。

刚刚我是从三个我没有解答的问题开始我的发言的,第一个问题也是最重要的问题是,在西汉究竟有没有一整套儒学的体系。你们都会跟我说,儒家传统的某些组成部分在西汉确实是存在的,这我是同意的。我感到难以断言的是,是否存在一种对政府及整个社会起到规范作用的对儒学体系的全面采纳。

你们或许想问,在当时佛教尚未传入中国的时候,有没有与儒家对立的体系。那么感谢曾教授的安排,今天下午我在山东省博物馆了解了一点这方面的情况,在那里我在汉代的雕刻中看到了一些体现道家信仰的标志,但是它们的时代都比较晚,都是出自东汉时期的。

女士们先生们,我非常感谢你们来听我的演讲,也非常感谢曾教授邀请我来,如果我在来这儿之前看到他的著作的话,我恐怕就不敢来讲这些话了。

所以,谢谢大家!

学生提问:请问鲁惟一教授,您认为《春秋繁露》是否对儒学传统的总体发展有所贡献?比如它对宋明理学和清代的儒学有没有什么实质性的影响呢?

鲁惟一:我想答案大概是,我们基本看不到《春秋繁露》在唐、宋、明、清的儒家学者中表现出什么样的重要性或是引起了怎样的兴趣,他们既不征引《春秋繁露》,也不称述董仲舒,直到十八世纪以后情况才开始稍有不同。所以,恐怕很难说有怎样的实质影响。

(山东大学哲学系研究生阎斌根据录音翻译并整理)

汉儒孟喜、京房与郑玄"气化宇宙论"易学思想探析

◇ 赖贵三

摘　要：汉代易学虽然以象数为宗，重机祥灾验之术；但是，同时运用自先秦以来的传承思想，以及两汉当代的新创学说，大肆阐明天时节气与政教社会相感互应的义理，讲究宇宙生生、周流不息的思想。因此，西汉今文易学家在儒家渐次取代汉初黄老之学时，即以张扬儒学为己任，以《易传》为最高指导权威，运用当时流行的阴阳五行说与天文历法，探求《周易》微言大义，重建偏于自然天道、以占验为功用的易学诠释体系。然则，东汉古文易学家轻视今文易学比附的诠释方法，相对崇拜易学圣贤与权威的言论，主观上严格遵循注不破经的原则，专以象数、训诂为工具，通过对《周易》经传的文本整理与文辞的注释，力图恢复《周易》经传作者本意，突显圣贤的易学思想，遂建立貌似规范的诠释体系。本文依近现代哲学家以"气化宇宙论"概括两汉哲学的本质，探析西汉自孟喜卦气说以下，历经京房，以迄《易纬》与郑玄的气化宇宙论代表性思想；并观察其间气化思想及其诠释要义的异同，显示卦气说在汉易气化宇宙论中，以"时"与"气"为核心的易学史意义。

关　键　词：气化宇宙论、汉代易学、卦气说

作者简介：赖贵三，男，台湾师范大学专任教授。主要研究领域：易学与经学等。

一、汉代哲学思想发展述略

汉代哲学思想发展，依任继愈分析，可概分为三阶段：

第一阶段，为统一封建帝国探索、准备统治思想的时期，以秦末的《吕氏春秋》为其先导，而汉初黄老思想、陆贾、贾谊、太史公司马迁等人的哲学思想属于此一阶段，历时近百年。

第二阶段，从西汉武帝独尊儒术到东汉章帝白虎观会议，历时二百年，这是汉朝统治思想确立和巩固的阶段；此时期的经学系统形成三大支派——今

文经学、古文经学和纬书经学；同时期，扬雄、桓谭与王充为政教与神学经学的批判巨擘，灌注了一股务实考验的学术清流。

第三阶段，为东汉末年的批判思潮，外戚干政，宦官乱法，士族与皇权之间形成极端矛盾的对立局面，导致党锢之祸的发生；此时期，王符、荀悦、仲长统等人批判思潮应时而起，为后来魏晋玄学奠定兴发的基础。[①]

本文参照以上三阶段论述，仅举例汉儒孟喜、京房[②]与郑玄"气化宇宙论"易学思想加以探析，其余相关儒学课题，暂不赘述。西汉时期，黄老化的道家以《淮南子》阴阳五行思想为宗[③]，阴阳化的儒家以董仲舒《春秋繁露》天人感应思想为尊，而象数化的易学则以孟喜卦气、京房纳甲的机祥灾异为主，浸假而成为两汉杂而不纯的"气化宇宙论"的哲学思想核心。而汉代自然科学与哲学关系密切，如：农业科学继承先秦农家思想[④]，因此国家最高统治者制定的政治活动月程表必须依据时令来安排，这促进了天文学的发展，并提升对于天时、地利、人和、因时制宜、因地制宜等"天人关系"思想的认识。[⑤] 天文科学讲究天人感应思想、宇宙演化及其结构、注重效验，如：《史记·天官书》、《汉书·天文志》、张衡的观测学，建构了天地生成论、天体结构学、律历一体说的思想基础。此外，数算科学有《周髀算经》、《九章算术》，声律科学见于《史记·律书》、《后汉书·律历志》等气候之法，医疗科学见于《黄帝内经》、《伤寒杂病论》等辩证论治注重整体性、辩证性、实验性，本草科学见于《神农本草》论析矿物分类、养身益气，技艺科学见于造纸术、地动仪、指南车、记里鼓车、印染、冶炼、陶瓷等面向，皆企图用阴阳五行学说把自然界和人类社会的各种现象都纳入统一的体系之中，以展现物质转化与五行相生的宇宙论思想特色。[⑥] 以上诸端，即是与本文所欲探析核心课题密切相关的外缘内因。

---

① 详参任继愈主编：《中国哲学发展史（秦汉）》，北京：人民出版社1985年2月第1版，"前言"，页2—3。

② 详参东汉·班固：《汉书·孟喜、京房传略》，台北：洪氏出版社1975年版，《艺文志》、《元帝纪》、《儒林传》与《京房传》等。

③ 详参西汉·刘安：《淮南子》，陈丽桂校注，台北：国立编译馆出版社2002年版，《天文》。

④ 详参春秋·管仲：《管子》，戴望校正，台北：台湾商务印书馆1968年版，《度地》、《地员》；战国·吕不韦，杨坚点校：《吕氏春秋》长沙：岳麓书社1989年版，《十二纪》、《任地》、《审时》；《汉书·艺文志》著录《神农》、《野老》。

⑤ 如汉代农学专门著作《泛胜之书》，具体指出各种农作物的耕作原则和方法，并介绍掌握耕作时机的测量技术。《淮南子·时则》联系物候、生产与政治活动。《逸周书·时训解》将二十四节气分为七十二候，后代史书《律历志》"物候历"基本传承于此。而崔寔《四民月令》为真正农家月令，地主庄园的管理手册，为农业生产管理学的专著。

⑥ 详参任继愈主编：《中国哲学发展史（秦汉）》，《汉代自然科学与哲学的关系》，第544—636页。

汉代哲学是时代精神的精华，是思潮，也是运动。而汉代哲学的基本问题是天人关系，基本形态是以阴阳五行为模式的天人同类、天人相与、天人相副。汉代哲学充满着矛盾、活力，高潮迭起，无奇不有，既雄浑，又粗犷，是先秦诸子百家思想的汇集与综合，也是魏晋思想的温床与源头。中国哲学的基本特征与性格，奠定于此多元缤纷的伟大时代与英雄世纪！[1] 在这样的时代，将中国远古传统的原始活力和野性，充分地保存和延续下来，汉人广阔的心胸、雄浑的力量、粗犷的气势，在汉代的哲学、文学、美学、科学、宗教诸领域，无不反映出天人合一、天人相与、人神不分、人兽竞力的天人一体思想。所以王符《潜夫论》反复咏叹"天工人其代之"，正是汉代哲学的根本精神。汉代哲学成功的转化儒道二家思想，相反而相成，儒家的人文主义与道家的自然主义，儒家的宗法伦理、入世精神与道家的虚静无为、自在逍遥……，相互为用，政治社会，道德人心，均同蒙沾溉。先秦墨、法、阴阳、名家，又为汉代儒家或道家吸收肢解，创造了新的哲学体系。而汉代哲学的认识论基调为经验主义与直观思维，牢笼以阴阳五行的宇宙模式，局限了汉代哲学的理性思辨。如汉代儒学以董仲舒的天人感应为核心，直接结合政治，为政治服务，对经学的发展产生了决定性的全面影响。在此一时代学术风气的氛围背景之下，笔者试图探析两汉易学"气化宇宙论"思想，以孟喜、京房与郑玄三人为主要代表性学者，观照其中"天人感应"、"气数相符"与"政教一致"的"生生"旨趣。

二、汉代"气化宇宙论"思想述略

"气"是中国哲学的重要思想范畴，思想起源相当久远，郑基良《气化论初探》概括综论，以为约具以下四种意义："一指客观的质料或元素"，"二指具有动态功能的客观实体"，"三指人生性命"，"四指道德境界"。[2] 而西汉中期，董仲舒认为四时的变化，除了表现五行的盛衰之外，更是阴阳二气的消长；他认为宇宙的最高主宰是"天"，天透过阴阳与五行之"气"表现其意旨。此外，治乱之气，邪正之风，与天地的化育相混杂。[3] 故君王不可以不知天，而天意天道不易察觉了解，须从阴阳五行生胜之"气"观察得知。人有喜怒哀乐之气，

---

[1] 详参金春峰：《汉代思想史》，北京：中国社会科学出版社，1997年12月修订第2版，"自序"，第1—3页；"绪论"，第1—17页。
[2] 详参郑基良：《气化论初探》，第227—248页；并可参庄耀郎：《原气》，台北：国立台湾师范大学国文研究所硕士论文，1984年5月。
[3] 详参西汉·董仲舒：《春秋繁露》，台北：中国子学名著集成编印基金会，1978年，《五行相生》。

与天有春夏秋冬之变,天人相互贯通,同具此四气;故天人同类,天人合一,天人感应,因此王者配天,人君法天道,能与天地参。董仲舒将原来只是物质质料或物质元素的"气",拟人化为有意志的喜怒哀乐之气,具有生杀养藏万物的功能,这是他气化思想的特点。董仲舒的气化论,充满天人感应的思想。天人感应有两种意义:第一,在于人类的气和天地的气相贯通。因此,人的善行或恶行,在天地的现象里,因为相同的气禀感应,产生祥瑞或灾异。第二,在于天地的祥瑞或灾异,代表上天的意旨,祥瑞或灾异的现象与上天的意旨连结在一起,作为鼓励或谴责帝王的告示。

到了东汉中期以后,王充《论衡·自然》中认为天地合气,自然无为,万物自生,夫妇合气,自然生子。[①] 竭力反对董仲舒天人感应的气化思想,为了破除天人感应的信仰,他以为天地化生万物只是自然的现象,宇宙的一切现象都是自然而生,偶然而变,没有天地好生之德,没有所谓同类之气的相互感应;这种自然无为的天道观,显然是道家的思想。因此,宇宙万物都是在天地的自然无为之下,自生、自化、自死,生生死死,死死生生。从本体论而言,人类和万物,作为物质性的存在,都是禀受元气而生成,既有生,就有死,生死是自然的、必然的现象,岂有不死之理?王充主张万物都由"气"所构成,天地也是气,既然天道无为,气便成了万物的根本,天地万物的元素就是元气。王充强调元气和精气的观点,在淮南王刘安众多宾客的集体作品《淮南子》二十一卷中也可以看到。

《淮南子》是刘安献给武帝的《内书》,代表汉朝道家思想。《淮南子·天文》篇以为宇宙发展的历程是:道→宇宙→气→天地→阴阳→四时→万物。《淮南子》和先秦道家一样,以"道"作为思想体系的最高范畴,道是本体之道、天地之道和人生之道。从宇宙论而言,道虽是实体,却是混沌的气,像泉涌一般,是原始的物质,此义详见《淮南子·精神》篇。道既是内涵阴阳之气的实体,而天地万物由气而生,天地和万物都由气所构成;换言之,气是构成天地万物的质料。一般儒家思想以为阴阳在先,天地在后,天地是阴阳之气所形成,《淮南子》却将天地放在阴阳之前,是其独创的见解。而《列子·天瑞》云:

> 太易者,未见气也,太初者,气之始也,太始者,形之始也,太素者,质之始也。

《列子》:气→形→质的演化思想,显然比较接近《淮南子》。《列子》以为太易是没有显现气化的时候,太初是显现气化的开始,太始是决定物形的开

---

① 互参王充:《论衡》,杨宝忠校笺,石家庄:河北教育出版社1999年版。

始,太素是形成物质的开始。这一连串的变化,由一开始,一者,易也,一是物体变化的开端,清而轻的气就飘浮而上成为天,浊而重的气就下沉而成为地,天地之间,阴阳相交之气叫精,这种精气使得万物不断的化生。①《列子·天瑞》篇"天积气耳"的思想,是一种天文学的观点;根据《隋书·天文志》的记载,在汉代的天文学中,有三种不同的有关天体的说法:一是盖天说;二是宣夜说;三是浑天说。东汉的天文学家张衡,主张浑天说,并制造了一台天体的模型——浑天仪,他认为宇宙的形成,也是气化的作用,他在文中言:

> 太素之前,幽清玄静,寂寞冥默,不可为象,厥中惟虚,厥外惟无,如是者永久焉,斯谓溟涬,盖乃道之根也。道根既建。自无生有,太素始萌,萌而未兆,并气同色,浑沌不分,故道志之言云:有物浑成,先天地生,其气体固未可得而形,其迟速固未可得而纪也,如是者又永久焉,斯谓庞鸿,盖乃道之干也。道干既育,有物成体,于是,元气剖判,刚柔始分,清浊异位,天成于外,地定于内,天体于阳,故圆以动,地体于阴,故平以静,动以行施,静以合化,堙郁构精,时育庶类,斯谓太元,盖乃道之实也。②

张衡认为宇宙的形成,可以分为三个阶段:先是"溟涬",依王充《论衡·谈天》说:"溟涬蒙澒,气未分之貌也。"溟涬只是一体之气而已,没有形象,不过有中外之分,经过很长久的时间,什么东西也没有,称为道的根本,就是太素以前的情形,这是"无"的阶段。有了道的根本,"太素"开始萌芽,太素是形成物质的开始,从"无"生出"有"来,这种"有",只是浑沌的元气,无法形容,没有固定的形体。气的运行,速度也无法记载,这个阶段又经过很长久的时间,称为"庞鸿",是道的主干。道的主干已经育成,万物有了形体,于是元气开始分化,有阴、阳、刚、柔、清、浊之分,清气往外升而成天,浊气在里面而形成地,天以阳为体,地以阴为体,天地之气聚集结合,生育出万物,是道的果实,这个阶段叫"太元"。从此以后,在天上形成各种的天象,在地上形成各种的形体物象,有形体就可以度量,有物象就可以仿效,万物有各种不同的本性,彼此相互感通,都是自然而然地发生,大千万象,无比复杂,无法清楚记述,人是万物之中最精灵的灵长类,圣人订出规范常道,参赞化育,显见人类在宇宙发展中的重要。张衡的天文思想,论述宇宙的形成和万物生命的起源,近似西洋现代科学的宇宙学。与张衡同时而为友的王符《潜夫论·本训》云:

---

① 详参《列御寇》,张湛注:《列子》,台北:先知出版社 1976 年版。
② 详参范晔:《后汉书》,台北:台湾中华书局 1966 年版,《志第十·天文上》。

儒林

　　上古之世，太素之时，元气窈冥，未有形兆，万精合并，混而为一，莫制莫御。若斯久之，翻然自化。清浊分别，变成阴阳，阴阳有体，实生两仪，天地壹郁，万物化淳。和气生人，以统理之。是故天本诸阳，地本诸阴，人本中和。三才异务，相待而成，各循其道，和气乃臻，机衡乃平……是故道德之用，莫大于气。道者，气之根也，气者，道之使也，必有其根，其气乃生，必有其使，变化乃成。①

　　王符认为上古时代，大地万物没有产生时期，是一种混沌未开的元气状况，尚未出现个别的形体，只是各种精气聚在一起，混为一体，这种状况持续了很久，忽然之间元气自身发生变化，分成清气和浊气，变成阴阳二气，阴气阳气各具实体，于是生成了天、地，天地阴阳相交结合相互感应，生成万物，人类由精醇的"和气"所化生，并由人类来统摄天地间的万物，人类成为万物的主宰。所以说，天是由轻清的阳气所形成的，地是由重浊的阴气所形成，人是由精醇的"和气"所形成的，天地人三才各司其职，三者相互依赖，各自依循自己的法则规律，化育万物的中和之气才会出现，宇宙天体的运行才能保持均衡常态。因此，宇宙最原始的本体是"道"，"道"是"气"的根本，"气"是"道"的体现及作用，一定要有"道"，阴阳二气才会产生，要有阴阳二气表现道的作用，宇宙万物的生成变化才能够完成。王符的宇宙气化论，以"道"和"气"作为基本，"道"是"气"的根元，"气"是"道"的作用。值得注意的是，王符提出"和气生人"的观点，"和气"是一种醇美的气，"和气"生了人类以后，与天地合为三才，天有天道，地有地道，人有人道，虽各有其道，但是三道相辅相成，人类和天地万物和平相处，达到生态的平衡。

　　综合以上所述，可证"气化宇宙论"是中国哲学史重要的思想传统。而两汉时代是中国气论思想，推及于宇宙论、天文学、医学等科技知识极为昌盛的时期；于是，两汉易学一方面表现出宇宙论的创造性格，并将《易传》中已发展的形上学原理，继承秦汉以来所累积对于宇宙知识的讨论观点，借由《易经》的思想体系表现出来，是为孟喜、京房、《易纬》与郑玄卦气理论的创造转化，将《周易》的卦爻系统发展成象数符号与义理系统。另外，汉易虽以象数占验著称，但仍有费直标榜经传义理之学，是为汉代儒门易的代表。而汉末之际，道士魏伯阳著《周易参同契》以《易经》的术数与名辞来解说道家炼丹的理论，是为易学史中的一大新事件，此后开启了道教理论与易学汇通的滥觞。②

---

① 详参王符：《新译潜夫论》，彭丙成注译、陈满铭校阅，台北：三民书局1998年版。
② 详参陈鼓应：《汉代道家易学钩沈》，《台大文史哲学报》，2002年12月，第43—66页。

三、孟喜与京房"气化宇宙论"易学思想探析

秦汉之际,由于秦始皇与汉武帝讲求神仙与长生,鬼神迷信因而特别盛行,此一时期出现了大量的神话传说,道教也就在此基础上发源滋育。而《易传》同时在秦汉之际的儒学进程中,发挥了重要的转折作用,确立了儒者的生活信念、天道信仰、社会理想与道德哲学的基础。而自1973年12月长沙马王堆出土汉文帝十二年(公元前168)的帛书黄老与《周易》经传文献以后,开启了两汉儒道与黄老会通融摄的学术新页。

《周易》在汉代的传承与发展,《汉书·儒林传》的记载最为详尽,要言之汉兴易本之于田何[①],而后有施雠、孟喜、梁丘贺、京房之学,皆立于学官,为今文之学;又有费直、高相之学,则未尝立于学官,为古文之学,民间传之。朱伯崑认为"西汉学者解易,就其学风说,可以归结为三种倾向":第一是以孟喜与京房为表代的官方易学;第二是以费直为代表的易学;第三是以道家黄老之学解释《周易》,或者说,将易学同黄老学说结合起来,讲阴阳变易学说。[②]象数易学在汉代发展最为成熟盛行,尤其是西汉后期谶纬流行,象数与谶纬相结合成为东汉最时髦的学问。[③]

（一）孟喜"卦气说"

西汉象数易学以孟喜为先导,开创了易学新风,首创之"卦气说"出于《孟氏章句》,《新唐书》卷二十七上《律历志》有唐僧一行《卦议》引孟喜卦气说,为唯一始见之现存资料。

> 自冬至初,中孚用事。一月之策,九六、七八,是为三十。而卦以地六,候以天五,五六相乘,消息一变,十有二变而岁复初。坎、震、离、兑,二十四气,次主一爻。其初则二至、二分也,坎以阴包阳,故自北正。微阳动于下,升而未达,极于二月,凝涸之气消,坎运终焉。春分出于震,如据万物之元,为主于内,则群阴化而从之。极于正南,而丰大之变穷,震功究焉。离以阳包阴,故自南正,微阴生于地下,积而未章,至于八月,文明之质衰,离运终焉。仲秋阴形于兑,始循万物之末,为主于内,则群阳降而承之。极于北正,而天泽之施穷,兑功究焉。故阳七之静始于坎,阳

---

① 互参徐复观:《中国经学史的基础》,台北:台湾学生书局1982年版,第93页。
② 详参朱伯崑:《易学哲学史》,台北:蓝灯文化出版公司,1991年9月初版,下同。上册,第108页。
③ 并参高怀民:《两汉易学史》,台北:文津出版社1978年11月再版。

九之动始于震，阴八之静始于离，阴六之动始于兑。故四象之变，皆兼六爻，而中节之应备矣。

又以四正卦"坎离震兑"，分主一年四季；每卦六爻，分主一年二十四节气：

坎：冬，十一至一月。兑九四：立冬，兑九五：小雪，兑上六：大雪；坎初六：冬至，坎九二：小寒，坎六三：大寒。

震：春，二月至四月。坎六四：立春，坎九五：雨水，坎上六：惊蛰；震初九：春分，震六二：清明，震六三：谷雨。

离：夏，五至七月。震九四：立夏，震六五：小满，震上六：芒种；离初九：夏至，离六二：小暑，离九三：大暑。

兑：秋，八至十月。离九四：立秋，离六五：处暑，离上九：白露；兑初九：秋分，兑九二：寒露，兑六三：霜降。

而十二消息卦，据一行《卦议》曰："十二月卦，出于《孟氏章句》。其说易本于气，而后以人事明之。京氏又以卦爻配期之日，……"

复：子，十一月冬。　临：丑，十二月冬。　泰：寅，正月春。
大壮：卯，二月春。　夬：辰，三月春。　乾：巳，四月夏。
姤：午，五月夏。　遯：未，六月夏。　否：申，七月秋。
观：酉，八月秋。　剥：戌，九月秋。　坤：亥，十月冬。

简言之，六十四卦与四时节气的变化相对应的学说，就是卦气说；而卦气说的基本特征，便是"卦"与"时"的配合，故王弼《周易略例》乃有"卦以存时"、"爻以示变"的新解创说。卦气说是《周易》与节气历法相结合的产物，是一种重要的象数学说，一般认为卦气说始于西汉孟喜；[1]但若溯其源，当上推至先秦，可证见于《帛书易传·要》与《衷》(易之义)二篇中。据王葆玹考证：孟喜只主"十二月卦"说，"分卦值日"则属于焦延寿，"六日七分"说则属之于京房及其弟子[2]，如此说法皆对阴阳二气的消息，以为应当顺法天则与自然节气的变化转换，而确保农作丰收与人生道德的理理，即是典型"气化宇宙论"的思想展现。王葆玹《西汉易学卦气说源流考》分析西汉卦气说的形成及其流派，至少可分为五个阶段：

---

[1] 详参林忠军：《象数易学发展史》，济南：齐鲁书社1994年版，第一卷，第55页。
[2] 详参王葆玹：《西汉易学卦气说源流考》，《中国哲学史研究》，1989年版，第4期，第79—95页。

第一阶段，魏相对河内女子发现的《月令》和《说卦》加以综结，将坎、离、震、兑配于四时，坤、艮配于中土，可说是四正卦说的雏形，为卦气说的起源。

第二阶段，孟喜沿袭了魏相关于坎离震兑配四时的理论，又进一步，将四卦的二十四爻配二十四节气，并放弃了坤艮配中央的说法，提出"十二月卦"的概念，以包括坤卦在内的十二卦配十二月，以十二卦的七十二爻配七十二候，使卦气理论初具规模。

第三阶段，焦延寿以六十四卦配三百六十四日，其中坎、离、震、兑一卦主一日，其余六十卦共三百六十爻，一爻主一日。

第四阶段，京房对孟、焦两说进行了综合改造，以八卦配八节，其中四正分主冬至、夏至、春分、秋分；以四正之外的六十卦配一年三百六十五又四分之一日，每卦六又八十分之七日，亦即六日七分；改称十二月卦为十二辟卦，每卦六日七分，只是在名称等方面强调它的重要性。

第五阶段，京房弟子段嘉等人又以焦说订正京说，以坎、离、震、兑各主八十分之七十三日，颐、晋、井、大畜各主五日十四分，其余五十六卦，每卦六日七分。①

而朱伯崑将卦气说详尽分析为主要五个观点：第一，天文学、医学以及战国以来阴阳五行学说的发展，"对孟京易学的卦气说起了深刻的影响"。第二，"孟喜是汉易中卦气说的倡导者"。第三，孟喜的卦气"来于《礼记·月令》，《吕氏春秋·十二纪》，《淮南子》的《天文》和《时则》两篇"；从四正卦说"可以看出孟喜将《月令》和《说卦》中的四时配四方说，发展为卦气说"。第四，《易纬·稽览图》的卦气说，取之于孟喜；其说以坎卦为十一月卦，当出于京房之后。第五，京房的卦气说采自孟喜，且与孟喜有所不同；京氏卦气说法不一，"对后来影响大的是以卦爻配一年之日和八卦卦气说"。②

据此可知，孟喜的六十四卦配四时、十二月、二十四节气、七十二候，乃根据阴阳二气消息盈虚的规律性，重排卦序的表现；到了京房创立"八宫说"，更集中体现了"消息盈虚，终则有始"、"刚柔相推，而生变化"的思想。焦延寿学于孟喜，吸收了隐士之说，在《周易》卦爻及卦辞方面下功夫，创立了一个适应于筮法而面目一新的《易林》体系。流衍至京房，受易于焦氏，阐发其说，发明

---

① 详参王葆玹：《西汉易学卦气说源流考》。而廖名春、康学伟、梁韦弦：《周易研究史》，长沙：湖南出版社1991年版，第80—81页，则大体分为四个阶段，可资参校。
② 详参朱伯崑：《易学哲学史》，上册，第110—137页。

象数大义,建立独特体系,则成为汉象数易学的正宗。《汉魏丛书》所录《京氏易传》,其卷下可见京房卦气之说:

> 初为阳,二为阴;三为阳,四为阴;五为阳,六为阴。一三五七九,阳之数;二四六八十,阴之数。阴从午,阳从子,子午分行。子左行,午右行,左右凶吉,吉凶之道。子午分时。立春,正月节,在寅,坎卦初六,立秋同用;雨水,正月中,在丑,巽卦初六,处暑同用;惊蛰,二月节,在子,震卦初九,白露同用;春分,二月中,在亥,兑卦九四,春秋分同用;清明,三月节,在戌,艮卦六四,寒露同用;谷雨,三月中,在酉,离卦九四,霜降同用;立夏,四月节,在申,坎卦六四,立冬同用;小满,四月中,在未,巽卦六四,小雪同用;芒种,五月节,在午,干宫①九四,大雪同用;夏至,五月中,在巳,兑宫初九,冬至同用;小暑,六月节,在辰,艮宫初六,小寒同用;大暑,六月中,在卯,离宫初九,大寒同用。……龙德十一月在子,在坎卦,左行;虎刑五月,午,在离卦,右行。……分六十四卦,配三百八十四爻,成万一千五百二十策,定气候二十四,考五行于运命,人事天道日月星辰局于指掌。

气与时的观念相通,孟、京同出一源的卦气说,可说是汉人对于气化宇宙认识的经验提升与淬炼。故林忠军认为京氏:

> 沿袭孟氏的传统,最大限度地将干支、五行、星象等自然知识纳入易学,形成了具有自然知识内容的易学;克服了大衍筮法及焦氏筮法的局限,创立了一个以卦推天时、察人事的完备的筮法新体系,从不同程度上对《周易》卦爻辞作了诠释,由于这些不可磨灭的贡献,从而使京氏易成为西汉易学的主流,并得到官方的认可。②

早期儒家仅将现实的道德世界归结为阴阳五行,通过阴阳五行的天道变化来理解与把握现实的道德,基本上仍是一个理性的世界;因而,《易传》对人事的预测大体上还是以规律性的道德法则为指导。而象数易学则更进一步将阴阳五行的宇宙变化归纳为神秘的象数命运,用象数的神秘来预示人生与社会的过去与未来。

(二) 京房"八宫说"

从易学角度看,京房易学在易学史上占有举足轻重的地位,标志着汉代

---

① 按:当系"震宫"之误。
② 详参林忠军:《象数易学发展史》,第一卷,第117页。并可参严正:《〈五经〉哲学及其文化学的阐释》,济南:齐鲁书社2001年版,《第四章:周易哲学的研究》,第266—309页。

新的易学体系——象数易学的确立。京房易学的价值在于以新的易学思维方式,建立了不同于《易传·序卦》卦序的系统,揭示了六十四卦内在的关系。京房易学作为一种适应时代潮流的天人之学,目的在于以神道设教,正人伦,明王道,匡救汉代吏政,调整社会秩序,《京氏易传》卷下所谓易:"以断天下之理,定之以人伦,而明王道。……法象乾坤,顺于阴阳,以正君臣父子之义。"在京房看来,天人一体,天地万物乃呈现为一种自然的和谐,人类社会亦应择天而行;京氏将天人合一思想,纳入象数模式之中,由象数所驾驭支配一切的天人规律,《京氏易传》卷下,他说道:

> 夫作易,所以垂教。教之所被,本被于有无。……从无入有,见灾于星辰也;从有入无,见象于阴阳也。阴阳之义,岁月分也。岁月既分,吉凶定矣。故曰八卦成列,象在其中矣。六爻,上下天地,阴阳运转,有无之象,配乎人事。

可见,京房所精心设计的这套象数模式与象数占筮体例,体现了天人一体的思想,"细不可穷,深不可极",只要揲蓍布爻,运用"八九六七之数,内外承乘之象","考五行于命运、人事、天道、日月星辰,局于指掌"。如用之于社会人事,则可推断阴阳灾异,预知吉凶祸福,并可指导现实的政治,作为决策的依据,透显出京氏易学的多重功能。

而两汉象数易学与先秦《易传》的不同,不仅在于占筮方法的差别及以占筮推论人事的差异,而且在对天道的理解上也存在着本质的不同。在筮法上,《易传》"易有圣人之道四焉",占筮只是其一,并没有超出社会政治道德的界限的不同;京房则不以《序卦传》为主,而是按照八宫排列,讲究纳甲、纳支、世应、飞伏、五行与六亲等。京房通过阐释卦象提出了一种新世界结构,结合西汉天文、历法、医学、政治等科学的最新成果,将六十四卦与天干、地支、四时、五行、十二月、二十四节气、七十二候、五星四象、二十八宿结合起来,构成了一个独特的宇宙。此一新的世界结构与现实的社会政治道德世界是不同的,却也并不冲突,但不能理解为同一个世界。这个世界与《易传》的世界观不同,《易传》的世界依然是现实的世界,只不过运用阴阳来认识把握现实,以指导人生的道德实践;《易传》的天道建立在现实的因果规律与道德观念的基础上,阴阳仅是人的认知范式,与儒家的伦理道德与人生理想是相符的。《易传》突出了人通过认识天道以参赞天地之化育,实现与天地同流的超越;而京房则构造了一个神秘而与传统观念完全不同的世界,这个世界虽然也是阴阳五行的变化,却没有人的道德实践的空间,完全是神秘的天道运行,一切都是命中注定。京房易学所显现的世界已超出儒家的范围,而与道教、谶纬相通,不是人类理性所能理解与认知。

总体而言,西汉政治学术发展之氛围,滋养了孟喜、京房易学,虽然孟喜其人、其学事迹颇残阙不全,但其以"四正卦"、"六日七分"、"十二消息卦"、"六十卦配七十二候"等阴阳物候之"卦气"学说,构筑其宇宙世界观及建构其易学体系,试图将抽象的天道运转之理,落实于具体卦象之上,而以占验为最终目的,故其创发研究之进路在于明之以易数,本之以气化,运之以阴阳盈虚,融律历与易数于一炉,遂体现出承继《周易》哲理,吸纳传统与当时"物极必反"、"循环反复"的思维模式,布推于人事政教,因此孟喜易学可谓汉代易学之转折,其影响深远而重大。至于京房则以八卦为基础,开创其象阴阳以立"八宫"之序的世月体系,推阐其"卦主"、"世应"、"飞伏"、"纳甲"、"纳支"、"配五行"、"六亲"、"音律"、"互体"、"起月"、"建候"与"积算"诸易例,因"变"而生,明之以"吉凶",别出心裁,令人耳目一新;而以此建构其宇宙图式,奠定京房易学的理论基础;进而以阴阳二气贯穿其易学变化旨趣,以物候灾异之说比附政事世道,并以时位变化构成京房易学特着之易例,可谓开象数易学之生面。

综之,孟喜、京房易学之承继与发展,就形式与内容而言,其要在于"卦爻之变"、"卦气之迁"、"卦象之衍"、"易例之繁"、"占筮之改"与"卦序之易";再就思想体系而言,其要则在于"阴阳气化观"、"宇宙世界观"与"政治天道观"。至于,孟喜、京房易学之影响,可就"卦爻说"、"阴阳消息"、"六日七分"、"纳甲"、"卦爻之变"、"八宫"、"卦主"、"爵位"、"五行配卦"、"旁通"、"飞伏"、"互体"、"半象"、"相综"与"逸象"诸端,加以深入理解;而论其评价,则可就其卦气体系建构宇宙与人事之对应关系、创造多样性之时位易例,将《周易》"象理"与"筮数"发挥到淋漓尽致,而终以天道循环与吉凶休咎之交织,祈向于"自然"(天)与"人文"(人)和谐之人道精神的终极关怀,即其易学究竟。

四、郑玄与《易纬》"气化宇宙论"易学思想探析

郑玄生于东汉顺帝永建二年(127),自幼喜读书数等学,博览群书,精通历法、数学、占算。为人淡泊,无意仕途。为寻求名师,先到兖州,从前任刺史第五元学《京氏易》、《公羊春秋》、《三统历》、《九章算数》;又到东郡,从张恭祖学《周官》、《礼记》、《左氏春秋》、《韩诗》、《古文尚书》。后因山东一带再无名师,闻马融之名,于是游学陕西,历经七年,尽得马融之学。因母老回乡,躬耕事亲,教授生徒,从学者达千余人。同时批注经传,闻名于世。后被征为大司

农,东汉献帝建安五年(200)赴都,行至元城卒,享寿七十四岁。①

郑玄为东汉经学大师,其所以受重于当时,见称于后世,从其立身处世、治学与教人,可以看出并非偶然。其天赋优异,好学不倦。千里求师,投马融门下,虽三年不得见,而无改于从学初衷,可见其向学诚笃。不居禄位,宁贷田而耕,安守贫穷,可见其守身之坚。数十年以存往圣之绝学、教后来英才为职志,以教育为己任之高尚。郑玄以为礼乃是序列尊卑之制,以重敬让之节。其所注《礼记》,称为郑注《礼记》;注解简约,而切中奥秘,为研究《礼记》者所必读的重要参考文献。此外,郑玄遍注群经,且能融会贯通各经,以《三礼注》为其经学重要成就,为两汉经学集大成的代表性作品,故曾国藩《圣哲画像记》说道:"先王之道,所谓修己治人,经纬万汇者,何归乎?亦曰礼而已矣。秦灭书籍,汉代诸儒之所掇拾,郑康成之所以卓绝,皆以礼也。"

郑玄因精通京房易学,因而继承了西汉孟喜、焦赣(延寿)、京房及《易纬》②中的卦气说,以爻体说、爻辰说、互体说、五行说、爻位说、易象说等解易。因继承马融的费直易学,重视以《十翼》解易。益之以郑玄精通三礼和史书,因此,其《易注》亦能以礼注易、以史注易。因贯通群经,因此其《易注》在训诂、正音方面,也有所贡献。可以说,郑玄《易注》体现两汉以来易学的最高成就,吸取古文与今文易的优点而能融会贯通,郑玄实际上是两汉易学的集大成者。

郑玄是东汉末年重要的易学名家与经学大师,其易学是两汉易学乃至经学发展的必然,因郑玄自幼偏好经学、算术、天文、阴阳占验术,成学后立志"念述先圣王之玄意,思整百家之不齐",故博览尽访,尝于〈戒子益恩书〉概括其境况。在易学方面,郑玄总结并整合了两汉的今古文易学,将京房与费直易学融会贯通;又兼收并蓄,冲破了两汉易学师法家法门户之见;此外,兼顾象数与义理,走出了两汉专崇象数的迷思,可谓为集大成的一代经学宗师。郑玄易学思想主要集中在《易纬注》、《易赞》、《易论》、《序易》与《周易注》中。从《易赞》诸文残断内容观之,他反复强调其易学是以"乾坤,其易之蕴"、"易之门户"为主旨,而通过"易一名而含三义——易简、变易、不易"贯彻之。

郑玄继承《易纬》的易学思想,依照《乾凿度》"有形生于无形"的理路,对"无"或形上界进行一番结构化的规定与探究,而主要即在"气、形、质"之"始"

---

① 范晔:《后汉书》,台北:鼎文书局76年5月5版,第二十五《张曹郑列传》之《郑玄传》。
② 《易纬》包括《乾凿度》、《乾坤凿度》、《稽览图》、《辨终备》、《通卦验》、《是类谋》、《坤灵图》、《干元序制记》等篇。

的"始、壮、究"的形上变化,包括太易→太初→太始→太素,以及一(二)→七(六)→九(八)两种理解方式;郑玄以为从"无"到"有",是一种"自得"、"自生"、"自通"与"自成"的过程。然而,郑玄以"天地一元,万物所纪"的论述,转化充实了《易纬·乾凿度》"(易)一元以为元纪"的思想。郑易对太极(太极之元)在"有"中的展开结构,主要有二种理解:

第一种继承《乾凿度》卷上的观点,认为从太极、天地、四时、八卦到万物,是一个顺生过程:太极→天地→四时→八卦→(五气)万物。其中,八卦又与五常结合,依时空顺序布列成自身的结构。

第二种依郑玄《周易注》,尤其是《系辞注》,把太极在"有"中的展开结构简化为:太极→两仪→四象→八卦;此与《乾凿度》注"气象未分之时,天地之所始也",有其同(阴阳一元)异(中和之道)之处。

而在此二种展开过程中,郑玄都非常注重从易数,亦即八卦九宫数、四象之数、五行生成数、五位相合数、大衍之数与天地之数;与乾坤十二爻辰,包括爻体与爻气说等内容的角度来加以理解。郑玄重构的卦爻系统,通过卦物(象)的联系方式,涵摄世间万有,深刻体现其易学总纲。郑玄的易学可说是汉易的总结,同时也容纳涵孕了道家(玄学)易的因素;只不过他仍偏重于象数的构作,以及儒家"中和"理念的旨趣,所以从易学史的角度来看,郑玄的经学与易学,是两汉由破碎条分必然走向综合有序的结果,值得后来学者的正视与探究。

此外,郑玄是继京房《京氏易传》之后,以"五行"说解《周易》的重要代表人物,详见于其注《系辞上》"大衍之数五十,其用四十有九"。郑玄以阴阳和合为万物生成的根源,在《周易》和《易纬》注文中,说明"和合"气化的内涵。《易传·系辞上》云:"是故易有太极,是生两仪。"郑玄注曰:"极中之道,淳和未分之气也。"他指出太极为气的本源,而气初生时混和不分,不见形体。注《易·乾凿度》云:"太易气未分,太初气始见,太始物有形,太素万物素质由淳在。"[1]直至气分为二,无形化作有形,则生成天地。又注曰:"气象未分之时,天地之所始也。……轻清者上为天,重浊者下为地。"然而,天地不变,不能通气,故天地二气转化为阴阳,辅以五行运行,故注云:"天地气合,而化生五物。"郑玄既认为"气"是天地的本源,它在万物生成的过程中,扮演着重要的角色。依其所言,天地据阴阳二气分别为二,分属金、木、水、火、土五行,各以阴阳配合。至此,五行通气,施化天下,生育万物。

郑玄注易之中,领悟出气以"和合"为贵。"二五阴阳各有合","二五"是

---

[1] 详参《乾坤凿度》,上海:上海古籍出版社1994年版,第1661页,下不另注。

就易的爻位而言，上爻以五为中，下爻以二为中。《象传》释易以得中为吉，《蹇象传》云："蹇，利西南，往得中也。"郑玄注曰："中，和也。"阴阳气合以中和为贵。《礼记·乐记》云："合生气之和，道五常之行，使之阳而不散，阴而不密。"郑玄注云："生气，阴阳气也。五常，五行也。"指出阴阳相合得中和之气，养育万物。《周易·坤卦·六二》云："直方大，不习，无不利。"郑玄注曰："此爻得中气而在地上，自然之性，广生万物。"其实，郭店出土的战国中后期楚墓竹简《太一生水》篇云："太一生水，水反辅太一，是以成天。天反辅太一，是以成地。天地〔复相辅〕也，是以成神明。神明复相辅也，是以成阴阳。阴阳复相辅也，是以成四时。四时复相辅也，是以成沧热。沧热复相辅也，是以成湿燥。湿燥复相辅也，成岁而止。"①据此或许能考证出郑玄"和合"气化说的早期内涵。郑玄所谓的"天一"即《太一生水》中的"太一"，本质皆在于"一生水"。"一"为万数之本，若分配于八卦之中，则"一"为坎，坎即水。《周易·说卦》云："坎者，水也。正北方之卦也。"《太玄·太玄数》云："一六为水，为北方。"可以推测，郑玄承袭"太一生水"说，仅把"神明"删去，而复用"天地"、"阴阳"和"四时"等思想成分，并注入气化的内涵，使"太一"转化为《周易》的"太极"，负责出气的功能，同时强调"阴阳"与"五行"所起的气化作用，建构出"和合"气化的思想。可知，郑玄"和合"气化的思想是从《周易》经义中发掘出来。

太极是出气的终极源头，并通过天地、阴阳二气相合，促使万物生成。此说互见于郑玄其他经义注文中，《礼记·乐记》云："天地欣合，阴阳相得，煦妪覆育万物。"郑玄注云："气曰煦，体曰妪。"故二气相合，可覆养万物。若以郑笺为例，郑玄注明大凡常人、昆虫、农物和牲畜俱受气而生；《小雅·蓼莪》云："父兮生我，母兮鞠我。"郑笺云："父兮生我者，本其气也。"《周南·螽斯》云："螽斯羽，诜诜兮。"郑笺云："凡物有阴阳情欲者，无不妒忌，维蚣蝑不耳。各得受气而生子，故能诜诜然众多。"至于《周颂·我将》牛羊牲畜亦因天气之助变得肥大，郑笺云："我享祭之羊牛，皆充盛肥腯，有天气之力助。"同时，郑玄认为气生万物以阴阳和合为贵，这种思想也体现在郑笺中。郑玄指出农物的长成须以中和之气为养分。《邶风·旄丘》，郑笺云："土气缓则葛生阔节。"葛枝长阔有赖地气和缓；而谷物所以"无稂莠"，乃"时气之和所致之"（《小雅·大田》郑笺），农人垦耕田亩，乃待"土气烝达而和，耕之则泽泽然解散"。（《周颂·载芟》郑笺）《礼记·月令》云："天气下降，地气上腾。天地和同，草木萌动。"郑玄注云："此阳气烝达，可耕之候。"岁有丰年，全赖二气相和。郑

---

① 详参荆门市博物馆：《郭店楚墓竹简》，北京：文物出版社1998年5月初版，第125—126页，《太一生水》释文注释。

玄谓"亟有丰孰之年,阴阳和也"。(《周颂·桓》郑笺)又郑笺《小雅·楚茨》云:"阴阳和,风雨时,则万物成,则仓庚充满矣。"否则"阴阳不和,群生不得其所也"。(《小雅·鱼藻》郑笺)据此而言,阴阳气合,无不覆盖,而宇宙万物生化,厥赖于斯。

《礼记·月令》云:"以共皇天上帝。"郑玄注曰:"皇天,北辰耀魄宝,冬至所祭于圆丘也。上帝,太微五帝。"郑玄把天释为"北辰耀魄宝"。北辰为星名,即北极星。《尔雅·释天》云:"北极谓之北辰。"故"北极"与"北辰"通。《春秋纬》云:"北极为耀魄宝。"可见,纬书为郑玄"北辰耀魄宝"所据。郑玄使北极星应于神明,以"太乙"、"天一"和"太一"等帝号称之,作为出气的本体。这种"帝位应星"之义于纬书郑注中可见,而细审郑玄注中"五帝"的特殊称谓,可知五帝降气是以星象为据。

郑玄根据《星经》指出太乙为出气之神,可知战国时的占星学家,已模拟出星象与神明之间的对应关系。太一是神明,也是北极星,它有出气的功能,作用与太极相同,成为宇宙星空的出气本体。然而,它的出气对象不是天地、阴阳,而是夜空中的星象。纬书《春秋·合诚图》对于这位具有人格的主气之神有过不少描述,并把"太一"称为"紫宫大帝"或"中宫大帝"。"大帝"它与北极星相应,如此星、帝相通,作为众星宿的出气枢纽。此大帝居于紫微宫中,其职责为散气广播于列宿,《春秋·文耀钩》云:"中宫大帝,其北极星,下一明者为太一之先,含元气以斗布常。"此说明北极星通过北斗星播气众星。由以上可以推测,郑玄于注经时,很可能对郭店楚简《太一生水》中的"太一"作过两种不同的运用。从郑玄易注审之,"太一"被视为《周易》中的太极,起了播气天地、阴阳的作用,而篇中的"神明"则被删去。这充当为"和合"气化的思想基础。但在"帝位应星"的星学模式中,《太一生水》中的"神明"备受重视,"太一"被视为主气之神,并通过神明与星象的契合,使太一与北极星相应,成为五帝降气的根据。至于降气的"五帝",郑玄也使其与星象相应。①

郑玄虽不是"帝位应星"的首位倡导者,其所据的纬书也是汲取早期的占星学知识,才逐步建构出"五帝降气"说。虽然谶纬不经,不可信实,但确为郑玄所本,故欲揭示"五帝降气"说的星象内涵,便必须以谶纬为据,并考察郑玄对于古代占星学知识的融合和汲收。②

---

① 郑玄于《礼记》注中称"五帝"谓"太微五帝",此说乃沿于纬书《春秋·文耀钩》云:"大微宫有五帝坐星,苍帝曰灵威仰,赤帝曰赤熛怒,黄帝曰含枢纽,白帝曰白招拒,黑帝曰汁光纪。"
② 详参卢鸣东:《论郑玄"五帝降气"说的星象根据》,《国文学报》,第32期,2003年6月,第55—86页。

汉代占星学继承了战国时的传统，星象观测与人事关系显得密切。《史记·太史公自序》云："星气之书，多杂机祥，不经；推其文，考其应，不殊。"并根据《史记·天官书》所载，都反映出汉初星学论着多夹杂吉凶占算，以星辰的运行轨度，推测人事变化。因此，纬书屡言帝位应星之验，此与《史记·天官书》基本不异，而在帝位与星位的配合上，也显得更严密。在本质上，纬书以五帝与五宫相应，乃是以四象二十八宿及腾蛇二十二星为根据，作为五帝精气的来源，四象以北极星为中心坐标，用来划分东、南、西、北四方的二十八星宿。由于四方星宿以线连系起来，各有形体可象，故星学家以青龙、朱鸟、白虎和玄武象之。其中，《史记》中四象的"咸池"已由"白虎"所取替。

根据五色类象，则苍帝主木气；赤帝主火气；黄帝主土气，白帝主金气；黑帝主水气。由此五帝主五行，则四时皆得通气。因此，尽管帝位应星是汉儒时作，不属经义；不过，此说本于星象体系为根据，于纬书中也有大量的记载，可以相信是汉代普遍流行的思想。可以说，郑玄不用易注的阴阳和合思想，另辟蹊径阐释五帝本质，以星气作为"五帝降气"的本源，这也许是基于古代对星象物质的理解。由此而言，星体是由精气所构成的，故五帝以星象为据，其内涵自是以星气为主。如此以五帝应五宫，便可以解释五帝感生王者始祖的精气来源；以五帝应五星，可以明白其以五帝主五行运气，播气四时之所由。这当是古代星学家在长期观星的实践经验中，对星象物质演生的一种认识，也为五帝降气的来源提出根据。因此，郑玄取用星象注明五帝经义，以星气解释五帝降气的来源，当是在汉代天文知识日益丰富下，对儒家经义的一种崭新诠释方法。

郑玄以五帝代天说明王者始祖感生所由。因五帝以星气为据，直接降气感生王者始祖，故不必待男女阴阳精气觏合。如此一来，则王者始祖有父、无父皆可感生。这样不但消融了阴阳和合思想所带来的局限，亦同时为经今古文说的长期争论觅得解决方法，问题也变得不像过去般尖锐。从郑玄易注来看，万物生成皆源自一气，受气者不分尊卑高下，皆沿此气生成。故凡人虽没有帝王之资，但他们的出生不见得与王者始祖有别。然而，天命的意旨在易注的和合气化论中，并不能深切体现和肯定。

在森严的礼治秩序中，尊卑名分对王权的建立殊为重要。万物俱感一气之说无妨于易学，却不合于礼义。易述天道，探究天地万物生成的规律，郑玄以一气贯之，自能晓明其理；礼言人道，据之显示尊卑，定立名分，若郑玄续持此说，则尊卑贵贱不能分辨。郑玄注《易·乾凿度》云："天地阴阳，尚有尊卑先后之序，而况人道乎！"据以阳尊阴卑的对配，虽能为君臣、父子、夫妇、男女、高低、贵贱，定位名分，但无补于说明王者出生的超越性及天命所归的认同性，从而作为其政权提供合法理据。可是，易说的天未能为子之"贤圣"予以充分的说明，故郑玄遂从"五帝降气"说加以引证。王者具有帝王之资，却不代表即掌有天下，还须视乎五星运转，按照五帝德运迭次来决定。郑玄虽不论星宿分野，但也从五星聚合来说明朝代兴亡。他以五帝应五宫，使王者可据始祖受气的由来，决定其帝统所属的星宿，续察乎五星聚合的位置，昭明王天下的德运。

郑玄论气善以易学为据，说明万物之生成；另汲取占星学知识，藉五帝降气揭示王者始祖感气之所由。这种"双轨并行"的思维模式各具系统，而又互有侧重，气分二元，彼此旨趣不同。郑玄从传统经义为本的注释内容，延伸至天文学的星象领域中，经学的外延性及经义的容量性相对地提高，可以说是中国经学发展及注释方法上的一次重要变革，也是汉代"气化宇宙论"思想的总其成。

郑玄既遍注群经，兼及诸纬书，现今所存《易纬》，除郑玄外更无别家注，其训解往往引用其他经纬相互发明。自来言易者，多以变易为释，郑康成独能溯本于《乾凿度》，而言易有三义，其《易赞》曰（或谓之《易论》）："易之为名也，一言而含三义：易简一也，变易二也，不易三也。"胡自逢《周易郑氏学》评价郑玄易学时说：

> 综合言之，郑易源于孟、京、费、马，殆无可疑，其章句之学，兼撷之于孟、京、费、马诸家。其爻辰，则取法于京氏，会意于纬书。以《十翼》解经，深得费氏之家法，以人事礼文说经，又本之于马氏。其论易之三义，易道本原，阴阳消息，数之变化，又兼取之于纬书。故能兼各家之长，择精用宏，而集其大成也。今论郑易之渊源，皆可一一指数。然而康成固非因人而成事者，其于诸家之说，颇复损益，贵能折衷至当，故康成《易注》，体大思精，本支一贯，实自成一家之学，百世之下，固可与日月争其光辉也。①

以上评价当非溢美之词。可以说，郑玄注易、注礼，体现两汉以来经学的最高成就，吸取古今文易、礼的优点而能融会贯通，堪称两汉易学、礼学的集大成者。

---

① 参见胡自逢：《周易郑氏学》，台北：文史哲出版社2008年9月BOD初版一刷，第二章《郑氏易学之渊源》，第99页。

五、结　　论

汉代易学,初期基本上是守师法、明故训、主义理、切人事,罕言阴阳灾异与数术。但西汉中期以后,董仲舒等为适应时代的需要,推阴阳、布五行,将阴阳五行纳入儒家的文化价值观中,使得汉代经学发生了一种根本性的变革,并掀起一股声势浩大的经学思潮,如诗有"四始五际",书有"洪范五行",礼有"明堂阴阳",春秋有"阴阳灾异",于易则有象数占验与灾异推断。汉易在宣元之际,首由孟喜开风气,而京房继其统,创立了一种以卦气说为核心而独具特色的象数之学,引发了易学史上一场根本性的变革。

以孟喜、京房为主的汉代象数易学,背离师法,而又受到社会的重视,其原因就在于它迎合了两汉社会的宗教、文化与政治观念;两汉社会鬼神迷信盛行,道教在此时发源,传统科学也极为发达,因此京房易学不局限于古老的《易传》解释,容纳涵盖了现实社会的科学与哲学的最新成果,满足了社会各个层次的人们对天道的追求与向往,所以才会被立为博士,得到官方的认可。从易学发展史的角度看,京氏易学发明象数义例,创制别具一格的象数体系,从而完成了汉代象数易学的巨大变革,在易学史上占有举足轻重的地位。然而,由于京房过于强调占筮体例,难免支离繁杂,牵强附会,缺乏理论深度;因此,京氏易学至东汉开始衰微,到了西晋则徒有其书而无其师了。历代著名的思想家与易学家,多对京氏易学予以指斥与挞伐,如王充、王弼、孔颖达、黄宗羲、王夫之等人;其中,尤以王夫之最具代表性。①

汉代易学成为中国学术思想史的重要内容,而卦气说又是汉代易学的重要理论,就哲学史而言,孟喜卦气通过京房的阴阳二气说,直接影响到汉人的宇宙观思想。象数易学,体系庞杂,八宫、世应、飞伏、爻辰、纳甲、互体等,皆试图解释繁杂的人类与自然社会,诚如朱伯崑《易学哲学史》所指出:尽管京房"将《周易》中的筮法,引向占候之术,宣扬了天人感应的迷信,但他提出的世界图式对后来的哲学家们探讨世界的普遍联系,很有启发的意义"。在学术史上,汉代三统历受孟、京卦气的影响,已有学者详予剖析。② 卦气的影响,同样可见于汉末的干象历、北魏的正光历;最典型的,当属唐僧一行"推大衍数立术以应之"的新历,所谓"发敛术",全用卦气说。③ 故孟喜卦气以《周易》

---

① 详参王夫之:《读通鉴论》,北京:中华书局1975年版,卷四,批评京氏易学。
② 详参朱伯崑:《易学哲学史》,上册,第148—150页。
③ 详参《新唐书》,北京:中华书局1975年版,卷二十七至卷二十八。

六十四卦配一年四时、十二月、二十四节气、七十二候与三百六十五日；京房卦气以六十四卦三百八十四爻配一年二十四节气，就卦、时二者而论，"时"确为卦气说的核心。

而以阴阳五行谶纬思想注经，此为汉儒通例，也是通病，郑注征引纬书为说，而其说类多荒诞，这反映郑玄宗教神学思想，故颇为宋儒所讥。纬书散佚，残缺不全，唯《易纬》尚较完整，东汉郑玄颇有眼力，曾为《易纬》作注。郑玄集两汉经学之大成，蕴古今文而一之，其易学功力雄深，齐代定为国学，梁、陈二代盛行于时。郑玄易学思想一在能体察天地之道之变化，二在能彰显生生不息之生命动力，三在于树立伦理道德之规范，四在于探究天地人之分际。故以此四则归纳条理，可以体现出郑玄易学的特色及其价值。

《周易》为群经之冠冕，六艺之枢机，中华文化之本源，而一切学问思想之渊海。其中所说道理，是一种自然界人事物运行的规范，告诉人们如何配合宇宙间兴亡、盛衰、荣枯的规律，来避祸求福。当然也强调道德仁义，是每一个人自求多福的原理原则，这与人类遵守"礼"的规范而自求多福的道理一样，是以郑玄《六艺论》说："易者，阴阳之象，天地之所变化，政教之所从生。"《周易》因深入人事之智慧而能引发人们深刻的形上反省，从而建立形上学的理论系统。总之，《周易》既是儒家政教的经典，论证儒家的历史、政治、道德；但又不为其所局限，道家、道教也同样尊奉《周易》为自己的经典，并为传统文化各个流派所共同尊奉。《周易》具有信仰的功能，又提出人生的认知范式；既是卜筮之书，又是哲理之汇，综涵道、政、学三统，因而建构了《周易》纷繁而复杂的哲学体系与多彩多姿的社会宗教样貌，成为中华文化融摄与创造之源。

从激荡到融通
——简论两汉古文经学的发展历程
◇ 王承略

摘　　要：古文经学在西汉初期、中期兴起之际，今文经学已经被立为朝廷官学，二者共存并行，相资为用。西汉末到东汉初，古文经谋求立于学官，与今文经的矛盾遂趋于激化和表面化。此后古文经在利用谶纬、附会谶纬以及在与今文经不断进行优劣比较的过程中，加深了彼此之间的联系和相互影响，最终导致了东汉后期"通学"时代的到来。

关 键 词：古文经学、今文经学

作者简介：王承略，山东大学文史哲研究院教授，博士生导师。主要研究领域汉代学术与思想。

两汉是经学的昌盛时代，经学几乎覆盖了其他一切学术研究领域，成为至高无上的社会意识形态。汉代经学的内容，纷繁复杂，而摄要来说，今文经学、古文经学以及谶纬的发展、演变和相互关系，无疑是其中最基本的组成部分。本文不可能具论诸多问题的方方面面，只准备就古文经学的发展概况略作评析，以期能够从这个侧面展现汉代经学发展的基本走向，总结某些略带规律性的认识。

汉代的古文经学，据《汉书·艺文志》，主要指《尚书古文经》四十六卷，《礼古经》五十六卷，《春秋古经》十二篇及《左氏传》三十卷，《毛诗》二十九卷。此外《周官经》六篇、《费氏易》、《论语古》二十一篇、《孝经古孔氏》一篇，亦在古文经学之列。八种古文经典之中，《尚书》、《礼》、《论语》、《孝经》四种出孔子壁；《周官》、《毛诗》两种出河间献王；《春秋左氏》出自汉初张苍、贾谊，河间献王亦曾立博士；唯《费氏易》来历不明。壁中书的发现，在景帝末，武帝初；河间献王经营古学，亦在景帝末，武帝初。其时，汉王朝正面临统治思想的重新选择，在诸子百家之中，选择儒学已是大势所趋。儒学的载体主要是《五经》，而《五经》有隶书篆书的今本与先秦古文的古本之别。隶篆的今本自汉初流行已有六七十年，已建立起了比较完善的解说体系，这一体系包纳阴阳、墨、法多家学说，又极有针对性地弥缝当时政治、法律的疏漏，这样就以全新的儒学面貌和与时变化的发展姿态迎合了统治者的需要,取得了统治者的信赖和认可。相比之下,古文的古本面世未久,文字多为世人所不识,说解亦古朴简略,多保留原始儒学的风格,俨然"儒分为八"时期的某些家派未经任何嬗变的原型转世,其发展已滞后于时代,是决不能代表时代精神的。所以今文经学跻身庙堂、古文经学流传于民间是自然而然的事情。

虽然古文经只能在民间流传,但古文经毕竟是一批极有价值的文献,有着尚古、重史传统的人,包括专治今文经学者,是不可能熟视无睹的。何况《尚书》《仪礼》的古文经,在篇目上远远多于今文经,尤属难能可贵。所以不论今文经学家,还是史学家,都不排斥古文经,而给予了较多的采获和借用。史学家的目的在于保存有用的史料,今文经学家的目的则在于更好地建构自己的学术体系。下列数证较能清楚地说明这一问题。

例一:成书于伏生门徒张生、欧阳生等人之手的《尚书大传》,主要说今文二十九篇,但其中亦论及《九共》等属于《古文尚书》中的篇目,又论及《帝告》、《大战》、《嘉禾》、《揜诰》等今古文之外的逸篇。

例二:今存《大戴礼记》三十九篇、《小戴礼记》四十九篇,有取自《礼古经》者,如《小戴礼记》的《奔丧》、《投壶》、《大戴礼记》的《投壶》、《诸侯衅庙》即是;有取自其他古文书者,如《大戴礼记》的《五帝德》、《帝系》即是;有取自秦汉之作者,如《月令》即是;有取自当世之作者,如《王制》、《乐记》即是;有取自《古文记》者,如《冠义》以下诸篇与今《仪礼》中《士冠礼》等篇末的《记》有所不同,当是《礼古经》相应各篇末尾的《记》。

例三:司马迁写《史记》在武帝中、后期,其时《尚书》欧阳博士已经确立,而孔安国"以今文字读之"的《古文尚书》业已开始传授,《汉书·儒林传》云:"司马迁从安国问故。迁书载《尧典》、《禹贡》、《洪范》、《微子》、《金縢》诸篇,多古文说。"[①]今按,《史记》所引《书》共涉及六十八篇,其中全部引及了今文二十九篇,二十九篇外,属于《古文尚书》中的篇目和今古文之外的逸篇凡三十九篇,数量反较今文为多。

例四:武帝至元、成间今古文兼治者不乏其人,如萧望之治《齐诗》而善《左氏》,尹更始传《左氏》、《谷梁》,胡常传《古文尚书》、《谷梁》、《左氏》,等等。

从这些例证不难看出,西汉中后期古文经学初兴之际,今文经学者亦在研习、传播古文经学中的内容,为我所用,而并不一概排斥古文经。古文经学则在与今文经学共存并行的关系之中,自觉地建立自己的说解体系,虽然由于内质的不同其说解体系终与今文经学有别,但其借鉴、参考今文经学的方

---

① 《汉书·儒林传》,北京:中华书局1962年版,第3607页。

法和成果是在情理之中的。

西汉古文经学家建立的解经体系,据《汉书·艺文志》著录,有《毛诗故训传》三十卷,《周官传》四篇,《左氏微》二篇;不见于《汉书·艺文志》,而见于姚振宗《汉书·艺文志拾补》者,又有《易说费氏》二篇,《易章句费氏》四卷,《古文尚书桑氏说》、《河间献王书》五百余篇,张苍《春秋左氏传训故》,贾谊《春秋左氏传训故》,张敞《修春秋左氏传》,刘公子《修春秋左氏传》,尹咸《春秋左氏传训故》,陈钦《春秋左氏传》,刘歆《春秋左氏传章句》、《春秋左氏传条例》二十卷,孔安国《古论语传》二十一篇,《孔氏古文弟子籍》,孔安国《古文孝经传》一卷。可见,到了西汉末成、哀之间,古文诸经均有了或详或略的解说,建立起了比较完整的体系。适值当时今文诸经的繁琐解说流于极致,引起了一部分学者的不满;而宦官、外戚的轮流专权,导致公室衰落,汉之气数已尽,哀帝因有改元易号之举。在这种背景下,古文经学具有了一定与今文经学抗争的势力,有了干预现实政治的要求,终于爆发了其与今文经学第一次正面、激烈的冲突。

古文经学派的领头人物是刘歆、房凤、王龚。时刘歆为侍中、奉车都尉,房凤为侍中、五官中郎将,王龚为侍中、光禄勋。三人的官职不可谓不卑低,三人的学术地位不可谓不高,三人与哀帝的关系不可谓不近,但较量的结果还是失败了。《左氏春秋》、《毛诗》、《逸礼》、《古文尚书》未能如愿地立于学官,三人皆被排挤出朝,为官地方。首事者难为功,向来是事物发展的规律。一百年以后,贾逵评论刘歆失败的原因时说道:"建平中,侍中刘歆欲立《左氏》,不先暴论大义,而轻移太常,恃其义长,诋挫诸儒,诸儒内怀不服,相与排之。孝哀皇帝重逆众心,故出歆为河内太守。"①贾逵的这一看法是很有见地的。古文经学尽管适应了社会的政治需要,但其流传、影响有限,远未在更大范围深入人心,因而也就尚未发展到与今文经学相抗衡的地步。

正当刘歆侘傺失落,历官河内、五原、涿郡太守,又以病免官之际,他少时的僚友王莽复出秉政,请回刘歆任右曹太中大夫。此后,王莽更由大司马而安汉公、而宰衡、而居摄、而即真,地位不断提高,托古改制也愈演愈烈,刘歆所倡言古文经学的一部分内容及其嗜古、求变的精神,遂成为迎合王莽政治的舆论工具和施政纲领的重要材料。这当然不是刘歆倡导古文经学的初衷,却又是他不得不面对和承认的事实。刘歆正是在这样的背景下,借助王莽的政治势力,开始了对古文经学不遗余力的建设。

《汉书·儒林传》载,平帝时《左氏春秋》、《毛诗》、《逸礼》、《古文尚书》统

---

① 《后汉书·郑范陈贾张列传》,北京:中华书局1965年版,第1237页。

被立于学官,这当然出于王莽篡权的需要,但客观上大大加速了古文经学兴起的势头。《汉书·王莽传》载,元始四年,"征天下通一艺教授十一人以上,及有《逸礼》、《古书》、《毛诗》、《周官》、《尔雅》、天文、图谶、钟律、月令、兵法、《史篇》文字,通知其意者,皆诣公车"①。这样就把民间治古文学者网罗殆尽,收为己用,自然更加壮大了古文经学的声威。而所征之士云集之后,其工作为"正乖缪,壹异说",建构和完善古文诸经的说解体系,正是题中应有之义。《后汉书·郑兴传》载,兴"晚善《左氏传》。天凤中,将门人从刘歆讲正大义,歆美兴才,使撰《条例》、《章句》、《传诂》"②。古文经学的精义,终于在刘歆的讲论中以及在刘歆为王莽主持的祫祭明堂、议正礼乐的实践中,暴显无遗了,在新一轮与今文经学的斗争中,终于可以立于不败之地了。

古文"四经"博士随着王莽的覆灭而被废弃,为时不久,建武四年,尚在兵荒马乱之中,围绕《费氏易》、《左氏春秋》是否立为博士,古文、今文又掀起了第二次大冲突的波澜。这一次冲突的代表人物,古文派为专治《左氏传》、《费氏易》的硕儒陈元,还有尚书令韩歆、太中大夫许淑,今文派为《梁丘易》博士范升。范升奏上"《左氏》之失凡十四事","又上太史公违戾《五经》,谬孔子言,及《左氏春秋》不可录三十一事"③。陈元论奏范升所言,"前后相连,皆断截小文,媟黩微辞,以年数小差,掇为巨谬,遗脱纤微,指为大尤,抉瑕擿衅,掩其弘美,所谓'小辩破言,小言破道'者也"④。双方反复论辩,多达十余回合。这一次的交锋已非刘歆囊时之比,古文经学经刘歆数十年的经营,体系已相当完善,既是有备而来,必然在论难中占据上风,结果陈元最终说服了光武帝将《左氏》立于学官,选司隶从事李封为博士。今文经学当然不甘心失败,因《左氏》之立,论议喧哗,公卿大臣纷纷加入争论的行列。碰巧李封病卒,光武帝也就没有续选博士。《左氏》立而复废的原因,表面上看是因为今文派的强烈反对,其实更主要的原因,当如贾逵所言,在于李封等人不晓图谶,未能投时君所好,博取光武帝的欢心。不过经这次较量,古文精义愈加明朗,其影响所及,是不可以博士的暂时得失而论的。

今古文矛盾斗争的同时,古文经学与谶纬之间也发生了较剧烈的摩擦和争执。谶语是神秘意味的预言,其产生的年代很早,而专以申释经义的纬书,则出现于儒家经典被定于一尊,被神学化之后,两者虽有不同但又有内在联

---

① 《汉书·王莽传》,北京:中华书局1962年版,第4069页。
② 《后汉书·郑范陈贾张列传》,北京:中华书局1965年版,第1217页。
③ 《后汉书·郑范陈贾张列传》,北京:中华书局1965年版,第1229页。
④ 《后汉书·郑范陈贾张列传》,北京:中华书局1965年版,第1231页。

系,因于哀、平年间借助于政治动荡而应时兴起,经新莽之际至于东汉初年,盛极一时,被称为"内学"。谶纬实际上是今文经学化的方士炮制出的学术怪胎,虽其中不无有价值的史料和经说,但总体特点表现为诬妄不经。具有浓厚古朴和理性色彩的古文经学,力排谶纬,自属义不容辞。"尤好古学"的桓谭,刘歆的高足郑兴,博习《古文尚书》、《毛诗》、《谷梁》、《左氏春秋》的尹敏,这些东汉初年有名的古文经学家,一律旗帜鲜明地反对谶纬。他们冒着斩头的危险面折光武,结果有的被打发出京,流放远方,有的沉滞下寮,不能高升。

建武六年,古文经学的大家杜林谆谆教诲东海卫宏、济南徐巡说:"古文虽不合时务,然愿诸生无悔所学。"①杜林所谓"不合时务",大概就是指古文经学立而复废,又与谶纬格格不入。此后,谶纬更加风行,中元元年,光武帝宣布图谶于天下,使谶纬成为彻头彻尾的官学。明帝、章帝皆祖述不改。时风如此,古文经学为了自身的生存和发展,鉴于桓谭、郑兴、尹敏等人持对立态度的后果,更以《左氏》的立废为戒,就不得不变得现实一些,重新考虑确定与谶纬的关系。但古文经学的学风和本质决定了其不可能与谶纬同流合污,于是明智的古文学家选择了利用、附会谶纬的方法,贾逵、马融等人莫不如此。永平年间,贾逵上言《左氏》与图谶语多相合之处,引起了明帝的注意,特把贾逵的《春秋左氏传解诂》写了复本,藏于秘府。章帝即位,贾逵又上奏说:"《五经》家皆无以证图谶明刘氏为尧后者,而《左氏》独有明文。《五经》家皆言颛顼代黄帝,而尧不得为火德。《左氏》以为少昊代黄帝,即图谶所谓帝宣也。如令尧不得为火,则汉不得为赤。"②更引起了章帝对古文经学刮目相看。章帝本来就"特好《古文尚书》、《左氏传》"③,以贾逵之说为善,乃令贾逵发出《左氏传》大义长于《公羊》《谷梁》者,于是再次拉开了今古文优劣比较的序幕。

陈、范之争时,古文经义已经占据了上风。又经杜子春、杜林、郑兴、卫宏、徐巡、孔嘉、尹敏、郑众、班固、王充、周防等人的推衍,古文经义业已大明。所以到了贾逵,已不存在古文经到底有无可取的问题,而是古文经在哪些方面优于今文经的问题。贾逵通过比较,以为《左氏》同于《公羊》者十有七八,但有三十事,《左氏》尤为明着,关系到君臣之正义,父子之纪纲,与《公羊》多任权变,绝不可同日而语。贾逵把《春秋左氏大义》三十事条奏不久,又有所扩充,成《春秋左氏长义》四十一事。贾逵的论说,遭到了《公羊》家李育的非议。李育也曾治《左氏传》,虽乐其文采,然谓不得圣人深意,他对贾逵所论

---

① 《后汉书·宣张二王杜郭吴承郑赵列传》,北京:中华书局1965年版,第937页。
② 《后汉书·郑范陈贾张列传》,北京:中华书局1965年版,第1237页。
③ 《后汉书·郑范陈贾张列传》,北京:中华书局1965年版,第1236页。

儒林

《公羊》理短、《左氏》理长不以为然,乃针对贾逵之作,成《难左氏义》四十一事。建初四年,贾、李二人同论《五经》于白虎观,又往返辩难了一番。李育虽号为通儒,终究不是贾逵的对手。白虎观会议后,章帝又令贾逵论撰《尚书》欧阳、大小夏侯、古文同异,又论撰《诗》齐、鲁、韩、毛异同,并于八年诏诸儒各选高才生,受《左氏》、《谷梁春秋》、《毛诗》、《古文尚书》,这些事实都雄辩地表明,贾逵在论难中取得了绝对的胜利,他的胜利把古文经学引向了迅猛发展的康庄大道,标志着古文经学已在总体上压倒了今文经学。

贾逵之所以取得了胜利,不仅仅在于他对古文经典的精研,也不仅仅在于他附会谶纬得到了章帝的支持,实际上他更得益于对今文经学的精熟。贾逵治古学的同时,以《大夏侯尚书》教授,又兼通五家《谷梁》之说,在他的学术领域里,今古文已经融会贯通,只不过二者地位有别,今文经学要服务于古文经学而已。从这一点上说,贾逵确实开辟了一个时代,开辟一个以古文经学为主、兼容今文经学和谶纬的"通学"时代。

贾逵的学生许慎,走的是和老师完全相同的治学路子。他博学经籍,号称"《五经》无双",以《五经》传说臧否不同,撰为《五经异义》、《说文解字》。在二书当中,较多采用古文说,同时留意保存今文说。许慎的这种治经模式,显然已开启了郑学的先河。

许慎之后的马融,同样博通经籍,又考论谶纬。古文《易》、《书》、《诗》、《周礼》、《论语》、《孝经》无不传注,《左氏》因已有贾逵、郑众注,乃著《三传异同说》。总的看来,马融的经注虽时有新解异说,不无今文经说的成分,但他更专注于古文经义的阐释和发挥,所以人们一般认为,马融在贾逵、许慎之后更大程度地显示了古文经学的本色。他有著名的《答北地太守刘瓖》,到底讨论了哪些古文经学的问题,其文已佚,今不可考。但从《后汉书·郑玄列传》的记载看,其文"义据通深",对于昌明古文精义做出了很大的贡献。

马融之后,郑玄与何休又爆发了一场激烈的争论,这场争论,实际上仍然是贾、李之争的延续,只是争论的范围更扩大了一些。《后汉书·儒林列传》载,何休"以《春秋》驳汉事六百余条,妙得《公羊》本意。与其师博士羊弼,追述李育意以难二《传》,作《公羊墨守》、《左氏膏肓》、《谷梁废疾》"①。郑玄见了何休诸作,给予了全面的回敬,成《发墨守》、《针膏肓》、《起废疾》。郑玄之学的特点,一言以蔽之,在整百家之不齐,他的眼界之高,较之何休要将三《传》划若鸿沟,何啻天壤之别。所以何休见了郑玄的反驳,不能不由衷地感叹道:"康成入吾室,操吾矛,以伐我乎!"郑玄又作《驳何氏汉议》、《驳何氏汉议序》,

---

① 《后汉书·儒林列传》,北京:中华书局1965年版,第2583页。

主要站在古文经学的立场上对所谓妙得《公羊》本意的六百余条提出了批评。另一位古文学家服虔也加入了争论的行列,作《春秋左氏膏肓释痾》;又以《左传》驳何休之所驳汉事六十条,成《春秋汉议驳》二卷。以上是《春秋》三传方面的争论,关于《周礼》,贾公彦《周礼正义序》有较详细的记载:"林孝存以为武帝知《周官》末世渎乱不验之书,故作十论七难以排弃之。何休亦以为六国阴谋之书。唯有郑玄遍览群经,知《周礼》者乃周公致太平之迹,故能答林硕之论难,使《周礼》义得条贯。"①郑玄不仅驳斥今文家的何休、林硕等,还驳斥了古文家的许慎,针对许慎的《五经异义》,成《驳许慎〈五经异义〉》。许、郑的治学路数本来嗅味契合,前后如出一辙,论说不应有针锋相对的论难。今案,二人之间观点的差异,有的是因为古文经典之间记载的不同,有的是因为对古文经典原文理解的不同,有的是因为对今、古文经说取舍的不同。总之观点虽然不一致,二人的学风却完全一致,都是偏重于古文经学,同时兼采今文经说。自刘歆、王莽就已开始的今、古文融合的趋势,到了贾逵,特别是到了许慎、郑玄,由涓涓小溪而壮为江河,宣告了经学史上通学时代的到来。通学时代的特点,就是要摒弃门户之见,把《五经》作为一个整体,以古文经学为主,兼容今文经学和谶纬,进行贯穿性的研究。这是学术进步的表现,是两汉经学发展的必然。

通学时代的花絮,尚有刘陶推《尚书》三家及古文,是正文字七百余事,成《中文尚书》,又有谢该为乐详释《左氏》疑滞七十二事,还有卢植考《礼记》的回冗和得失,等等,皆不失为经学史上的大事,这里就不一一赘述了。

---

① 贾公彦《周礼正义序》,北京:中华书局 1980 年影印《十三经注疏》本,第 636 页。

试论汉代经学兴盛的原因

◇ 沈顺福

（山东大学儒学高等研究院）

摘　要：经学在汉代的复兴，有着历史的必要性：大一统的政治需求为大一统的理论体系提供了政治舞台。而"焚书坑儒"、"简易仪法"表明了秦汉统治阶级在文化上的迷茫与困惑。这种困局表明社会需要某种文化理论来指导人们的思想。这是经学产生的文化原因之一。之二是文字上的重新解读的需要。以章句训诂为特色的古文经学因此盛行。更为重要的是，战国时期，以《庄》、《孟》等为代表的思潮，对《六经》进行了怀疑、批判，这是造成汉初文化迷茫的理论原因。经学的盛行，在一定程度上破除了"疑经"时代所造成的理论困局。这是经学产生的理论逻辑。

关　键　词：经学、孟子、大一统、解读

作者简介：沈顺福，山东大学儒学高等研究院教授。主要研究领域：中国哲学与伦理学。

一、经学的简要历程

经学是儒家文化的主要内容。什么是经学？这是需要澄清的第一个问题。

经学，顾名思义，是关于"经"的学说。此语最早出现于《汉书》："及汤为御史大夫，以宽为掾，举侍御史。见上，语经学。上说之，从问《尚书》一篇。擢为中大夫，迁左内史。"（《汉书·公孙弘卜式儿宽传》）经学一词正式登场亮相时，其所指亦与今日含义相差无几。诸位高官面见圣上、谈论经学，所言内容与《尚书》相关。故，经学和《尚书》相关。《尚书》便是今日《五经》之一。又：宣帝下诏曰："盖灾异者，天地之戒也。朕承洪业，奉宗庙，托于士民之上，未能和群生。乃者地震北海、琅邪，坏祖宗庙，朕甚惧焉。丞相、御史其与列侯、中二千石博问经学之士，有以应变，辅朕之不逮，毋有所讳。"（《汉书·宣帝纪》）汉宣帝所提及的博问经学之士，亦然指熟读经典《诗》、《书》、《礼》等之人。

经学既然是关于"经"的学说，那么，什么是"经"呢？章太炎考据到："经之训常，乃后起之义。《韩非·内外储》首冠经名，其意殆如后之目录，并无常义。今人书册用纸，贯之以线。古代无纸，以青丝绳贯竹简为之。用绳贯穿，故谓经。经者，今所谓线装书矣。"①经的本意是线装书所用之线，后泛指线装书。过去纸张、竹简比较珍贵，非经典重要之作，不得入编。能够被写入文献的内容，一定是重要的。晋人张华曰："圣人制作曰经，贤者著述曰传。"(《博物志（卷六）》)《文心雕龙·宗经》曰："经也者，恒久之至道，不刊之鸿教也。"于是，人们将圣人所作的、具有公理性、普遍性的文献称之为"经"，如《诗》、《书》、《礼》、《易》、《春秋》和《乐》等，以及佛教的《大藏经》所收之文献等。

从现有文献来看，《庄子》大概是最早用"经"来指称儒家经典的。《庄子·天道》曰："孔子西藏书于周室。子路谋曰：'由闻周之征藏史有老聃者，免而归居，夫子欲藏书，则试往因焉。'孔子曰：'善。'往见聃，而老聃不许，于是翻十二经以说。老聃中其说，曰：'大谩，愿闻其要。'孔子曰：'要在仁义。'"儒家《六经》(《诗》、《书》、《礼》、《易》、《乐》、《春秋》)加《六纬》共计十二部著作便是"经"。后《庄子·天运》明确指出："孔子谓老聃曰：'丘治《诗》、《书》、《礼》、《乐》、《易》、《春秋》六经，为久矣，孰知其故矣；以奸者七十二君，论先王之道而明周、召之迹，一君无所钩用。甚矣夫！人之难说也，道之难明邪？'老子曰：'幸矣，子之不遇治君也！夫《六经》，先王之陈迹也，岂其所以迹哉！今子之所言，犹迹也。夫迹，所出，而迹岂履哉！夫白鹢之相视，眸子不运而风化；虫，雄鸣于上风，雌应于下风而化。类自为雌雄，故风化。性不可易，命不可变，时不可止，道不可。苟得于道，无自而不可；失焉者，无自而可。'"至少在《庄子》时期，经用来指称儒家经典了。

其实不仅儒家经典被称为经，道家的经典、佛教的经典等也都被称为经，如《道德经》、《阿含经》、《坛经》等。后来人们将经专指儒家经典。

儒家的经典，章太炎以为，是由孔子删定，"孔子之前，《诗》、《书》、《礼》、《乐》已备。学校教授，即此四种。孔子教人，亦曰：'兴于《诗》，立于《礼》，成于《乐》。'又曰：'《诗》、《书》执礼，皆雅言也。'可见《诗》、《书》、《礼》、《乐》，乃周代通行之课本。至于《春秋》，国史秘密，非可分布，《易》为卜筮之书，事异恒常，非当务之急，故均不以教人。自孔子赞《周易》、修《春秋》，然后《易》与《春秋》同列《六经》。以是知《六经》之名，定于孔子也"②。可以这么说，孔子确立了儒家的经典。

---

① 章太炎：《国学讲演录》凤凰出版传媒集团，2008年版，第44页。
② 章太炎：《国学讲演录》凤凰出版传媒集团，2008年版，第46—47页。

皮锡瑞等也认为经学开始于孔子:"经学开辟时代,断自孔子删定《六经》为始。"①周予同亦赞同此说。②

徐复观亦曰:"经学的基础,实奠定于孔子及其后学。无孔子即无所谓的经学。但此时不仅经学之名未立,且《易》与《春秋》尚未与《诗》、《书》、《礼》、《乐》组合在一起。因此,可以说,孔子及其后学奠定的是经学之实,但尚未具备经学之形。"③孔子始传《六经》,而"发明章句,始于子夏"。(《汉书·徐防传》)这便是经学的雏形。至此,我们可以说,在经学史上,孔子"定经"。

孔子之后,子夏发明章句,为普及儒家文化、扩大儒家思想的影响做出了积极的贡献。皮锡瑞称这个时代为"经学流传时代"④,所谓"颜氏传《诗》……孟氏传《书》……漆雕氏传《礼》……仲良氏传《乐》……乐正氏传《春秋》……公孙氏传《易》……"⑤然而,正如皮锡瑞所说,除子夏"发明章句"有据可查外,其他数家皆无法断定其师法家法。更为重要的是,从子夏到秦,其间数百年。即便我们可以相信"儒分为八",且子夏"发明章句",却也无法就此断定以后一直如此,毕竟子夏是孔子弟子,二者相距不久。从子夏到秦朝,经学发展如何,我们无法笼统地称之为"流传时代"。事实上,从《孟子》文献来看,孟子虽然秉承了儒家的衣钵,弘昌仁义,但是在经学史上,孟子未必广播《六经》。相反,他也许起到了特殊的作用:疑经。这个阶段,我更愿意称之为"疑经"的时代。关于这一点,我将在后面详加论述。

在汉代(自元、成至后汉),为经学极盛时代。⑥人们学习经典、研究经典、注释经典、宣讲经典。从而出现了一个"尊经"的时代。由于人们对经典的解读方式等的不同,出现了今文经学和古文经学的分别,并出现了师法与家法的不同传统。所谓师法重在溯源。所谓家法,意在传承。师法、家法之说,目的是向世人证明:本派所讲授的经学是正统的、权威的、值得信赖的。今文经学主要以董仲舒等为代表。董仲舒重治《春秋》,侧重于以天人感应来解说人事。与其类似的还有汉代的易学家。易学家所遵循的路数也基本如此。古文经学的提倡者是刘歆,最大代表则是郑康成。郑康成遍注群经,尤以十四年之力,注释三礼。他如此重视礼学,也体现了礼学在汉代的地位或作用。

到了唐朝,孔颖达著《五经正义》,使古文经学达到了一个高峰。唐人解

---

① 皮锡瑞:《经学历史》中华书局1959年版,第19页。
② 《中国经学史讲义》,上海文艺出版社1992年版,第47页。
③ 《徐复观论经学史二种》,上海书店出版社,2002年版,第30页。
④ 皮锡瑞:《经学历史》,中华书局1959年版,第48页。
⑤ 《圣贤群辅录》、《陶渊明集》卷十,北京:线装书局,2006年6月。
⑥ 皮锡瑞:《经学历史》,中华书局1959年版,第101页。

《春秋》为三传:《春秋左传》、《春秋公羊传》和《春秋谷梁传》,解《礼》为三礼:《周礼》、《仪礼》和《礼记》,再加上原来的《诗》、《书》、《易》,形成"九经",作为考学的官方参考书。唐文宗开成年间,在上述九经之外,加上了《论语》、《尔雅》、《孝经》三部经典,列为"十二经",成就著名的"开成石经"(至今仍然保存在西安碑林博物馆里)。我们称这个时代为"讲经"的时代。

南宋时官方将《孟子》正式列为"经",和《论语》、《尔雅》、《孝经》一起,加上原来的"九经",构成人们熟知的"十三经"。清朝官方编修四库全书,设经、史、子、集四类,将儒家的经典通列入经。至此,"经"成了儒家经典的简称。由于《十三经》集成了儒家主要经典,所以,我们可以将这个时代称之为"成经"的时代。

从孔子"定经",经孟子"疑经",到汉代(元、成至后汉)"尊经"、唐代"讲经",最终明清的"成经",儒家的经学经历了一个漫长的发展历程。本文的问题是:汉代(元、成至后汉)为什么会"尊经"?

二、历史的必然:大一统的政治需求

关于经学产生的原因,我们可以分为三类,即客观的历史原因,社会发展的文化需求和理论自身的逻辑必然。

关于客观的社会发展的历史原因,学术界基本上分为两类。一类是政治与社会发展的策略需要。二是文化上的需要。

秦汉之际,天下一统。相应于政治的一统,统治者也需要一统天下的策略。汉武帝对"帝王之道"(《汉书·董仲舒传》)的追求体现了他王霸天下、一统江山的政治抱负。汉武帝向董仲舒问策时。所关心的第一个问题便是:"盖闻五帝三王之道,改制作乐而天下洽和,百王同之。……夫五百年之间,守文之君,当涂之士,欲则先王之法以戴翼其世者甚众,然犹不能反,日以仆灭,至后王而后止,岂其所持操或誖缪而失其统与?固天降命不查复反,必推之于大衰而后息与?乌乎!凡所为屑屑,夙兴夜寐,务法上古者,又将无补与?三代受命,其符安在?……盖闻虞舜之时,游于岩郎之上,垂拱无为,而天下太平。周文王至于日昃不暇食,而宇内亦治。夫帝王之道,岂不同条共贯与?何逸劳之殊也?盖俭者不造玄黄旌旗之饰。及至周室,设两观,乘大路,朱干玉戚,八佾陈于庭,而颂声兴。夫帝王之道岂异指哉?或曰良玉不瑑,又曰非文亡以辅德,二端异焉。"(《汉书·董仲舒传》)自己的王霸政权是不是合法?它迫切需要学者在理论上给出相应的支持。今文经学应运而生。

汤其领指出:"武帝即位初,社会形势较汉初发生了很大的变化,经济上开始出现繁荣景象。……但与此同时,无为而治所造成的弊病亦愈来愈严重。在政治上,吴楚七日之乱平息之后,诸侯王势力虽被削弱,但并没有彻底铲除。他们仍暗地策划,企图推翻中央政权,……在经济上,富商大贾因其富厚,交通王侯,力过吏势。……日趋严重的弊改急需变无为而治为有为政治。所以武帝即位不久,便下诏征天下贤者对策,广求治国大计。① 政治与经济的发展需要大一统的国家。

周桂钿则从国家的分裂与统一的关联中总结说:"因此,乱世时间一长,不论百姓还是思想家,都希望有统一的思想观念。这是社会的需要。战国中后期,许多思想家开始提出统一思想的要求。……在治世,需要用道义稳定人心。法家理论适合于发展实力,儒家理论有利于维护道义。……汉初社会需要儒学,统治者也需要儒学,儒学就因此上升到独尊的地位。……汉代的儒家以先秦儒学为基础,尽量吸取其他各家的有助于长治久安的思想来丰富、补充儒学的不足,使汉代新儒学形成完善的系统的全面的政治哲学,以适应当时治理天下的需要。这既是维护统治的需要,也是人民能够安居乐业的基本保证。在这里,儒学以仁爱为基础,又有开放性,是它极为重要的优势,也是它能够传之久远的重要原因。总之,社会发展、时代需要,是产生经学的客观条件。儒学以仁爱为基础适应人心,又能容纳其他学派的各种合理思想,所以被选为独尊的对象。"②社会发展、时代需要时客观条件,儒学理论正好满足了这些需要。

关于这一点,学术界多有讨论,也普遍接受这一看法。③

三、礼仪的缺乏与经学的盛行:文化的原因之一

秦汉之际发生了两件重要的文化事件:焚书和坑儒。

一曰焚书。《史记》记载:丞相李斯曰:"今皇帝并有天下,别黑白而定一尊。私学而相与非法教,人闻令下,则各以其学议之,入则心非,出则巷议,夸主以为名,异取以为高,率群下以造谤。如此弗禁,则主势降乎上,党与成乎下。禁之便。臣请史官非秦记皆烧之。非博士官所职,天下敢有藏《诗》、《书》、百家语者,悉诣守、尉杂烧之。有敢偶语《诗》、《书》者弃市。以古非今者族。吏见知不举者与同罪。令下三十日不烧,黥为城旦。所不去者,医药

---

① 汤其领:《汉代经学论略》,《华东师范大学学报》(哲学社会科学版)1994 年第 6 期。
② 周桂钿:《经学兴衰的理论探讨》,《南京师范大学文学院学报》2004 年第 4 期。
③ 刘国石:《建国以来汉代经学研究综述》,《吉林师范学院学报》1999 年第 4 期。

卜筮种树之书。若欲有学法令,以吏为师。"(《史记·秦始皇本纪》)鉴于儒生等知识分子喜好以古而非今,不利于统治,李斯建议烧书,并得到了皇帝的首肯。于是,除了医药卜筮种树之类的书籍以外,将其余的书全部烧毁。

二曰坑儒。《史记》记载:侯生卢生与一群人相议论说,秦始皇为人,天性刚戾自用,他们不想与其相伴,于是一起离去。秦始皇听到以后十分生气,大怒曰:"吾前收天下书不中用者尽去之。悉召文学方术士甚众,欲以兴太平,方士欲练以求奇药。今闻韩众去不报,徐市等费以巨万计,终不得药,徒奸利相告日闻。卢生等吾尊赐之甚厚,今乃诽谤我,以重吾不德也。诸生在咸阳者,吾使人廉问,或为訞言以乱黔首。"于是让官员询问诸生,诸生也因此相互告发。最终将四百六十余人坑之于咸阳,并告知天下,以惩后人。(《史记·秦始皇本纪》)这便是历史上著名的坑儒事件。

焚书、坑儒的结果之一是"仲尼之道又绝,法度无所因袭。"(《汉书·楚元王传》)人们不知所措。这带来了严重的文化危机。人们出现了很多的思想困惑。汉武帝的策问集中反映了这些困惑。正是这些困惑和迷茫促使人们从儒家思想那里寻找答案。或者说,儒家的理论满足了人们的文化需要。

而汉初的简易仪法也恰恰反映了文化上的缺陷和不足。

《汉书》记载曰:"汉王已并天下,诸侯共尊为皇帝于定陶,通就其仪号。高帝悉去秦仪法,为简易。群臣饮争功,醉或妄呼,拔剑击柱。"(《汉书·郦陆朱刘叔孙传》)在战争年代,平民出身的皇帝不太讲究礼数,群臣和皇上也不分彼此,有时候甚至有些放肆。当陆贾在君上面前谈诗论书时,高祖还很生气,便骂:"乃公居马上得之,安事诗书!"(《汉书·郦陆朱刘叔孙传》)高祖甚至在儒生所戴的帽子里撒尿来羞辱儒生,以示对礼数的不屑。究其原因,在于汉初的简易仪法。

焚书坑儒和简易仪法是相应的。这样做的结果便是没有秩序。当群臣在皇帝面前舞刀弄枪时,高祖略有不悦。陆贾、叔孙通等借机说服汉高祖,强调儒家的礼仪制度对于维护他的统治和政权的作用。陆贾强调:"马上得之,宁可以马上治乎?且汤武逆取而以顺守之,文武并用,长久之术也。昔者吴王夫差、智伯极武而亡;秦任刑法不变,卒灭赵氏。乡使秦以并天下,行仁义,法先圣,陛下安得而有之?"由此得到高祖的首肯嘱咐他好好地总结兴亡的原因,由此而产生了《新语》一书。(《汉书·郦陆朱刘叔孙传》)

面对群臣争饮的混乱场面,叔孙通借机说:"夫儒者难与进取,可与守成。臣愿征鲁诸生,与臣弟子共起朝仪。"高祖有些顾虑:复杂么?难么?叔孙通解释到:"五帝异乐,三王不同礼。礼者,因时世人情为之节文者也。故夏、殷、周礼所因损益可知者,谓不相复也。臣愿颇采古礼与秦仪杂就之。"高祖终于答应：试试看吧。(《汉书·郦陆朱刘叔孙传》)经过了叔孙通的一番训练，王公大臣"莫不震恐肃敬。至礼毕，尽伏，置法酒。诸侍坐殿上皆伏抑首，以尊卑次起上寿。觞九行，谒者言'罢酒'。御史执法举不如仪者辄引去。竟朝置酒，无敢欢哗失礼者。于是高帝曰：'吾乃今日知为皇帝之贵也。'拜通为奉常，赐金五百斤。"(《汉书·郦陆朱刘叔孙传》)汉儒因此得到了朝廷的重用，儒家学说终于获得了官方的认可和接受。

从这段历史来看，儒家学说的复兴有着历史的必然。焚书坑儒和简易仪法带来了一定的不良后果：没有章法和规矩，简易却混乱，只可以进取，却不可以守成。这对于夺取了天下的汉代统治者来说却是一个大问题。重视礼数的儒家学说恰好有效地解决了这个问题，从而克服了秦汉之际的历史与现实的问题。

所以，姜广辉主编的《中国经学思想史》认为："经学的确立还与时代的背景密切相关。汉王朝的建立乃是接替秦王朝而来，秦王朝所奉行的法家政策，'焚书坑儒'以及迅速的消亡对于汉代社会乃至整个传统时代都产生了极其深远的影响。秦始皇雄才大略，统一六国。然而其所奉行的法家政策却造成了文化传统的断裂，'焚书坑儒'更是对文化事业的毁灭性的打击。其结果是在短短的十余年间就亡国了。这个惨痛的教训成为汉代统治者以及历代王朝引以为鉴的例证。秦王朝的灭亡使得人们认识到文化传统的重要、认识到德治教化的重要。社会政治不可能只依靠刑法来管理，皇权的维护也不能只依赖武力，必须注重道德教化，争取民心。同时，汉王朝的建立者大都是草莽英雄，他们亟须理论的论证来证明其政治统治的权威性与合法性。而在思想界，接续历史传统、继承传统价值观的只有儒家学派，因此适应汉王朝社会政治需要的儒家思想必然在汉代社会得到极大的发展，进而成为当时的官方哲学和意识形态。"[①]秦王朝的严刑峻法政策宣告失败，德治理念重新抬头。儒家思想满足了这种文化需求。

李方昊、刘婧等从政治原因、文化原因、经济原因、观念原因等四个方面探讨了经学产生的必然性。"首先，统治者要使自己的统治"天经地义"，被社会各阶层所接受，就必须编造一套非常系统、非常有说服力的理论来。"儒家正好提供了这套理论体系，这样便使得统治者的统治"名正言顺"、"大义凛然"了。汉武帝最终"独尊儒术"。第二个理由是"和我国长期形成的文化传统密切相关。"即传统学说都有为政治服务的意识和功能。而"儒家是传统文化的总结"，这构成了"儒家作为经学能常胜不衰"的"先天具有的文化优势"。

---

① 姜广辉主编：《中国经学思想史》卷二，中国社会科学出版社2003年版，第5页。

且儒者积极寻求和统治者的合作。第三个原因是经济原因："儒家设计的凝固的封闭的等级秩序可以使小农安心地重复日出而作、日落而息的生产劳动,因而,他们会自觉地接受纲常名教的教化。"第四个原因是中国人"需要偶像作为精神寄托"。① 政治的、经济的变化促成了经学的昌盛与正统地位的获取。

事实上,经学大家郑玄费时十四年专注"三礼",从某种意义上放大了时代的文化需求：此时,社会迫切需要一些礼仪制度。这或许是经学盛行的文化原因之一。

四、文字解读的需要与经学的盛行：文化原因之二

经学的产生除了上述原因之外,还有一个重要的文化原因,那就是语言和文字的发展。

汉代经学,说到底,是一种诠释学：诠释、解读《六经》,并因此形成今文经学、和古文经学。而所谓的今文经学和古文经学的分别,说到底,是出于文字的缘故。

今文经学与古文经学的产生,著名学者董治安指出："经今、古文的区分,原先不过是经书传本所用文字的不同。汉承秦弊,载籍大量散亡。历文帝、景帝以迄武帝之世,先秦儒家诸经,虽大多陆续复出(其中《乐》已散亡),却或有残缺(如《书》),或有不同传授(如《诗》);特别是各种经书的主要传本都经过了一番重新誊抄,有的甚至是直接由口头表述经过文字记录而最终完全写定的。新的誊抄和记录,为便于当世人的阅读,自然用的是汉代通行的文字,即隶书;因而这部分经书被称为'今文经'。武帝建元五年兴太学,设置《五经》博士,以至宣帝时复置《五经》十二博士(《诗》三家、《书》三家、《易》三家、《礼》一家、《春秋》二家),元帝更置十三博士(增京氏《易》一家),其各家所习的经本,都是'今文'即隶书写本,一无例外。"② 汉初流行的是今文汉字,《六经》使用今文,解说《六经》也使用今文。

后来汉室开始广求经典,"而得《古文尚书》及《礼记》、《论语》、《孝经》凡数十篇,皆古字也。共王往入其宅,闻鼓琴瑟钟磬之音,于是俱,乃止不坏。孔安国者,孔子后也,悉得其书,以考二十九篇,得多十六篇。安国献之。遭巫蛊事,未列于学官。刘向以中古文校欧阳、大小夏侯三家经文,《酒诰》脱简

---

① 李方昊、刘婧:《经学产生原因新探》,《哈尔滨工业大学学报》(社会科学版)2003 年第 2 期。
② 董治安《汉代经学简议三题》,《山东大学学报》(哲学社会科学版)2003 年第 1 期。

一,《召诰》脱简二。率简二十五字者,脱亦二十五字,简二十二字者,脱亦二十二字,文字异者七百有余,脱字数十。《书》者,古之号令,号令于众,其言不立具,则听受施行者弗晓。古文读应尔雅,故解古今语而可知也。"(汉书卷30·艺文志)这些经典用的是古字,不同于流行的文字。古文经典的出现产生了今古文经学的分流。由此可见,最初的今古文经学的差别,主要在于书写方式上。

随后,由于今文经学家们与古文经学家们在文化与政治领域中扮演了不同的角色,从而更加分别了今古文经学的不同特色。以董仲舒为代表的今文经学家,受到了皇帝的恩宠,直接或间接地介入了政治与社会事务,以天人感应说为依据,解说灾异之变,为政治统治出谋划策。他们对经典的解读,更多的是"专明大义微言",从中解读出一些自己的理解。而古文经学家们,"杂古文,多详章句训诂。"①章句训诂是古文经学家们的主要工作。他们由最初的独立的寂寞的学术研究,逐渐引起了学术界、文化界和统治者的重视,并最终被政府立为博士学官,从而具备了和今文经学相等的地位。这表明这种学术活动形式得到了官方和学术界的认可。

章句训诂为什么会流行呢?

这主要由两个原因造成的。第一个原因是文字本身的原因。

《汉书·艺文志》曰:"古者八岁入小学,故《周官》保氏掌养国子,教之六书,谓象形、象事、象意、象声、转注、假借,造字之本也。汉兴,萧何草律,亦着其法,曰:'太史试学童,能讽书九千字以上,乃得为史。又以六体试之,课最者以为尚书、御史、史书令史。吏民上书,字或不正,辄举劾。'六体者,古文、奇字、篆书、隶书、缪篆、虫书,皆所以通知古今文字,摹印章,书幡信也。古制,书必同文,不知则阙,问诸故老,至于衰世,是非无正,人用其私。故孔子曰:'吾犹及史之阙文也,今亡矣夫!'盖伤其浸不正。……《苍颉》多古字,俗师失其读,宣帝时征齐人能正读者,张敞从受之,传至外孙之子杜林,为作训故,并列焉。(《汉书·艺文志》卷30)汉代出现的一些古书中包含了一些古文字。由于年代久远,时人很难识别这些文字,因此,迫切需要一些学者来解读这些文字。

第二个原因则是为了克服今文经学的弊端。

今文经学注重微言大义。在此过程中,有时候会出现穿凿的痕迹,有时候过于牵强附会,从而引起人们的不满或反感。

徐防上书曰:"伏见太学试博士弟子,皆以意说,不修家法,私相容隐,开

---

① 皮锡瑞:《经学历史》,第89—90页。

生奸路。每有策试,辄兴诤讼,论议纷错,互相是非。孔子称'述而不作',又曰'吾犹及史之阙文',疾史有所不知而不肯阙也。今不依章句,妄生穿凿,以遵师为非义,意说为得理,轻侮道术,浸以成俗,诚非诏书实选本意。改薄从忠,三代常道,专精务本,儒学所先。"(《后汉书·卷四十四·邓张徐张胡列传第三十四》)他严厉谴责今文经学家们任意妄为、穿凿附会,有辱道术。因此建议:"博士及甲乙策试,宜从其家章句,开五十难以试之。解释多者为上第,引文明者为高说。若不依先师,义有相伐,皆正以为非。《五经》各取上第六人,《论语》不宜谢策。虽所失或久,差可矫革。"(《后汉书·卷四十四,邓张徐张胡列传第三十四》)徐防以为,章句训诂之法可断截今文经学之弊。

周予同在序言《经学历史》时亦指出:"今文学以孔子为政治家,以《六经》为孔子致治之说,所以偏重于'微言大义',其特色为功利的,而其流弊为狂妄。古文学以孔子为史学家,以《六经》为孔子整理古代史料之书,所以偏重于'名物训诂',其特色为考证的,而其流弊为烦琐。"[①]古文经学的产生在一定程度上克服了今文经学过于"狂妄"的弊端,它讲求"名物训诂",言必有据。

在这种情形下,注重章句训诂的古文经学的盛行也就自然而然了。或者说,训诂之学的盛行,在一定程度上解决了今文经学的问题。而郑玄解释学的产生,既集成了古文经学之大成,又吸纳了今文经学的天人感应说,建构了融通今古文经学,从而成为经学的最大代表,标志着经学的昌明时代。

五、汉武帝的困惑与理论界的问题

上述的考察和研究,侧重于现实层面的。并未触及理论的逻辑,即,尚未揭示理论发展的逻辑必然性:儒学为什么会在汉代以经学的形式盛行?有没有儒学理论自身的原因?这是本文重点求解的问题。

关于这个问题,以往的学术界讨论不多。惟李祥俊教授曾专文论述:"儒家学说在汉代以经学的形式出现,呈现出和先秦原始儒学大不相同的面貌,这个转折并非偶然,也不能完全归因于外在的社会政治形势,而是儒家学说自身思想演进的自然趋势。从理论上分析,儒家经学的确立需要几个重要的前提条件,即经书义理来源的神圣性,经书作者身份的崇高性,经书内容的真理性,并且经书还需要具有包容一切的丰富内涵,具有宽泛的、可解释的余地。考察先秦儒家道论,可以看出,孔子、孟子、荀子以及《易传》的作者都为此作出了贡献。孔孟论道主要表述理想的生活方式,体现为一种实践精神;

[①] 载皮锡瑞:《经学历史》,序言·经学的三大派。

荀子论道则为对全面真理的表述，具有较为浓厚的知识化倾向；《易传》通过对道、意、言关系的论述，提出以《周易》语言符号系统为载体的《易》之道，把道与儒家经典紧密结合起来。到了汉代，大儒董仲舒以先秦儒家道论为基础，提出了'深察名号'的认识论和'微言大义'的经学解释学，最终完成了从先秦原始儒学到汉代儒家经学的转型。……从孔子到董仲舒，先秦两汉的儒家学者都在探讨宇宙、人生、社会的终极真理，并逐渐归宿到对经书的崇拜，这是儒学发展史上的一条重要线索。"[1]李祥俊认为，先秦时期的儒家思想和汉代经学有着某些内在的必然的联系，或者说，汉代经学是先秦儒学发展的逻辑必然。

可是，问题绝不会如此简单或单一。或许，我们可以从汉武帝一段文字中能够窥视一斑。具有雄心韬略的武帝欲图"五帝三王"之业，故而"欲闻大道之要，至论之极。"在求解"大道之要，至论之极"的过程中，汉武帝产生了许多的困惑。

困惑之一：王道是什么？王道是否合理？

武帝曰："盖闻五帝三王之道，改制作乐而天下洽和，百王同之。当虞氏之乐莫《韶》，于周莫盛于《勺》。圣王已没，钟鼓管弦之声未衰，而大道微缺，陵夷至乎桀、纣之行，王道大坏矣。夫五百年之间，守文之君，当涂之士，欲则先王之法以戴翼其世者甚众，然犹不能反，日以仆灭，至后王而后止，岂其所持操或誖谬而失其统与？固天降命不查复反，必推之于大衰而后息与？乌乎！凡所为屑屑，夙兴夜寐，务法上古者，又将无补与？三代受命，其符安在？……盖闻虞舜之时，游于岩郎之上，垂拱无为，而天下太平。周文王至于日昃不暇食，而宇内亦治。夫帝王之道，岂不同条共贯与？何逸劳之殊也？盖俭者不造玄黄旌旗之饰。及至周室，设两观，乘大路，朱干玉戚，八佾陈于庭，而颂声兴。夫帝王之道岂异指哉？或曰良玉不瑑，又曰非文亡以辅德，二端异焉。"王道理想反映了汉武帝的王霸之梦。

董仲舒的"天不变道亦不变"理论，坚信了武帝的王霸理想。

困惑之二：灾异是怎么回事？"灾异之变，何缘而起？"

解答灾异之变得困惑的理论便是天人感应说。这恰好是易学与董仲舒思想的特点之一，也构成了汉代经学的主要内容。

困惑之三：人性与寿命问题，以及因此而引发的教化问题。

"性命之情，或夭或寿，或仁或鄙，习闻其号，未烛厥理。伊欲风流而令

---

[1] 李祥俊：《先秦儒家道论与汉代经学的兴起》，《北京师范大学学报》（社会科学版）2004年第6期。

行,刑轻而奸改,百姓和乐,政事宣昭,何修何饬而膏露降,百谷登,德润四海,泽臻草木,三光全,寒暑平,受天之祜,享鬼神之灵,德泽洋溢,施乎方外,延及群生?"

董仲舒的人性论解答了这个困惑。

困惑之四:刑治与德治,哪个好?

"殷人执五刑以督奸,伤肌肤以惩恶。成、康不式,四十余年天下不犯,囹圄空虚。秦国用之,死者甚众,刑者相望,耗矣哀哉!乌乎!朕夙寤晨兴,惟前帝王之宪,永思所以奉至尊,章洪业,皆在力本任贤。今朕亲耕籍田以为农先,劝孝弟,崇有德,使者冠盖相望,问勤劳,恤孤独,尽思极神,功烈休德未始云获也。"关于刑治,秦因为刑治而亡,可是殷人为什么能够因刑而治?人们都说德治可行,可是我执行德治,却为何"未始云获也"?从汉武帝对刑治与德治的困惑来看,他未必反对刑治,也不反对德治。

汉武帝的上述困惑不仅仅是其个人的问题。它反映了汉代思想界对相关问题的困惑。或者说:这是历史留给汉代思想界的问题。概括起来有以下几点:

1. 政权的合法性问题:王道政治是否合理、合法?
2. 天人关系问题:人事与自然界的变化是否有关?
3. 人的问题:人性是善还是恶?是否需要教化?
4. 法制问题:制度是否合法?

汉代儒学或经学,思考的主要也是上述问题:天人关系问题,以董仲舒、孟京易学等位主体;制度与教化问题,以董仲舒、郑玄的礼学为主体;政权的合法性问题,以董仲舒的王道论为主体。也就是说,汉代经学从理论上回答了汉代思想界所面临的困惑与问题。

那么,汉代理论界的这些困惑是如何产生的呢?这就得追溯到秦汉之前的时代,即战国时代。

六、"疑经"的时代:《庄子》和孟子

孔子删定《六经》,开经学之实。子夏发明章句,初具经学之形。从删定《六经》到章句经典,应该有利于儒家经典文献的传播和流行。可是在秦至汉初,儒学与《六经》的发展受到了极大地限制。这是为何呢?

在孔子与秦汉之间,学术界称之为战国时代。在战国时期,活跃于思想界和文化界并产生较大影响的流派主要有四大流派,一是沿袭道家学脉的《庄子》。二是秉承儒家传统的孟子。三是和《庄子》并行的名家学派,四是墨

家后学,即后期墨家思想。其中以儒道两家思想最为鲜明。

儒、道两家在价值观等方面截然对立,几乎水火不容。但是有意思的是,二者在有一点上却殊途同归,即,在对待以《诗》、《书》、《礼》等为代表的经说上,二者均持批判的态度。

《庄子》自始至终对代表儒家思想的《诗》、《书》等进行了无情的批判。《庄子》认为:人类的知识仅仅是一种相对的认识,民、鳅与猿猴,三者谁知正处? 民、麋鹿、蝍蛆、鸱鸦,四者谁知正味? 人、鱼、鸟、麋鹿,四者谁知天下之正色哉?(《齐物论》)人类以为毛嫱漂亮,可是鱼儿、鸟儿未必这么看。因此,人类的知识是相对的。既然是相对的,它就有了一定的局限。对它的批判和扬弃便是一种必然。故,得意而忘言、大道不称、大辩不言。在和齐桓公的一次对话中,庄子借木匠之口说:"以臣之事观之,斲轮徐则甘而不固,疾则苦而不入。不徐不疾,得之于手,而应之于心。口不能言,有数存焉于其间。臣不能以喻臣之子。臣之子亦不能受之于臣。是以行年七十而老斲轮。古之人与其不可传也,死矣。然则君之所读者,古人之糟魄已夫!"(《天道》)在木工看来,知识是非常有限的,即便是《诗》、《书》等经典也是如此。它并不能够真的将"斲轮"这样的"事"说清楚,只有亲自去做才能知道什么是真正的"斲轮"。这番辩论不仅是对权威的挑战,同时也是对经典的彻底的批判。

关于《庄子》对经典(主要是《六经》)的批判,人们容易理解。至于孟子对经典的批判态度,似乎很多人不太明白、也不愿意接受了。孟子秉承了儒家的传统,对于《诗》、《书》等经典,孟子应该是接受,怎么会批判呢? 关于这一点,由于问题比较复杂,在此笔者也不便多言,只能引用孟子的三句话证实自己的假说。

第一,孟子曰:"尽信书,则不如无书。"(《孟子·尽心下》)不必绝对相信经典所言。如果绝对地相信经典,还不如没有它们。其弟子万章问:《诗》云:娶妻如之何,必告父母。信斯言也,宜莫如舜。舜之不告而娶,何也? 孟子答曰:"告则不得娶。男女居室,人之大伦也。如告,则废人之大伦,以怼父母。是以不告也。"(《孟子·万章上》)不必恪守或拘泥于经典言论。孟子借孔子之口曰:"知我者其惟春秋乎! 罪我者其惟春秋乎!"(《孟子滕文公下》)我因为《春秋》而被人所知,却也因为《春秋》被人所恨。看来,《春秋》给人带来的未必是全善。这表明孟子对待经典不仅不迷信,而且有某种怀疑或批判的意识。这种意识显然不是偶然的。

第二,对待经典,以及经典宣扬的价值观,孟子采取了批判的方式:"嫂溺不援,是豺狼也。男女授受不亲,礼也;嫂溺援之以手,权也。"(《孟子·离娄上》)"男女授受不亲,礼也"中的"礼"或许是《礼》。《礼记》曰:"男女不杂坐,不同椸枷,不同巾栉,不亲授。嫂叔不通问,诸母不漱裳。外言不入于捆,内言不出于捆。"(《礼记·曲礼上》)也就是说,孟子的引文来源于《礼记》。在孟子看来,对《礼记》的这番指令也不必盲从,而要权。权即权衡,主体选出自己认为有意义的、有价值的方式去处理眼前的局势。主体的选择和处理优先于经典的言说或规范。在经典面前,能够做出选择的主体优先。"权"大于"礼"。"礼"是规范和教条。对待这类的规范,孟子并不呆板。

第三,孟子明确提出:"大人者,言不必信,行不必果,惟义所在。"(《孟子·离娄下》)言不必信、行不必果。我们不必绝对地相信语言。"不信言"便是一种对经典的言说的批判态度。由上述三段文献我们可以得出一个假说:在对待以《诗》、《书》、《礼》等为代表的经典上,孟子并不死守。他持怀疑或批判的态度。而这恰恰是一个哲学家对待传统的态度。

随后的荀子对待《六经》的态度更值得玩味。荀子曰:"法后王,一制度,隆礼义而杀《诗》、《书》;其言行已有大法矣,然而明不能齐法教之所不及,闻见之所未至,则知不能类也;知之曰知之,不知曰不知,内不自以诬,外不自以欺,以是尊贤畏法而不敢怠傲:是雅儒者也。"(《荀子·儒效》)雅儒能够做到"隆礼而杀《诗》、《书》"。所谓"隆礼",体现了荀子的一贯立场:注重礼法制度建设。这应该是后来的法家以法立国的雏形。而有意思的是,荀子公开提出"杀《诗》、《书》"①。这种主张显示了荀子对儒家《六经》中的部分经典的轻视。如果将礼解读为制度,那么荀子的思想可以被理解为重制度、轻经典。而这和秦汉之际的重法轻儒思想有某种异曲同工之处。

除了儒道之外,名家和后期墨家的一些只言片语同样反映了它们对语言、知识、权威论述的批判意识。名家的一些看似荒谬的一些陈述,如"天与

---

① 荀子"隆礼义而杀《诗》、《书》"中的"杀"字,王先谦《集解》引证郝懿行之说:"'杀'盖'敦'字之误,下同。杨氏无注,故知唐本犹未误"(《荀子集解·儒效》)。"杀"被解为"敦"。后孙诒让《札迻·荀子杨倞注·儒效篇第八》亦曰:"'杀'当读为'述'。意谓'杀'乃'述'的假借字。从《荀子》全文来看,"杀"字至少出现了54次。如果是一次、两次失误,情有可原。54次都失误了,似乎不太可能。这是其一。其二,在《荀子》书的别处也出现过"隆杀"对应的表达方式:"礼者,以财物为用,以贵贱为文,以多少为异,以隆杀为要。文理繁,情用省,是礼之隆也。文理省,情用繁,是礼之杀也。文理情用相为内外表里,并行而杂,是礼之中流也。故君子上致其隆,下尽其杀,而中处其中。步骤驰骋厉骛不外是矣。是君子之坛宇宫廷也。人有是,士君子也;外是,民也;于是其中焉,方皇周挟,曲得其次序,是圣人也。故厚者,礼之积也;大者,礼之广也;高者,礼之隆也;明者,礼之尽也。"(《荀子·礼论》)从引文来看,很显然,杀是隆的反面,二者的关系,如同贵贱。其三,和《荀子》有着千丝万缕联系的《礼记》也出现过类似的表达形式:"贵贱之义别矣。三揖至于阶,三让以宾升,拜至、献、酬、辞让之节繁。及介省矣。至于众宾升受,坐祭,立饮。不酢而降;隆杀之义辨矣。……贵贱明,隆杀辨,和乐而不流,弟长而无遗,安燕而不乱,此五行者,足以正身安国矣。彼国安而天下安。"(《礼记·乡饮酒义》)杀和隆相对立。如果说隆表示重视、强调、突出的话,那么,杀则有抑制、消弱的意思。因此,此处之"杀"当为"杀",作者并无过错。

地卑,山与泽平。"(《庄子·天下》),揭示的正是人类认识的局限性:人类的认识只能在一定的范围内有效,比如某时、某地的某山和某时、某地的某泽相比较,我们才能够得出二者的关系:高、低或平。既然语言、知识是有限的,那么,古代的学说,比如《诗》、《书》等所能够承载的道理也应该有一定的限度。

孔子删定的经典,遭到了道家代表《庄子》猛烈的批判。同时也遭到了孟子的怀疑或批判。而名家、后期墨家的悖论也暗示了语言或经典的限度。理论界、学术界和文化界的这些思潮,我们称之为"疑经"的时代。

在"疑经"的时代,不仅道家、名家学者批判经典,而且儒家传承者们也怀疑甚至批判经典。这种思潮或做法,从思想上直接动摇了人们对《六经》的信心。这或许是秦汉之际的"焚书坑儒"、"简易仪法",以及汉高祖"尿辱儒冠"等举动的理论来源。

历史与社会现实又教育了统治者和一些学者思想家们:礼数在任何时代都是不可或缺的。社会的发展不但需要武伐进取,而且需要文化教治,需要制度、需要秩序、需要伦理。没有伦理、秩序、礼数的国家不但会让统治者过得不舒适,而且也不得长久。这是秦王朝兴亡的历史给予人们的教训。经过了这段历史,人们不得不相信:秩序是必须的、伦理是必然的、礼数是必定的。无视、否然或放弃伦理、秩序与礼数,带来的只能是混乱、战争,甚至是灭亡。人们需要某种价值观,需要某种秩序,需要某种礼数。这正是儒家得以复兴的社会契机:需要某种价值观。

在统治者和世人迷茫、怀疑的目光中,董仲舒等儒生所要面对的一项重要任务便是:如何让统治者以及民众相信儒家的价值观、儒家的礼数等是权威的、值得信任的?如何让儒家的思想占领意识领域的空白?运用天人感应说,将儒家的价值观描述为天意,将圣人、天子视为神灵的代言人,将儒家的礼法制度视为绝对永恒的秩序安排,用来琢磨教化人性,从而完善人格。这便构成了董仲舒的理论体系。这一体系基本上解答了汉武帝的困惑。董仲舒及其所代表的经学由此深得人心,获得了正统和权威的地位。

结论:历史与逻辑的必然

经学在汉代的复兴,有着历史的必要性:大一统的政治需求为大一统的理论体系提供了政治舞台。

而"焚书坑儒"、"简易仪法"表明了秦汉统治阶级在文化上的迷茫与困惑。这种困局表明社会需要某种文化理论来指导人们思想。这是经学产生的文化原因之一。

之二是文字上的重新解读的需要。以章句训诂为特色的古文经学因此盛行。

更为重要的是,战国时期,以《庄》、孟等为代表的思潮,对《六经》进行了怀疑或批判,这是造成汉初文化迷茫的理论原因。经学的盛行,在一定程度上破除了"疑经"时代所造成理论困局。这是经学产生的理论逻辑。

(本文初稿发表于2010年"郑玄与经学"海峡两岸学术研讨会上,并得到了山东大学杨端志教授、中国社会科学院历史所王启发研究员等的赐教。后经我的同事黄玉顺教授阅读并提出了一些修改意见。在此一并致谢。)

(特约编辑:徐庆文)

纪念朱熹诞辰 880 周年专栏

试论朱熹理学的范畴体系

◇ 王国良

摘　要：朱熹继承了北宋以来的儒学思潮,对北宋五子之学进行加工、整理、综合创新,同时兼采众说,建立起一个前无古人的集大成的理学体系。朱熹理学体系的基本构架就是由互相联系、两两相对的范畴——即理与气,天理与人欲,天命之性与气质之性,道心与人心,公与私,义与利,王道与霸道——组成一个相对完整的理论系统。

关　键　词：朱熹；理学体系；形而上；形而下

作者简介：王国良,安徽大学哲学系教授、博士生导师。主要研究领域：宋明理学与徽学。

朱熹全面继承了北宋以来的儒学思潮,对北宋五子之学进行加工、整理、提炼、锻造,进行综合创新,同时兼采众说,"综罗百代",建立起一个前无古人的集大成的理学体系。朱熹理学体系的基本构架就是由互相联系、基本上是两两相对的范畴——即理与气,天理与人欲,天命之性与气质之性,道心与人心,公与私,义与利,王道与霸道——组成一个相对完整的理论系统。朱熹理学体系的建立,成功地回应了佛学的冲击与挑战,证明中国文化对外来文化具有充分的消化吸收能力,从一个方面表明了中国文化的伟大胜利。

一、理　与　气

朱熹理学体系的特点由互相联系、基本上是两两相对的范畴组成的理论系统。我们先将主要的范畴按照内在的逻辑层次排列如下：

理→气

道→器

太　极→阴　阳

理→事

天　理→人　欲

天命之性→气质之性

道　心→人　心

性→情

善　→　　恶

公→私

义→利

王　道→霸　道

未　发→已　发

中→和

德性之知→闻见之知

  构成朱熹理学体系核心的是这些对应范畴：理与气；天理与人欲；天命之性与气质之性；道心与人心；公与私；义与利；王道与霸道。理气关系是理学天人合一理论的基础，是理学体系得以成立的绝对根据，因此必须首先探讨理气及其相互关系。

  朱熹正式把理气问题结合起来，具体而微地探讨了理气关系问题，为理学体系的成立创建了宇宙论基础，确立了形而上学本体论根据。理气与太极、阴阳、道器关系问题是同等层次问题。

  朱熹认为，天地之间，有理有气，二者缺一不可，理气同时存在而无始无终。但二者不是对等并列关系，理毕竟为主、为本，气为次、为从属。他说："天地之间有理有气。理也者，形而上之道也，生物之本也，气也者，形而下之器也，生物之具也。是以人物之生，必禀此理，然后有性；必禀此气，然后有形。其性其形，虽不外乎一身，然其道器之间，分际甚明，不可乱也"。[1]答黄道夫"天下未有无理之气，亦未有无气之理"。[2]114"有是理便有是气，但理是本，而今且从理上说气"。[2]114从这里可以看出，朱熹原则上认为，理气不可分离，共同构成世界万事万物，但理是形而上者，是生物的根本，气是形而下者，是生物的材料。理起主导、主宰作用，理决定气的产生、发展。

  朱熹根据他对理气关系的看法把其理论体系分成形而上与形而下两个逻辑系统。理是朱熹哲学的最高范畴。理的含义有多种，朱熹常说，理是万物的"所当然"、"所以然"、"使之然"。此处之理有原因、内在必然性、合理性之意。天地之间，只是阴阳之气滚来滚去，但其中有理，有时称为"自然"、"自然当然之理",有动力、有规律之意。他又说理是"条绪"、"条理","阴阳五行错综不失条绪,便是理"。[2]116"理是有条理,有文路子"[3]237。关于理的这些随缘解说,归纳起来有法则、原理、本质、规律、原因、动力、必然性等意义。在朱熹看来,这许多方面的意义是互相贯通的,都可以用"理"字来表述,其内涵则可以根据不同内容作解释。

朱熹以为,理不是若实有一物在眼前,不是光辉辉地在那里存放,理"无形迹"可言。理是需要通过抽象思维才能认识和掌握的东西,从主体人的认识角度而言,理是从万事万物中抽象出来的一般观念或普遍原则。"若理,则只是个净洁空阔底世界,无形迹,它却不会造作",[2]116即理本身无情感、无意志、无思无德。理的这种特征类似于"空",但又不是空无一物,不是纯粹的空无,它有实际内容,是"实理",而不是等同于佛家的"空理"。

朱熹所说的气,主要是指构成天地万物的物质材料,是标志一般物质实在的范畴:"一元之气,运转流通,略无停间,只是生出许多万物而已";[2]117"盖气则能凝结造作","气则能酝酿凝聚生物也";"天地间人物草木禽兽,其生也,莫不有种,定不会无种子自地生出一个物事,这个即是气"。[2]116气又与阴阳、五行相联系,"阴阳是气,五行是质,有这质,所以做得物事出来。五行虽是质,他又有五行之气做这物事,方得。"[2]123朱熹不像张载那样视气为本体,而是将气视作生成万事万物的具体材料。它有形体,有方所,能造作,能凝聚生物。

理和气都是高度抽象概括的产物,但代表两种不同意义的存在。理是通过思维(心)把握的观念性存在,气则主要是可由闻见直接感觉到的物质性存在。前者是"形而上者",后者是"形而下者"。形而上者无形无象有此理,形而下者有形有象有此物。前者是抽象存在,后者是具体存在。任何事物都是抽象与具体的统一。天地日月、人物草木、禽兽,都是形而下者,但必有形而上之理。二者不相分离,又不相杂,是人们常说的"不离不杂"的关系。对理气关系的这种理解,也属于典型的形而上学的机械理解。从形而上与形而下的关系来说,二者有根本的不容混淆的区别。"说这形而下之器中,便有那形而上之道,可;若便将形而下之器作形而上之道,则不可。"[4]2024理气的关系也可作道器关系解。

作为形上形下的理气关系,主要是本末、体用的关系,即理本气末、理体气用的关系。也就是它们有主次的逻辑关系。理是形而上者,起决定、支配、根本作用,气是形而下者,处于从属、听命、被支配、被构造的地位,是质料、材料,没有自己的规定性。气虽然能凝聚生物,但却是按理的原则来凝聚生物。

朱熹认为,就一般事实来说,理气互相依存,"理未尝离乎气",[2]115才说理便有气,理气始终不能相离。"理又非别为一物,即存乎是气之中;无是气,则是理亦无挂搭处。"[2]115 "如阴阳五行错综不失条绪,便是理,若气不结聚时,理也无所附着。"[2]115 不能说有一个阶段只有理而无气,或只有气而无理。

从理气的逻辑关系来说,理毕竟为主。首先,如果一定要追问理气谁先谁后,朱熹必然回答理在先,气在后,这就是人们常提到的"逻辑在先"说。其次,朱熹认为气依傍理行。朱熹揣测说:"而今知得他合下是先有理,后有气邪?后有理,先有气邪?皆不可推究。然以意度之,则疑此气是依傍这理行。及此气之聚,则理也在焉。"[2]116 如果气是依傍理行,当然是先有理,然后气才能依傍,"未有天地之先,毕竟也只是理。有此理,便有此天地;若无此理,便亦无天地,无人无物,都无该载了。"[2]114 第三,理先气后是逻辑推论所逼出的结论。"理与气本无先后之可言。但推上去时,却如理在先,气在后相似。"[2]115 "必欲推其所从来,则须说先有是理。"[2]115 第四,理常存不变,而气则有变化聚散,因而理在气先。"且如万一山河大地都陷了,毕竟理却只在这里。"[2]116 最后,从上下顺序说,先有上,后有下,那么理为形而上,气为形而下,故理在气先。"然理形而上者,气形而下者,自形而上下言,岂无先后?"[2]115

总之理先气后,不是从物理学上的因果关系即时间顺序来立论,而是基于逻辑关系的推论。理气关系为包括核心价值观在内的朱熹全部思想体系,奠定了宇宙本体论基础,是其天人合一体系得以成立的根据。

二、儒家之理与佛教之理的区别

朱熹理学所提炼出来的理,是一个最高的思辨抽象物,是宇宙的根本法则、根本规律,是宇宙的本体。一个晶莹剔透的理概念的出现,表现出儒学的形上本体思维已达到佛学思辨的高度,说明儒佛道在本体论方面已融为一体。一般认为,这是程朱理学汲取佛教华严宗理事说的有益思维成果而达到了纯粹形上之维的新高度。而陆王心学主要得益于禅宗的"自性即佛"的思维方式。

朱熹曾说过一段意味深长的话,表明他的境界已达到儒、道、佛三教合一的高度:"看得道理熟后,只除了这道理是真实法外,见世间万事,颠倒迷妄,耽嗜恋着,无一不是戏剧,真不堪着眼也。"又答人书云:"世间万事,须臾变灭,皆不足置胸中,惟有穷理修身为究竟法耳。"[5]296 道家视世间万事为自然流转。庄子妻死,他可以鼓盆而歌,以为庆贺其妻重归大化。佛家视大地山川为幻妄。朱熹也说世间万事须臾变灭，只有操持把定理为真实法，他确实将儒释道贯通了。

朱熹已体会到儒释一致之处，但他更强调儒释的区别，否则理学就不能称之为新儒学了。他说："佛经云：'我佛为一大事因缘出现于世'。圣人亦是为一大事出现于世。上至天，下至地，中间是人。塞于两间者，无非此理。须是圣人出来，左提右挈，原始要终，无非欲人有以全此理，而不失其本然之性。'天佑下民，作之君，作之师'，只是为此道理。所以作个君师以辅相裁成，左右民，使各全其秉彝之良，而不失其本然之善而已。故圣人以其先得诸身者与民共之，只是为这一个道理，如老佛窥见这个道理。庄子'神鬼神地，生天生地'，释氏所谓'能为万象主，不逐四时凋'，他也窥见这个道理。只是他说得惊天动地。圣人之学，则其作用处与他全不同。圣人之学，则至虚而实实，至无而实有，有此物则有此理。佛氏则只见得如此便休了，所以不同。"[6]396 分析这段话发现：1. 朱熹继续说明儒释道有一致处；2. 三者更有不同之处，即儒者之理为实理，而佛氏之理为虚无；3. 佛氏以窥见道理为最高宗旨，到此便休，便入定，便死，便停止不前，而儒者却要识得此理主宰得定，方赖此做事业，所以二者不同。

程朱以及特别是朱熹，认为儒释道的根本一致之处，就在于都以认识掌握通贯天人的形上本体为最高原则。这最高的形上本体即是心、性、理，"心、性、理拈着一个，则都贯穿。"[7] 三教归一，即归于此。朱熹认为，儒学可以取代释道，理由就在这里。但朱熹认为，儒释还有根本的区别与不同，儒者所言之理为实理，性为实性，即理与性有具体内容，理与性以仁为内涵，"盖性中所有道理只是仁义礼智，便是实理。吾儒以性为实，释氏以性为空。"[8]192 而佛教所言之真如佛性为空性，佛性之别名有多种，举凡法性、法界、实相、如来藏自性清净心、理都是空义。儒佛之间还有进一步的区别。朱熹认为：佛家得性之后，便守住空义，便得正果，以为已经成佛了，已经解脱了，实际上是到此便入定，便死了；而儒者把持守定理之后，并未结束，还需进一步将理实现出来，要凭借此理做事，要躬行践履。这就是儒学胜过佛老之处，即始终不离现实关切。后世攻击理学援释入儒，只是禅，不是没有道理，但朱熹所强调的儒释之异，也应特别予以重视。

三、理的内涵：仁与生

朱熹认为儒释的区别之一就是儒家之理为实理，佛教之理为空理。实理，就是说理有具体内容。这实在的内容，即是仁义礼智。其中仁又包括了义、礼智三者,即仁包四德。故理的根本实质内容就是仁。

朱熹认为,从形而上学的层次把握、体验理,儒释具有共同性,即儒释都以把握本原性的理为最高原则。但儒释又有根本性的区别,这个区别就在于,儒家之理为实理,而释家之理为空理。

儒释之差异表现在许多方面,但最主要的差别是以理的虚实判儒释。理学家所说的实理为仁。仁在先秦儒家那里原是标志人、人伦、人的精神性的品格的范畴,理学家则将仁提升为本体范畴,变成理学形而上学体系的最高原则。仁是儒学的核心范畴,理学家把仁确立为最高原则,是儒学的进步,是儒学发展史上的巨大飞跃,是理学家的最大创新与创造,无论后世对理学如何评判,理学家的这一创造功不可没。仁不仅是人的内在本性与自然的本质,而且统摄人与自然,作为宇宙本体,成为天人合一的最高形上本体范畴。

仁不再仅仅只有伦理的内涵,理学家从本体论角度对仁的内涵作出新的解释,或者说,给仁的内涵充实了新的内容。理学家前后相继地认为,仁是生的意思,仁是生生、生生不息,仁的本质是生命之源,是生物之心。这样,仁不仅有了新的内涵,从人道、人的精神性品格的范畴上升为天道,体现了自然世界与人类生存发展的生生不息,无有穷尽的过程,而且更重要的是,仁道与《易传》中的易道结合、统一起来了,"仁是天地之生气"[3]247的命题与《易传》中的"生生之谓易"、"天地之大德曰生"等命题结合起来了。

周敦颐正式提出"生,仁也;成,义也"[9]的命题,从宇宙论的观点解释了仁,为理学天人合一论奠定了理论基础。众所周知,张载是第一个完整提出"天人合一"的理学家。张载认为仁就是性,"仁通极其性"[10]正蒙·至当,34,说明仁是性的根本内容。"学者当须立人之性,仁者人也,当辨其人之所谓人,学者学所以为人。"[10]语录,321 人性即仁,"性即天也",故天即仁。天仁天德即是"生物"之心。"大抵言'天地之心'者,天地之大德曰生,则生物为本者,乃天地之心也。"[10]横渠易说·上经·复,113 天地只是生物,天理流行,天命不息,天地之心最终在人心中实现,人心即是天地之心,人为天地之心,最终实现天人合一。

二程用"生之理"释仁,使仁正式确立为形而上学的本体范畴。在他们看来,仁源于天道生生之理而具于心,成为人之所以为人之性。程颢强调人与天地万物的一体境界,程颐则似更突出仁的形而上学的超越意义。

程颢以为体仁则"观天地生物气象",万物之生意最可观,就是所谓仁。程颐说谷种、桃仁、杏仁之类之所以称为仁,盖因其中蕴涵生命洋溢,"种得便生,不是死物,所以名之曰'仁',见的都是生意。"[3]254

朱熹对生生之理之仁作了总结提高,提出仁是天地生物之心,"天地以生物为心者也,而人物之生各得夫天地之心以为心者也。……盖仁之为道,乃天地生物之心即物而在。"[11] 朱熹反复说明的"天地生物之心,"就是指天地之"生意"、"生理",天只有一个"生理",天地"别无所为,只是生物而已,亘古亘今,生生不穷。"[12] 人也是天地所生之物,故人心便是天地生物之心,人的生生是宇宙自然的最高表现,是自然生生不息的担当者。人能自觉体认生生不息之天理流行,故人能弘道,人的生存发展创造乃天赋之伟大使命,人生在世就是为了尽天命而自强不息,积极有为。

朱熹提出"仁是天地之生气",仁相当于春,其气则天地阳春之气,春风吹拂,千树万树梨花开,桃红柳绿,万物竞相发育生长,此即是生生之仁。朱熹说"只从生意上说仁"[3]250,"生之谓性","仁,浑沦言,则浑沦都是一个生意"[3]247。

理学家把本来标志人的伦理性、精神性品格的仁范畴与大易的生生易道结合,把仁提升为本体范畴。生生之谓仁既概括了自然界与人的无穷发展过程的统一,又是对二者实质的提炼,即把自然界的生理与人的性理结合起来,以生生不息之仁实现天人合一。这是理学家们的伟大创造,理学的全部积极价值也许就在于此。

道家哲学以自然为道,道法自然,万物并作,吾以观复,与生生不息之仁看似相近,但道家的缺陷在于"蔽于天而不知人",否认人与自然的质的差别,把人等同于自然。故道家的自然运动并不内在地包含发展,只是自然流转,生死变换,要人绝圣弃智,寂然无为,纵大浪化太一之中。佛教发展到禅宗,吸收了儒家的自力自为自信自尊自强的积极因素,主张自性成佛,不依他力。但禅宗的佛性只是纯粹的生命意识,用朱熹的话说只是"知觉运动",对生命意识的体验即顿悟成佛并不是生生,而是衍化为自然意识,一任自然意识之自在流行,即禅宗欣赏的"禅意",所谓"万古长空,一朝风月;青青翠竹,郁郁黄花;大家颠倒舞春风,惊落杏花飞乱红"。这与道家哲学已无实质区别。

儒家把自然与人看成是有机连续的统一体,把人看成是自然界长期生生不已发育流行的最高产物,人能自觉地体认天命,体认生生不息之仁,穷理尽性,弘扬天命,使人的主体精神昂然挺立,人独立苍茫天地之间,又不遗弃自然,而是与天地万物成一体。作为即存有即活动的本体的仁范畴,不仅结合了《易传》的生存哲学,而且吸收了道家的自然意识、佛教禅宗的生命意识,把儒道释统一起来,使儒既融合释道又高于释道,终于战胜了释道,完成了儒学的创新。从这个意义上说,朱熹理学之集大成体系,完成了北宋儒学复兴运动中所提出的融合战胜释道的文化使命与任务,儒学自身由此也进入到新的发展阶段。

四、天理与人欲

关于理学的核心价值观念及其相互关系,朱熹曾提纲契领地表白:"天下只有一个道,学只要理会得这一个道理。这里才通,则凡天理、人欲、义利、公私、善恶之辨,莫不皆通。"[5]278 可见,这些核心价值之间原是上下一理贯通。除此之外,我们还可加上天命之性与气质之性,王道与霸道。

从天人逻辑关系来看,似应先讨论天命之性与气质之性:理在人为性,气积为质。但朱熹天理、人欲之辨影响最大,故置于优先讨论位置。

先秦儒家一般承认人有欲求这一基本事实。孟子说"食色、性也",《礼记·礼运》篇说"饮食男女,人之大欲存焉"。但他们的基本态度是节欲、寡欲。

道家、佛教出于他们的理论逻辑需求,主张无欲、灭欲。

北宋周敦颐吸收了佛道的无欲说,正式提出主静无欲说,开儒学无欲、灭欲之先河。

张载正式提出天理、人欲关系问题,把天理、人欲推至对立的两极。天理、人欲不是体用关系,不是交摄互涵不离不杂的关系,而是反比例关系,天理胜则人欲灭,反之,穷人欲则灭天理。

张载可能还未主张灭人欲,只是反对"穷人欲"。二程则公开主张存天理灭人欲,"视听言动,非礼不为,礼即是理也。不是天理,便是人欲。人虽有意于为善,亦是非礼。无人欲即皆天理。"[13]二程遗书·卷十五,144

二程甚至认为即使是做好事、行善事也不能"以私意为之","有意为之"也属于人欲。举凡有所作为,积极有为都不被二程认可。只有无所作为、无为才能存天理。二程对主张自然无为的庄子很欣赏:"人于天理昏者,是只为嗜欲乱着它。庄子言'其嗜欲深者,其天机浅',此言却最是。"[13]二程遗书·卷二上 从思维方式上说,二程的存理灭欲说与佛教总体上的灭情复性说、去染成净说的思维模式已趋于一致。

朱熹继承了二程的理论,主张存天理、灭人欲。存理灭欲经过朱熹的提倡而成为理学的代表性观点。"圣贤千言万语,只是教人明天理,灭人欲";[14]"人之一心,天理存,则人欲亡;人欲胜,则天理灭,未有天理人欲夹杂者";[6]388"学者须是革尽人欲,复尽天理,方始是学";[6]390"不为物欲所昏,则浑然天理矣";[6]389"人只有个天理人欲,此胜则彼退,彼胜则此退,无中立不进退之理";[6]390"只此一心,但看天理私欲之消长如何尔"[6]390。

有学者指出,朱熹有不少言论承认人欲的正当性、合理性,并不是主张完全灭欲。此论固是。其原因主要是：（1）孔孟公开承认欲望为人之本性，朱熹不能否定，也认为"饮食男女，固出于性"。（2）从人的基本饮食需求方面说，如果否定人的生理需求方面的基本满足，岂不荒谬绝伦，故朱熹不得不在维持生命的意义上承认人欲："若是饥而欲食，渴而欲饮，则此欲亦岂能无？但亦是合当如此者。"[15] "饮食者，天理也，要求美味，人欲也。"[6]389 超过生存满足之外的物质需求便是人欲，便为私为恶。

现在人们对天理人欲的解释也许不合朱熹本意，但这对范畴的消极作用也许确实大于积极作用。

五、天地之性与气质之性，道心与人心

天地之性（天命之性）与气质之性这对范畴由张载首创，朱熹总其成。

朱熹认为，张载提出天地之性、气质之性是"有功于圣门，有补于后学"[8]199。张载说："形而后有气质之性，善反之，则天地之性存焉。故气质之性，君子有弗性者焉。"[10]正蒙·诚明篇，23 气质有善有恶，故要学以"变化气质"，否则气质之性要遮蔽天地之性。

天地之性即是"仁义礼智，人之道也，亦可谓性"[10]张子语录·中，324。气质之性内容多样，包括饮食男女之"攻取之性"，与人性格有关的"刚柔、缓急"之性，与人的才智有关的"才与不才"、"智愚"之气性。气质之性有善有恶，不能灭，只能变化。但问题在于，气质之性无论怎样变化，不还是气质之性吗？张载还认为"人之气质美恶，与贵贱寿夭之理，皆是所受定分。如气质恶者，学即能移。"[10]理窟·气质，266 气质美恶如是定分，那就应该安于义命，怎么还能移呢？实际上，张载想说的是，人生来是处于遮蔽状态的人，人要提升气质之性，将其转变为天地之性。这样，人才能成为人，这就是"善反之，则天地之性存焉"。

朱熹对"天地之性"与"气质之性"作了系统总结，但仍未解决其中的混乱矛盾。朱熹说："论天地之性，则专指理言；论气质之性，则以理与气杂而言之。"[8]196 如果没有理解错，人如同时由天地之性和气质之性构成，那么人一身便有两个同样的理，一个理独立，一个理与气相杂，否则，便如朱熹所说，"气质之性，便只是天地之性"[8]196，气质之性与天地之性只是一性，不过寄寓于气质之中，"天命之性，非气质则无所寓"[8]196。但人的气质有不同，也可将其称为性，"然人之气禀有清浊偏正之殊，故天命之正，亦有浅深厚薄之异，要亦不可不谓之性"[8]196。

朱熹通过气质之性，说明人天生气质之禀有清浊、厚薄、偏正之差别，由此解释人性中善恶的来源，进而提倡用功克治气禀之害，使人自易其恶，恢复

善性,即天地之性。

关于道心、人心范畴,程颐以正心、私欲解说道心、人心,提出必须消灭人心以保存道心。朱熹看到人心不能消灭,如同不能消灭人的身体一样,故朱子看法比程颐要客观平实。他说:"若说道心天理,人心人欲,却是有两个心。人只有一个心,但知觉得道理底是道心,知觉得声色臭味底是人心。"[16] 朱熹知道人的感性欲望不能完全灭绝,故人心不可去。

人虽是一心,但一心可开二门,分为道心、人心,"人自有人心道心,一个生于血气,一个生于义理。饥寒痛痒,此人心也。恻隐、羞恶、是非、辞让,此道心也。虽上智亦同。"[4] 道心,是义理上发出来底;人心,是人身上发出来底。虽圣人不能无人心,如"饥食渴饮之类,虽小人不能无道心,如恻隐之心是"[16]。

朱熹关于道心人心关系的主要论点是:"必使道心常为一身之主,而人心每听命焉"[4],即让道心处于主导地位,人心处从属地位,用道心主宰、节制人心。他虽然认为人心只有一个,但还是区分出道心、人心,没有把道心本身看成是人心,道心属于形而上系列,人心属于形而下系列。

六、公与私,义与利

理学诸家,往往合论公私、义利,朱熹也是如此,要人于"天理人欲,义利公私,分别得明白"[6]。理学的核心价值,发端于理欲,统一于义利。理学各大流派,万流归宗,归于重义轻利,存义灭利。

二程以义利之辨作为反对王安石改革的理论基础。程颐以公私为义利分别之界限。"义与利,只是个公与私也。"[13] 语录·卷十七,176

公私之分即是义利之辨,这为理学家们普遍接受。朱熹曾说:"义利之说,乃儒者第一义。"[17] "学无浅深,并要辨义利。"[6]392 善恶、理欲、公私、义利、正邪打成一片。"人只有一个公私,天下只有一个邪正。"[6]393 "善恶分处,只是天理之公,人欲之私。"[6]393 "将天下正大底道理去处置事,便公;以自家私意去处之,便私。"[6]393 义者,宜也,是也,自心安而无疑,"心安处便是义"[6]394。利则是私欲,私利,"才有欲顺适底意思,即是利"[6]394,即使做好事善事而包藏利己之心,也是利。因此要主义功深,使此心全是义,使利一毫着不得。朱熹在总体思想倾向上,与二程一样,反对王安石改革路线,认为王安石改革是求功利、求利。理学家以义利之辨为第一义,确有时代因素的影响。

朱熹与陆九渊在理论体系、观点及问学方法方面有不少分歧,但在义利之辨方面却统一起来。陆九渊对义利之辨的突出强调甚至超过了朱熹。

象山尝说："凡欲为学,当先识义利公私之辨。"[18]在陆九渊这里,理、道、公、义是一致的,而"私意与公理,利欲与道义,其势不两立"[19],因此就需要存理、公、义,灭欲、私、利。

淳熙八年(1181),朱熹请陆九渊到白鹿洞书院作了一次讲演。陆九渊以《论语》中"君子喻于义,小人喻于义"为题,发明义利辞旨,晓畅明白,讲演大获成功,听讲的人都很感动,莫不悚然动心,有的"至为流涕"。朱熹听了也深受感动,天气微冷,朱熹也汗出挥扇。据陆九渊说,朱熹听了讲演后再三说:"某在此不曾说到这里,负愧何言!"[20]朱熹后来把陆九渊的讲稿刻石,并亲自作跋。可见,朱陆最终在核心价值方面是一致的,达成了共识。

在王道与霸道方面,理学家一致提倡实行王道,反对霸道。王道是以德行仁,霸道是以力行仁或以力服人。朱熹认为三代是行王道,汉唐是行霸道,三代是行仁而无为,汉唐是以力把持。王霸观念在思维方式上是道义、私利之辨在政治上的应用,具有连带贯通性。

七、朱熹理学体系的总体特征

以上是朱熹理学体系的基本构架。此外还有体用、本体与工夫、仁义礼智、心统性情、格物致知、孔颜乐处、鬼神、诚、"涵养须用敬,进学则在致知",心即理、动静、理一分殊、主静等问题。

从主体部分来看,朱熹的理学体系是典型的以理为中心的形而上学哲学体系,与西方的"逻各斯中心主义"的形而上学体系在总体轮廓与基本特征上并无二致。只不过程朱理学体系的核心与重点部分在于道德道义价值系统,而西方的形上体系逐渐偏重认知系统,故主客分裂严重。在朱熹的理论体系中,与西方柏拉图、阿奎那、笛卡尔等人的体系一样,有一个超感性世界优先的原则。在具体的每一对范畴中,都有一个范畴居于主宰、主导、支配、优先地位,另一个与之对应的范畴处于从属、次要、消极、听命的地位。

以"理"为中心居于优先地位的一系列范畴构成超感性的理世界,以"气"为主的居于从属地位的一系列范畴构成实在世界。程朱认为理世界是人应该努力追求的真实世界,而属气的实在世界反倒是不真的世界,是应该被改造、遏制和消灭的世界。两组范畴各有其内在逻辑联系。就理而言,"天地间只是一个道理,性便是理"[8]191,"程子'性即理',此说最好"[8]192。以性理为一沟通天人,天地的本质也即人的本质,这是理学的根本特征,也是儒、道、佛三家学说的共同点。理在于心为道心,道心是生于义理或发于理之心,心、性、理三者互相贯通,共同表现为善,为公、义,发之于政为王道。认识把握此理者为德性之知,操存持守此理者为涵养,为敬。

以"气"为主的构成实在系统的另一组范畴同样有着内在逻辑关联。气化流行,产生万事万物,人"皆受天地之气以为形"[8]190,"自一气而言之,则人物皆受是气而生"[8]190,气形成人的精粗清浊各异之气质,由气质产生人欲,人欲为情,为恶之源,为私为利,发之于政为霸道。对气、实在世界现象世界的认知了解为闻见之知。

从成对范畴的对应关系来说,同样有着上下贯通的逻辑关系。理、气范畴下降为天命之性、气质之性,道心、人心、表现为天理、人欲之对立,也就是性与情的对立,在价值世界表现为公与私、义与利的对立,在政治方面表现为王道与霸道的对立,在认知方面表现为德性之知与闻见之知的对立。

以上就是朱熹理学体系的总体特征。我们如对朱熹理论体系精熟看透,则任其纵横颠倒,上下其说,总能够把握其核心构架。朱熹建立的理学体系,是中国哲学史上最庞大精密的理论体系,继承其合理遗产,对我们建构当代新哲学体系,依然有巨大的参考价值。

注释:

[1]朱熹.朱文公文集:卷五十八[M]//朱子全书:第二十三册.上海:上海古籍出版社,2002:2755。

[2]朱熹.朱子语类:卷一[M]//朱子全书:第十四册.上海:上海古籍出版社,2002。

[3]朱熹.朱子语类:卷六[M]//朱子全书:第十四册.上海:上海古籍出版社,2002。

[4]朱熹.朱子语类:卷六十二[M]//朱子全书:第十六册.上海:上海古籍出版社,2002:2024。

[5]朱熹.朱子语类:卷八[M]//朱子全书:第十四册.上海:上海古籍出版社,2002。

[6]朱熹.朱子语类:卷十三[M]//朱子全书:第十四册.上海:上海古籍出版社,2002。

[7]朱熹.朱子语类:卷五[M]//朱子全书:第十四册.上海:上海古籍出版社,2002:223。

[8]朱熹.朱子语类:卷四[M]//朱子全书:第十四册.上海:上海古籍出版社,2002。

[9]周敦颐.通书·顺化[M]//周敦颐集.北京:中华书局,1990:22。

[10]张载.张载集[M].北京:中华书局,1978。

[11]朱熹.仁说[M]//朱子全书:第二十三册.上海:上海古籍出版社,2002:3279。

[12]朱熹.朱子语类:卷五十三[M]//朱子全书:第十五册.上海:上海古籍出版社,2002:1756。

[13]程颐,程颢.二程集[M].北京:中华书局,1981。

[14]朱熹.朱子语类:卷十二[M]//朱子全书:第十四册.上海:上海古籍出版社,2002:362。

[15] 朱熹.朱子语类：卷九十四[M]//朱子全书：第十七册.上海：上海古籍出版社，2002：3172。

[16] 朱熹.朱子语类：卷七十八[M]//朱子全书：第十六册.上海：上海古籍出版社，2002。

[17] 朱熹.与延平李先生书[M]//朱子全书：第二十一册.上海：上海古籍出版社，2002：1082。

[18] 陆九渊.语录：下[M]//陆九渊集：卷三十五.北京：中华书局，1980。

[19] 陆九渊.与包敏道：二[M]//陆九渊集：卷十四.北京：中华书局，1980。

[20] 陆九渊.语录：上[M]//陆九渊集：卷三十四.北京：中华书局，1980。

试论朱松理学思想的实践性特征

◇ 傅小凡

摘　　要：朱松是洛学第四代传人，是著名理学家朱熹之父，在洛学南传与闽学形成过程中起着重要的作用。文章对朱松的理学思想作了初步的疏理，并从本体论、心性论和认识论等三个方面，以理学基本范畴为线索，介绍和评价了朱松的理学思想。

关 键 词：朱松；理学；闽学

基金项目：教育部人文社会科学研究规划基金项目：09YJA720019

作者简介：傅小凡，厦门大学哲学系教授、博士生导师。主要研究领域：宋明理学。

朱松[①]是著名理学家朱熹的父亲，他曾经师从理学家罗从彦精研理学。然而，一方面朱松英年早逝，其理学思想没有得到充分的发展，更没有产生广泛的影响；另一方面，朱松当时以诗作闻名，其理学思想大多通过诗歌表达，因此很少有人将其视为理学家。因此，在中国古代哲学史和理学史领域，很少有人将朱松纳入研究的视野。朱松在理学发展进程中的应有地位似乎被遗忘了。不过，虽然朱松在朱熹14岁时就去世了，但是，他的思想、情感、志向和为人都对朱熹一生有着深刻的影响。要深入研究朱子理学，朱松是一位不能忽略的重要人物。为此，笔者以理学主要范畴为线索对朱松的《韦斋集》加以疏理，从中提炼出朱松的一些理学思想。由此，我们将不仅发现朱熹的许多观点与其父有着一致性，而且还将看到朱松思想的个性特征及其在理学史进程中的作用。

---

① 朱松（1097—1143），字乔年，号韦斋，出生于宋绍圣五年，祖籍安徽婺源县（现属江西）。宋政和七年，朱松擢进士第，授迪功郎，任政和县尉，遂举家入闽赴任，迎养父母、胞弟于官舍。到任后，因担心自己性急而贻误政事，故学古人佩韦戒性之义，在尉署建一室，取名"韦斋"，且夙休寝其间以自警，故世人称之"韦斋先生"。朱松有俊才，下笔语辄惊人。其为官清正廉洁，制治有方，民赖以安。为开化邑风，他到任不久就创建云根书院和星溪书院，延师以训邑人子弟。自此，政和文风始盛，儒士善人，彬彬蔚起。宣和五年调任南剑州尤溪县尉。绍兴四年朱松召试馆职，除秘书省秘书郎，尚书度支员郎兼史馆校勘，历司勋部两曹转奉议郎，又转承议郎，赠通议大夫，诰封越国献靖公。绍兴十年因反对秦松降金议和主张，触怒权臣而被贬放饶州，未上任。绍兴十三年三月病逝。

一、形成之中的本体论范畴

朱松没有建立完整的本体论体系的理论兴趣和能力,但这并不妨碍他对相关的问题作深入的思考。朱松虽然并非自觉地从范畴的角度展开对于"太极"、"道"、"理"、"气"和"物"等理学本体论的重要范畴的讨论,但是当他涉及这些范畴时,其见解还是很深刻的。这些相关讨论在闽学的形成过程中起着承上启下的作用。

"太极"一词在朱松的《韦斋集》中只出现过一次,还是在他记录的梦中所作的诗中。诗云:"万顷银河太极舟,卧吹横笛漾中流;琼楼玉宇生寒骨,不信人间有喘牛。"①这里的太极与宇宙模式、世界本源都没有关系,只是诗人梦想之中在银河上泛流的一艘大船而已。这样的艺术意象虽然不是哲学,但它那空灵、飘逸却又难以忘怀世事的审美意境,当属于理学美学。

相比之下,"道"在朱松的话语中出现的频率要高些。朱松在《赠觉师》一诗中咏道:"虽遭楚人咻,微音或清好;固无益生死,亦未妨至道。"②这里不被妨碍的"至道"是什么意思,朱松一时还没有能力解释,否则他就不会有"望道渺未见"③的感慨了。

如果按照传统儒家思想理解,"道"就是社会理想,在这一点上朱松的理解不会有太大的歧义。在当时的社会现实条件下,儒家的社会理想都是空想,所以这"道"就是一个可望而不可即的"乌托邦"。诚如朱松评价自己:"无所用于世,虽有好古之志,而于先王之道未有闻也。"④这虽然是自谦之辞,不过"时难既可叹,道大未易涯"一语倒也切合实际。朱松既有对理想的追求,同时也有"学道日已偷,干时心同懒"⑤的感慨。理想追求与社会现实之间巨大的矛盾,如其所云:"平生学道着功要,世事縈人负此心。"⑥可是这并未影响朱松以"道"为终生追求。他以"道人"即"求道之人"自称,此称号在《韦斋集》中出现37次。

从理想的角度理解"道"是儒家的传统,朱松独到之处是对"道"的现实意义的强调。他说:"从事于六艺之文而历观古今治乱兴亡之变,隐之吾心而不

---

① 朱松:《夏夜梦中作》,《韦斋集》卷六,《四部丛刊续编》第1133册,第487页。
② 朱松:《赠觉师》,《韦斋集》卷一,同上书,第439页。
③ 朱松:《与陈彦时会华严道人偶书》,《韦斋集》卷二,同上书,第454页。
④ 朱松:《上唐漕书》,《韦斋集》卷九,同上书,第513页。
⑤ 朱松:《次韵和吴骏卿》,《韦斋集》卷三,同上书,第457页。
⑥ 朱松:《和几叟秋日南浦十绝句简子庄寄几叟》,《韦斋集》卷五,同上书,第480页。

远,质之圣人而不戾,达之当世而不悖,此士所学乎先王之道者也。是道也,得之心,得之身,发之言,推而被之天下无二焉。"①先王之"道"存在于六艺之中,隐藏于人心深处,但必须将其运用于现实社会以便给民众带来好处。此时的"道"便涉及社会历史的规律。比如,朱松给有关部门上书,建议在淮南一带开展军垦屯田活动,希望在满足国家赋税需要的同时,让开垦者得到好处。其理由是:"上下相资,公私同利,古今不易之道也。"②这种观点与重义轻利的传统儒家不太一样。

身处两宋之交的朱松更关注"治道",也就是治理国家的方法。朱松理解的治国之道,其实就是传统的君臣大义。他说:"臣闻人主以一身托于四方之上,而百辟卿士为之奔走率职而无敢后者,岂非恃君臣之大义有以防范固结于其间。……一朝有缓急则奋不顾身以抗大难,亦足以御危辱陵暴之侮。是以神器尊严,基祚强固,由此道也。"③强调君臣大义这是儒家的传统。但是,由于两宋之交的民族危难,宋儒特别强调和推崇君臣大义,甚至将其提升为治国的根本方法,则是理学的时代特征。

在朱松的话语里,"理"比"道"更具有哲学范畴的意味。当他说"世无扬子云,此理谁见直"时,看不出他所谓"理"所指为何。但是,当他吟着"遥知盘礴小窗底,得丧已着一理齐;此生同困造物戏,未觉与世谁云泥"的诗句时,其"一理"便具有哲学范畴的意味,表达着他对宇宙本质和人生意义的理解。

"理"范畴在朱松心目中还具有规律的意义。比如,他在论证君臣大义之于国家的重要性时,以人的生命对空气的需要进行比喻。他说:"人食息呼吸于元气之中,一息之不属,理必至于毙。"④这必至之理同样体现在自然之中。他说:"将欲图是功也,则必有是事,事立矣而功随之,未有泰然无事而听其事为者也。譬如筑室自始基以至于成,譬如稼穑自始耕以至于获,理之必至,不愆于素。"⑤一分努力才能取得一分成果,因此这里的"功"与"事"之间的关系,就是原因与结果的关系,这"理必至"也就是因果规律的必然性。

"理必至"还具有客观性,用他的话说叫"理势之必然"。朱松上书陈述主战的观点,认真分析了宋、金两国对峙的局面,然后指出金兵必然会不断南侵。并且说这是"理势之必然,不待智者而后知也"。这里的"理"是规律之意,与"势"结合在一起,就具有了不依人的意志为转移客观性和规律性统一

---

① 朱松:《上唐漕书》,《韦斋集》卷九,同上书,第512页。
② 朱松:《上皇帝疏一首》,《韦斋集》卷七,同上书,第491页。
③ 朱松:《论时事箚子》,《韦斋集》卷七,同上书,第493页。
④ 朱松:《论时事札子》,《韦斋集》卷七,同上书,第493页。
⑤ 朱松:《试馆职策一道》,《韦斋集》卷八,同上书,第504页。

的意思。然而,朱松在此仅就事论事,并没有上升到社会历史发展规律的高度。

朱松并不从宇宙本源思考问题,他的"元气"概念主要与生命过程有关。他说:"人呼吸食息于元气之中,不可以须臾离也。"①不仅人离不开"元气",所有生命体都离不开它。他说:"盖父子主恩,君臣主义,是谓天下之大戒,无所逃于天地之间,譬如有生之类,食息呼吸于元气之中,一息之不属,理必至于死。"②朱松的"元气"虽然是一切生命存在的必要条件,但更强调君臣之大义的重要性,这是理学的核心价值,对朱熹的影响至深。

朱松很有个性和才气,极注重精神品性的追求,因此他的"气"范畴更多地与人的精神面貌相关。比如,朱松喜欢英勇之气,其诗中常出现"英气凛冽横穹旻"③,"建安少年请缨客,横槊赋诗两无敌;辞家去作入彀英,气拂天狼夜无迹"④。朱松喜欢侠义之气,蔑视文弱书生。其诗云:"伟哉奇男子,侠气横八极;书生复何者,肮脏老笔墨。"⑤朱松一生命运坎坷,仕途不顺生活困窘时,他需要保持独立的人格和不屈的志气。他说:"门掩蓬蒿气浩然,西风笔势更翩翩。"⑥在困境之中依然要保持超然的精神状态,这需要平常的修养。朱松说:"知耻可以养德,知分可以养福,知节可以养气。"⑦由此可见,朱松的"气"范畴既具有生命本源的物质意义,更包含人格境界的精神意义。

朱松喜欢使用"造物"一词,此概念在《韦斋集》中出现了13次,其意大致有四层:首先,"造物"是自然力。比如,"纷纷造物机,颠倒转愚奸"⑧,"饥壤听造物,吾愿乃秋成"⑨。其次,这"造物"是自然过程。比如,"且与造物同浮游"⑩。第三,这"造物"是一种不可知也不可抗拒的力量。比如,"未知造物心,颇复哀黎元"⑪,"却怜造物太多事,更要和鼎调人舌"⑫。第四,"造物"具

---

① 朱松:《策问八首·二》,《韦斋集》卷七,同上书,第506页。
② 朱松:《上李丞相书》,《韦斋集》卷九,同上书,第515页。
③ 朱松:《睢阳谒双庙》,《韦斋集》卷一,同上书,第437页。
④ 朱松:《送瓯宁魏生赴武举》,《韦斋集》卷二,同上书,第450页。
⑤ 朱松:《戏赠吴知伯》,《韦斋集》卷一,同上书,第443页。
⑥ 朱松:《送黄彦武西上》,《韦斋集》卷四,同上书,第469页。
⑦ 朱松:《跋山谷食时五观》,《韦斋集》卷十,同上书,第530页。
⑧ 朱松:《确然雪中见过》,《韦斋集》卷一,同上书,第445页。
⑨ 朱松:《吴骏卿寄示和黄元广诗多古人为已之学辄复次韵资一大笑兼简元广》,《韦斋集》卷三,同上书,第458页。
⑩ 朱松:《建安道中》,《韦斋集》卷二,同上书,第447页。
⑪ 朱松:《与陈彦时会华严道人偶书》,《韦斋集》卷二,同上书,第454页。
⑫ 朱松:《次韵梦得浅红芍药长句》,《韦斋集》卷二,同上书,第449页。

有命运的意味。他说:"此生同困造物戏,未觉与世谁云泥。"①当然,人在造物的力量面前并非毫无主动性。他说:"观心要知是,造物如吾何"②,"了知造物着意深,倾倒春工不余力"③。像朱松这种有个性的人,自然不会甘心于命运的摆布。当朱松使用"造物"一词并且欲与造物同游或者"心游万物表"时,其"物"作为范畴还比较含混,只是以意象的方式表达中国式的思辨。朱松"心游万物表"并非为建构逻辑思辨体系以解释世界,而是要达到"方俯一世而眇万物,向非有礼义法律羁束于其后"的精神自由。

二、极具个性的心性论观念

在朱松的《韦斋集》中,"性"字只出现过一次,而且根本不是作为哲学范畴或者理学讨论话题出现的。朱松显然对二程的"心性之学"有着独到的理解。由于他对文学艺术的爱好,"心"、"情"等概念在其文本中出现次数较多,虽然其大多数不是作为范畴出现的,但是从其语境出发,仔细分析其本意,还是能够概括出一些哲学和美学的意味。

朱松很推崇陶渊明的境界,称赞"渊明乃畸人,游戏于尘寰";当他欣赏陶潜的精神境界时,吟出"心游万物表,了觉函丈宽"④的诗句。能够游于万物之表的心,当然是人的思辨和想象,这样的"心"正是我们要讨论的"心"范畴。关于"心",朱松说:"心者祸福之机也,心取是诗而口赋之,虽吉凶未见于前,而神者先受之矣。"⑤诗是心声的表达,可能引起或福或祸的结果,虽然吉凶一时未能显现,但是神灵已经接收到了通过诗歌所表达的心声。这是人的精神与天意相通的全新说法。

朱松深受佛、道思想影响,加之他一生比较坎坷,所以追求平恬心境是他涉及"心"概念时想要表达的主要意思。比如,"故人金公子,身窭心甚闲,道机久纯熟,世味饱险艰"⑥,表明他很推崇金公子这种穷困潦倒却心定神闲的境界,如此才可能纯熟地把握道机,品味艰难的世态。这是一种超然的人生态度,正所谓"知公超然处,心迹两无垢"。但是,生活在现实社会中,总是免

---

① 朱松:《奉酬令德寄示长句》,《韦斋集》卷二,同上书,第449页。
② 朱松:《逢年与德粲同之温陵谒大智禅师医作四小诗送之》,《韦斋集》卷二,同上书,第454页。
③ 朱松:《次韵梦得浅红芍药长句》,《韦斋集》卷二,同上书,第449页。
④ 朱松:《寄题陈国器容膝斋》,《韦斋集》卷一,同上书,第445页。
⑤ 朱松:《上赵漕书》,《韦斋集》卷九,同上书,第514页。
⑥ 朱松:《确然雪中见过》,《韦斋集》卷一,同上书,第445页。

不了各种烦扰,他渴望能够保持内心的平静,"愿言乞与洗心方,归对炉香诵《周易》"①。一旦彻悟人生真谛,明白"名途尝一戏,回首羞前非,心如得坎水,不受狂风吹"②,便可以心如止水。

朱松毕竟是洛学传人,所以他的"心"不可能不涉及"正心诚意"之类的内容。在继承理学基本观点的基础上,他将道德批判的锋芒指向最高统治者,将"正心诚意"的要求锁定在皇帝身上。他说:"夫王者,正心诚意于一堂之上,而四海之远,以教则化,以绥则来,以讨则服。"③朱松一生很难有机会面见君王对其晓之以"正心诚意"的道理,而朱熹后来虽然为官时间不长,但每每有机会面君,都要对皇帝进行"正心诚意"的教诲。虽然朱熹在此问题上未必直接受其父朱松的影响,但二人观点的一致性,表明了理学的核心意图在两代人之间的传承。

"靖康"之后,金兵压境,朱松特别关心北方的战局。因此,他讨论"心"都围绕民族的战斗意志之"心"展开。他说:"大哉,斯民之心乎!自古兴王所藉以为立国之基本,而无敢轻犯焉者也。是故,思祖宗之所以得其心者,而纂述其志。鉴往事之所以失其心者,而毋践其辙。以至发政揆事,制令出法,必皆求合于所谓至愚而神者,是以可以使之蹈白刃赴汤火而不可与为乱夫。谁与之敌?所谓顺民心者此也。"④民心关乎士气,决定战斗力。从更深远的角度看,政权的取得与巩固,全在于民心的向背。当年崛起于东北一隅的女真族,从一个地方政权入主中原问鼎全国最高权力,推翻了北宋的统治。要想恢复赵宋对中原的统治,已经不仅仅取决于军事力量的强大,更重要的是民心向背。北宋之所以灭亡,一个重要原因是其政治的腐败。

朱松虽然没有深入到问题的实质,但是他对民心的强调的确触及到了政治统治的一个核心问题。他说:"尝谓自古天下国家兴亡有至计,而国势之强弱,兵力之盛衰,土地之开蹙,不与焉。一曰:顺民心;二曰:任贤才;三曰:正纲纪。非以国势、兵力、土地之三者,为无与于兴亡之数,盖非兴亡之所系故也。"⑤朱松看到了,国家的兴亡不在于国势、兵力一时的强弱和土地的广袤,而在于顺应民心、政治清明、制度完善。如何顺应民心他没有说,但其实很简单,就是满足百姓最基本的生活要求,减轻人民的负担。任何一个政权上台都有一个合法性问题,而法不是抽象的实体,正是现实中民心的向背。

---

① 朱松:《次韵梦得浅红芍药长句》,《韦斋集》卷二,同上书,第449页。
② 朱松:《陈仲仁止止堂》,《韦斋集》卷二,同上书,第450页。
③ 朱松:《上赵漕书》,《韦斋集》卷九,同上书,第514页。
④ 朱松:《试馆职策一道》,《韦斋集》卷八,同上书,第505页。
⑤ 朱松:《试馆职策一道》,《韦斋集》卷八,同上书,第505页。

得到民众支持就具有合法性,为民众谋利益就能够取得这样的合法性。朱松虽然不可能有这样的见解,但是他在为君王献策时并不一味主张对金用兵以收复失地,而是强调从政治清明、制度完善和获取民心入手,表现出其政治目光的卓越。朱熹在这一点上与其父也是基本一致的。

朱松的"情"虽然构不成哲学范畴,但却具有丰富的哲学意味。撮其要点,大致可概括为如下几个方面:

首先,人之常情。朱松的诗写得很出色,多以表达友情为主。比如:"人羁天地间,谁非一浮萍。泛然偶相值,便有离合情。"①虽然是偶识,但却把手倾心,难舍难分,可见朱松是一位重情之人。重情之人经常会感到孤独,一个人客居在外漂泊无定所,会格外思念远方的友人。其诗云:"故人千里余,壶浊谁与倾。遥知劝影杯,共此通夕情。"②这种孤独的感受会使人感物生情,当朱松观赏一幅鸿雁画屏时,也会联想起自己体味过的孤独感受。他说:"征鸿坐何事,天遣南北飞。萧然如旅人,无情自相依。"③寒来暑往的鸿雁,它们在途中相聚一起奋飞,彼此之间无有亲情,甚至不必曾经相识,只要目标一致,便可以相依为命。画屏的作者究竟是否表达了这层意思已无关紧要,关键在于朱松自己借题画咏出自己对人际间最美好的情感的歌颂。孤独的旅人格外思念故乡;长期漂泊在外的朱松,对自己的家乡有着一种难以割舍的怀念。他在诗中咏道:"诗传绝境忽入手,置我乡国情何穷。十年不踏江上路,漠漠海气昏貂茸。"④

其次,艺术之情。朱松通过一些诗作,表达了很细腻的艺术之情。他有许多咏梅的诗,以优美的艺术意象,表达着动人的情感。比如:"暗香横路忽惊顾,冰蕊的皪蛮烟中;有如佳人久去眼,邂逅相得情何穷。"⑤这首诗显然表达了朱松对男女之间情爱的憧憬,想象着能够邂逅自己的心上人。当然,这也许只是诗人常用的比喻手法,以孤芳自比,以佳人邂逅寓意君臣知遇之情。艺术之情与人之常情的区别在于,超越具象而达到意象的高度。因此,艺术中表达的情不能是一己私情的直白地宣泄,而应该经过提升达到普遍性的情,并借助艺术意象加以传达。朱松诗作中的此类意象是很丰富的。比如:"多情入骨怜风味,依倚横斜嚼冰蕊。至今清梦挂残月,强作短歌传素齿。"⑥

---

① 朱松:《送建州徐生》,《韦斋集》卷一,同上书,第439页。
② 朱松:《书窗对月》,《韦斋集》卷一,同上书,第440页。
③ 朱松:《题芦雁屏》,《韦斋集》卷二,同上书,第446页。
④ 朱松:《再和求首座》,《韦斋集》卷二,同上书,第452页。
⑤ 朱松:《溪南梅花》,《韦斋集》卷二,同上书,第452页。
⑥ 朱松:《答林康民见和梅花诗》,《韦斋集》卷二,同上书,第453页。

这首诗是借景咏情,其意象与意境很是清幽,冷艳中带着几分空灵,空灵中又不乏忧郁。

第三,达到极致的"高情"。也许是受道家思想影响的缘故,情到极处便无情,愁到绝处便无忧。在《答国镇见迓之什》一诗中,朱松吟道:"渊明把菊对清秋,醉里诗豪万象流。画出多情愁绝处,七峰明灭断云秋。"①朱松的确理解了陶渊明田园诗中所表达的深刻的愁绪和天纵般的豪情,正是这浓得抹不开的情,才会令诗人超越尘俗,不与恶势力同流合污,最终化作淡雅的闲情逸致。朱松将这种超凡脱俗的情感称之为"高情",这情之所以"高",就在于它超越了个人的荣辱和痛苦,达到了一种愁到绝处而无忧的境界。朱松在《饮梅花下赠客》一诗中咏道:"高情绝艳两无言,玉笛冰滩自幽咽。"②情到高处平静自然,艳到绝时素朴无华,两情至深无可言表,好一个"玉笛冰滩自幽咽",所有的情愫都化作清泠的天籁,空灵冷艳的意境让人回味无穷。这种意境以"高情"加以概括,构成理学美学的重要范畴。朱松特别喜欢梅花,更喜欢咏梅,这一点也深刻地影响了朱熹。朱熹平生所作诗词的1200余首中,咏梅之作共约50首,与苏轼、范成大的咏梅篇什大致相等。在审美情趣上朱熹受其父亲的影响,由此可见一斑。

三、注重实践的认识论思想

在"物我"关系问题上,朱松以诗的语言,建构艺术意象,表达了他对"我"与"物"之间关系的感受。他说:"山河我四大,物我同一体。""我"与山河大地、风、火、水、土等元素居于同等地位,而且是一体的。这种感受只能是诗人式的,而且具有心学的色彩,让人想起程颢的"仁者与物同体"的观点。只是,朱松的诗句更多了一些诗人的豪气,比如:"脚底千峰翠浪奔,云端挂此一豪身;山河了了穷千界,物我纷纷共一尘。"显然受庄子"齐物论"观点的影响。

"心物"关系的一个重要问题是人能否正确地感知和认识外物。对这个问题,朱松的回答是肯定的。他说:"盖尝以为学诗者,必探赜《六经》以浚其源,历观古今以益其波,玩物化之无极以穷其变,窥古今之步趋以律其度。虽知其然,而病未能也。"③朱松在此本来是讨论学诗者应该具备的知识条件,要对事事物物达到知其然的地步,其中提到的"穷其变"、"律其度"都是哲学的

---

① 朱松:《答国镇见迓之什》,《韦斋集》卷五,同上书,第480页。
② 朱松:《饮梅花下赠客》,《韦斋集》卷三,同上书,第457页。
③ 朱松:《上赵漕书》,《韦斋集》卷九,同上书,第514页。

认识论问题，是对自然和历史规律的把握。"虽知其然，而病未能也"可以有两个意思：其一，是说诗人需要艺术天分、对美的感受力和驾驭语言的能力，仅知其然是不够的；其二，是说要想知其然是做不到的，表达了"静观物化知如幻"①的不可知论。

在"心物"关系问题上，朱松有不可知论倾向，抑或不把无限的宇宙作为认识对象，而将其转化为体验美的过程。这是"物我"同体观点的必然结论，体现了自庄子以来中国古代美学的重要特征。不过，朱松只是在本体论意义上持不可知论，当他面对现实的具体事物时，便依然回到理学"格物致知"的立场上。我们通过对朱松"知"范畴的考察，可以证明这一点。朱松对"知"的讨论，涉及以下三个方面的内容：

首先，认识到认知能力的局限。他说："冥漠之事，不可得而知也。""冥漠"是指无形的存在和神秘的力量，其"不可得而知"表明人类认知能力的极限。不仅无形的存在不可知，过去的历史也是不可尽知的。他说："三代而上，其详不可尽知。然《诗》、《书》所传，犹可想见。"②历史细节没有必要尽知，通过古代文化典籍所记载的材料，后人可以展开想象去重构历史。历史一去不复返不可再现，因此对历史的认知也是一个相当困难的问题。朱松此语无意中涉及历史哲学中的核心问题，即历史真相是否可知的问题。其"不可尽知"与"犹可想见"，的确揭示了历史学的本质。而古人的观点和真实意图，后人可能通过逻辑推理和深入思考去把握，正所谓"圣人之意，其可思而知也"③。

其次，承认客观存在的可知性与正确认识的艰难性。由于思考过认识能力的局限问题，朱松能深刻体会到"知"的难度。他针对《尚书》所谓"知之非艰，行之为艰"的话提出质疑。他说："夫问涂而之盲，则知亦岂易哉？"④人类认识能力的局限有如迷途而问路于盲人，认知世界的困难不在于世界本身，而在于认识方法不正确。

第三，讨论认识与德性的关系。道德上的"正心诚意"以对现实的"格物致知"为基础，这是理学的传统，朱松秉承这一点。他说："《大学》一篇，乃入道之门，其道以为欲明明德于天下者，在致知格物，以正心诚意而已。其说与今世士大夫之学大不相近，盖此学之废久矣。"⑤通过"格物致知"而达到"正心

---

① 朱松：《吴山道中三首》，《韦斋集》卷六，同上书，第488页。
② 朱松：《上唐漕书》，《韦斋集》卷九，同上书，第511页。
③ 朱松：《上赵漕书》，《韦斋集》卷九，同上书，第514页。
④ 朱松：《答庄德粲秀才书》，《韦斋集》卷九，同上书，第511页。
⑤ 朱松：《答庄德粲秀才书》，《韦斋集》卷九，同上书，第511页。

诚意",这是显然是程颐的观点。此学已废久矣,表明洛学在当时的地位。而朱松自己则以此学为己任。他说:"行年二十七八,闻河南二程先生之余论,皆圣贤未发之奥始,捐旧习、被除其心,以从事于致知诚意之学。"①这是学统的传承,也是朱松思想的源头。朱松的特点在于,特别强调"知"在道德修养中的地位和作用。他说:"知耻可以养德,知分可以养福,知节可以养气。"②羞耻感是道德的起点,去除过分地追求可以保持心态的平和,提高幸福指数。伦理规范可以提升精神境界,而这一切都以道德认知为前提。

注重实践的朱松,其"行"虽然未能构成哲学范畴,但是意义还是很丰富的。我们可以从以下五个方面考察其"行"的含义:

其一,切实可行之行。朱松所处的时代,动荡不安,局势不稳,危机四伏,需要切合实际的行动,而反对疏阔虚空之言。朱松说:"必皆削去琐细无补、阔疏难行之言,而求所以安危治乱之故,卓然可施于实用者。"③实用性是言之可行的唯一标准。喜空言而多作迂腐之论,这是儒家的通病,理学家也不例外。但在朱松身上却少见此类毛病,正所谓"行当践此语,绝境同攀跻"④。

其二,无危害之行。有些行为虽然动机是好的,如果成功其结果对国家也是有利的。但是,行动过程过于冒险,失败的机率太大,很有可能给国家带来灾难。朱松极力反对这样的行为。他说:"将以谋人之国而求有所逞于雠敌,自古有天下国家处于离合之际,其谋议之得失今可覆视者,非一人也。为待时之说者,病其玩日歇岁而至于偷;喜进取之谋者,病其行险妄动而及于败;二者不能相通而常处其一偏,是以成功不可见而偏受其弊。"⑤南宋之初正处于"离合之际",此时面对强敌而为国献计献策往往有两种极端的意见。一种是毫无原则的主和派,其结果就是苟且偷安;另一种是求速胜的主战派,不顾及时间条件仓促出战,最终导致失败。南宋朝廷在与金国时战时和的历史进程中,一直没有把握好一个恰当的尺度,因此总是处于失败的境地。可见,朱松虽然主战,却具有明智的头脑,知道战争的胜负是双方力量全面较量的结果,不能逞一时之忿。这一点也直接影响了朱熹,使朱熹之主战总是从君主正心、官吏清正、舒缓民困、强大军备等方面进行长期准备,以图最终一举收复失地,而反对仓促北伐。

其三,奇诡绝特之行。孔子在世时,被评价为"知其不可而为之",此传统

---

① 朱松:《上赵丞相札》,《韦斋集》卷七,同上书,第500页。
② 朱松:《跋山谷食时五观》,《韦斋集》卷十,同上书,第530页。
③ 朱松:《论时事箚子》,《韦斋集》卷七,同上书,第493页。
④ 朱松:《信州禅月台上》,《韦斋集》卷一,同上书,第430页。
⑤ 朱松:《试馆职策一道》,《韦斋集》卷八,同上书,第506页。

一直被历代的大儒所传承。正如朱松所说:"夫子孟轲之徒,道既不行于天下,退而与其徒讲说,论着丁宁深切至矣,遗泽余风被于末世。时有一节之士,力为奇诡绝特之行,鼎镬在前,刀锯在后,摄衣而从之,不啻若床第之安。乱臣贼子敛手变色,莫敢肆不义于其君,岂特苟轻其生以立区区之私义而已哉?"①朱松塑造的儒者形象,其行为之所以"奇诡绝特"就在于视死如归,令一切乱臣贼子不敢放肆。此处已经不再是简单甚或被动的"舍生取义"、"杀生成仁"的选择,而是采取积极的行动,以自己的大义凛然、临危不惧,遏制乱臣贼子的不义之行。

其四,确其成功之行。实践的最高境界是有正面价值的成功之行,这是任何一位主张力行的人所追求的。那么怎么才能使实践走向成功呢?这与实践者准确把握时机有关,这就涉及历史观的问题。朱松说:"天下有常势,非人之所能为也。自古恢复大业之君,虽其凭借积累之基有厚有薄,祖宗德泽之在民者有浅有深。然皆徒手扫地,在无尺寸可挟之资而卒能有所立。惟能因天下之势,审择至计而固执之,以求合夫当世之变而皆不足以为难也。……考其行事而质确其成功,虽未易与创业之君同条而语,亦各因其一时之势,如此而不可诬也。"②社会历史发展有着不依人的意志为转移的客观性,人的实践成功就在于能够审时度势,因势利导。为达此目的,必须在认识历史趋势的基础上顺应它,在把握规律的前提下"审择至计而固执之",如此才能确保实践的成功。历史观与认识论就是这样天然一体地统一在一起。朱松不是一个理论家,他更注重实践。因此,他讨论"行"主要是方法的设想。可惜他46岁英年早逝,没有机会建功立业。不过即使假他以时日,腐败的南宋朝廷未必会给他提供一展才能的机会。而朱松自己没有时间将思想作系统化表达的遗憾,最终由朱熹为他弥补了。

---

① 朱松:《上李丞相书》,《韦斋集》卷九,同上书,第515—516页。
② 朱松:《试馆职策一道》,《韦斋集》卷八,同上书,第502页。

朱子的家学渊源

◇ 史向前

摘 要：朱子家世为婺源著姓，自古以儒名家。其家学渊源于朱氏先祖，而形成于父亲朱松。朱子家学以道学为纲，贯通于史学、文学诸领域，并践行于治家日用及经世的政治事业中。对此问题的探讨有助于进一步了解朱子之学的形成，以及有宋一代道学思想流传的家庭背景及社会影响。

关 键 词：朱子；家学；道学

基金项目：教育部人文社会科学重点研究基地重大项目（07JJD770113）

作者简介：史向前（1962— ），安徽大学徽学研究中心研究员、安徽大学哲学系教授。

朱子原籍皖南徽州婺源，是婺源始迁祖朱环（茶院府君）的九世孙。父亲朱松以徽宗政和八年进士授闽北建州政和县尉，遂举家迁入闽；不久又调任南剑尤溪县尉。高宗建炎四年（1130），朱子出生于尤溪之寓舍，是为闽人。朱子的家学渊源于朱氏先祖，而形成于父亲朱松。

一、先世之学行

朱子门人黄干在《朱子行状》中记载，朱子家世为"婺源著姓，以儒名家"。朱子高祖朱振又自称，婺源之家"赀产甚富"，拥有大量田产。[①] 这份家业主要是开始的几代祖先通过仕宦、爵授、营生等积攒下来的。因此之故，其后的祖先便多安于耕读，不求仕进。或许是天道好还的缘故，这种优裕、顺适的生活延至朱子祖父朱森，便成过眼烟云，家计变得日渐窘迫，且"久而益急"。朱子父亲朱松曾屡称"家境败落"，"少而苦贫"[②]，以至于去福建任职时，须抵押其先业百亩田地，乃能举家由徽至闽。朱松虽然一生为官，但官俸甚微，加之儒

---

① 《歙溪府君诗集序》，束景南《朱熹年谱长编·叙》，华东师大出版社2001年版，第15页。
② 《韦斋集》卷九《上谢参政书》，上海古籍出版社1987年景印文渊阁《四库全书》第1133册，第520页。

者的清廉,生活一直十分寒酸。其父朱森去世,因家贫不能归葬故里,只好抱憾葬于尚为异地的政和。守丧期间,更是"尽室饥寒"①。直到临终前,朱松仍然因为家贫无依,须拜托"以收恤孤穷为己任"的好友刘子羽代为照顾朱熹母子。《宋史》"朱熹本传"云"家故贫,少依父友刘子羽",②此之谓也。

但无论贫富,朱子的先世都能承传家学,不失"以儒名家"的风范。

首先就是恪守道义,淡泊名利。据《朱氏家谱》(铅山石岩本)记载,远在唐代,朱氏就以孝义世被旌赏,一门阀阅相望。唐末,婺源始祖朱环奉歙州刺史之命,戍守婺地,民赖以安,被朝廷表为"忠纯之士"、"硕德之贤"。入宋后,朱子先世仍是孝义相传,且以耕读为乐,不求闻达,乡里称道。祖父朱森一心致力于后人的学业与修养,对于诸子成长中日常的苦乐得失,无所欣戚,惟见诸子从贤师友游,则喜见言色。甚至在家业陷入困穷时,于治生仍未尝挂齿,也不以为忧。且每当岁时或生日之时,总是不忘举出祖先家训,戒饬后人,"谆谆以忠孝和友为本"。尝曰:"吾家业儒,积德五世后当有显者,当勉励谨饬,以无坠先世之业也。"又尝曰:"外物浮云耳,无用有为也。使子贤,虽不荣,于我足。不然,适重为后日骄纵之资尔。"③他的三个儿子也的确不负厚望,朱松(长子)、朱圣(次子)分别考中进士、武举;朱槔(三子)为建州贡员,少有轶才,不肯俯仰于世,与其兄"均为英伟豪杰之士"④。重义轻利,即重视道德,轻视名利,是儒家的一个基本思想,也是一个儒者的基本表现。《行状》称其"胸中冲澹,视世之荣利泊然,若不足以干其心者……其笃于道义而鄙外浮荣,盖天资耳。"《新安文献志·道原篇》录有"朱森行状",紧列"伊川年谱"之后,表明朱森也是新安道学的先驱人物。

其次则是文章泽后,诗礼传家。正如朱熹的叔祖朱弁勉励朱松所说的,"上能论道义,次犹及文章。"⑤儒者身份的两大特点就是道义和文章,一方面是以身行道,另一方面则是以文载道。"故乡无厚业,旧箧有藏书。"⑥朱松写给儿子朱熹的这句诗典型地表现了朱子先世以儒为业的家学特点。因此,朱子的先世如太祖惟则公(歙溪府君)、高祖振公(芦村府君)、曾祖绚公(王桥府君)等皆有诗文传于后,且多是立意教化,自成一家之作。因为时隔久远,又

---

① 《朱熹年谱长编·绍兴六年》,第39页。
② 《宋史》卷四二九,中华书局1985年点校本第36册,第12767页。
③ 《韦斋集》卷十二《先君行状》,第541页。
④ 《朱熹年谱长编·绍兴十四年》,第84页。
⑤ 朱弁《别百一侄寄念而兄》,《新安文献志》卷五一上,黄山书社2004年,第1089页。
⑥ 《韦斋集》卷四《送五二郎读书诗》,第450页。

历经动乱,"(后世)诸族中往往有之,但不甚全。"①祖父朱森也是"少年务学,立足礼义","晚读内典,深解义谛";并又"时时为诗歌,恍然有超世之志"②。父亲朱松更是少年秀才,年未冠诗文即名闻四方。有《韦斋集》十二卷行于世,收入《四库全书》"集部类",外集十卷藏于家(已佚)。《宋史·艺文志》卷二百八又载"朱松《韦斋集》十二卷,又《小集》一卷"其他如叔祖朱弁(朱奉使)有《骋游集》,两个叔叔朱圣(字大年)、朱槔(字逢年)也"并有诗集"③,流传后世。另外,恪守道义的行为表现就是动静合礼,学礼、守礼当是朱子先世的一贯家风。时人陈骙称"著作佐郎朱松,嘉王榜同上舍出身,治《周礼》"④,说明父亲朱松也是礼学专家,以治《周礼》闻名当时。朱子曾述其家中旧礼"礼文虽未备,却甚整齐",又说"先妣执祭事甚虔"⑤。礼即理也。朱子一生用力最多的就是修定礼仪,包括家礼、乡礼、学礼等,影响深远。从中也可见到朱子的家学传承。

二、朱松的道学

朱松(1097—1143),字乔年,号韦斋,森公之长子。徽宗政和八年(1118)二十岁时登进士第,授建州政和县尉,"恬尚有守";南渡后,历官吏部员外郎,兼史馆校勘。在职时,多次应召入对;又上书报国,反对议和,触怒了宰相秦桧,被黜免。未及复用,即英年而逝。后被追谥"靖献",故文献中多称朱靖献公。学者一般多称韦斋先生。现有《韦斋集》(十二卷)行于世。

朱松是宋代大臣,也是儒门中人。其学行的一贯表现就是宗师孔孟,服膺二程,不仅深入儒学的道德学问,同时也将这一学问自觉力行于经世致用的政治事业中。

1. 求道

受森公儒门家教的影响,朱松从小就养成了好古向道的良好品质。他在《上谢参政书》中自述,从束发入乡校起,就视科举之文如儿童游戏,不足尽心,独喜诵古人文章,感觉气充理畅,玩味不尽;即使遭到乡学先生的呵楚,也不为所改。科举之文或称场屋之文,因为缺乏情理、少有实用,自然不同于一

---

① 朱振《歙溪府君诗集序》,《朱熹年谱长编·叙》,第15页。
② 《韦斋集》卷十二《先君行状》,第541页。
③ 程尚宽《新安名族志》,黄山书社2004年,第442页。
④ 陈骙《南宋馆阁录》卷七《官联上》,上海古籍出版社1987年景印文渊阁《四库全书》第595册,第451页。
⑤ 《朱子语类》卷90,见朱杰人等《朱子全书》第17册,上海古籍出版社2002年,第3052页。

般抒情、说理之古文。而是否包含情理,恰恰是衡量一篇文学作品优劣的一个重要标准。这是从唐儒韩愈倡导"古文运动",提出"文以载道"以来,就已形成的文学观念。尤其是北宋道学兴起以来,道先于文、道重于文的观念,又进而得到相当一部分学者的认可。年轻的朱松就是其中之一。这样的结果自然成就了他的诗文之学,文章做得"清新洒落,无当时陈腐卑弱之气"①。尤其是诗作,放意而为,不事雕饰,却也"天然秀发,格力闲暇,超然有出尘之趣"②,以至于远近传诵,京师闻名。所以年少就由郡学优贡至京师太学,弱冠之年即荣登金榜。难得的是,针对已经取得的文学成就,朱松未尝因此自喜。一日顾然而叹曰:"是则昌矣,如去道愈远何?"③他认为擅长诗文只是一种才艺而已,并非掌握了根本;而且顺此发展下去,还会走向更加偏离大道的方向。这正是传统儒家,尤其是北宋道学兴起以来的流行观念。孔子说过"行有余力,则以学文。"(《论语·学而》)文学乃孔门四教之一,但与闻道、行道的道学相比较,二者之间又显然有着体用、本末之别。

朱松所向往的"道"是什么呢?总的说来是指派生、统贯天地人物的大道,实即从孔孟到韩愈直至二程所宣扬的儒家的仁义之道,其进一步的表现就是国之政、事之理、人之行。在朱松看来,也就是"天下国家兴亡理乱之变,与夫一时君子所以应时合变、先后本末之序。"④有感于是,朱松遂尽弃了以往的应举之文、游艺之诗以及日常应酬。公务之余,发愤折节,唯道是求。他在《上谢参政书》中自述曰:"复取《六经》、诸史,与夫近世宗公大儒之文,反复研核,尽废人事,夜以继日者余十年。"⑤开始的几年,朱松上下古今,出入三教,经过一番艰辛寻觅和求索,对于历史上各种思想的起伏与流变已经了然胸中,也对自己所寻求的大道有所了解和体会。他认为,古往今来,这类得道的圣贤君子多矣,其中表现最为突出的莫如汉初贾谊和唐代陆贽。贾谊的表现在于言道,其《过秦论》、《治安策》等文章论秦汉所以兴亡理乱之变,无不通达国体,切明事理。陆贽的表现重在行道,奉天之乱时,他临危受命,以宰相之位而运筹帷幄之中,最终安度国难,成为匡复社稷的重臣。二人也因此于汉唐政治史上具有了显赫地位,均被誉为"古之伊、管"。史称"先生初以诗名,继而契心于贾谊、陆贽之通达治理"⑥,说的正是朱松早年求道的这段心迹与过程。

但是令他痛苦的还是自觉未能真正闻道、见道,即未能闻见作为忠孝仁

---

① ② ③ ④ 朱熹《朱公松行状》,《新安文献志》卷六八,第1653页。
⑤ 《韦斋集》卷九,第520页。
⑥ 《宋元学案》卷三十九《豫章学案·朱松》,上海世界书局1936年,第737页。

义之根本的天道、天理。此时杨时及其弟子罗从彦等已将二程洛学传至福建,发展而形成了"道南学派",即东南闽学。此派学术强调"务本"、"收心",同时强调讲论义理与道德践履的结合。南渡后,被推为程门正宗。朱松游宦闽中,遍拜邑中士人时,结识了道学家罗从彦(豫章先生),得知龟山杨时之学所传二程河洛学问的要旨,方闻大道之奥在于天地不息的"生生之理"。如同久旱逢甘霖,顿时找到了自己思想的归宿,遂拜豫章先生门下问学。公事之余,蚤夜其间,沉浸其中,"拳拳服膺",终生不渝。傅自得《韦斋集·序》曰:"年二十七八,闻河南二程先生之遗论,皆先贤未发之奥,始捐旧习,朝夕从事于其间。"为了彻底改造以往自己学识浮华和性情下急的"旧习",朱松特取古人佩韦之意以名其斋,又自号"韦斋",以自警饬。同时前来受学的还有李侗(延平先生),因此朱松与李侗也就成为同门弟子,一起朝夕问道,从此结下深厚的道谊。

2. 体道

仁义之说朱松在早年为举子之学时当已熟悉,但是仁义之道的究竟或根据何在,此时却并不知晓。这是因为孔子的仁学除了一句"天生德于予"的虚设,主要还是从现实、人本的角度建立道德的依据,未能从天道、本体的高度进行论述,以至于连孔门高足如子贡也曾感叹"夫子之言性与天道,不可得而闻也"(《论语·公冶长》),表示自己也不得而知。道德本体如天道性命之说,在孔子那里似可以不必说,盖因传统的"天命"论尚可支撑;但尽管如此,晚年的孔子因未能闻道而特向老子请教,并发奋学《易》,以究天道。此后,孟子从"心",《中庸》从"诚",《易传》从"生",董子从"神",等等不同的方向努力建设,但都未能真正进入道德本体的层次。直到二程,通过发掘儒学义理、汲取佛老智慧,"体贴"出了"天理"二字,才重新建立起了儒家的天道性命论。

朱松所求的天地人生之大道,所寻的古圣先贤之遗意,就在于"天理"二字。

冯友兰说:"道学不是给人一种知识,而是予人一种受用(享受的意思)。"[①]"道"(天理),从哲学上说,是指宇宙的终极本原;从生活上看,就是人的安身立命之地。人一生都在变化的有限范围之内生活。人的身命,或者心性,一旦与道相通,就意味着从这个范围中解放出来,意味着从根本上得以安立,他就会体验到这种受用,其表现就是一种最大的自由、自信与快乐。凡是经过一番艰苦修炼而得"道"的人,都会体验到这种发自内心的快乐,也就是道学所说的"至乐"。这种体验是自家的、精神的,难以言表,勉强可以用一种

---

① 《冯友兰全集》第十卷,河南人民出版社2000年版,第116页。

形象的、诗化的语言表达出来。周子的"孔颜乐处"、二程的"道学气象",皆属这类体道的表现。

朱松是有这种体验的,也的确受用了这种快乐与幸福。朱松的婺源故居尚存"虹井"一口,又名"韦斋井"。井旁的石碑上刻有朱松手书的一段铭文,可视为朱松的体道之作。文曰:

"道寓斯人,如水在地;汲之益深,有味外味。"

他以水喻道。这个"道"就是天地之道,也即仁义之道,也是忠孝之道。此道通乎万物,也存乎人身。恰如人身内部一深刻的泉源,通过格物穷理或反求诸己的修炼功夫,不断地扩充,就会与天地之生道相通,达到闻道(味)、见道(象),以至体道(合道)的境地。而一旦达到这一境地,就能充分体验到自我的满足与快乐。这种满足与快乐不是世俗的、基于物质的拥有的快感,而是一种精神之乐,一种味外之味。这是一种最高的乐,最深的味。凡是有了这种体验和受用的学者,就是达到了与道合一的道学境界,臻于"以身载道"的道学家之列。时人则进一步称道:"韦斋笃志于伊、洛之学,既久而所得益深,其视游(酢)、杨(时)、罗(从彦)、李(侗),孰敢论其先后!"①虽含有推许之味,但平心而论,纵然不在道学大家之列,也实为道统人物之一。赵时勉称朱松"徽之理学,实开其先"②。程瞳的《新安学系录》卷第三就是"朱靖献公",明确视其为新安理学的开山宗师。

3. 行道

在儒家看来,"道"尽管是一种实存性的规律和秩序,但是如果人们不积极主动地去追求道,特别是实践道,那么道就不能成为现实的道,也就不能为人生提供积极的指导。正是在这个意义上,孔子说,"人能弘道,非道弘人。"另外,"与道合一"是一种人生境界,所获得的就是一种道学的世界观或人生观。在儒家看来,这还不是人生的目的或完成,还需要落实到《大学》所谓的修、齐、治、平的人生事业中。宋儒亦然,如余英时先生指出的:宋代儒学的轴心问题就是重建"三代治道",其追求道德性命无非也是为了"推明治道",即重建"人间秩序"③。朱松在自己的日常生活和仕宦生涯中充分践行了这一点,并且表现得格外自觉与突出。

南宋一代人间社会的最大问题就是如何面对北方金人的侵略。当时的朝廷形成了"和"与"战"两种不同意见(按:此"和"指的是屈己求和;"战"也

---

① 《韦斋集·序》,第428页。
② 《程朱阙里志》卷三《考新安程朱三夫子源流记》,伯山书屋本,第35页。
③ 见余英时《宋明理学与政治文化》,吉林出版集团2008年,第3页。

包括以守为战)。以高宗、秦桧为代表的上层统治者为主和派,包括朱松在内的其余大臣多为主战派。"和"与"战"两种意见本身并不能说明一切,关键在于其主张站在什么立场。即是否站在公的立场,从国家、民族利益出发而提出的,还是站在私的立场,从个人、私利出发而提出的。很显然,主和的高宗、秦桧是站在个人君位、相位的立场上。从主战派提出的"还我两君,复我疆土"的口号可以预见,如果战而得胜,二帝得还,则必然会发生皇位的纠纷,何况高宗即位的正当性在朝臣中本来就存在不同的意见。然而这些又是高宗不能说出口的隐私和苦衷。加上秦桧的阿谀奸诱,高宗只能一面对内安抚人心,一面对外屈己求和。

身为人臣的朱松本其忠公之心,在这一事关国家、民族大义的问题上立场鲜明,表现突出。绍兴四年(1134),初次入都召试,他就提出了"顺人心、任贤才、正纲纪"的中兴恢复之策。再次召对,朱松举东汉光武和东晋元帝为例,力劝陛下应戒除元帝苟且江左、无意中原的卑志,而效法光武身济大业、恢复统一的雄心。高宗不以为忤,且一时动心感叹,特颁示辅臣以共勉。① 绍兴八年(1134),秦桧复任宰相,和议再起。朱松遂联合同僚合辞抗疏,痛斥金人怀藏狼子野心,与我有不共戴天之仇,一味屈己求和,等于自取灭亡;并通过形势和对策的分析,力勉高宗不可心存侥幸,要树立信心,担负起祖宗社稷之重托。史称此次上书,虽然未能改变和议的大局,"然虏人狂谋因是亦有不得尽逞者。论者莫不壮之!"② 和议既成后,朱松于感慨叹息之余,自反无以少塞臣子之责,又上书论和议善后事宜,寄语陛下:身处艰难之运,要实现大有为之志,宜励精图治,从长计议。并建言"复武举",以储将帅之才;"建太学",以倡节义之风。因为几次上书的矛头直指秦桧,不久遭到秦桧以"怀异自贤"的罪名将其出之外郡。朱松愤而不屈,遂自请辞罢归③。退而"讨寻旧学",教养子女,直到去世。《宋史·张浚传》"论"曰:"儒者之于国家,能养其正直之气,则足以正君心,一众志,攘凶逆,处忧患,盖无往而不自得焉。"这是对包括朱松在内的儒者十分同情而中肯的评价。

当代新儒家牟宗三先生说:"开辟价值之源,挺立道德主体,莫过于儒。"④ 儒家之所以为儒家的本质意义就在于此。盖因儒家的仁义观念,尤其是宋儒的天道观念,能够提供士人超越自我与世俗,以至顶天立地的勇气和境界,成

---

① 见《韦斋集》卷八《试馆职策》,第502页。
② 《韦斋集》卷七《上皇帝疏》,第490页。
③ 束景南《朱熹年谱长编·绍兴十年》:"秦桧讽右谏议大夫何铸劾朱松,出知饶州,朱松愤而请祠归闽。"华东师大出版社2001年版,第60页。
④ 牟宗三《中国哲学十九讲》之"第三讲",上海古籍出版社2005年第49页。

就士人"以天下为己任"的社会责任和担当意识。从孟子的"大丈夫"到程颢的"豪雄"皆是这种人格形象的写照。朱松则体会曰:"士惟有得于是(天道)也,(方能)抗颜不让,自任以天下之重。"①依照天道的观念,道德的最终根据在于一个既内在又超越的天理,而不仅仅是按照现实制度或君主名位为标准。这并不是说现实的制度与名位不再扮演道德评价的客观基础,而是说在道学的视野内,只有体现天道的制度、只有符合天道的君主才能提供这一基础。因此,不是制度、君主,而是天道才是最终的道德根据。朱松的"抗颜不让",以至愤而不屈,实为胸怀天道、以身行道的表现。

三、朱松的史学

朱松为学博通,于史学、文学等方面也造诣颇深,可谓本末精粗,兼而通之。

宋代理学家本着儒学经世致用的观点,特别重视史学的表证与鉴戒作用。一方面,"天理"不是先验存有,也非无中生有,而是穷至事物之理的存有,其中的经世致用之理是"天理"的主要表证,必然存在于各种历史事件及人物活动中,否则,"天理"就无根底,无依托。另一方面,探讨天道性命并非只是一套抽象的哲学思维,旨在重建人生道德价值理想和社会政治伦理秩序,化解现实社会的"积弱"。只有涉足史学,以理学来研究史学,才能发掘、总结出历史中值得借鉴的经验教训。从赵昉的《太平御览》、司马光的《资治通鉴》、胡安国的《春秋传》,直到朱熹的《资治通鉴纲目》等皆属此类,表明了理学与两宋史学的深厚关系。受此影响,朱松对经学、史学下过很大工夫,又曾长期供职史馆,撰修史录,从而初步形成了自己的史学成就与思想。

朱松的史学思想大致有以下三方面:

第一,格史求理。宋儒继承先儒的理性主义,表现在求知上就是要"格物穷理"或"即物穷理"。"理"既是事物存在的"所以然者",也是实践活动的"所当然者"。因此,所谓读史无非就是穷至历史之理,也即格史穷理,从而获得历史对于现实的借鉴作用。朱松对此有明确地认识,自称读史的目的,"以求天下国家兴亡理乱之变,与夫一时君子所以应时合变、先后本末之序,期于有以发为议论、措之事业"②。这里所说的"兴亡理乱之变"、"先后本末之序",也就是社会人生之"所当然者"。朱松在他的政治实践以至日常活动中也自觉

---

① 《韦斋集》卷九《上唐漕书》,第512页。
② 朱熹《朱公松行状》,《新安文献志》卷六八,第1653页。

地运用、受用这一点。《四库全书·总目提要》称其"表、奏、书、疏,皆中理而切事情。"如其奏言:"人主操大权以御天下,盖所以处之者必切中于理,然后有以深服其心。"①前文提到他对高宗陈说的汉武帝所以能够中兴、晋元帝所以不能有为的事例就是人主之理的具体表现。因为明白事理,即使平常经理家事及日用琐事,也做得"曲有条理,人无间言"②。

第二,秉笔直书。《荀子·修身》曰:"是谓是,非谓非,曰直。"秉直是儒家修己、待人、处事的一个根本要求。体现在史官的职业道德上,就是要求实事求是,秉笔直书。朱松曾自述其治史的目的之一就是"考质是非,以上下其议论"③。朱松初至史院,正赶上朝廷刊修《哲宗实录》。朱松除了参与其中,还独自承担了《宣仁附传》的修撰任务。该部分的是非优劣,不仅仅是对宣仁太皇皇后,也直接关系到仁宗以及神宗、英宗皇帝的评价,"所以辩明诬谤、分别邪正者,于体为尤重。而公考订精密,直笔无隐,论者美之。"④朱子所做的行状应该说是有根据的。《建炎以来系年要录》卷一二零载,绍兴八年六月,史馆校勘朱松与同僚等上重修《哲宗皇帝实录》;《韦斋集》卷十一也有《代进哲宗皇帝实录表》。所谓"考质是非"、"直笔无隐"的表现之一,就是对于刘挚、梁焘二人的同情。刘、梁二人先后为元祐年间丞相,立朝忠贞,皆因反对新法遭贬,以至死无正名。如朱子所说:"国史此事是先君修正,云:'刘贽、梁焘相继死于岭表,天下至今哀之!'"⑤后来元修《宋史》也采纳了这一观点,认为二人忠君事上,却并死于贬,"士论冤之!"⑥可见,朱松不仅深于史理,更富有史德。

第三,爱国思想。理学家们所追求的"天理"在当时的政治生活中,其共同的表证就是主张抗金复仇、反对求和的国家民族之大义。朱松尤其突出,表现出深厚的爱国主义思想情感。靖康之变时,朱松尚为尤溪地方县尉,惊闻二帝被俘,中原沦陷,"投袂而起,大恸几绝!"⑦不久,在告慰岳父祝公的书信中,又相言:"婺源先垄所在,兴寐未尝忘也。来书相劝以归,当俟国家克复中州,南北大定,归未晚也。"⑧接下来,便是不断上书报国,力陈中兴恢复之

---

① 《韦斋集》卷七《论时事札子》,第493页。
② 朱熹《朱公松行状》,《新安文献志》卷六八,第1663页。
③ 《韦斋集》卷九《上胡察院》,第517页。
④ 朱熹《朱公松行状》,《新安文献志》卷六八,第1659页。
⑤ 《朱子语类》卷一三〇,见朱杰人等《朱子全书》第18册,上海古籍出版社2002年,第4070页。
⑥ 《宋史》卷三四〇,中华书局1985年点校本第31册,第10868页。
⑦ 朱熹《朱公松行状》,《新安文献志》卷六八,第1654页。
⑧ 《朱熹年谱长编·建炎四年》,第13页。

策。终因反对秦桧卖国议和而被贬官出朝。宋金和议既成,朱松"感慨叹息久之",且自愧"无以少塞臣子之责"①。所有这些都是爱国主义思想情感的明显写照。朱松的《韦斋集》中,不乏充满爱国主义思想的诗篇文章,如《夜坐》:"九秋风露浩难平,伍子祠南鹤唳清。坐听儿曹谈往事,世间更觉总忘情。"又如歌颂唐代为抗击安史叛乱而献身的忠臣许远、张巡的《睢阳谒双庙》等作品。朱松评价历史人物,常常以他们是否爱国作为标准之一,尤其是对于国家中兴大业作出突出贡献的东汉刘秀、中唐陆贽等杰出人物更是褒扬有加,时常提及。晚年居家,还常为儿甥诵读《光武纪》,为说古今成败兴亡大致,以激励后人不忘国家统一大业。

四、朱松的文学

朱松尝自述,自少便喜诵古人文章,每窃取其书,玩之不厌。王懋弘《朱子年谱》也称:"松好贾谊、陆贽之学、元祐之文、安石之字。……以诗文鸣于南渡前后。"(建炎四年)因为文章与道德并美,时人号为一代"文儒"。朱松的文学思想主要有二,一是文以载道,二为诗主平淡。

"文以载道"是宋代道学兴起之后人们评价文章优劣的一个普遍标准。朱松所好的元祐之文如欧阳修、曾南丰、苏东坡、王安石等人的作品,就是这类文章的典型。他们上承中唐以来的古文运动,其立言的共同特点就是言情并茂,事理圆融,文道合一,一扫魏晋以来空虚、浮华的风气。尽管他们对道的理解不尽一致,但无疑都达到了文以载道的境界。胸怀道德,又期于发为文章、化成天下的朱松自然是心向往之。朱松的追求经过了一个由技入道的递进过程。早在为举子学时,其诗文之作就已获得时人好评,名闻四方,达到"人亦少能及之"的程度。而因为不满足于文章技艺,他接着又"复取《六经》诸史,与夫近世宗公大儒之文,反复研核,尽废人事。夜以继日者十余年。其于古今文章关键之开阖,渊源之停潴,波澜之变态,固已得其一二。"②这是进一步对文学历史和文学理论的深入掌握。最后通过传习豫章、杨时之学,终于闻得二程天理之说时,于是真正进入儒家的仁义之道,也即真正达到了文道合一的境界。友人刘子晖称其为"文儒之粹"③,后学黄榦也称其"文章行义

---

① 《朱熹年谱长编·绍兴九年》,第57页。
② 《韦斋集》卷九《上谢参政书》,第520页。
③ 刘子晖《屏山集》卷六《字朱熹祝词》,上海古籍出版社1987年景印文渊阁《四库全书》第1134册,第402页。

为学者师"①。这是对其道德文章合一并美的极高评价。《四库全书·总目提要》评论"其学本殊于俗,故其发为文章,气格高逸,修然自异。即不籍朱子以为子,其集亦足以自传。"重视道德,轻薄艺文,实为宋代理学家的通病,其表现就是欠于文采的语录体。惟朱松无其失,能够文道并重,并能自为载道之文。

"诗主平淡"之"平淡",实即心中自然流出,毫无遮隔。这是《诗经》以来诗作的本来面目和正面形象,并非后来的演变或人为设立。朱松学诗惟推本《诗经》传统,标举陶、谢、韦、柳。《韦斋集》卷九《上赵漕书》有论学诗之法,可谓朱松诗学的纲要:"盖尝以为学诗者,必探赜《六经》以浚其源,历观古今以益其波……夫《诗》自《二南》以降三百余篇,先儒以为《二南》周公所述……其余出于一时公卿大夫与夫闾巷匹夫匹妇之所作,其辞抑扬反复,蹈厉顿挫,极道其忧思佚乐之致,而独归于正。……至汉,苏、李浑然天成,去古未远。魏晋以降,迨及江左,虽已不复古人制作之本意,然清新富丽,亦各名家,而皆萧然有拔俗之韵,至今读之,使人有世表意。唐李、杜出,而古今诗人皆废。……吾闻之夫子曰:'《诗》三百篇,一言以蔽之,曰:思无邪。'嗟夫,圣人之意,其可思而知也。"②由此朱松论诗则标举陶渊明等人,尝言:"古之诗人,贵于冲口直致",因举简斋"开门知有雨,老树半身湿",以及韦苏州"诸生时列坐,共爱风满林",以为盖与彭泽"把菊东篱下,悠然见南山"同一关戾,认为"三人者出处穷达虽不同,诵其诗则可见其人之萧散清远,此殆太史公所谓'难与俗人言'者③。所谓萧散,有放意脱俗之味,也即归于自然平淡之后的一种意境。朱松本人更是擅长诗作,早年就以诗词名闻天下。时人称其诗"高远幽洁","天然秀发,格力闲暇,超然有出尘之趣。"(《朱公松行状》)可见其深得诗主平淡之真谛。

朱松也爱好艺术,于书法绘画、金石文字等也各有师法和成就。史称朱松"若文词字画,又于荆公、苏、黄皆取法焉……至于曲艺小技亦莫不各有理而尽其心焉。"④朱熹也曾自述"先君子自少好学荆公书,家藏遗墨数纸,其伪作者率能辨之。先友邓公志宏尝论之,以其学道于河洛,学问于元祐,而学书于荆舒,为不可晓者。"⑤在文集卷七五的《家藏跋刻序》中,朱熹又提到先君子

---

① 黄幹《朱先生行状》,《新安文献志》卷六三,第 1535 页。
② 《韦斋集》卷九《上赵漕书》,第 514 页。
③ 《韦斋集·序》,第 427 页。
④ 《韦斋集·序二》,第 428 页。
⑤ 《朱文公文集》卷八二《题荆公帖》,见朱杰人等《朱子全书》第 21 册,上海古籍出版社 2002 年,第 3864 页。

所藏古今石文字等。从理学主张格物穷理的认识方法来看,这种不专一门的博学精神自是其中应有之义。盖因天下之物,以至曲艺小技也莫不各有其理且通于一贯,苟有聪明余力,自然有益于道。只是限于史料,难以尽知,此处稍微提及而已。最为大成的表现无疑是后来居上的朱子。朱子之学,尤不能只从理学的主张或精神去看,无论是文史之学,还是游艺之学,均当有得于其父的直接影响。对此本人将有另文探讨和交代①。

自注：在两宋之际的和、战蜂议中,有一种现象值得注意,就是当时的理学家群体,从二程、杨时、尹焞、胡安国、罗从彦,到胡寅、胡宏、李侗、朱松,直到朱熹,无论朝野,几乎都是一致主张恢复中原,反对求和。至于当时的忠臣良将,如赵鼎、张浚、李纲、岳飞、宗泽、刘琦、韩世忠、刘子羽等,也多是具有儒学修养或认同理学思想的群体,成为了抗金复仇,并建立功业的主体力量。反观当时主张求和的代表人物,除了高宗赵构,如蔡京、秦桧、张邦昌之流,恰恰是摒弃、压制理学人物及其思想的人。从徽宗崇宁年间(1102—1106)蔡京当权开始,二程之学就被指为"伪学"、"异端"、"曲学"长期遭到禁毁。直到靖康初年(1124)李纲拜相时才获得解禁。关于这次解禁,据《宋史·钦宗本纪》记载,乃迫于金人进逼,人心涣散,遂"除元佑党籍学术之禁",诏"群臣庶士亦当讲孔孟之正道",同时"禁用《庄》、《老》及王安石《字说》"。可见,开放程学、讲论孔孟的目的就是为了收拾人心,呼唤忠良。无奈宋室败局已定,不可救药,次年即遭靖康之难。秦桧既主张和议又反对程学,所以他一旦上台,程学复遭到禁止。直到秦桧去世,方又获解。"秦桧死,程学解禁,其后多于县学策问中抨击秦桧,主倡程学。"②历史证明了蔡京和秦桧正是导致两宋衰败的两大奸臣。理学之于国家,之于人才,是当时内忧外患、人心涣散的社会条件下应运而生的根治之方,具有明显的积极作用。不过,需要说明的是,对理学思想的认识比对和战观点的采择要复杂得多,由于对理学思想理解的不一,反对理学的人未必都是主张求和,如陈公辅等;反对求和的也未必都能认同理学,如张浚等。但有一点是基本不错的,即主张求和则不会接受理学,提倡理学则不会主张求和。明人于慎行说:"南宋之亡,伪学之禁亡之也。"③一个朝代的兴亡有多种原因,其中一个根本的原因就是指导思想。从这方面说,于氏之见无疑是很深刻的。

---

① 朱氏父子之间理学部分的传承与影响笔者已有初步探讨,见《安徽大学学报》2009 年第 6 期"为有源头活水来"一文。

② 束景南《朱熹年谱长编·绍兴二五年》。

③ 《读史漫录》,齐鲁书社 1996 年出版,第 480 页。

陈白沙的"自得之学"及其时代意义

◇ 苟小泉

摘　要：陈白沙的"自得之学"本质上是指主体的自我探索、自我发现和自我实现之学。它求之于内，得之于我，具有"不由积累"的特点，是将为学求圣的过程，从程朱理学"靠书册寻之"的方法扭转为"自我得之"的内在心学路径。从渊源上看，陈白沙的"自得之学"是以儒家"自得"说为主干，集纳了道家、魏晋玄学"自得"说的内容，融合其人生志向与社会环境相激荡的经历而创立的。实现"自得之学"主要包含着主体的"自立"、"贵疑"、"觉悟"诸规定，其出现在明初程朱理学一统天下之时，成为新学风的代表，为明初学术转型做出了贡献。

关 键 词：自得；内、外；自立；贵疑；觉悟

作者简介：苟小泉，华东师范大学哲学博士后流动站博士后、副研究员。主要研究领域：形而上学、中国古代哲学。

在明代理学潮流中，陈白沙哲学处于明代心学主流思潮的开启者和发动者位置。王畿曾指出："愚谓我朝理学，开端还是白沙，至先师而大明。"[1]黄宗羲在《明儒学案》中，同样揭示了白沙哲学对明代学术的贡献和其重要地位，他说："有明之学，至白沙始入精微。……至阳明而后大。"[2]王畿、黄宗羲的这一概括，实际上已成为中国哲学史上的定论。作为正史的《明史·儒林传序》，虽对白沙学术持批判态度，但仍然承认："学术之分则自陈献章、王守仁始。"[3]从以上的概括来看，明代心学是以陈白沙为开端的，而这一开端的显著标志就是陈白沙的"自得之学"。

一、陈白沙的"自得之学"的内涵与渊源

白沙对"自得之学"有什么样的规定和内涵呢？陈白沙在不同的地方有

---

[1] 王畿：《复颜冲宇》，《王龙溪先生全集》卷十，道光二年会稽莫晋刻本。
[2] 黄宗羲：《白沙学案上》，《明儒学案》卷五，中华书局1985年版，第78页。
[3] 张玉书、王鸿绪、张廷玉等：《明史·儒林传》卷二百八十二，中华书局1987年点校本，第7222页。

多种阐释,如:

> 徐考其实,则见其重内轻外,难进而易退,蹈义如弗及,畏利若懦夫,卓乎有以自立,不以物喜,不以己悲,盖亦庶几乎吾所谓浩然而自得者矣。①

> 自得者,不累于外物,不累于耳目,不累于一切,鸢飞鱼跃在我,知此者谓之善,不知此者虽学无益也。②

> 若道不希慕圣贤,我还肯如此学否?思量到此,见得个不容已处。虽使古无圣贤为之依归,我亦住不得,如此方是自得之学。③

> 忘我而我大,不求胜物而物莫能挠。孟子云:"我善养吾浩然之气。"山林朝市一也,死生常变一也,富贵贫贱、夷狄患难一也,而无以动其心,是名曰"自得"。④

> 士从事于学,功深力到,华落实存,乃浩然自得,则不知天地之为大,死生之为变,而况于富贵贫贱、功利得丧、屈信予夺之间哉。⑤

仔细体会以上不同层面和角度的概括、描述,白沙在强调成就"自得"可以达到的一种无任何功利得失负累、忘我大我的精神境界的同时,也揭示出"自得"的实质内涵,即在"内"与"外"之间的一种"重内轻外"、"不累于外"的选择。所以,白沙的"自得之学"实际上就是求之于内(而非外),得之于我(而非人),也就是白沙所言:"具足于内者,无所待乎外;性于天者,无所事乎人。"⑥

这里的"内",实质是指主体之"我",或者是一己之"心"。"自得之学"应该做到的是"具足于内"或"重内轻外"、"不累于外",即完全以一心"内足"的"我"为依据,树立起一个成性于天的"我",既不依待于外物,也不依待于他人,从而达到无任何负累的宏大境界。与"内"相对,"外"主要是指现实性的名利地位、荣辱得失等存在物,即"富贵贫贱、功利得丧、屈信予夺"等。

白沙在把现实性的名利地位、荣辱得失等存在规定为"外"的同时,走上了一条"无待乎外"、"不累于外"、"具足于内"的"自得"之路。他筑春阳台,静坐台中,达十年之久,终于"见吾此心之体隐然呈露",找到了此心与此理的

---

① 陈献章:《李文溪文集序》,《陈献章集》卷一,第 8 页。
② 同上。
③ 陈献章:《与贺克恭黄门》,《陈献章集》卷二,第 133 页。
④ 转引自阮榕龄:《编次陈白沙先生年谱》,《陈献章集》附录二,中华书局 1987 年点校本,第 825 页。
⑤ 陈献章:《李文溪文集序》,《陈献章集》卷一,第 8 页。
⑥ 陈献章:《风木图记》,《陈献章集》卷一,第 48 页。

"凑泊吻合处"。他曾自述这一经过：

> 比归白沙，杜门不出，专求所以用力之方。既无师友指引，惟日靠书册寻之，忘寝忘食，如是者亦累年，而卒未得焉。所谓未得，谓吾此心与此理未有凑泊吻合处也。于是舍彼之繁，求吾之约，惟在静坐，久之，然后见吾此心之体隐然呈露，常若有物。日用间种种应酬，随吾所欲，如马之御衔勒也。体认物理，稽诸圣训，各有头绪来历，如水之有源委也。于是涣然自信曰："作圣之功，其在兹乎！"①

这段告白十分重要，是一名由迷转悟者以十年工夫锻造的悟道之谈。白沙在没有任何依傍的情况下②，费十年之力"惟在静坐"，使得"此心之体隐然呈露"。"此心之体"就是"内"，也是他自我确认寻找到的根基。至此，白沙发现，由于"心体"的显现，事事物物都能随心所欲，各有来历。白沙认为，这就是此心与此理的"凑泊吻合"的"自得"。由此可见，白沙的"自得之学"，本质上不外是指主体的自我探索、自我发现和自我实现之学③。

对于"自得之学"的路径中所蕴含的道理，白沙曾有过如下总结和说明：

> 夫学有由积累而至者，有不由积累而至者；有可以言传者，有不可以言传者。……大抵由积累而至者，可以言传也；不由积累而至者，不可以言传也。……斯理也，宋儒言之备矣。吾尝恶其太严也，使得于见闻者不睹其真，而徒与我哓哓也。是故道也者，自我得之，自我言之，可也。不然，辞愈多而道愈窒，徒以乱人也，君子奚取焉？④

显然，白沙将宋以来的为学路径概括为两种，即由积累而至又可以言传的时儒之路与不由积累而至又不可言传的"自得"之路。他反感前者的条分缕析，而主张"自我得之，自我言之"。可见，"自得"是完全与宋儒"太严"学风对立的，是白沙学说脱离"太严"学风，走向程朱理学反面，实现明代学术转变的关键。

从渊源上看，白沙的"自得之学"当然有其中国哲学传统的内在传承，在

---

① 陈献章：《复张东白内翰》，《陈献章集》卷三，第145页。
② 缪天绶说："在这个因循蹈袭的空气弥漫一时的时候，而白沙独摆脱一切，前无古人，后无来者……他这种气象'孤标独秀，高矗入云'，其学说所被，那里有依墙靠壁的一类东西呢？"（缪天绶：《明儒学案选注》，《新序》，商务印书馆《国学基本丛书》本，1931年版，第13页。）
③ 关于白沙"自得之学"的性质，景海峰先生《陈白沙与明初儒学》一文有精彩的分析。景先生以"有师而不承其学"、"不趋风随众，人云亦云"与"道德自我的心境调适"三层诠释白沙的"自得"，正好说明了白沙"自得之学"的"无待乎外"、"具足于内"的特征。（见《中国哲学史》2001年第2期）
④ 陈献章：《复张东白内翰》，《陈献章集》卷二，第131—132页。

其"自得之学"中,含有中国哲学传统的丰厚养分。

作为中国哲学源远流长的主体性特征的体现,"自得"是中国哲学的固有传统和关键内容。孔子、孟子、宋明理学均可视为具有强烈主体性的哲学,"自得"均是其重要内容。

孔子开创的儒家哲学,自始至终非常重视人的主体性。"仁"是孔子哲学思想的核心内容。"仁"在儒家哲学中,最终指主体之自我在现实生活中的本质的完成,这也就是孔子"下学上达"的"为己"之学。《论语》云:"古之学者为己,今之学者为人。"①关于孔子的"为己"、"为人"之说的内涵,朱熹引程子注曰:

> "为己,欲得之于己也。为人,欲见知于人也。""古之学者为己,其终至于成物。今之学者为人,其终至于丧己。"
>
> 愚按:圣贤论学者用心得失之际,其说多矣,然未有如此言之切而要者。于此明辨而日省之,则庶几其不昧于所从矣。②

孔子的"为己"是真正实现自己、成就自己的意思,但也含有程朱诠释的"得之于己"的"自得"之义。

孟子明确提出"自得"概念,实质上也是继承和发扬了孔子"为己"之学的传统。孟子所言的"自得",不仅指"得之于己",而更强调"自得"可以达到的无任何名利得失负累、"左右逢源"的精神境界。孟子说:"君子深造之以道,欲其自得之也。自得之则居之安,居之安则资之深,资之深则左右逢其原。故君子欲其自得之也。"③对于孟子的"自得"之说的内涵,朱熹有详尽的发挥,其曰:"君子务于深造而必以其道者,欲其有所持循,以俟夫默识心通,自然而得之于己也。自得于己,则所以处之者安固而不摇;处之安固,则所籍者深远而无尽;所籍者深,则日用之闲取之至近,无所往而不值其所资之本也。"④可见,孟子的原意是,只有"自然而得之于己",才能够处之"安固而不摇",处之安固,进而"深远而无尽",达到"无所往而不值其所资之本"的境界。

由孔、孟奠定的儒家这一传统,受到后来学者的一致推崇,"自得"也就成为中国传统哲学的一种普遍追求。

宋儒更是凸显和发扬了"自得"传统。比如,程颢曰:"学莫贵乎自得,非

---

① 孔子:《论语·宪问》,《十三经注疏》本。
② 朱熹:《论语集注》卷七,《四书章句集注》,中华书局1983年版,第155页。
③ 孟子:《孟子·离娄下》,《十三经注疏》本。
④ 朱熹:《孟子集注》卷八,《四书章句集注》,第292页。

在人也。"①陆九渊的心学,更强调这一点,如:"因读《孟子》而自得之。"②"自得,自成,自道,不倚师友载籍。"③所谓"自得,自成,自道,不倚师友载籍",也就是白沙所言的"具足于内"、"无待乎外"的"自得"。

相较而言,邵雍对白沙的影响更为直接。白沙"自得之学"实际上直接源于邵雍,白沙有一首论学诗说明了这一点。其诗云:"树倒藤枯始一扶,诸贤为计得毋疏。阅穷载籍终无补,坐破蒲团亦是枯。定性未能忘物外,求心依旧落迷途。弄丸我爱张东所,只学尧夫也不孤。"④此诗不是理论的表述,实乃白沙学术方法的总结和表达。诗中讲的"为计"就是指"方法论"之意。究竟用何种方法为学呢?白沙先不从正面回答,而是否定了两种行不通的方法:一是"阅穷载籍",即读完所有的书籍;其二是"坐破蒲团",即佛教禅定静坐的枯槁死灰。接着白沙探讨了为学方法论的实质在于,"定性"应"忘物",为学当"求心",最后白沙指出了路径:"只学尧夫"。可见白沙的"自得"方法来自邵雍无疑。

纵观白沙自得之学,其继承了邵雍的"观物"学即"以物观物"法。如何"观物"呢?邵雍提出了"道尽于人"、"物观于心"的"以物观物"之法:

> 以天地观万物,则万物为万物;以道观天地,则天地亦为万物。道之道尽之于天矣,天之道尽于地矣,天地之道尽之于万物矣,天地万物之道尽之于人矣。⑤

> 夫所以谓之观物者,非以目观之也。非观之以目,而观之以心也。非观之以心,而观之以理也。⑥

> 圣人之所以能一万物之情者,谓其圣人之能反观也,所以谓之反观者,不以我观物也。不以我观物者,以物观物之谓也。既能以物观物,又安有我于其间哉!⑦

所谓"观物"就是对天地万物,包括人类自身的观察和觉解。邵雍认为,观物不是用眼睛去看,"非以目观之也",而是"观之以心",甚至也不是"观之以心",而是"观之以理也。"也就是说,观物就是求内外合一之"理"。邵雍认为,"理"最终通过人而存在和展现,所以,认识事物之理就要求"心"的体悟和

---

① 程颢、程颐:《论学篇》,《河南程氏粹言卷第一》,《二程集》,中华书局1981年版,第1197页。
② 陆九渊:《语录》,《陆九渊集》卷三十五,中华书局1980年版,第471页。
③ 同上,第452页。
④ 陈献章:《次韵廷实示学者》,《陈献章集》卷五,第495页。
⑤ 邵雍:《观物篇》之四十二,《皇极经世》卷十一,《道藏》第23册,第423页。
⑥ 邵雍:《观物篇》之五十二,《皇极经世》卷十一,《道藏》第23册,第432页。
⑦ 同上。

了解。但这个"心"不是一个小我之心,而是一个没有"我"在其间的"性"(也就是"道")。可见,邵雍的"以物观物"的实质是指:以得道之"心"洞察事物的本性。邵雍的这个思路,白沙完全予以继承。如白沙诗云:

> 天城列两仪,其中位太极。不悟名象生,焉知画前易?伏羲古已亡,《图》、《书》久晦蚀。寄语山中人,妙契在端默。①

湛若水解释曰:

> 天城、太极,皆湖西山名。……言太极山如《书》中太极而天城列如两仪。盖有此理,而后有此象,有此名,不因此名象所由生。何以知画前之《易》乎?盖指太极之理也。然伏羲古往矣,《河图》、《洛书》久不明,则山中人如一峰者,可不端默妙契画前之理乎?②

白沙认为,"名"、"象"等物的太极之理的认识和把握,必须由主体的"端默妙契"来实现。实质与邵雍的以得道之"心"洞察事物的本性的"以物观物"相类同。

但若说白沙的"自得之学"仅是儒家"自得"传统,却不尽然,白沙实际上还吸收了道家、魏晋玄学的"自得",从而明显地表现出对儒家"自得之学"的发扬光大。白沙的"自得"受老、庄、魏晋玄学影响甚巨。

老子虽然没有明确提出"自得"之说,但老子的哲学体系内在地蕴涵有"自得"之义。当老子说"道生之,德蓄之"或"万物莫不尊道而贵德"③的时候,其实是在强调"得"的重要性④。但是对于如何"得",老子则完全依赖于主体的感悟和体验,如:"古之善为道者,微妙玄通,深不可识,故强为之容。豫兮若冬涉川,犹兮其若畏四邻。俨兮其若客,涣兮若冰之将释。敦兮其若朴,旷兮其若谷。"⑤老子对于得道的描述虽然微妙玄通,但总体上表现的是主体之"得",这是白沙的"自得之学"的主要渊源之一。

庄子哲学是在老子哲学基础上形成的更具主体性的思想体系,所以其

---

① 陈献章:《湖西八景,为罗修撰作效一峰体》,《陈献章集》卷四,第282页。
② 湛若水:《白沙子古诗教解卷之上》,《陈献章集》附录二,第715页。
③ 老子:《道德经·五十一章》。
④ 在这里,"德"与"得"是相通的,如管子在解释"道"与"德"的关系时指出:"德者道之舍,物得以生生,知得以职道之精。故德者,得也。"(《管子·心术上》)这展示"道"与"德"这一对范畴本来的相通涵义。
⑤ 老子:《道德经·十五章》。白沙对老子的这一"得"的方式十分重视,被其视为"座右铭",即所谓:"老子云:'豫兮若冬涉川,犹兮其若畏四邻,旷兮其若谷,浑兮其若浊。'此殆今日之座右铭也。况吾人固相托以心而不以迹耶!"(陈献章:《与林辑熙书二十六》,《陈献章集》诗文续补遗,第980—981页。)白沙之所以重视老子的话语,是因为在这里,老子用"迹"与"心"的契合表达了白沙的"自得"。

"自得"之特征尤为显著和突出,如:"逍遥游于天地之间,而心意自得。"①当然,庄子的"自得"实际上更强调主体在得道之后所呈现出的人生的极端洒脱和无累的境界,其实质类似于自由、自在之义。陈白沙在说明"自得"的"不累于外物,不累于耳目,不累于一切,鸢飞鱼跃在我"的特征时,其继承的就是庄子的"自得"。

魏晋玄学,无疑也是一种"自得之学"。在中国哲学发展史上,魏晋玄学的"有"、"无"之辩,"自然"、"名教"之争,其实质依然不落于"自得"这一固有的传统之外。作为魏晋玄学的代表人物王弼,其中心命题是:"言者所以明象,得象而忘言;象者所以存意,得意而忘象。"②这里的"得象忘言"、"得意忘言"、"得意忘象",明确地、重点地突出了"得",联系王弼的思想体系本身,我们不难发现,这个"得"实际上不外乎"自得"。"言"是指语言,也就是书册、语言等,"象"是指物象,也是符号和象征,我们通过"忘"即驱除掉语言、物象之后而实现"意"。从这个过程看,王弼所最终达到的"意"毫无疑问是自得的结果。

当然,向秀、郭象《庄子注》中提出的顺应本性自然发展的"自得"说,也是白沙"自得之学"的题中应有之义。如:"夫小大虽殊而放于自得之场,则物任其性,事称其能,各当其分,逍遥一也,岂容胜负于其间哉!"③"夫无以知为而任其自知,则虽知周万物而恬然自得也。"④这就是说,事物无论大小,只要能顺应本性自然,就可以达到"自得";同样,认识事物本性,真正的"知"不是故意求知,而是本性的自然发展,"知"不是出于故意,而是"恬然自得"。这与白沙所言的"具足于内者,无所待乎外;性于天者,无所事乎人"的"自得"之义具有一致的内涵。

总之,白沙的"自得之学"根植于中国哲学源远流长、博大精深的固有的"自得"传统,以儒家"自得"说为主干,吸收、集纳了道家、魏晋玄学"自得"说的优秀成果,融合其人生志向与社会环境相激荡的经历,从而创立了代表时代精神的"自得之学"。

二、陈白沙"自得之学"的实现路径

从根本上看,"自得之学"是一种主体的"为己"之学。所以,细考白沙的

---

① 庄子:《庄子·让王篇》,《诸子集成》本,中华书局1954年版。
② 王弼:《周易略例·明象》,《王弼集校释》,楼宇烈校释,中华书局1980年版,第609页。
③ 向秀、郭象:《庄子·逍遥游》注,《诸子集成》本,中华书局1954年版。
④ 向秀、郭象:《庄子·缮性》注。

"自得之学",实现"自得"的路径,主要包含着主体的"自立"、"贵疑"、"觉悟"诸规定。

这里的"自立"首先指主体的立志与奋励,即挺立起主体的奋发向上精神。仔细品味白沙诗文,考诸其人生,我们可以发现,他所说的"自得"与主体的"自立"精神有极大的关系。在中国传统文化中,人生志向的最高层次是完善自我,实现修身、齐家、治国、平天下的崇高理想。由此,每个人都应该"与天地参立",这就是"自立"。他说:"人一身与天地参立,岂可不知自贵重,日与逐逐者为伍耶?"[1]"自立"是其"自得之学"的重要前提,其实质包含了三层内蕴。首先,"自立"表现为"自贵"或"自爱",即应知自我"贵重",珍惜自身的价值,不能随波逐流。白沙说:"余尝以观古今,人凡有爱,必先自爱其身,然后可以推己及物。"[2]一个人连自己都不爱,其何能自贵?他甚至因此而赞扬"拔一毛以利天下而不为"的杨朱,曰:"莫笑杨朱小,杨朱解爱身。"[3]这一切均源于"人之可贵"。其次,"自立"还表现为"自信",即树立自作主宰的主体精神,不为他人左右。他曾经批评盲从的学生,曰:"我否子亦否,我然子亦然;然否苟由我,于子何有焉?人生寄一世,落叶风中旋。胡为不自返,浊水迷清渊。"[4]白沙认为,别人说什么自己跟着说什么,这样人生一世不过好似风中落叶随风颠倒,是没有什么意义的。其三,"自立"表现为"必得"。这里的"必得",是指不达"自得"目标绝不罢休的坚定信念和顽强意志。他说:"为学当求诸心必得。"[5]没有求诸"必得"的坚定信念和百折不挠的顽强意志[6],白沙决难成就"自得之学"。

白沙在强调"自立"从而挺立起主体精神的同时,也将自我体认、自我发现展示出来。他不依靠外在的、以耳目感官得到的知识为满足,而强调主体的"觉悟",而要达到"觉悟",其前提是具有怀疑精神。白沙认为,只有在大胆怀疑的基础上,才能不断地长进,实现"自得",此外别无他法,这就是"贵疑"。白沙曰:"前辈谓'学贵知疑',小疑则小进,大疑则大进。疑者,觉悟之机也。一番觉悟,一番长进。章初学时亦是如此,更无别法也。"[7]白沙曾刻苦研读书

---

[1] 陈献章:《与董子书》,《陈献章集》卷二,第229页。
[2] 陈献章:《与易赞书》,《陈献章集》诗文补遗,第697页。
[3] 陈献章:《寄太虚上人》,《陈献章集》卷四,第356页。
[4] 陈献章:《赠陈秉常其四》,《陈献章集》卷四,第287页。
[5] 陈献章:《书自题大塘书屋诗后》,《陈献章集》卷一,第68页。
[6] 姜允明教授认为:"其苦行苦修的程度,连第一流禅师都望尘莫及。……这笃志诚意,刻苦自律,其中甘苦滋味实无法向人道来。"(姜允明:《陈白沙其人其学》,洪业文化事业有限公司,2003年版,第82页。)
[7] 陈献章:《与张廷实主事十二》,《陈献章集》卷二,第165页。

册,期望从古人的言语中获得真知,但结果是未有所得,这是他主张"贵疑"的开始。白沙的"自得之学",其主旨是高扬人的主体精神,他提倡怀疑精神,就是对这种主体意识的激励。只有通过怀疑,才能将为学的进路从"为人"返回到"为己",才能达到真知和不疑。他说:"疑而后问,问而后知,知之真则信矣。故疑者进道之萌芽也,信则有诸己矣。《论语》曰:'古之学者为己。'"①白沙主张的"疑",就是不依靠他人,不盲目崇拜,要通过自己的思考而提出疑问,甚至圣人也要经过这样的检验,白沙说:"孟子聪明还孟子,如今且莫信人言。"②"《孝经》、《论语》时参错,子史平生尽抛却。"③"孔子,大圣人也,而欲无言。后儒弗及圣人远矣,而汲汲乎著述,亦独何哉!虽然无言二字亦著述也,有能超悟自得,则于斯道思过半矣。然则《六经》、《四书》,亦剩语耳,矧引他乎?"④白沙以"自得"为标准,对《四书》、《六经》亦作出了"剩语"的评价,这虽是"有激而云",但我们可看到白沙宝贵的"贵疑"精神。

经过自我的挺立,通过大胆的怀疑,便会产生主体的觉醒或"心"的发现,这就是"自觉"或"觉悟"。白沙清醒地看到,在他的时代,能够"自觉"的学者实在太少,大家均"传训诂"、"夸记诵",均失于"不自觉",他说:"学无难易,在人自觉耳。才觉退便是进也,才觉病便是药也。眼前朋友可以论学者几人?其失在于不自觉耳。"⑤白沙慨叹眼前可与论学的朋友,都失于"不自觉",实是对当时普遍盛行的程朱学风的有力批评。当时大多数学者陷于对程朱理法森严之学的盲目崇拜,将学术当作猎取功名利禄或当作一种光景玩弄的手段。陈白沙对时儒"不自觉"的批评,的确抓住了时弊和要害,具有积极的意义。

白沙认为,只有在"觉悟"的状态下,才能达到"自得"的"忘我而大我,不求胜物而物莫能挠"的自由圆通之境,即:"人争一个觉,才觉便我大而物小,物尽而我无尽。夫无尽者,微尘六合,瞬息千古。"⑥这里白沙强调了"觉悟"对于"自得"的重要意义,但这个"觉悟"并非人人都能实现。白沙指出:"《传》曰:'道在迩而求之远,事在易而求诸难。'又曰:'行之而不著焉,习矣而不察焉,终身由之而不知其道者,众矣。'圣贤教人,多少直截分晓而人自不察。索

---

① 陈献章:《语录》,《白沙学案上》,《明儒学案》卷五,第88页。
② 陈献章:《次韵张廷实读伊洛渊源录》,《陈献章集》卷六,第645页。
③ 陈献章:《题梁先生芸阁》,《陈献章集》卷四,第323页。
④ 转引自张诩:《文集》,《明儒学案》卷六,第95页。
⑤ 陈献章:《与湛民泽五》,《陈献章集》卷二,第191页。
⑥ 陈献章:《与林时矩》,《陈献章集》卷四,第243页。

之渺茫,求诸高远,不得其门而入,悲夫!"①白沙指出,圣贤的教导,往往是"直截分晓","道"就伴随着人的终身,但在现实中,很多人都没有能够"自察"、"觉悟",他们往往舍弃简易而求诸高远,得门而不入,这是可悲的。

同时从方法上看,"觉悟"也包含着"体悟"。白沙认为,"自得"是一种不由积累而至的直觉体认的过程,所以,"自得"之途径和方法就不是外在的、可以言传之路,而是一种对"心"的体悟和发现。在《李世卿还嘉鱼序》中,白沙说他与李世卿"凡天地间耳目所见闻,古今上下载籍所存,无所不语",唯有"心"没有谈:"所未语者此心"。为什么呢?他解释说:

> 此心通塞往来之机,生生化化之妙,非见闻所及,将以待世卿深思而自得之,非敢有爱于言也。②

白沙的"自得之学"本质上"具足于内",所以"非见闻所及"、"非敢有爱于言",但通过"深思"、"自得",便能够理解和认识"通塞往来之机,生生化化之妙"之"心"。由此可见,实现"自得之学"的途径内在地包涵着对于"此心"的"体悟"。

三、陈白沙"自得之学"的时代意义

陈白沙的"自得之学"在创建之时,实质上就确立了在中国哲学史上的地位。概括言之,白沙"自得之学"扫除了明初由程朱理学大一统所带来的沉闷、异化学风,开辟了清新空气,成为新学风的代表,为明初学术转型,为儒学的进一步发展做出了重大贡献。

白沙所处的时代是一个程朱理学占据了学术界以至整个思想界的主位,成为霸权化学术的时代。从学术风气看,由于受程朱理学的影响,学者们普遍存在一种"求之难"的自得路径。白沙自道其"日靠书册寻之,忘寝忘食"的做法绝非个别,而是带有普遍性的。比如,白沙的老师吴与弼"刻苦奋励",学问"多从五更枕上、汗流泪下得来"。刘宗周评价其学曰:"先生之学,刻苦奋励,多从五更枕上、汗流泪下得来。及夫得之而有以自乐,则又不知足之蹈之、手之舞之。"③可见其自得之艰辛与不易。吴与弼乃并世大儒,尚且如此,一般的读书人就可想而知了。

之所以会出现"求之难"的问题,根本原因在于,当时的学者们丧失了儒

---

① 陈献章:《与张廷实主事三十七》,《陈献章集》卷二,第176页。
② 陈献章:《李世卿还嘉鱼序》,《陈献章集》卷一,第15页。
③ 黄宗羲:《师说》,《明儒学案》,第3页。

家的真精神,士子奔竞于八股取士之道、"守儒先之正传"、"传训诂"、"夸记诵"①。这在白沙看来,是典型的"待于外"、"累于外",即依赖于科举、师法、书册,不敢越雷池一步。在这种情况下,真正体会到"夫子之学"或"精一学问"自然是一件难事。

白沙通过努力,找到了一条不同于程朱理学"靠书册寻之"、"求之难"的自得之路。白沙认为,"自得"其实是一种"至近"、"百姓日用而不知"的"道在我"的状态和过程,绝不是一种充满艰难险阻、可望而不可即的外在之路。白沙总结道:

> 知者能知至无于至近,则无动而非神。藏而后发,明其几矣。形而斯存,道在我矣。是故善求道者求之易,不善求道者求之难。……然而世之学者不得其说,而以用心失之者多矣。②

白沙主张,自得于心是一种不由积累而至又不可言传的直觉体认之路。而一般人求之于外,得之于物,囿于由积累而至又可以言传之路,往往"求之难"、"失之多"。"自得"就是达到的一个"道在我"的心体,这也就是白沙所云的"非由积累"而至,如源头活水一样不竭的存在。他说:"亦有非积累,源泉自涓涓。至无有至动,至近至神焉。发用兹不穷,缄藏极渊泉。"③湛若水解释曰:"圣学心得之妙,不由积累,如源泉之出,自涓涓而不息,程子所谓庄敬持养者是也。"④这就是说,心体不由积累而至,如源泉一样,涓涓不息。圣学不存在于"外",不能"求之难",而是人人秉有、先天存在的,这就是"圣学心得"。

"圣学心得"强调了为学"求之易"、"求诸心"的简易快捷,这一重要的为学方法和路径,在朱学一统天下的明代初期,起到了扭转明代学术风气、改变明代学术方向的作用,在宋明理学史上具有重要的意义。李庭机在《从祀文庙疏议》中论说:

> 盖自是天下学道者,浸知厌支离而反求诸心。岂谓尽出新会哉?要之,默自新会启之也。⑤

正是由于白沙的"自得之学",使得当时的学人背弃朱学的"支离",而"反求诸心"。李庭机的"天下学道者自新会启之"的评价,说明白沙在当时已经

---

① 章懋:《原学》,《诸儒学案上三》,《明儒学案》卷四十五,第1080页。
② 陈献章:《复张东白内翰》,《陈献章集》卷二,第131页。
③ 陈献章:《答张内翰廷祥书,括而成诗,呈胡希仁提学》,《陈献章集》卷四,第279页。
④ 湛若水:《白沙子古诗教解卷之上》,《陈献章集》附录一,第710页。
⑤ 李庭机:《从祀文庙疏议》,《陈献章集》附录四,第928页。

成为新学风的代表。

当然，白沙倡言"自得"的新学风，在当时也受到了不少批评，如坚守程朱"操"、"敬"的胡居仁，他一生反对舍弃戒慎恐惧的操持工夫，去追求"自得"。以此为标准，他批判陈白沙说："陈公甫亦窥见些道理本原，因下面无循序工夫，故遂成空见。"①胡居仁认为，陈白沙的"自得"，由于没有从戒慎恐惧的操持功夫入手，所以其结果便流入佛道异端，达到的是感性放任。对于胡居仁之说，陈来这样评价道："他所追求的是一种严肃主义的境界，而对那种追求自得的浪漫主义境界始终有所警惕。这一方面表达了他自己对朱子代表的正统理学的理解，另一方面也显示出在他的时代，浪漫主义在理学中日益扩大的影响。"②实际上，所谓"追求自得的浪漫主义"在理学中的出现，正好反映出程朱理学自身的缺漏和不足，这也正是陈白沙"自得之学"的价值和意义。以陈白沙为代表的这种"自得的浪漫主义"的出现，开起了明代心学思潮的新方向。

明代心学殿军刘宗周评价白沙学说曰："先生学宗自然，而要归于自得。自得故资深逢源，与鸢鱼同一活泼，而还以握造化之枢机，可谓独开门户，超然不凡。"③这是对白沙"自得之学"的高度赞扬，这一赞誉肯定了白沙之学在整个中国哲学史上的重要意义。正是在"要归自得"的"独开门户，超然不凡"这一点上，白沙扭转了有明一代的哲学方向，成为明代心学的奠基者。对于这一点，王阳明毫不隐晦地承认其受惠于白沙的"自得之学"。他说：

> 夫求以自得，而后可与之言圣人之道。某幼不学问，陷溺于邪僻者二十年，而始究心于释老，赖天之灵，因有所觉。始乃沿周程之说求之，而若有得焉。顾一二同志之外，莫予翼也。岌岌乎仆而后兴，晚得友于甘泉子，而后吾之志益坚，毅然若不可遏。则予之资于甘泉多矣。甘泉之学，务求自得者也。世未之能知，其知者且疑之为禅，诚禅也，吾犹未得而见。而况其所志卓尔若此。则如甘泉者，非圣人之徒欤？④

白沙与阳明并非同一时代的学者，但白沙的"自得之学"依然给阳明极大的启发，这要归因于湛若水与王阳明的交往。阳明是在弘治十八年（1505）年首次获交湛若水，湛回忆说："日夕相与论议于京邸，王子于吾言无所不悦。"⑤

---

① 胡居仁：《居业录》，《崇仁学案二》，《明儒学案》卷二，第35页。
② 陈来：《宋明理学》，华东师范大学出版社2004年，第249页。
③ 黄宗羲：《师说》，《明儒学案》，第4—5页。
④ 王守仁：《别湛甘泉序》，《王阳明全集》卷七，第231页。
⑤ 湛若水：《赠别应元忠吉士叙》，《甘泉文集》卷十七，同治丙寅篡刻本。

这里的"王子"即王阳明。阳明之所以如此欣喜,是因结交湛若水,首度得闻白沙的"自得之学"。我们已经知道,白沙的"自得之学"是将为学的路径从朱学的外在求理之路,转为"为学当求诸心必得"的内在路径,其强烈的主体性无疑非常契合陷于"格竹"困境中的王阳明[①],阳明在"陷溺于邪僻者二十年"、"茇茇乎仆而后兴"之后,终于得出"夫求以自得,而后可与之言圣人之道"的结论,这是白沙"自得之学"对王阳明思想具有开启、影响作用的明证。明代的心学思潮,就是在白沙"自得之学"的基础之上,开辟出王阳明"心即理"、"致良知"、"知行合一"的大成之道。

总之,陈白沙"自得之学"的时代意义在于,其出现在程朱理学一统天下之时,敢于反思朱学之不足,提倡"学贵自得",将用力之点从外在转向自我。这些做法是开创性的。明代理学就是以陈白沙的"自得之学"为起点,开启了其主流心学思潮的进程。

(特约编辑:邹晓东)

[①] 关于阳明"格竹"经历,林乐昌教授作了深层阐释:格竹经历对阳明的思想演变并非无意义的"笑谈",而是一次严肃的精神探索;格竹事件的发生和结果,并非对朱学的"误解",而是阳明怀疑乃至扬弃朱学的契机和转折点。参见林乐昌:《王阳明"格竹"经历的深层阐释》,浙江学刊,1998 年第 6 期;陈来:《朱熹哲学研究》,中国社会科学出版社 1989 年第 1 版,第 253 页;刘述先:《论阳明哲学之朱子思想渊源》,刊于香港中文大学《中国文化研究所学报》第 15 卷;姜广辉:《阳明哲学的视角》,《哲学研究》1993 年第 5 期。)

建构、解构、重构
——儒、释、道的艺术功能

◇ 陈　炎

摘　要：尽管儒、释、道之间的关系相当复杂，可以用不同的结构模式来加以分析，但从对华夏民族的艺术贡献而言，儒家的功能主要在"建构"，即为中国人的审美活动提供某种秩序化、程式化、符号化的规则和习惯；道家的功能则主要在"解构"，即以解文饰、解规则、解符号的姿态而对儒家美学在建构过程中所出现的异化现象进行反向的消解，以保持其自由的创造活力；佛家的功能则在于"重构"，即以在空、幻、寂、灭的基础上重构色空一体的意象世界，从而为艺术创造开辟新的空间……正是在这种不断"建构"、"解构"、"重构"的过程中，中国古典美学才得以健康而持续地发展，从而创造着人类艺术史上的奇迹。

关　键　词：儒家、道家、佛家、建构、解构、重构

作者简介：陈炎，山东大学教授、博士生导师，兼山东大学副校长、山东大学儒学高等研究院常务副院长。主要研究领域：文艺美学、西方美学、文化理论研究、儒学等。

一

从发生学的角度来看，儒家在进行礼乐文化的重建过程中，为铸造中华民族的审美心理习惯做出了特殊的贡献。我们知道，人与动物的不同，就在于人是一种文化的动物，而文化则是以符号为载体和传媒的。在这个意义上，著名符号论哲学家卡西尔曾经指出，人是一种符号的动物。而以"相礼"为职业的儒者，最初恰恰是这种文化符号的掌管者和操作者。

据章太炎的说法："儒"在古文字中本来是写作"需"的，而"需"则是求

雨的巫觋;近来又有人从《周易·需卦》的卦辞中考证,"需"是"术士所操之术的动作行为",或是殷代巫士制礼时所带的礼冠,因而与儒者的装束和行为有关。另有人考证说,儒的起源,与乐师即早期掌管教育和仪式的乐官有关。① "近代有学者认为,'儒'的前身是古代专为贵族服务的巫、史、祝、卜;在春秋大动荡时期,'儒'失去了原有的地位,由于他们熟悉贵族的礼仪,便以'相礼'为谋生的职业。"② 无论是沟通天人之际的祈雨活动,还是规范人际交往的礼仪活动,都需要特殊的装束和举止,因而是一种特殊的符号行为。

这种看法是有一定根据的,孔子及其弟子很可能就是继承了巫、史、祝、卜中有较高实用理性传统的"君子儒"。这一切,可以在孔子所谓"俎豆之事则尝闻之矣,军旅之事未之学也。"(《论语·卫灵公》)"吾少也贱,故多能鄙事","出则事公卿,入则事父兄,丧事不敢不勉,不为酒困,何有于我哉?"(《论语·子罕》)等言论中得到说明。从墨子对儒家"盛容修饰以蛊世,弦歌鼓舞以聚徒,繁登降之礼以示仪,务趋翔之节以观众"(《墨子·非儒》)的批评上来看,儒者也确实擅长符号性的展示与表演。

然而不幸的是,孔子所生活的春秋末年,恰恰是一个"礼崩乐坏"的年代。这种"礼崩乐坏"的现象,既可能来自天人关系的松弛:人们不再相信巫觋之类的行为可以影响天的意志;也可能来自人际关系的松弛:人们不再相信周公制定的礼乐规范足以束缚自己的意志。于是便出现了"桑间浦上"之类的"亡国之音"和"八佾舞于庭"之类的"不伦之事"。原本是沟通天人关系、规范君臣等级的礼乐文化,渐渐沦为满足感官享受的娱乐工具。

不难想象,这种局面是儒者所不能接受的,这无疑是对其神圣职业的一种挑战。然而孔子要从职业的"儒"成为思想的"家",就不仅要从技术的层面教导人们如何去施礼作乐,而且要从思想的层面上教导人们为何要施礼作乐。"子曰:'人而不仁,如礼何?人而不仁,如乐何?'"(《论语·八佾》)在他看来,所谓"礼"的形式,只不过是"仁"之内容的外在表现而已。这样一来,"仁"便成了儒家思想的核心范畴。根据《说文解字》的理解:"仁者仁也,从人,从二。"这就是说,"仁"的内涵,取决于人与人之间的关系。那么什么样的关系才符合孔子对"仁"的理解呢?"樊迟问仁。子曰:'爱人'。"(《论语·颜渊》)我们知道,世界上没有无缘无故的爱,那么孔子所说的爱又是基于什么样的理由和根据呢?孔子的学生有子说得明白:"君子务本,本立而道生。孝悌也者,其为人之本与?"(《论语·学而》)如此说来,孔子的"仁爱"思想,是建立在

---

① 葛兆光:《中国思想史》第一卷,复旦大学出版社2004年版,第88页。
② 《中国大百科全书·哲学》下卷,第73页。

亲子血缘关系基础之上的。唯其如此,它才不同于后来墨子所说的人人平等的"兼爱",而是一种爱有差等的"仁爱"。譬如父爱子,子爱父,但前者为"慈",后者为"孝",二者爱而有差,不能将"父慈子孝"颠倒为"父孝子慈";兄爱弟,弟爱兄,但前者为"友",后者为"恭",二者爱而有差,不能将"兄友弟恭"颠倒为"兄恭弟友"。明白了爱有差等的"仁",也就懂得了礼有别异的"礼"。正像孔子的后学荀子所说的那样:"礼者,贵贱有等,长幼有差,贫富轻重皆有称者也。"(《荀子·富国篇》)儿子之所以要向父亲磕头,是为了表达自己的"孝心";父亲则无须向儿子磕头,只要拍拍儿子的肩膀就足以表达自己的"慈爱"了。弟弟之所以要向哥哥鞠躬,是为了表达自己的"恭敬";哥哥则无须向弟弟鞠躬,只需要点点头就足以表达自己的"友爱"了。一句话,我们之所以要向不同的人施不同的礼,是因为我们对不同的人有不同的爱。在孔子看来,就像儿子不给父亲磕头、弟弟不向哥哥鞠躬一样,"八佾于舞庭"之所以会成为"是可忍而孰不可忍"(《论语·八佾》)的事情,就在于身为大夫的季孙氏,已经不再把天子放在眼里了。如此说来,孔子"克己复礼"的努力,便不仅要捍卫家庭的伦理,而且要重建社会的秩序,即从"亲亲"到"尊尊",从"迩之事父"到"远之事君"(《论语·阳货》),从而为以家族、血缘、地域为基础的国家政权和社会制度提供了理论上的保障和行为上的规范。在孔子看来,有了这种保障和规范,人才能像个君子的样子,是一种文化的人而非野蛮的人。

因此,从符号学的角度上讲,所谓以"仁"释"礼",就是要为外在的行为规范(符号形式)找到内在的伦理准则(价值观念)的支持,从而克服文化符号混乱无序的历史局面,以保持世人的文化品味。所谓"礼云礼云,玉帛云乎哉?乐云乐云,钟鼓云乎哉?"(《论语·阳货》)即表明,在孔子眼里,礼乐行为绝不仅仅是一种简单的符号形式而已,它本身就标志着人与非人的界限。从政治的意义上讲,只有遵循礼乐本身所规范的行为法则和等级制度,才能使人与人在进退俯仰之间保持一种行而有等、爱而有差的和谐而有度的社会秩序,即所谓"博学于文,约之以礼,亦可以弗畔矣夫!"(《论语·颜渊》)从文化的意义上讲,只有掌握了礼乐本身所具备的有意味的符号形式,才能使人与人在温、良、恭、俭、让的社会交往中保持一种高于蒙昧和野蛮色彩的文明形象,即所谓"文质彬彬,然后君子。"(《论语·雍也》)尽管在孔子那里,文化的建构是要以生命的繁衍和物质的保障为前提的,"子适卫,冉有仆。子曰:'庶矣哉!'冉有曰:'即庶矣,又何加焉?'曰:'富之。'曰:'既富矣,又何加焉?'曰:'教之。'"(《论语·子路》)然而这种"庶"——"富"——"教"的渐进过程也表明,文化的建构才是使人最终成其为人的关键。

显然,在这种文化符号系统的建构过程中,人们产生了一种艺术的经验和美的享受。因为说到底,"艺术可以被定义为一种符号语言","美必然地,而且本质上是一种符号",这类包含着艺术和美的"符号体系","在对可见、可触、可听的外观中给予我们以秩序","使我们看到的是人的灵魂最深沉和最多样化的运动"。① 关于这一点,我们的前人在《乐记·乐本篇》中似乎已有所领悟:"凡音者,生人心者也。情动于中,故形于声;声成文,谓之音。""乐者,通伦理也。是故知声而不知音者,禽兽是也。知音而不知乐者,众庶是也。惟君子为能知乐。"在这里,声、音、乐三者的区别,标志着禽兽与人、野蛮的人与文明的人之重要区别。所谓"情动于中,故形于声",是说由人嘴里发出来的声音,是人之情感的自然流露;但是当这种情感的自然流露还没有进入符号系统,还只是一种无法通约的声响时,它便等同于野兽的嚎叫:虽然也表达了一定的情绪,却无法加以辨别,也没人可以听懂。只有当这种声响进入了符号的系统,它才是一种主观情感的"人的"表达方式,即"声成文,谓之音"。这里的"声成文",既可以理解为声响通过交织、组合而具有文采,又可以理解为声响进入表义的符号网络而具有文义。事实上,只有当自然的声响进入了表义的符号系统,才可能具有无限丰富的复杂性和多样性。动物可以发出各种各样的声响,但是由于这些声响既无法在符号的意义上加以区分,更无法在区分的基础上加以组织并重构,因而总归是单调的。说到底,无论文采还是文义都只是人才具有的,这正是人与非人的区别所在,"是故知声而不知音者,禽兽也。"进一步讲,声音一旦进入了符号系统,便不仅具有了通约的可能,而且具有了伦理的意义,即"人的灵魂最深沉和最多样化的运动"。在孔子看来,如果人们只知道声音可以传达情感而看不到这种情感背后所潜伏的只有人才具备的伦理内涵的话,他就像只知道"礼"的形式而不懂得"仁"的内容一样,充其量也还只是个野蛮的人而不是文明的人,故曰"知音而不知乐者,众庶是也。惟君子为能知乐"。所谓"惟君子为能知乐"一句,超出儒家特定的伦理内涵来看,它指的实际上是一种文化的人对于美的多样形式和多层内涵的理解和把握。可以想象,如果没有孔子在三代文化的基础上所恢复和奠定的这一套"郁郁乎文哉"的伦理规范和典章制度,古代人的行为方式和情感方式不仅会变得杂乱无章,而且会显得单调无趣。甚至还可以这样讲,如果没有孔子及其儒家为建构礼乐文化所进行的历史性努力,以"礼仪之邦"而著称的中华民族,将会在很长时间或很大程度上停留在蒙昧和野蛮的状态之中。这很容易使我们想起宋人的那句多少有些夸张的话:"天不生仲尼,万古如长夜。"

从"符号系统"的角度来讲,孔子所重建的这套礼乐文化囊括了诗、乐、舞

---

① 卡西尔:《人论》,上海译文出版社1985年版,第212、175、214、189页。

三个相互联系的组成部分。关于"礼"和"乐"之间的关系,《乐记·乐论篇》中有一段言简意赅的分析:"乐者为同,礼者为异。同则相亲,异则相敬。乐胜则流,礼胜则离。合情饰貌者,礼乐之事也。"这就是说,"乐"可以沟通人与人之间的情感,"礼"可以辨别长幼尊卑之界限。光有"乐"而没有"礼",人与人之间的情感就会放任自流,缺乏秩序感,少了等级观念;光有"礼"而没有"乐",不同地位的人就会离心离德,缺乏沟通感,少了凝聚力。因此,最好的办法就是以"乐"助"礼",以"礼"节"乐",从而达到一种和而不同、爱有差等的境界。由此可见,"礼"、"乐"之间的辩证关系,就是"仁"、"礼"之间的矛盾运动在意识形态领域中的直接表现。而作为这一表现的情感符号,广义的"乐"又是由语言(诗歌)、旋律(音乐)、动作(舞蹈)三个要素组成的。合而言之,当这些要素共同伴随着礼仪而沟通着人们心灵的时候,它便会引起一种情感的共鸣和美的享受。所以《论语·学而》才会有"礼之用,和为贵。先王之道,斯为美"的论述。分而言之,当这些要素得到独立发展的时候,它们便会成为不同的艺术形式并各自发挥其美的功能。所以,对于诗,孔子才会有"不学诗,无以言"(《论语·季氏》)的训导;对于乐和舞,孔子才会有"三月不知肉味","不图为乐之至于斯也"(《论语·述而》)之类的感受。从某种意义上讲,中国古代诗、乐、舞等表现艺术相对发达的历史特征便可以在儒家以礼乐来建构文化的独特方式中找到根据。

儒家建构礼乐文化的这种历史性努力,对中华民族审美心理习惯的形成和艺术价值观念的确立是影响巨大的、深远的,甚至夸张地说,是从无到有的。但是,这种由伦理的观念符号而衍生出来的艺术的情感符号又有其先天的弱点和局限。在形式上,由于后儒并未真正理解孔子"克己复礼"的深刻含义,因而不断地在"礼"的外在形式上大做文章,从而在《周礼》、《仪礼》、《礼记》等著作中为我们留下了一套举世罕见的繁文缛节,使人们在冠、婚、丧、祭、燕、享、朝、聘等一切社交活动中的举手投足都必须经受严格训练。受其影响,"乐"的形式也由简到繁,成堆砌雕琢之势。在内容上,由于"礼"的等级观念始终规范着"乐"的自由想象,致使艺术的形式发展得不到观念更新的配合与支持,以至于万变不离其宗,总是在"发乎情,止乎礼义"的情感模式中转圈子,由中庸而平庸。于是,最初是富有创造性的"建构"活动便导致了形式和内容的双重异化。在这种情况下,道家的"解构"活动便具有了特殊的历史意义。

二

黑格尔在《小逻辑》一书中指出,绝对的逻辑起点只能有一个,那就是

"有",即不加任何规定性的纯有,然而当这个"有"纯而又纯,以至于没有任何规定性的时候,它便转化为自己的对立面,变成了另一个逻辑环节——"无"。如果我们用这对范畴来理解中国文化,那么儒家的建构目标便是"有",道家的解构目的则是"无"。同黑格尔观点相同的是,儒家的"有"在前,道家的"无"在后,二者的逻辑关系是不可易位的,否则,道家的解构就会变得毫无意义;同黑格尔观点不同的是,儒家的"有"并不是由于缺乏规定性而自觉地转化为"无"的,相反的,它恰恰是由于过多的规定性而需要用"无"来加以消解,以实现一种历史性的回归。

作为这种历史性的回归,道家的创始人首先在伦理政治的层面上对先儒的那套仁义道德提出了质疑。当然了,从时间上讲,这里所谓的"先儒"未必是指孔子,因为在孔子之前,至少已有周公进行过"制礼作乐"的文化努力。这里涉及一个问题,就是老子和孔子孰先孰后的问题。对此,尽管学术界有不同的看法,但笔者仍然沿用司马迁《史记》中的观点,即认为老子是与孔子生活在同一时代且年龄更老一些学者。由于老子生活的时代与孔子相同,因而他也面临着"礼崩乐坏"的局面;由于老子年龄比孔子更老,所以《老子》一书中并未提及当时尚未产生学术影响的孔子。尽管老子也不满于"礼崩乐坏"的局面,但他立场和态度却与孔子却截然不同。老子认为:"大道废,有仁义;智慧出,有大伪;六亲不和,有孝慈;国家昏乱,有忠臣。"(《老子·十八章》)在他看来,以仁义道德为内容的礼乐制度的出现,本身就是一种虚假的文化现象。因而正确的方法,不是去"克己复礼",而是要"绝圣弃智",即抛弃文明的条条框框,回归原始的单纯:"绝圣弃智,民利百倍;绝仁弃义,民复孝慈;绝巧弃利,盗贼无有。"(《老子·十九章》)老子的传人庄子更为激烈,他直接对"圣人"讨伐道:"纯朴不残,孰为牺尊!白玉不毁,孰为圭璋!道德不废,安取仁义!性情不离,安用礼乐!五色不乱,孰为文采!五声不乱,孰应六律!夫残朴以为器,工匠之罪也;毁道德以为仁义,圣人之过也。"(《庄子·马蹄》)之所以如此坚决地反对儒家伦理,是因为老、庄在那套君君臣臣的关系中发现了不平等,在那种俯仰屈伸的礼仪中发现了不自由,在那些文质彬彬的外表下发现了不真诚。在这一层面上,道家的学说,确实具有着反抗异化的特殊意义。但是,由于老、庄所反抗的异化现实有其历史存在的合理性,因而对这种反抗本身并不能简单地在哲学的意义上加以肯定。

在反抗伦理制度的同时,道家的创始人还进一步将批判的矛头对准先儒所建构的那套文化符号体系,并企图加以彻底地解构和颠覆。老子主张"绝学无忧"(《老子·二十章》),认为:"五色令人目盲,五音令人耳聋,五味令人口爽,驰骋畋猎令人心发狂,难得之货令人行妨。"(《老子·十二章》)庄子更为激烈,干脆断言:"擢乱六律,铄绝竽瑟,塞瞽旷之耳,而天下始人含其聪矣;灭文章,散五采,胶离朱之目,而天下始人含其明矣;毁绝钩绳而弃规矩,攦工倕之指,而天下始人有其巧矣。"(《庄子·胠箧》)在这一层面上,道家的学说,又确实具有某种反文化的色彩。但是,由于道家这种反文化的倾向是具有特殊的背景和前提的,因而对这种反抗本身又不能简单地在美学的意义上加以否定。换言之,道家的"无"是针对儒家的"有"而言的,道家的"解构"是针对儒家的"建构"而言的,因此,无论是在哲学的意义还是在美学的意义上,对道家的理解都必须是以对儒家的评判为前提的。

  在美学的意义上,道家对儒家所建构的礼乐文化的解构主要表现在三个方面:首先是解构文饰,即消除文明所附丽在物质对象之上的一切修饰成分,使其还原为素朴的混沌形态。我们知道,孔子在强调了"文""质"之间的辩证关系、主张"质胜文则野,文胜质则史"(《论语·雍也》)的前提下,对"文"还是相当重视的,所谓"焕乎!其有文章"(《论语·泰伯》)就是对尧之时代所创立的雕琢文饰的感官文化的赞誉,所谓"菲饮食而致孝乎鬼神,恶衣服而致美乎黻冕"(《论语·泰伯》)就是对禹之时代所创立的绚丽多彩的礼仪服饰的褒扬,而所谓"周监于二代,郁郁乎文哉"则正是"吾从周"(《论语·八佾》)的必要前提。在谈到人之修养的时候,孔子曰:"若臧武仲之知,公绰之不欲,卞庄子之勇,冉求之艺,文之以礼乐,亦可以为成人矣。"(《论语·宪问》)这里所谓的"文之以礼乐",即是把礼乐作为一种文饰而附丽在人的身上,使之具有高贵的品质和文化的意味。在谈到文章辞令的时候,孔子曰:"为命,裨谌草创之,世叔讨论之,行人子羽修饰之,东里子产润色之。"(《论语·宪问》)这里所谓的"修饰之"、"润色之",显然是一种辞章的加工和语言的装饰。在谈到艺术欣赏的时候,孔子曰:"师挚之始,《关雎》之乱,洋洋乎盈耳哉!"(《论语·泰伯》)这里所谓的"洋洋乎盈耳哉",则无疑凝聚了艺术家的手法和匠心。这种思想,在后儒那里表述得更加明确,荀子曰:"性者,本始材朴也;伪者,文理隆盛也。无性则伪之无所加,无伪则性不能自美。"(《荀子·礼论》)。然而这一类"如切如磋,如琢如磨"(见《论语·学而》引《诗经》句)的文化努力,在道家看来则恰恰是违背自然和人性的。老子认为,"明道若昧,进道若退"(《老子·四十一章》),"道之华而愚之始"(《老子·三十八章》)!如此说来,一切人为的努力、文明的追求,非但不能接近"道"的原初境界,反而背"道"而驰,创造出一大堆虚假、扭曲、芜杂的文化垃圾。"朝甚除,田甚芜,仓甚虚,服文彩,带利剑,厌饮食,财货有余,是谓盗竽。非道也哉!"(《老子·五十三章》)在这种"为学日益,为道日损"(《老子·四十八章》)的情况下,他主张,不如放弃过多的感官享受和精神欲求,"为无为,事无事,味无味"(《老子·六十三》),在简单而质朴的生活中体验纯洁而原始的生命乐趣,进入一种"见素抱朴,少私寡欲"(《老子·十九章》)的境界。庄子及其后学也对那种雕琢和文饰的人为努力持怀疑和批判的态度:"牛马四足,是谓天;落马首,穿牛鼻,是谓人。故曰,无以人灭天,无以故灭命,无以得殉名。谨守而勿失,是谓反真。"(《庄子·秋水》)因而主张"人籁"不如"地籁","地籁"不如"天籁","天地有大美而不言,四时有明法而不议,万物有成理而不说。圣人者,原天地之美而达万物之理,是故至人无为,大圣不作,观于天地之谓也。"(《庄子·知北游》)由此可见,老、庄解构文饰的这一努力,并非只具有消极的破坏作用,而是在消解文化符号的过程中寻求着一种回归自然、法天贵真的新的美学意义。

其次,道家在解构物质对象之外部文饰的基础上,还要进一步解构儒家创造文化符号所遵循的内在法则。我们说过,在孔子那里,"礼"和"乐"这类文化符号是"仁"和"礼"之价值观念在意识形态领域中的直接表现。因此,作为特殊的"情感符号",艺术所遵循的创作法则完全是以其"过犹不及"的行为标准和"中庸之道"的思维模式来决定的。孔子一向是主张以理节情、"绘事后素"(《论语·八佾》)的,用颜渊的话来说,就是"夫子循循然善诱人,博我以文,约我以礼"(《论语·子罕》)。以这样的法则来对待艺术,才能够创造出《关雎》之类"乐而不淫,哀而不伤"(《论语·八佾》)的符合伦理道德标准的佳作,并起到"恶紫之夺朱也,恶郑声之乱雅乐也,恶利口之覆邦家者"(《论语·阳货》)之类的警示作用……。然而在道家看来,既然儒家所遵循的那套伦理标准本身就是值得怀疑的,那么用这套标准来规定艺术的功利价值,则更是不得要领了。老子认为,不应该以艺术为手段来限制和扭曲人的自然情感,而应让人的生活和艺术遵循自然的法则和规律,以进入一种"人法地,地法天,天法道,道法自然"(《老子·二十五章》)的境界。在这个境界里,艺术是朴素的、自然的、非功利的,而只有以此三者为前提,人们的艺术活动才能够实现自由的想象和不断的创造,即所谓"天之道,不争而善胜,不言而善应,不召而自来,然而善谋。"(《老子·七十三章》)这种"无目的的合目的性",似乎比儒家那套"发乎情,止乎礼义"的观点更加符合艺术创造的规律。庄子及其后学也认为:"正则静,静则明,明则虚,虚则无为而无不为也。"(《庄子·庚桑楚》)并在此基础上发展出了一套"乘物以游心"的人生——艺术境界。所谓"乘物",就是遵循自然的规律和法则;只有最大限度地顺应自然,才能够"游心"——以实现精神的自由和解放。这就像庖丁解牛一样,只有"依乎天理","因其固然",才能够"以无厚入有间,恢恢乎其于游刃必有余地矣",乃至于"砉然向然","莫不中音,合于《桑林》之舞,乃中《经首》之会。"(《庄子·养生主》)由此可见,老、庄对艺术法则的解构,只是要摒弃人为的功利标准,并不是要践踏客观的自然规律;相反的,在处理自然与自由的辩证关系上,道家的"解构"活动则是有其独到的见解和创意的。

最后,在解构文饰、解构法则的基础上,道家思想的极端性发展便是对于文化现象之载体的语言符号体系的解构。我们知道,早在孔子之前,以礼乐为核心的文化符号体系就已存在,只是由于缺少伦理价值观念的支撑,使得这一体系十分松散、很不牢固。而儒家的所谓"建构",就是要以"仁学"的价值观念来支撑"礼乐"的符号体系,以克服"礼崩乐坏"的局面。针对当时文化符号体系混乱的现状,孔子曾发出"觚不觚,觚哉!觚哉!"(《论语·雍也》)的慨叹。在他看来,"觚不觚"这类表层符号的混乱,意味着"君不君"、"臣不臣"等深层价值观念的动摇。因此,他竭力主张以"正名"的方式来重新整顿价值观念和符号体系,并理顺二者之间的表里关系:"名不正,则言不顺;言不顺,则事不成;事不成,则礼乐不兴;礼乐不兴,则刑罚不中;刑罚不中,则民无所措手足。故君子名之必可言也,言之必可行也。君子于其言,无所苟而已矣。"(《论语·子路》)事实上,在孔子表述自己观点的过程中,我们也可以发现,他对于语言符号的运用是十分讲究并充满信心的。例如,在谈到仁人的品格时,孔子说:"恭、宽、信、敏、惠。恭则不侮,宽则得众,信则人任焉,敏则有功,惠则足以使人。"(《论语·阳货》)在谈到诗歌的艺术功能时,孔子说:"诗,可以兴,可以观,可以群,可以怨。"(《论语·阳货》)尽管儒家对逻辑学和修辞学并不太感兴趣,但所有这一切,至少能说明孔子等人对语言符号的肯定态度……然而在以"解构"为能事的道家那里,对待语言符号的态度则刚好相反。老子曰:"道可道,非常道;名可名,非常名。"(《老子·一章》)在他看来,真正本体性的内容,是不可能用语言符号来加以表述的,一旦我们用有限的符号来形容"道"的时候,这个本体的无限意蕴便不可避免地被遮蔽起来,这就是所谓的"道隐无名"(《老子·四十一》)。在他的影响下,庄子也看到了语言符号的局限性:"道不可闻,闻而非也;道不可见,见而非也;道不可言,言而非也。知形形之不形乎?道不当名。"(《庄子·知北游》)并进而指出:"世之所贵道者书也,书不过语,语有贵也。语之所贵者意也,意有所随;意之所随者不可言传也,而世因贵言传书。世虽贵之,我犹不足贵也,为其贵非其贵也。故视而可见者,形与色也;听而可闻者,名与声也。悲夫!世人以形色名声为足以得彼之情。夫形色名声,果不足以得彼之情,则知者不言,言者不知,而世岂识之哉!"(《庄子·天道》)如此说来,由形色名声所组成的整个语言符号系统,都已在解构之列了。然而庄子解构语言符号系统的目的,并不是要废除这一系统,而只是为了借助语言来达到超越符号的意义。《庄子·外物》曰:"荃者所以在鱼,得鱼而忘荃;蹄者所以在兔,得兔而忘蹄;言者所以在意,得意而忘言。"由于这种表面符号的解构同深层意蕴的追求是互为表里的,因此,同解构文饰、解构法则一样,老、庄解构符号的努力也并非是全然消极的,事实上,它恰恰在另一个层面上接近了艺术语言的奥秘。

从以上的三重解构中可以看出,道家对中国美学的历史贡献,恰恰是作为儒家美学的对立面而得以呈现的。从审美理想上看,素朴本身并不美,只有返朴归真才是美。因此,如果没有儒家所建构的远离原始形态的礼乐文化,那么道家所追求的那种"同与禽兽居,族与万物并"(《庄子·马蹄》)的生活状态便毫无审美价值可言了。从艺术门类上讲,如果说儒家美学与乐舞之间有着直接的亲缘关系,那么道家美学则对书画艺术产生了更加深远的影响。盛唐大诗人兼大画家王维主张:"画道之中,水墨最为上;肇自然之性,成造化之功。"(《山水诀》)这其中显然包含了老子"道法自然"的思想;晚唐画论家张彦远认为:"草木敷荣,不待丹绿之彩;云雪飘飘,不待铅粉而白。山不待空青而翠,凤不待五色而□。是故运墨而五色具,谓之得意。"(《历代名画记·论画体工用搨写》)这其间无疑渗透着庄子"得意而忘言"的精神。

徐复观认为:"中国文化中的艺术精神,穷究到底,只有孔子和庄子所显出的两个典型。由孔子所显示出的仁与音乐合一的典型,这是道德与艺术在穷极之地的统一,可以作为万古的标程……由庄子所显示的典型,彻底是纯艺术精神的性格,而主要又是结实在绘画上面。"[1]这里有两个问题值得商榷:第一,笔者不太同意将儒、道的这两种艺术精神用"纯"与"不纯"来加以区分。如果说儒家美学是强调"善"的,其极端性发展必然导致"伦理主义";那么道家美学是追求"真"的,其极端性发展则难免导致"自然主义"。就其终极的价值取向而言,它们谁也不是纯"美"和纯"艺术"的。然而,"美"和"艺术"却恰恰处在"善"与"真"、"伦理主义"与"自然主义"之间。因此,正如儒家的"建构"需要道家的"解构"来加以不断地清洗以避免"异化"一样,道家的"解构"也需要儒家的"建构"来加以不断地补救以防止"虚无化"。事实上,正是在儒、道之间所形成的必要的张力的推动下,中国美学才可能显示出多彩的风格并得到健康的发展。第二,笔者也不认为中国文化中的艺术精神"只有孔子和庄子所显出的两个典型",尽管儒、道两家确实在中国美学的发展中起到了至关重要的作用,但我也不应该忽视第三种艺术精神的影响,那就是佛教。

---

[1] 徐复观:《中国艺术精神》,春风文艺出版社1987年版,第5页。

三

作为一种外来的宗教,佛教在产生之初也是以一种解构和批判的姿态出现的,只是其解构和批判的对象不是代表宗法制度的儒家,而是代表种姓制度的婆罗门教。① 与原始的印度宗教崇拜相比,婆罗门教有三大不同。第一,它将原有杂乱无序的多神崇拜改造成为以梵为最高形态的多元而又统一的神学体系。"最终,随着婆罗门教一神论最后取得至高地位,吠陀的作者归诸天帝。天帝是永恒的,吠陀也被认为是永恒的。"② 第二,它有了专门的祭司阶层。"祭司作为一个独立阶层而出现,表现了宗教在社会生活中的重要作用。"③ 第三,它的宗教教义和祭司活动更加体系化、规范化了。"祭司的出现,使得古代宗教的经典得到了系统的整理和阐发。"④ 换言之,以吠陀天启、祭祀万能、婆罗门至上为三大纲领的婆罗门教,是对印度原始宗教原本杂乱无章的符号系统体系化、完备化的结果。

当然了,这套完备而系统的符号体系也不仅仅是出于信仰的需要,在维系全体民共同信仰的宗教背后,婆罗门教也在为印度社会的种姓制度提供理论上的合法性。所谓"种姓",有肤色、形象、品质等含义,是人之社会地位的血缘标志。当时的印度社会分为四大种姓:第一种姓是由祭司阶层发展而来的享有文化特权的婆罗门,第二种姓是由武士阶层发展而来的享有军事特权的刹帝利,第三种姓是由农民、牧民、商人、手工业者发展而来的吠舍,第四种姓是由被征服的土著居民和失去生产资料的雇工、奴隶所组成的首陀罗。除此之外,还有更加卑贱而不入种姓的不可接触者(旃陀罗)……。从社会历史的角度上分析,四大种姓的最初形成可能与雅利安的大举入侵有关⑤,同时也是社会分工所造成的阶级分化,其实质内涵是阶级剥削与阶级压迫,但婆罗门教却为其提供了一套"业报轮回"的理论依据。在相信灵魂转世的婆罗门教看来,一个人出生于哪一种姓,并不是其父母的责任,而是其生前的修为所致。"此世行善者将得善生,或生为婆罗门,或生为刹帝利,或生为吠舍。而此世行恶者将得恶生,或生为狗,或生为猪,或生为贱民。"(《歌者奥义书》5,10,7)所谓"行善",就是安分守己、敬奉神祇,遵照婆罗门教所制定的一系

---

① 参阅拙作《多维视野中的儒家文化》第六章,山东教育出版社2007年版。
② 恰托巴底亚耶:《印度哲学》,商务印书馆1980年版,第204页。
③ 《世界宗教全书》,上海人民出版社1994年版,第47页。
④ 《世界宗教全书》,上海人民出版社1994年版,第47页。
⑤ 参阅尚会鹏《种姓与印度教社会》,北京大学出版社2001年版,第17页。

列行为规范、典章制度而生活,不能越雷池一步。

在这里,婆罗门教所制定的符号法则也像儒家的礼乐制度一样,具有非常明显的等级意义,甚至比后者还要苛刻。不同种姓的人不仅不能通婚、共食,而且在祭祀活动中所处的地位也明显不同。"根据婆罗门法典规定,前三种姓可以诵读吠陀经并参加宗教祭仪,从父母亲那里获得第一生命,通过'入法礼'再获得第二次生命,因而被称为再生族;首陀罗不准读或听吠陀,亦不能参加宗教仪式,被称为一生族。对各个种姓在社会地位、权利、义务和生活方式等方面都有不同的规定。"[1]显然,这套宗教仪式不仅要沟通人与神的关系,而且要区分人与人的地位。有了这套符号系统,人们的言谈举止便自然而然地具有了等级上的差别。"种姓决定了一个印度教徒应在哪里出生,应举行怎样的出生仪式,应在哪里居住和居住怎样的房子,吃什么样的食物和怎样吃,穿什么衣服和怎样穿,从事什么职业和怎样从事,应得到怎样的报酬和多少报酬,同什么样的人交往和怎样交往,同什么样的人结婚和怎样结婚,享有怎样的社会地位和权力以及负有怎样的责任,应在哪里死去和怎样死去,在哪里埋葬和怎样埋葬,甚至死后如何对待他,等等。"[2]例如,婆罗门在妊娠后的第八年即可举行"入门式",刹帝利要等到第十年,吠舍则要晚至第十二年。又如,婆罗门的木杖长达发端,刹帝利的木杖长至前额,吠舍的木杖则仅及鼻端。这种等级差别的符号体系当然不仅仅具有神学意义,从社会历史的角度上看,等级制度的出现,恰恰是野蛮社会进入到文明社会、原始社会进入到奴隶社会的重要标志。而作为印度早期文明社会之符号体系的建构者,婆罗门教使当时的人们离开了浑然一体的蒙昧时代,将其引入了一种尊卑有序的文明时代。

然而,历史总是在"二律背反"中前进的,"文明"与"异化"是一对孪生兄妹,"文明"给人们带来了物质的积累、财富的增多、阶层的确立、信仰的传播;与此同时,"异化"给人们带来了贫富的悬殊、贵贱的差异、繁缛的礼节、苛刻的刑法。正像恩格斯在《反杜林论》中所说的那样,"文明每前进一步,不平等也同时前进一步。随着文明而产生的社会为自己所建立的一切机构,都转变为它们原来的目的的反面。"[3]随着婆罗门教的发展,僧侣阶级日益强大起来,婆罗门种姓被抬到了神圣不可侵犯的崇高地位,被称为"人间的神"。这一贵族等级不仅有着垄断宗教事务和文化知识的特权地位及政治势力,而且享受

---

[1] 《中国大百科全书·宗教》,中国大百科全书出版社,1988年版,第302页。
[2] 尚会鹏:《种姓与印度教社会》,北京大学出版社2001年版,第2页。
[3] 《马克思恩格斯选集》第3卷,人民出版社1995年版,第482页。

着处理各种布施、豁免赋税、重大犯罪免死等特权。于是许多婆罗门便利用这些特权而极力追求物质享受,大量积聚财富。而作为婆罗门教义的各种等级制度和繁文缛节,不仅限制了人与人之间的正常交往,为不同的社会阶层之间制造了重重隔阂,而且也加剧了整个社会的离心倾向。显然,这种文明制度的出现,是以异化现实为前提的。正是作为这种异化现实的反动,佛教出现了。

公元前6世纪,一种坚决反对种姓血统论、神创四姓说的早期佛教,在婆罗门教影响较薄弱而城市经济最发达的恒河流域中下游诸国逐渐形成。在宗教信仰上,佛教构成了对婆罗门教三大纲领的直接挑战:针对婆罗门教"吠陀天启"的学说,早期的佛教不仅不承认《吠陀》为经典,而且主张"诸法皆空","它对当时在印度受到崇拜的无数常常是怪诞的神的真实性,既不维护,也不否定。它对它们置之不理。"①针对婆罗门教"祭祀万能"的理论,早期的佛教主张以"八正道"(正见、正思、正语、正业、正命、正精进、正念、正定)的修行和乐善好施来取代祭祀。"原始的佛教主要是一种行为的宗教,不是一种遵守仪式和献祭的宗教。"②针对婆罗门教"婆罗门至上"的观点,佛教提出了"四姓平等"乃至"众生平等"的主张,认为所有的生灵在本性上都是一样的,并没有什么种姓之分,任何人都可以通过修行而得到解脱,得阿罗汉果,既不需要特殊的神职人员加以引导,也不需要遵从任何礼仪规范。"它没有庙宇,没有献祭,也就没有祭司的圣职"。③ 一言以蔽之,佛教不仅是当时印度社会等级制度的否定者,而且是当时印度文化符号体系的解构者。

作为文化符号的解构者,印度的佛教和中国的道家一样,也从三个方面进行了一些颠覆性的工作。首先,在"解构文饰"方面,与婆罗门教豪华而奢侈的生活方式相反,早期佛教主张过一种简单、质朴、甚至贫穷的生活。在佛教徒看来,与其在衣食住行方面处处显示出自身的等级身份和优越条件,倒不如将多余的财务"布施"给别人。因此,凡出家为僧者,都必须甘于贫穷、甘于寂寞,在暮鼓晨钟、青灯黄卷中悉心领悟人生的苦难,在静坐修禅、托钵乞讨中不断培养慈悲的情怀。其次,在"解构法则"方面,与婆罗门教处处显示种姓差异的文化努力不同,佛教僧团的内部成员不分种姓高低,仅以入教先后为序,他们对外部成员也持有一种谦卑和恭敬的态度,没有任何垄断信仰的优越感。最后,在"解构语言符号体系"方面,与婆罗门教神化《吠陀》经典、

---

① 安修·李:《宗教的故事》,内蒙古人民出版社2002年版,第326页。
② 安修·李:《宗教的故事》,内蒙古人民出版社2002年版,第326页。
③ 安修·李:《宗教的故事》,内蒙古人民出版社2002年版,第326页。

垄断宗教信仰的文化努力不同,作为释迦牟尼生前语录的佛经,不仅有用当时"雅语"的梵文版本,而且有用当时"俗语"的巴利文版本,这样做的目的,显然是为了让那些文化程度较低的大众能够理解。从以后佛教传播的历史来看,该教从来不歧视没有文化的大众,反而想方设法地为他们提供手转经筒("玛尼轮")、口念六字名号("南无阿弥陀佛")、吟诵六字大明咒("唵嘛呢叭咪吽")等简便易行的方法。有些禅家悟道者,甚至到了"以心传心"、"不立文字"的地步。《五灯会元》卷一、《禅宗正脉》卷一及《无门关》第六则记载:"世尊云,吾有正法眼藏、涅槃妙心、实相无相微妙法门,不立文字,教外别传,付嘱摩诃迦叶。"宗密《中华传心地禅门师资承袭图》云:"达磨西来,唯传心法,故自云:我法以心传心,不立文字。……欲求佛道,须悟此心,故历代祖宗唯传此也。"《兴禅护国论》卷中云:"所谓佛法者,无法可说,是名佛法。今谓禅者,即其相也。……若人言佛、禅有文字言语者,实是谤佛谤法谤僧,是故祖师不立文字,直指人心,见性成佛,所谓禅门也。"在他们看来,佛法的奥秘是不能用有限的文字来加以传达的,只有彻底解构掉作为符号载体的文字,人们才能去文化之蔽、明佛理之妙。而所有这一切,都使我们想起道家对儒家的解构。

然而,原始佛家所解构的对象毕竟不是中国的儒家,而是印度的婆罗门教。正如婆罗门教所导致的异化现象比儒家更严重一样,佛教解构文化符号的努力比道家更彻底。道家反抗文明的束缚,只是为了回归自然而已,其"道法自然"的思想毕竟有个归宿。而佛教超越人生的苦难,却要达到"涅槃"的境界,其"四大皆空"的思想根本就没有给感性生命留有任何余地。佛教的这一思想,是以其著名的"缘起说"为理论基础的。所谓"缘起性空",是强调世间的万事万物都是有条件的、相互依存的,"此有则彼有,此生则彼生,此无则彼无,此灭则彼灭"[1],因而是偶然的、暂时的、没有"自性"的。譬如人,就是由"五蕴"(色蕴、受蕴、想蕴、行蕴、识蕴)和合而成的存在体,任何一蕴都不能单独构成并承载其生命的存在。五蕴合而人存,五蕴散而人亡,这种思想带有很大的唯物主义色彩。因此,早期佛教不仅认为任何生命都没有"自性",甚至不承认"灵魂"的存在。在这种否定性的学说看来,"'无常'就是生灭相续,它包括了'因果相续'的意义。'无我'就是没有主宰,既没有一身之主宰,也没有宇宙万有之主宰。'无造物主'之义也就包括其中了。"[2]"这个道理很简

---

[1] 《杂阿含经》卷第十二,见高楠顺次郎:《大正新修大藏经》(第二卷),日本大正一切经刊行会1934年版,第85页。(以下所有《大正藏》引文皆出自此版本。)

[2] 赵朴初:《佛教与中国文化的关系》,《中印文化交流与比较》,中国华侨出版社1994年版,第91页。

单,佛教既以'诸法皆空'(即俗语中的'万法皆空')为教义,当然神也是空的。神既然空,何来创造世界之事。"①所以佛教的"三法印"主张:诸行无常、诸法无我、一切皆苦。所以,真正有智慧的人,不是要经过现世的努力好在来世脱生于婆罗门,而是要彻底脱离人生的苦海,进入无知、无欲、无我的涅槃境界。

这种以"涅槃"为旨归的学说虽然对婆罗门的神学思想有着巨大的解构作用,但其解构的结果却使自身陷入了一种空、幻、寂、灭的境界。当这种学说传入中土之后,尤其与中国传统的重生思想发生矛盾,于是在"解构"的同时又开始了一种"重构"的努力。这种"重构"的努力是多方面的,为了达到劝善惩恶的目的,佛家在追求"涅槃"的同时却又发扬了婆罗门教的"轮回"思想;为了给轮回的思想提供理论根据,佛家在否认"自性"的同时却又承认"佛性"的存在;为了能让人们能够在这个苦难的世界上活下去,佛家在倡导"无常"的同时却又承认"名色"的意义……。

佛家所谓的"色",泛指一切能够触及感官的经验世界,组成这个经验世界的万事万物都是有形状、有功用的,但其形状、功用背后却没有一个恒常不变的主宰,因而又是"空"的。所谓"空",并不是在诸色之外有一个绝对空寂的存在,而恰恰是让人们在诸色之中领悟到它的存在。这就是所谓的"色不异空,空不异色;色即是空,空即是色"。《般若经》中的这种思想在东土的影响很大,尤其是表现在佛教艺术方面。不难设想,如果只承认"空"而不承认"色",就不可能有辉煌的寺庙、优美的佛像、动人的壁画、妙曼的音乐;反之,如果只承认"色"而不承认"空",这些艺术作品也就会流于感官刺激,从而失去佛教的内涵和意义。"色"与"空"之间的辩证关系,不仅造就了大量既不同于儒家又不同于道家的佛教艺术,而且指向了一种既不同于儒家之"写实"又不同于道家之"浪漫"的新的艺术追求——"意境"。

就本土文化资源而言,魏晋玄学中所涉及的"形"与"神"的关系和"言"、"象"、"意"三者的关系都对后来的"意境"理论有所助益,但是真正为其奠定理论基础的还是佛学。佛家将人的眼、耳、鼻、舌、身、意称之为"六根";将这"六根"所获得的色、声、香、味、触、法称之为"六境";将这"六根"和"六境"所构成的眼识、耳识、鼻识、舌识、身识、意识称之为"六识";又将"六根"、"六境"、"六识"总称为"十八境界"。正像熊十力所指出的那样:"佛家于法相,解析精严,根、识、境三法,相互依住,识依根及境生,而不从根境亲生。一切现

---

① 赵朴初:《佛教与中国文化的关系》,《中印文化交流与比较》,中国华侨出版社1994年版,第92页。

象,相依有故。"①这种"相依有故"的特点,使得"境界"既是主观的、又是客观的,既是真实的、又是虚幻的,既是有限的、又是无限的。这种人生"境界论"的思想,显然会对艺术"意境说"的理论有着直接的启发意义。

不仅如此,按照《大乘起信论》的原理,尽管诸种"境界"均缘根而起,但又有不同的层次。第一种是"凡夫之境";第二种是"初悟之境";第三种是"成佛之境"。具体说来,凡夫俗子的欲望太强,因而用观念性的"六识"去干扰原本清净的"六根",从而无法保证"六境"的纯洁、完整;有所觉悟的人心性则比较平静,能够像一面镜子一样映照出较为清晰的周遭景致;而成佛得道的高僧则能够进一步因色悟空,从五彩缤纷的大千世界中洞彻宇宙的本来面目。"在唯识宗看来,人对于外物之境,人对于其认取对象的执着有着极其强烈的、旺盛的欲求,所以,境也便成为唯识宗破除'识'执的契机与入口。"②与这种"因色悟空"的佛学路径不同,艺术家则要达到"思与境偕"(王昌龄《诗格》)和"境与意会"(苏东坡《题渊明饮酒诗后》)的目的,即通过有限的"境"而获得无限的"思"、通过客观的"境"而启迪主观的"意"。在这里,艺术家虽然不指望通过"境"之"色"来破除"识"之"执",但却同样需要采取一种超越功利的"静观"态度来审美。不仅如此,佛教的虚幻世界和艺术的虚拟世界也有着极为相似的内在联系。这样一来,佛家的"境界论"便自然而然地转化出诗家的"意境说"。

作为中国古代"意境说"最早、最明确的表述,王昌龄在其诗论著作《诗格》中提出了"诗有三境"的观点:"诗有三境:一曰物境,二曰情境,三曰意境。物境一:欲为山水诗,则张泉石云峰之境极丽绝秀者,神之与心。处身于境,视境于心,莹然掌中,然后用思,了然境象,故得形似。情景二:娱乐愁怨,皆张于意而处于身,然后驰思,深得其情。意境三:亦张之于意而思之于心,则得真。"从佛学的角度分析,所谓"物境"、"情境",仅"物累"、"情累"而已。惟有"意境"作为"真"境,才是无悲无喜、无善无恶、无染无净、无死无生之空灵的一种"元美"境界。因此,有学者认为,王昌龄"诗有三境"的观点主要由熔裁佛学"三识性"而来。③ 作为"三境"中的最高形态,"意境"既包含了客观景象的外在模拟,又囊括了主观意志的内在抒写;与此同时,它既超越了外在的"物累",又超越了内在的"情累",从而真正达到了主客相融、内外统一的境界。

---

① 熊十力:《佛家名相通释》,东方出版中心1985年版,第9页。
② 王耘:《隋唐佛教各宗与美学》,上海古籍出版社2010年版,第151页。
③ 参见王振复:《唐王昌龄"意境"说的佛学解》,《复旦大学学报》2006年,第2期。

与"诗有三境"的观点相对应，王昌龄在《诗格》中还提出了"诗有三思"的主张："诗有三思：一曰生思，二曰感思，三曰取思。生思一：久用精思，未契意象。力疲智竭，放安神思。心偶照境，率然而生。感思二：寻味前言，吟讽古制，感而生思。取思三：搜求于象，心入于境，神会于物，因心而得。""生思"是一种刻意之思，有着过多的主观能动色彩；"感思"是一种随感而思，有着过多的客观受动色彩；唯有"取思"才真正做到取象于思，"心入于境，神会于物"，即主观与客观的统一、能动与受动的结合。或许我们可以这样理解："生思"和"感思"只能获得"物境"和"情境"的水准，唯有"取思"才能达到"意境"的高度。因此，有学者认为："王昌龄的'诗有三境说'与'诗有三思说'是一个统一的整体，均为今之意境学说的有机组成部分。而且，它在意境学说的形成过程中，起到了承前启后的历史作用。所谓'承前'，不仅指他对前人诗论的借鉴与发展，也指他对诗歌创作经验的总结，更重要的则指他完成了由佛教之'境'向文学理论之'境'的转变，使意境学说的进一步成熟成为可能。所谓'启后'，则指他对于此后意境学说的发展、完善具有巨大的启发作用。仅以意境学说之集大成者——近代王国维之论证之，便知此言不虚。其在《人间词话》中，王先生有言：文学之事，其内足以摅己，而外足以感人者，意与境二者而已。上焉者意与境浑，其次或以境胜，或以意胜。苟缺其一，不足以言文学。"[1]

正是由于佛家之"境界论"向诗家之"意境说"的转变，才使得中国古代艺术家对虚与实、动与静、有限与无限、主观与客观的统一更为自觉，并通过文学向绘画、戏曲等一切艺术门类相渗透。由此可见，佛家对中国艺术精神的影响，或许并不在儒、道之下。其实质，就是在儒家注重伦理的形式主义建构和道家反抗异化的自然主义解构之外，形成了一种主观之"意"与客观之"境"的双向重构。唯其如此，中国美学中的含蓄、意蕴、妙悟、回味等一系列特征，也便得到了淋漓尽致的表现。

（本文的部分内容曾以《儒家的"建构"与道家的"解构"》为题，发表于《传统文化与现代化》1997年，第5期，并被收入《多维视野中的儒家文化》一书。）

（特约编辑：李琳）

---

[1] 王红丽：《王昌龄"三境说"浅探》，《名作欣赏》2006年，第7期。

儒与佛的"入世"观念

◇ 姚卫群

摘　要：第一，儒家的"入世"观念是一贯的。而佛教的"入世"观念与其"出世"观念则都是其理论体系中的组成部分，二者常常是掺杂在一起的。第二，儒家的"入世"观念较为具体。而佛教谈论"入世"时则较为抽象。第三，儒家的"入世"是将修身、齐家、治国平天下作为最高的目的。而佛教"入世"的目的则主要还是为了其宗教上追求的更好的超凡入圣。第四，儒家的"入世"是积极参与一般的社会生活，参与政治活动，从事公共事务方面的工作。而佛教的"入世"则主要是将宗教修行与世俗活动联系在一起。

关　键　词：儒家、佛教、入世、出世

作者简介：姚卫群，北京大学哲学系教授，博士生导师。主要研究领域：佛教、东方哲学。

儒家与佛教都是东方文化中的主要思想体系。二者在许多方面有可比较之处，有相同点，也有差别点。如何看世界？如何对待人们生活着的世间？这是两家都关注的问题。儒家历来重视参与社会活动，基本上属于积极"入世"的。而佛教作为一个宗教派别，自然有其"出世"的思想，但也不能否定佛教中亦有"入世"的观念。本文拟对这方面的问题作些思考，将二者的"入世"观念进行简要的比较分析。

一、儒家的"入世"态度

儒家是中国文化中的主流思想体系，影响了数量众多的中国民众。它的理论倾向在很大程度上决定了中国文化的基本特色。儒家思想的一个极为显著的特点就是重视参与社会生活。

从总体上看，儒家学说重视的是对人的生活准则问题的探讨，寻求人的社会伦理规范、道德标准，把这种寻求与对宇宙的根本实在的认识密切地联系在一起，力求在人们的日常生活中发现真理。这在中国历代的著名儒家人物中都有体现。

儒家学说的最初创立者孔子就极为关注社会生活中的问题，强调人应作合乎自己身份的事情。具体来说，他特别注重社会中人的名分。孔子说："名不正则言不顺，言不顺则事不成，事不成则礼乐不兴，礼乐不兴则刑罚不中，刑罚不中则民无所措手足。"（《子路》）孔子还强调要"君君、臣臣、父父、子子"（《颜渊》），并且大力宣传他的"仁"的理论，认为"一日克己复礼，天下归仁焉。"（《颜渊》）不难看出，孔子十分重视人们在社会中的关系，要求人都能按照某种适当的行为规范来行事，追求建立一个人们能克制自己，合乎所谓礼的好（仁）的社会。孔子十分热切地要参与这方面的社会工作。他曾说："如有用我者，吾其为东周乎！"（《阳货》）这里可以看出，他是希望参政的，认为如果自己有机会，就将建立一个合乎其理想的周朝国家。显然，儒家在形成之初即积极"入世"。

孟子继承了孔子的主要思想，也极为关注社会问题，认为社会中的人各有其作用。他说："无君子莫治野人，无野人莫养君子。"还说："劳心者治人，劳力者治于人。"（《滕文公上》）孟子参与社会事务的兴趣一点也不比孔子小，而且对自己很看重。他说："夫天未欲平治天下也。如欲平治天下，舍我其谁也！"（《公孙丑下》）孟子对于自己"入世"后所能起的重要作用充满信心。

汉代著名儒家代表董仲舒向统治者提出了"罢黜百家，独尊儒术"的建议，并被采用。他还总结和发展了先前的儒家思想，提出了不少有关伦理纲常方面的主张[①]。董仲舒的政治主张和思想观念在当时对整个社会的影响是十分巨大的。

唐代的儒家继承了前代儒家的积极"入世"态度。一些思想家特别对于佛教和道教等宗教派别加以抨击。这里面较典型的是韩愈。韩愈曾说"释老之害过于杨墨"（《与孟尚书书》），并认为"事佛求福，反更得祸"（《谏迎佛骨表》），指责道教等"不信常道而务鬼怪"（《故太学博士李君墓志铭》）。韩愈排斥佛教和道教当然有其提升或保护儒家在社会中影响力的因素，但释老所具有的某种程度的"出世"倾向也应说是引起他反感的重要原因。韩愈本人是积极"入世"的，他曾说："布衣之士，身居穷约，不借势于王公大人则无以成其志"（《与凤翔邢尚书书》）。他在因为反对佛教而被贬官后曾写诗说："欲为圣明除弊事，岂将衰朽惜残年。"（《左迁至蓝关示侄孙湘》）在韩愈看来，他的抱负不积极"入世"是不能实现的。为了实施他的社会政治理念，破除当时朝廷中崇拜佛教等的"弊事"，他不惜冒杀头丢官的风险，也要坚决向最高统治者谏言，足见其"入世"态度之坚决。

[①] 参见北大哲学系中哲教研室编：《中国哲学史》，北大出版社2001年版，第155—162页。

儒林

宋代之时,中国的儒家思想受到佛教的较大影响,宋明理学等中包含了不少佛教的观念,但在"入世"的问题上,儒家基本还是保持了先前的态度。

程颢和程颐学说中的"天理"不仅仅是抽象的哲学观念,这种观念实际上与其社会伦理思想是结合在一起的。程颢说:"天者,理也。"(《遗书》十一)他还说:"天理云者,这一个道理,更有甚穷已?不为尧存,不为桀亡。"(《遗书》二)这里的"理"是一个本身常住不变的世上最根本的东西,也是规范社会中人们关系的道理,如程颢说:"父子君臣,天下之定理。"(《遗书》五)

程颐则说:"天下物皆可以理照。有物必有则,一物须有一理。"(《遗书》十八)程颐还说:"天下之物皆能穷,只是一理。"(《遗书》十五)他在这里认为一切事物中都有理,都与理密不可分。社会生活及人伦原则等自然也包括在内。程颐对于社会问题及天下大事十分关心。如他在《上仁宗皇帝书》中说:"强敌乘隙于外,奸雄生心于内,深可虞也。"这类论述表明了他"入世"兴趣之大,对于世间事务的参与度是极高的。

朱熹是儒家理学思想的最大代表人物。他所强调的"理"也是一切事物的根本,既是宇宙一般事物的根本,也是指导人们社会生活的准则。朱熹说:"未有这事,先有这理。如未有君臣,已先有君臣之理;未有父子,已先有父子之理。"(《语类》卷九十五)他还说:"圣人之学,本心以穷理,而顺理以应物。"(《观心说》)朱熹的"理"作为生活准则或道德标准被他视为"天理"。这天理又被认为是与人欲对立的。朱熹说:"人之一心,天理存,则人欲亡;人欲胜,则天理灭。"(《语类》卷十三)因而,朱熹的理论也是紧密围绕现实社会中人们的行为的,他自然也属于积极"入世"之人。

陆九渊继承和发展了孟子和程颢等先前儒家重要人物的思想,提出了他的"心学"。他认为"心"与"理"是密不可分的。陆九渊说:"心,一心也;理,一理也。至当归一,精义无二。此心此理实不容有二。"(《与曾宅之书》)他还说:"万物森然于方寸之间,满心而发,充塞宇宙,无非此理。"(《语录》)这类论述表明了他的"心"与"理"的结合为一的特点,可称为"本心"。陆九渊的这"本心"同样也是社会伦理道德的根本。他说:"恻隐仁之端也,羞恶义之端也,辞让礼之端也,是非智之端也,此即是本心。"(《年谱》)显然,陆九渊的心学涉及的"仁义礼智"讲的是人在社会生活中的行为规范或准则,他的理论在很大程度上也是"入世"之学。

明代的著名儒家代表人物是王阳明,他继承和发展了陆九渊的心学,在当时产生了很大的影响。王阳明在一定程度上借鉴了佛教中的某些思想,把"心"作为身体或意识现象的主体,他说:"身之主宰便是心,心之所发便是意,意之本体便是知,意之所在便是物。"(《传习录上》)王阳明把"心"与"理"密切联系在一起,他说:"忠与孝之理,在君亲身上,在自己的心上?若在自己的心上,亦只是穷此心之理矣。"(《传习录上》)他在这里说的"心"或"理"显然是关涉到人的行为规范或道德伦理的观念,直接论及了忠与孝等人伦问题。王阳明虽然在儒家的"心学"上十分有建树,但并不是仅仅作理论文章,他在"入世"方面与一般的儒家思想家比更是不同凡响,他曾多次直接指挥军事行动,在明朝皇室平定农民起义及少数民族武装反抗的战斗中立下了军功。①

二、佛教的"入世"观念

一般来说,宗教派别,在教义中都会有大量关于"出世"的言论。但在各宗教的实际发展中,哪个派别都不可能真的离开尘世,不可能完全不食人间烟火。各宗教实际都有不同程度的"入世"表现。佛教在这方面更是突出,它无论在实际上,还是在理论上,在后来的发展中都很重视"入世"。

佛教在产生时,关注的就是人生现象问题。佛教最开始提出的"四谛"理论即是关于众生中存在痛苦以及对苦的具体分析的理论,论及了苦的现象、苦的原因、灭苦的必要性或要达到的目标、灭苦的方式或道路。

佛教的最高宗旨,就是要使众生脱离痛苦。脱离痛苦的状态也称为"涅槃"。早期佛教谈到涅槃时,一般认为它是一种摆脱了世间种种烦恼等的境界。《杂阿含经》卷第十八在描述涅槃时说:"贪欲永尽,瞋恚永尽,愚痴永尽,一切诸烦恼永尽,是名涅槃。"

在早期佛教看来,贪欲、瞋恚、愚痴、烦恼这些现象是世间中存在的,而摆脱了它们就能脱离痛苦,达到最高境界。早期佛教经常谈到一般的世俗人间环境不适合佛教圣贤求得真理,如《长阿含经》卷第一中说:"人间愦闹,此非我宜。何时当得离此群众,闲静之处以求道真!"《长阿含经》卷第一中还说:"善智离世边。"

但早期佛教也不是完全否定世间与佛法的关联,如《长阿含经》卷第一中说:"佛出于世间,转无上法轮。"也就是说,佛或佛法是离不开世间的。只是在总体上看,早期佛教还是强调世间中充满了造成众生痛苦的种种"烦恼",要摆脱这种状况。

在后来的小乘佛教的发展中,也确实存在着一种倾向,即认为要获得真

---

① 参见北大哲学系中哲教研室编:《中国哲学史》,第409页。另外,本节中引用的不少资料也参考了上引书中论述各儒家代表人物的有关章节。

理或摆脱痛苦,就要离开其生存的世俗社会。因而小乘佛教一般都很强调出家,"出世"的倾向很突出。

大乘佛教出现后,对待世间的解释或看法明显与先前的早期或小乘佛教的看法有了差别。

大乘佛教较为强调慈悲利他,认为佛教的涅槃目标不是脱离人们一般生存的所谓"世间"才达到的,而是就在世间之中。小乘佛教通常求"自度",即追求自身脱离痛苦,而大乘佛教则还要追求"度他",即要使其他人也摆脱痛苦。大乘佛教认为,即便是达到解脱或涅槃,也不能离开世间,还要在世间坚持弘扬佛法,救度众生。较早的大乘经中在这方面就有表述。如《妙法莲华经》卷第五中说:"常说法教化,无数亿众生,令入于佛道,尔来无量劫,为度众生故,方便现涅槃,而实不灭度,常住此说法,我常住于此。"也就是说,在大乘佛教中,佛或菩萨为了拯救众生,在达到涅槃后并不能完全脱离人们一般生活的世界,因为这样才能"度他"。所以虽然涅槃了但仍"实不灭度"。

还有不少大乘佛典直接论述了世间与涅槃之间的密不可分的关系。如《维摩诘所说经》就很典型。该经卷中说:"现于涅槃而不断生死。""世间出世间为二,世间性空即是出世间","生死涅槃为二,若见生死性则无生死,无缚无解,不生不灭","乐涅槃不乐世间为二,若不乐涅槃不厌世间则无有二。"这明显是要强调涅槃实际不是离开世间的另一个独立的世界。

大乘佛教中的中观派在这一问题上的立场也很明确。它反对把涅槃和世间作绝对化的区分。此派认为,认识到诸法的"实相"即达到了涅槃。在中观派看来,不能离开世间去追求超世间的涅槃,如果这样去追涅槃不仅追不上,而且会越追越远,因为涅槃即是认识世间诸法之"实相",达到涅槃不过就是消除无知,认识诸法的本性是"空",是不可言状的"妙有"。如龙树在《中论》卷第三中说:"诸法实相者,心行言语断,无生亦无灭,寂灭如涅槃。"青目在注释《中论》卷第三时说:"诸法实相即是涅槃。"龙树在《中论》卷第四中说:"涅槃与世间,无有少分别。世间与涅槃,亦无少分别。""涅槃之实际,及与世间际,如是二际者,无毫厘差别。"由此可知,在中观派看来,涅槃是要达到与世间有关联的一种精神或认识境界。这种境界不是一种脱离了世间而存在的另一个更高级的境界,而是对世间或事物"实相"的认识。世间的本来面目就是佛教所谓涅槃境界的那个样子,二者没有什么区别。"凡夫"或小乘等之所以把二者作区别,就是因为有"着"或有"分别",不能认识世间的本来面目。而如果按《中论》等的观点行事,认识了事物的本来面目或"实相",那么也就进入了涅槃境界。因此,在这种意义上中观派说:"诸法实相即是涅槃。"而达到了"诸法实相"实际上也就是正确认识了现实世界或世俗社会。

就印度佛教的整体情况而言,虽然早期或小乘佛教中有人将涅槃与世间割裂开,但印度佛教在后来的发展中还是强调佛及其理论是不能脱离世间的。即便是早期或小乘佛教,他们论述的理论实际仍然是以世间或人生现象为主要内容的。也就是说,印度佛教文献中有要求"出世"的内容,但也有关于"入世"的思想或理论论证,这对后来传到印度之外的佛教中的"入世"思想提供了经典支持。

佛教传入中国后,最初在中国引起人们注意的应当说是它的"出世"方面的内容,中国人最初遇到佛教时借用黄老等思想的一些概念来理解认识它,后来大量建立佛教的寺院庙宇,以方便信众出家。许多中国民众都把信奉或皈依佛教理解为"看破红尘"、"踏入空门"或"了却尘事"。

中国早期佛教引入了印度小乘佛教中重视静坐冥观,追求弃绝有关外部事物杂念的修持方式,但印度大乘佛教中关于"入世"的思想也很快在中国产生了影响。而且,中国以儒家为代表的主流文化思想对佛教的发展也形成影响。因而,在中国佛教中,重视"入世"的佛教宗派由此也逐渐成为各宗派中势力最大的。其中较有代表性的就是禅宗,尤其是禅宗里的"南宗"系统。

禅宗相对来说不大重视佛教传统经教的作用,也不大重视一般意义上的所谓"禅定"。他们实际看重的是如何在现实世界或世俗社会中获得佛教真理,体悟到人的真正本质,强调不离开现实世界而成佛。禅宗这方面的理论最突出的是所谓"佛法在世间"思想。禅宗的主要文献《坛经》的般若品中说:"佛法在世间,不离世间觉。离世觅菩提,恰如求兔角。正见名出世,邪见是世间。邪正尽打却,菩提性宛然。"禅宗在这里明确强调了要在世间中去寻求所谓"佛法",认为佛法并不是离开世俗社会的另一个世界或境界中的产物。这和印度大乘佛教中的反对将世间和出世间作绝对化的区分的观念是一致的。

禅宗在慧能后对佛教的许多传统的修行方式已十分轻视,对旧的坐禅方式很不以为然。《坛经》宣诏品中说:"道由心悟,岂在坐也!"《镇州临济慧照禅师语录》中记述说:"王常侍一日访师,同师于僧堂前看,乃问:这一堂僧还看经么?师云:不看经。侍云:还学禅么?师云:不学禅。侍云:经又不看,禅又不学,毕竟作个什么?师云:总教伊成佛作祖去。"这里显然是要表明,悟出佛教的道理或成佛,并不是仅仅依赖于形式上的那种读经学禅,而是要在日常生活中体验。实际上,禅宗在发展中,与现实社会生活的联系确比一般的佛教宗派更紧密。它强调人们在一般的生活中来体悟佛教的道理,进入佛教追求的思想境界,正所谓:"运水搬柴,无非妙道。"

禅宗在中国佛教诸宗里之所以后来在社会中影响最大,与其强调佛教中的"入世"观念有很大关系。中国以儒家为代表的主流传统文化强调人要在社会生活中完善自己,重视对人的生活准则问题的探讨,把对人伦或道德规范问题的思考与对宇宙本质问题的思考结合起来,力求在人们的日常生活中发现或寻求真理。禅宗要发展就不可能置这种历史环境于不顾。因而,大力弘扬在先前佛教中就存在的"入世"观念,将其推向极致,就成了禅宗的明智选择。而这种选择又在很大程度上影响了后来整个中国佛教的发展。到了近现代,中国佛教界几乎都认可"人间佛教"的口号,它成为聚集广大中国佛教信众的一面旗帜,受到教内外民众的广泛赞誉。

三、比较分析

通过上面的论述可以看出,儒家与佛教中都存在关注社会,参与社会活动的思想,都有关于"入世"的观念。佛教在传入中国后这方面的思想受到以儒家为主流的中国传统文化的影响,并将该教在印度时就存在的"入世"观念加以提炼发挥,与儒家的"入世"观念相结合,进一步发扬了中国文化中原有的重视社会生活、重视参与公共事务的传统。

然而,尽管如此,儒家与佛教的"入世"观念还是存在着一些差别。笔者认为较显著的至少有以下几点:

第一,儒家的"入世"观念是一贯的。儒家从其形成之后就以积极在社会中发挥作用为己任,将按照自己的意愿来影响或改造世界,在社会活动中取得成功,作为自己追求的理想。整个儒家思想家群体在这方面大致是相近的,从先秦到近代的儒家思想家基本上保持了这种态势。而佛教的"入世"观念与其"出世"观念则都是其理论体系中的组成部分,二者常常是掺杂在一起的。而且佛教在各时期强调的重点也不一样,早期和小乘佛教中讲"入世"少些,也不够明显。而后来的大乘佛教则讲"入世"多些和明确些。

第二,儒家的"入世"观念较为具体。主要体现在积极探讨人类社会中应有的道德伦理,确定人在社会中的正确行为规范等,以这类成分作为其理论体系的主要内容,与人们的日常生活联系十分紧密。而佛教谈论"入世"时则较为抽象,泛泛谈的多,制定或确立在社会中应如何为人处世的行为规范或道德伦理少。而且一般讲的是出家人的行为规范,涉及一般民众的这方面的内容相对不多。

第三,儒家的"入世"是将修身、齐家、治国平天下作为最高的目的。这一目标不是每人都能实现的,因而儒家中又有所谓"穷则独善其身,达则兼济天下"的生活态度。而佛教"入世"的目的与其"出世"的目的实际上并不很冲突,即都是要获得最后的解脱,要获得觉悟(成佛)。大乘佛教强调要自利,也要利他(要自己觉悟,也要使他人觉悟)。也就是说,儒家"入世"的目的主要是为追求人类良好的相互关系和社会幸福,而佛教"入世"的目的则主要还是为了其宗教上追求的更好的超凡入圣(达到不同于一般人的最高境界或涅槃)。在这方面二者是不一样的。

第四,儒家的"入世"是积极参与一般的社会生活,参与政治活动,从事公共事务方面的工作。儒家中有很多人在朝中为官,有时甚至能决定国家的大政方针,左右国家的政治走向。而佛教的"入世"则主要是将宗教修行与世俗活动联系在一起,或者说是佛教一般地参与社会活动。涉及官场政治行为的僧人有,但少。或者说,个别在朝廷中掌握一定权利的佛教徒有,但相对儒家要少得多。佛教在参与社会活动时还是多少受其作为宗教派别的有些出世性质的行为规范的影响,有所约束。佛教僧人(特别是汉地僧人)直接通过自己参与政治活动来影响广大民众社会生活的情况是不能与儒家相比的。

以上对儒家与佛教在"入世"观念上的比较主要是就其基本倾向而言。二者中的特殊情况都是存在的。无论是儒家还是佛教都有长期的发展历史,各自中都有不同的发展流派,都有不同地域内的分支。即便是同一个人或同一个分支,不同时期的观念都可能有变化。因而,这里仅是就二者在这一问题上的发展主线的比较,不可能排除各种例外情况。希望笔者在这里提出的一些看法能够引起人们在这一问题上进行更多的思考和讨论。

(特约编辑:李琳)

佛教初传时的儒佛"孝道"冲突刍论

◇ 黄夏年

摘　要：作者对佛教初传中国所碰到的与中国传统思想伦理之间发生的冲突做了简单的论述与分析，认为，"孝道"问题是佛教初传时不可回避的重大理论问题，《牟子理惑论》在这方面试图作了融合的工作，其理论的基础是放在了"德"的方面，用"德"的进退来构建佛家的伦理与儒家伦理之间的桥梁。这也表明佛教融合中国文化的路径。但是，在事涉到血缘关系的家庭伦理方面，佛教的孝与儒家之孝就发生了冲突，这也是佛教的自身特点所决定的。

关　键　词：佛教、儒家、孝道

作者简介：黄夏年，中国社会科学院世界宗教研究所杂志社编审、杂志社社长，《世界宗教研究》副主编，主要研究领域：中国古代宗教、佛学等。

佛教传入中国之后，就发生了与中国传统文化的冲突，这种冲突冲撞激烈，代表了中印两种文化的体认不同。虽然两种文化在中国最后走向融合，但是这种融合是以印度佛教向中国靠拢为代价的，是中国传统文化的强大吸引力，最终将外来的印度佛教文化改变成中国文化的组成部分之一。本文以中印文化在早期关于"孝道"之冲突试作分析，以飨学人。

一、儒家"宗以族得民"

中国的传统社会是宗法性的宗族社会，在中国金字塔的社会结构中，乡村构成了中国的最底层，也由此构成了中国社会的乡村结构的宗祠信仰与以宗族社会为最小的团体，为维护家庭与社会的稳定起到了决定性的作用。而这种宗法性社会和宗族性统治的特点，在于依靠血缘关系来建立自己的组织系统，拥有相同来源的血亲关系的人住在一起，依靠宗姓的作用来维持整个乡村的社会生活，并且成为中国社会中"民"的最重要的来源。《周礼》说："宗以族得民"，宋王与之注曰：

李氏曰：大宗者，其先祖之□荷族人之纪纲乎？《大传》曰：别子为祖，继别为宗，继祢者为小宗。有百世不迁之宗，有五世则迁之宗。百世不迁者，别子之后也。宗其继别子，之所自出者，百世不迁者也。宗其继高祖者五世，则迁者也。别子谓公子，若始来及，其在此国者，后世以为祖也。别子之适子适孙世世继别子为大宗，百世不迁之族人，五世外者皆为之齐，衰三月，母妻亦然，故大宗有族食、族燕之礼，所以□族也。夫五服者，人道之大治也。然而上尽于高祖，则远者忘之矣。旁尽于三从，则疏者忘之矣。故立大宗以承其祖族人，五世外皆合之宗子之家，序以昭穆，则是始祖常祀，而同姓常亲也。始祖常祀，非孝乎，同姓常亲，非睦乎。重宗者，尊祖之义也。○薛氏曰：百夫无长，不散则乱。一族无宗，不离则疏。先王因族以立宗，敬宗以尊祖，故吉凶有以相，及有无得以相，通尊卑有分，而不乱亲疏有别，而不二贵贱有等，而不间然，后一宗如出一族，一族如出一家，一家如出一人，此所以得乎民也。○郑锷曰，大宗则收族故。族于丧则必服而冠。娶妻者，必告其所收者广，虽无服之亲，亦系属而不散，故以族可以得民。

吕氏曰：古者建国立宗，其事相须。春秋之末，晋执蛮子，以□楚楚司马制邑立宗焉。以诱其遗民，而尽俘以归，当典刑废坏垂尽之时，暂为诈伪之计，犹必立宗，前此可知。《左传》翼九宗五正逆，晋侯欲理会封建。其次便当立巨室。盖巨室大宗，系国家轻重，更相维持，以固结人心。如晋九宗五正，不独是制度。武王分殷之余民，怀姓九宗于晋，至春秋见故家犹在。《孟子》曰为政不难，不得罪于巨室，盖有千乘之国，有百乘之家，所以互相维持，相视如一体。①

在上所说可知，古代所谓的"民"，皆系宗族之内的乡民组成，这就是最底层的封建社会之架构。不管是"百世不迁"，还是"五世则迁"，其遵循的基本原则都是以"始祖常祀，而同姓常亲也。"也就是说大家来自一个传统的血脉关系，并由此关系最终成为一个大家庭，所以血脉关系在整个民众的宗族社会中是非常重要的。也就是我们现在所说的"同宗同祖"的亲缘关系，能把人际间的关系拉向更近，这就不难理解为什么中国人办事情要讲人情，因为人情在国人看来是有某种特殊含义的，而这种特殊的含义，实际上就是古代亲缘关系在现代社会的变种。

以血缘关系为代表的宗族社会的管理，依靠的是两个基本规则，一个是

---

① 《周礼订义》卷三。

长幼有序的社会伦理,由宗族中拥有一定的文化与一定的经济地位的,在人脉方面得到尊敬的长老来主持宗族的大小事,祠堂则是议事的场所。另一个就是血亲关系,强调孝道的家庭伦理,这是一个亲缘家庭中最基本的伦理,也是整个社会区别人的品格和道德水平的基本尺度。而在家庭伦理里面,还包括了血缘关系的传宗接代和农业社会人丁兴旺的家庭观,也就是儒家的"不孝有三,无后为大"和"四世同堂"的幸福观在内的伦理道德,从而成为儒家伦理的基石,也是儒家伦理的代表性思想之一。

二、《牟子理惑论》的融合思路

中国传统思想是由儒家伦理来主导的,外来的文化与中国文化发生冲突与融合,无不是围绕着儒家伦理的这条主线而展开的。印度佛教传入中国,除了夷夏论、经济论之外,其碰到的最大障碍就是与儒家的伦理发生了冲突。

佛教传入伊始,儒家就指责佛教"不孝",并且循着这条思路,对佛教的攻击越来越升格,从指责佛教的违背伦理到最后发出佛教"入家而破家,使父子殊事,兄弟异法,遗弃二亲,孝道顿绝。忧娱各异,歌哭不同,骨血生雠,服属永弃。悖化犯顺,无昊天之报,五逆不孝,不复过此"[①]之忧患。

《牟子理惑论》是中国最早出现的经典之一,[②]代表了佛教初传时期的人们之认识。也就从此开始发生了儒佛两家的冲突,儒佛之间所遇到的三个重要的重大伦理问题都在《牟子理惑论》里最早出现。例如儒者问难曰:

> 问曰:《孝经》言,身体发肤受之父母,不敢毁伤。曾子临没,启予手,启予足。今沙门剃头,何其违圣人之语,不合孝子之道也。吾子常好论是非平曲直,而反善之乎?
>
> 问曰:夫福莫逾于继嗣,不孝莫过于无后。沙门弃妻子捐财货,或终身不娶,何其违福孝之行也。自苦而无奇,自极而无异矣。
>
> 问曰。黄帝垂衣裳制服饰,箕子陈洪范貌为五事首,孔子作《孝经》服为三德始。又曰。正其衣冠尊其瞻视,原宪虽贫不离华冠,子路遇难不忘结缨,今沙门剃头发披赤布,见人无跪起之礼仪,无盘旋之容止,何其违貌服之制,乖搢绅之饰也。

---

① 《弘明集》卷第八,梁杨都建初寺释僧佑律师撰。
② 也有人认为是伪经。本文不取这种观点。

面对儒家的问难,佛教肯定要做出回答的,否则就无法在中国生存下来。而这些看似简单的问题,回答起来并不容易。牟子以"德"来解释剃发毁肤之难,曰:"昔齐人乘舡渡江,其父堕水,其子攘臂捽头,颠倒使水从口出,而父命得苏。夫捽头颠倒,不孝莫大。然以全父之身,若拱手修孝子之常,父命绝于水矣。孔子曰:可与适道,未可与权,所谓时宜施者也。且《孝经》曰:先王有至德要道,而泰伯祝发文身,自从吴越之俗。违于身体发肤之义,然孔子称之,其可谓至德矣。仲尼不以其祝发毁之也。由是而观,苟有大德,不拘于小。"所以"沙门捐家财弃妻子,不听音视色,可谓让之至也,何违圣语不合孝乎。豫让吞炭漆身,聂政削面自刑,伯姬蹈火高行截容,君子以为勇而死义,不闻讥其自毁没也。沙门剔除须发,而比之于四人,不已远乎。"牟子在这里将出家之人的剃发毁肤的行为上升到了儒家圣人的"勇而死义"的悲壮之举,超出了伦理道德的本身意义,巧妙地化解了这一问难。

如果说因为有其"德",可以解释祝发文身等于剃发毁肤,不违儒礼的说法,那么对弃妻捐财的行为,牟子则用"修德"再一次做了巧妙的转换。他说"妻子财物世之余也,清躬无为道之妙也。老子曰。名与身孰亲,身与货孰多。又曰。观三代之遗风,览乎儒墨之道术,诵诗书修礼节,崇仁义视清洁,乡人传业名誉洋溢,此中士所施行。恬惔者所不恤,故前有随珠,后有虩虎,见之走而不敢取,何也?先其命而后其利也。许由栖巢木,夷齐饿首阳,舜孔称其贤曰:求仁得仁者也,不闻讥其无后无货也。沙门修道德,以易游世之乐。反淑贤,以背妻子之欢,是不为奇。孰与为奇,是不为异,孰与为异哉。"牟子将"修德"上升到古代圣贤的舍身求仁的高度,以其无后但有其后世美名而做出了新解,这也是一种佛教所说善巧方便的转换。

总之,从佛教传入中国伊始,与儒家的碰撞就产生了奠基性的理论,而这个理论就是在儒家伦理的框架下而作出的善巧方便之新解,其理论的核心是用儒家之"德"而搭建的,由德而进得"道",乃至与中国儒家的伦理相合,以此来证明佛家理论的合法性。所以牟子说:"《老子》云:上德不德是以有德,下德不失德是以无德。三皇之时食肉衣皮,巢居穴处以崇质朴,岂复须章甫之冠、曲裘之饰哉。然其人称有德而敦厖允信而无为,沙门之行有似之矣。"佛家不淫,不是去欲,而是"君子之道,或出或处,或默或语,不溢其情,不淫其性,故其道为贵,在乎所用,何弃之有乎。"

值得指出的是,儒者对佛经讲述的太子须大挐"不孝不仁"的事迹做了问难:"盖以父之财乞路人,不可谓惠。二亲尚存杀己代人,不可谓仁。今佛经云,太子须大挐,以父之财施与远人,国之宝象以赐怨家,妻子自与他人。不敬其亲,而敬他人者,谓之悖礼。不爱其亲,而爱他人者,谓之悖德。须大挐不孝不仁,而佛家尊之,岂不异哉?"儒者的责难,紧扣了"不敬其亲"、"不爱其亲"的"亲"字,这是指包括了作为没有血缘关系,但是亲缘关系的妻子之亲人在内,表达了佛教的一种亲人观。然而在佛教的眼里,妻子在家庭成员中可以是不重要的,因为"妻子财物世之余也",既是"世之余也",当然属于可舍的内容,这也是印度的家庭观与中国伦理纲常的家庭观所不同之处。

但是佛教在这里也有自己的方便之解释。牟子认为:"《五经》之义立嫡以长,大王见昌之志,转季为嫡,遂成周业,以致太平。娶妻之义必告父母,舜不告而娶以成大伦。贞士须聘请,贤臣待征召,伊尹负鼎干汤,宁戚叩角要齐,汤以致王,齐以之霸。礼男女不亲授,嫂溺则授之以手,权其急也。苟见其大,不拘于小。大人岂拘常也。须大挚覩世之无常财货非己宝故,恣意布施以成大道。父国受其祚,怨家不得入,至于成佛。父母兄弟皆得度世,是不为孝,是不为仁,孰为仁孝哉?"牟子在这里用了轻重缓急的说法来进行解释,在他看来,权其急、见其大,不拘小也是一种方便,像须大挚王子把家产与亲人施舍出去,正是其为国为众生建立福祉之功德,是见其大的行为,所以他给了国家与后人带来了解脱,这正是既孝既仁的表现。牟子的这一段议论很重要,因为它对后世的影响很大。儒者责难佛家"见人无跪起之礼仪,无盘旋之容止,何其违貌服之制,乖搢绅之饰也。"此为后世之"沙门不敬王者论"之渊源。佛教《涅槃经》和《四分律》说,出家人不向在家者礼敬,其他经典也说,国王应向佛陀和出家人礼拜。所以僧人依此可以不跪拜国土。东晋时期,沙门竺潜受到王公礼遇,经常穿木履出入皇宫,气势盛高。佛教势力渐大。明帝亡后,成帝即位,国舅庚冰辅位,代发沙门尽敬诏,言沙门是晋国百姓之一,应服国法,尊敬国王。以后桓玄任宰相,向大臣发出征求意见书,要求讨论沙门向皇帝敬拜的问题。他根据《老子》说世界有"道大、天大、地大、王大"四大的说法,认为王者有天地的最大品德,受任治理万物,所以要敬王者。僧人慧远为此作了《沙门不敬王者论》。他说在家的人,生活享受都是来自生育之恩的父母,尊敬王侯。出家之人以身体为患累,对生命延续不求奢望,只追求涅槃境界,是"方外之宾",不必顺极王化。同时沙门落发,起誓,袒服,表明了为拯救俗界众生,开发人之天道,其功用和不居王侯地位的人一样,同样也是协助王化顺民。所以僧人内行天之道,志孝不用,外不奉主,并不失敬。"内外之道可合",殊途同归。慧远把佛教的礼法和儒家封建礼法结合到一起,对中国佛教礼制和政治原则产生了深远的影响。但是我们要追溯其思想的源头,还在牟子的身上,慧远所说的"内外之道可合",其实就是牟子所说的"恣意布施以成大道"之"见其大"的思想发挥而已。

三、结　语

　　以上笔者对佛教初传中国所碰到的与中国传统思想伦理之间发生的冲突做了简单的论述与分析，可以看出，"孝道"问题是佛教初传时不可回避的重大理论问题，《牟子理惑论》在这方面试图作出融合的工作，其理论的基础是放在了"德"的方面，用"德"的进退来构建佛家的伦理与儒家伦理之间的桥梁。也就说明了，佛教一传入中国之后，就以融合这一手法为自己在中国生存的进路，开启了后来的融合佛教之路。虽然佛家愿意用中国的传统思想来解答儒者提出的问难，但是在儒家伦理的一些根本问题上，佛家并没有给予满意的答案，也不可能违背佛家的原则去一味的融合。像儒家提出的"不孝有三，无后为大"的根本问题，佛家是无力来作出满意回答的，只能从整个社会与众生的关系，国家与福祉的方面而做出更大范围的解答，这一思路一直影响到后人，即使到了明代，孝道的问题已经被完全融入佛教的理论之中，例如永觉法师就认为"孝道实首五伦，诚哉至德。释门极果，皆由此而积成。"[①]为霖法师则又将这一问题引入禅门之公案，以为"若认得真父母，便具真孝道。具真孝道，便是真出家，真受戒，真报父母恩也"[②]。但其所遵循的思路，还是没有离开牟子的说法，只是把孝道与人间佛教更加的紧密结合起来，如德清老人所说：释迦牟尼"成佛之后，入王宫而升父棺；上忉利，而为母说法，示佛道不舍孝道也，依人间而说法，示人道易趣菩提也"[③]。总之，佛教初传之后，对儒家的责难所做的解答，为后来者规定了发展的方向，铺垫了道路，功不可没也。

　　最后，事敬父母，以行孝道是整个人类社会的最基本伦理道德，佛教也不能身处其外。虽然中国的儒家指责佛教不孝，但是在事敬父母的孝道方面，印度佛教还是有其自己的理论和主张的。佛经记载："佛言：'灭有归本，不复生死，谓之无为也。若曹志趣，皆有八恶。何谓为八？祠祀鬼神，卜问虚杀，是为一。处家贪餮，不奉孝道，贪爱万邪，欲无舍止，是为二。两舌、恶骂、妄言、绮语，未常陈善令愚去恶，是为三。杀盗淫泆，是为四。常怀怒心，不孝二亲，轻慢兄弟、妻子九族，心邪行秽，无善劝导，常自憍大，欲人畏敬，是为五。昼夜怀邪，不畏法律，轻慢贤者，尊贵秽浊，远避真正，交随恶人，是为六。闻

---

① 《永觉和尚广录》卷第十七。
② 《鼓山为霖和尚餐香录》卷上。
③ 《憨山老人梦游集》卷第三十八，侍者福善日录，门人通炯编辑，岭南弟子刘起相重较。

有贤智,明经沙门梵志,豫怀憎嫉,虚伪作谤,是为七。不敬先祖尽孝于亲,弃贤明而反贼,毁仁正,不觉流俗秽浊可耻。斯谓八恶。"①"佛告阿难:'汝广为一切人民说之,人有父母,不可不孝。道不可不学,济神离苦,后得无为,皆由慈孝、学道所致。'"②如此等等,皆说明佛教是有孝思想的,但是佛教的这个孝思想与儒家的孝思想只有部分重合,主要表现在尊老爱幼之社会伦理方面,而在事涉到血缘关系的家庭伦理方面,佛教的孝与儒家之孝就发生了冲突,这也是佛教的自身特点所决定的,表明了佛教的伦理之特殊性,有其自有的历史意义。

(特约编辑:李琳)

---

① 《佛般泥洹经》卷下,西晋河内沙门白法祖译。
② 《佛说菩萨睒子经》。

华严宗人对儒家思想的解读
——儒佛会通的一个例证

◇ 邱高兴

摘　要：文章试图从唐代华严宗人从佛教对儒家思想和观念的解读入手，以为，儒家的基本道德规范和佛教的戒律没有大的区别，引用孔子的话语来说明和解释佛教思想，将孔子作为儒家思想的代表人物，来说明儒家思想和佛教思想的异同，对孔子的形象和名称作佛教化的解释。法藏从佛教的立场出发，认为持戒修行，救护众生是大孝，从而化解了佛教在孝上的危机，最终建构了颇具中国特色的佛教思想的一种方式。

关 键 词：华严宗、儒家、佛教

作者简介：邱高兴，中国计量大学人文学院院长、教授，吉林大学哲学系兼职博士生导师。主要研究领域：中国古代佛学与哲学。

一、问题所在？

按多数学者认可的说法，佛教在汉哀帝元寿元年（公元前2年）左右已传入中国。从传入中国开始，佛教的发展始终与中国传统思想，特别是儒家思想是密切关联的，儒释道三教之间的关系历来是受关注的话题。儒家在三者之间为正统，掌握着三教论争的话语权，常常将佛道二者并举而加以批判。佛教和道教相对而言处在弱势地位。道教相对于佛教而言，以本土宗教自居，一方面吸收佛教的经典和思想，另一方面又排斥佛教。佛教先以黄老方术的形象示人，再以格义的方式确立自己的义理，并在大量经典翻译过程中，逐渐走入思想主流，不仅流传于下层的民众信仰中，而且也成为大量上层知识分子的精神依托。隋唐时期，随着佛教宗派的形成，佛教思想的活跃程度已超越停留于经学意义上的儒学。也正是在这个时期，一批儒家学者忧心于儒家思想的沉寂，提出了儒家的新道统说，从思想传承上为儒家寻找根基。这应当说是宋代儒学重兴的前奏。

宋明时期，理学和心学通过借用佛教的思想资源，构造了新的儒学体系，为儒家思想的重振建立了理论根据。这一时期,无论是程朱理学,还是陆王心学,都无法摆脱思想中的佛学影子,屡屡被人说成"阳儒阴释"、"近于禅"。宋明时期儒家学者,大多出入佛老,少则几年,多则几十年,这样长时间研究佛教,应该说对佛教义理的了解不仅仅是常识性,而且应当是本质的,这一点从很多儒家学者熟练地借用佛家的概念就能看出来。但是另一方面,儒家学者在批评佛教时,又经常出现常识性的误读,比如张载对佛教"万法皆空"的批判,陆象山对佛教"生死轮回"说的误解等等。这些误读大致包括"对佛教常识认识的支离性、对佛教教义理解的表层性、对佛教功用评价的片面性。"[①]如果单纯把这种误读解释成"宋代儒士对佛教常识的认识是极为有限的",恐怕与宋儒出入佛老多年的经历不相符。如果说宋儒清楚地知道佛教经典中所传达的思想,而偏偏作出不利于佛教的错误解释,这种现象就不能解释成知识不足境况下造成的误解,而只能说是有意为之,是"有意的误读",是曲解。这种"误读"的现象不仅存在于儒家学者对佛教的解读中,同样存在于在佛教学者对儒家思想的解读中。当然在佛教中,不仅有对儒家思想的误读,同样有对佛教自身的误读,是双向的:一方面是对佛教自身经典的误读,比如为了迎合传统思想对佛教不孝亲的指责,从佛教经典中挖掘出孝亲的义理。一方面是对儒家思想的误读,通过对儒家经典和思想佛教化的解释来体现二者义理的一致性。总之,出于护教和卫教的要求,佛教的理论在儒学思想的批评和排斥下也不断地有所发明、有所创新,最终成为中国传统文化中重要的一支。

从总体上看,儒家对佛教的质疑表现以下几个方面:

第一,从经典角度言,儒家和佛教的不同。"问曰:孔子以《五经》为道教,可拱而诵履而行。今子说道虚无恍惚,不见其意,不指其事,何与圣人言异乎?"(《牟子理惑论》)

第二,剃发有违孝子之道。"问曰:孝经言:身体发肤受之父母,不敢毁伤。曾子临没,启予手,启予足。今沙门剃头,何其违圣人之语,不合孝子之道也。"(《牟子理惑论》)

第三,不孝有三,无后为大。"问曰:夫福莫踰于继嗣,不孝莫过于无后。沙门弃妻子损财货,或终身不娶,何其违福孝之行也?"(《牟子理惑论》)

第四,服饰与礼仪之别。"问曰:黄帝垂衣裳制服饰,箕子陈洪范貌为五事首。孔子作孝经服为三德始。又曰:正其衣冠尊其瞻视,原宪虽贫不离华冠,子路遇难不忘结缨。今沙门剃头发披赤布,见人无跪起之礼仪,无盘旋之

[①] 李承贵等:《关于"儒、佛、道三教关系"的再认识》,《福建论坛》2005年第6期。

容止。何其违貌服之制,乖搢绅之饰也?"(《牟子理惑论》)

第五,生死问题看法的不同。"问曰:孔子云:未能事人焉能事鬼?未知生焉知死?此圣人之所绝也。今佛家辄说生死之事鬼神之务,此殆非圣哲之语也。夫履道者,当虚无恢怕归志质朴,何为乃道生死以乱志说鬼神之余事乎?"(《牟子理惑论》)

第六,夷夏之别。"问曰:孔子曰:夷狄之有君,不如诸夏之亡也。……吾闻用夏变夷。未闻用夷变夏者也。吾子弱冠学尧舜周孔之道,而今舍之,更学夷狄之术,不已惑乎?自惑乎?"(《牟子理惑论》)

第七,对佛教施舍行为的批评。"问曰:盖以父之财乞路人,不可谓惠。二亲尚存杀己代人,不可谓仁。今佛经云:太子须大挚,以父之财施与远人,国之宝象以赐怨家,妻子自与他人。不敬其亲,而敬他人者,谓之悖礼。不爱其亲,而爱他人者,谓之悖德。须大挚不孝不仁,而佛家尊之,岂不异哉?"①

加上后来其他史籍所载的对佛教不敬王及僧众不劳而获、不劳而食的批评,这些条目构成了佛教传入中国后,儒家思想对其非难的主要方面。以后各代,虽角度有所不同,说法有所创新和变化,但总的说来,都没有超出这个范围。这几条批评,又可概括为下列四个方面,从佛教哲学角度的批评、从伦理规范角度的批评、从经济角度的批评、从政治角度的批评。对这四个方面批评,佛教作了不同的回应:从经典和哲学思想的角度看,中国佛教在吸收儒家传统的心性思想和道家无为自然等思想的基础上,创造了和印度佛教思想倾向有所区别的各宗派②。从经济角度言,布施和施舍虽仍然是佛教的主要行为原则,但是农禅作风的出现,一日不作,一日不食的自食其力的态度,在一定程度上也减弱了对佛教徒不劳而获的批评。从政治角度言,佛教徒除了早期有不敬王者的言论和行为外,后来的佛教莫不以"不依国主,则法事不立"为行为原则。在伦理学说的角度,佛教则不断地适应儒家的伦理规则,在诸恶莫作,众善奉行的基本法则下,充分展示了佛教伦理原则和儒家伦理原则的互补性。

本文试图从唐代华严宗人的儒学观念,从佛教对儒家思想和观念的解读入手,来揭示佛教思想如何回应儒家思想的批评和非难,从而建构了颇具中国特色的佛教思想的一种方式。

---

① 以上均引自《牟子理惑论》,《弘明集》卷一,《大正藏》卷52,第2—4页。
② 吕澂先生曾说:"中国佛学的根子在中国而不在印度。"参见《中国佛学源流略讲》,第4页,中华书局1979年版。

二、华严宗人对孔子的评论

华严宗人对儒家圣人评论涉及较多的是四祖澄观、五祖宗密和华严长者李通玄。

华严宗四祖澄观在他的著作中涉及孔子时，主要使用了"仲尼"、"夫子"、"孔子"等称谓。他认为，儒家思想的核心人物是孔子，孔子是儒家的圣人，儒家经典所依据的各类经正是以这些圣人的教导为基础的，如"儒有九经《五经》等，皆称为经。经者，常也，典也。圣人之言方得称经。"①并且认为佛教经典之所以称经，分别借用"圣人之言为经"和"西域经纬之经"两种含义。在疏经的过程中，澄观也多次引用孔子的言论，如："夫子云：攻乎异端斯害也矣。何得执异迷同，是非竞作。""夫子云：仁者乐山智者乐水，意云：仁者好山如山之安固不动；智者好水，如水之德清鉴洗涤流止从缘，故非要仁即住山智即近水也。"来解释佛典中的相关段落。

就是在批评他人的时候，澄观也往往借用《论语》中的典故。比如，在批评慧苑的《华严经刊定记》时说："后哲下《刊定》迷宗。哲者，智也。即指净法苑公造《刊定记》二十卷，以解唐经。未窥者，窥者，视也；未窥者，不见也。《刊定》释义多失经旨，所以未见经中之玄奥也。《论语》云：叔孙武叔语大夫于朝曰：子贡贤于仲尼子。服景伯以告子贡，子贡曰：譬如宫墙，赐之墙也，及肩窥见室家之好；夫子之墙数仞，不得其门而入，不见室家之美，百官之富。得其门者，寡矣。今借其文以喻华严之室深奥而刊定未达，故云：未窥玄奥。故清凉叹曰：大哉新经而无得意之疏，安可指南乃兴述作之意也。"②

李通玄长者虽未纳入传统的华严宗祖传承中，但其对华严思想的解释对后世华严思想的流行还是有很大影响的。他一直尝试纳儒入佛、纳道入佛。他说：

> 言外道名遍行者，菩萨化邪不化正，名为外道。凡所修进未至究竟一乘法界理智妙行、一多同异自在、身土交彻、十方世界如因陀罗网门，皆是外道。如是通凡及圣，尽以同行方便引之，名为遍行外道，即如此孔丘、老庄之流亦是其类。如名潜相隐，随类而行，众生但受其益，总不知谁是谁非。如是之行，常遍十方无时不现，如影随行，如响应声。非往来

---

① 澄观：《华严经随疏演义钞》卷5，《大正藏》第36册，第36页上。
② 澄观：《华严经疏钞玄谈》，《新纂续藏经》第5册，第687页下。

之质,以智通万有,常对现色身。①

这段话中包含了如下的几层含义:第一、李通玄认为,"外道"就是未能体证华严圆融无碍境界者,或者,凡没有入于佛果,同于佛之智慧,都是外道。这样,佛教的信徒乃至菩萨都属于外道。第二、"外道"中能"通凡及圣"者,称为"遍行外道"。如菩萨已能入证佛位,但为教化众生,随众生不同情况而化作其同类,入于世间,引导示范。众生虽身受其益,但却不知是"外道"还是菩萨。这种教化众生的活动时时刻刻都在进行,菩萨的智慧能通达一切存在,也能随时针对不同情况变现色身,故称"遍行"。又因菩萨教化的对象是外道,常以外道身份出现,故总名为"遍行外道"。第三、李通玄认为儒家、道家者流,如孔子、老子、庄子等,也是"遍行外道"。李氏认为,这些遍行外道实际上是佛的化身,具有无上的智慧与大悲心,他们随时变现色身,或为儒、或为道、或为菩萨,处处惠及众生,众生却惘然不知。一般意义上讲,佛教所谓"外道"是指佛教之外的学说及信徒。《三论玄义》说:"夫至妙虚通,目之为道,心游道外,故名外道。"②李通玄这里把外道的内涵与外延都加以扩大,提出了"遍行外道"的概念,最后又将儒、道学说归为"遍行外道",从而实际上将儒、道纳入佛教的话语系统之中。

李通玄还特别对儒家的奠基人——孔子的姓名出生地作了一番佛教分析,他说:

> 如此土孔丘之流,明世间师范门。……姓孔者,圣人无名无姓,以德立名为姓,非以俗姓为姓。约德以有宽明之德,以之姓孔,孔者宽也。以行化蒙,名之为丘。丘者山岳之称,以艮为山,为小男为童蒙。因行所化而立名也,故名丘也。亦以德超过俗,名之为丘。亦至德尊重无倾动之质,名之为丘。生在兖州者,艮之分也。主以化小男童蒙之位。兖州上值于角,角为天门,主众善之门,亦主以僧尼道士。以乘角气而生,此非世凡流之能体。③

大意是说:孔子是世俗社会的表率、榜样、师范。孔子的姓有着特殊含义,他是以德行作为姓。"孔",有宽的含意,以"孔"为姓表示他宽厚、通达。孔子名丘,丘是山岳的别名,象征德行至高而无倾覆之虞。另一方面,山是艮卦之象,艮卦表示"小男"、"童蒙",因而丘又有教化童蒙的含义。再联系孔子

---

① 《华严经合论》卷100,《续藏经》第一辑,第七套,第一册,第25页。
② 《三论玄义校释》卷上,第13页,中华书局1987年8月版。
③ 李通玄:《华严经合论》卷115,《新纂续藏经》第4册,第756页下。

的出生地兖州，八卦方位处于艮位，是主导教化众生的方位。从天象上看，兖州上又值二十八宿之角星，角星也主导诸种善行，是掌管僧尼、道士之星宿。孔子乘角星而生，表示其从僧位中而出，是佛教中人。李通玄力图通过这种测字等方术，以肯定孔子和儒家在社会政治伦理中的主导地位，把儒家的教化作用视为佛教的一种方便手段，最终把儒学消解于佛教之中。

李通玄还进一步认为，一切世间学问都是佛的教法。他说：

> 一切十方世界诸佛，皆说四谛法轮，但随类音不同。尔如世间孔老一切治众生法，总是四谛法，但随器所授深浅不同。或说十二分教门，或作咒说，皆为四谛法轮所收。①

"四谛"包括苦、集、灭、道四条真理，是佛教论述人生痛苦及其解脱的理论，乃佛教的基本教义。李氏以为，包括儒家、道家在内的一切教化众生的学说，都不出于佛教的四谛法之外，只是随教化对象不同，有深浅的差别。换言之，儒、道两家学说是佛教中的浅显义理。

宗密是华严宗的五祖，他对孔子和儒家思想的理解是认为儒家的基本道德规范和佛教的戒律没有大的区别。他说：

> 五常者，儒教所诠之行也，即仁义礼智信。君子常行此五事，造次必于是，颠沛必于是，不欺闇室，故云常也。常即勤义。然此五德，大同五戒。仁是愍物，博施恩慧，广济患难，即不杀戒也。义者，有志有准，非理不为，即不盗戒故也。临财无苟得，临难无苟免，义然后取。不义而富且贵，于我如浮云。非义之财，尚与而不取，况偷盗耶？故盗戒亦云不与取戒。礼者，别尊卑，息讥嫌，分内外，禁淫乱，即不邪淫戒也，邪淫非礼之极也。信者，发言无二，不亏其约，即不妄语戒也。智者，识达分明，即不饮酒食肉戒也，唯此戒与智不得全同，然亦是其事类，谓饮酒昏乱，识鉴不明，饱食膻腥，脏腑秽浊，神不爽利故也。然孔子所制法，则皆恭谨谦顺，与佛戒律，无所乖背。②

这里明确地把儒家的五常同佛教的五戒作了类比，除了五常的智和五戒的不饮酒略有不同外，其余是完全相同或相类的。在宗密看来，孔子所制定的这套规则的基本精神和佛教完全没有背离。

当然，宗密也很清楚认识到儒家很多观念并不同于佛教，比如他就明确区分了佛教中的坐禅与孔子燕居的状态的区别："岂但申申夭夭者，拣异孔子

---

① 《新华严经论》卷6，《大正藏》卷36，第755页中。
② 宗密：《圆觉经大疏钞》卷7，《新纂续藏经》第9册，第306页下。

宴坐也。《论语》云。子之燕居,申申如也,夭夭如也。(彼注云申申夭夭,和舒之貌也)今意云:须分明观照洞达理事。岂同孔子但和悦舒畅而已。既不同彼,即须处众征论增智慧也。"

从总体上看,一方面宗密把孔子、老子和释迦牟尼并举,而另一方面又认为释迦牟尼所传才是真理。他说:"然孔、老、释迦皆是至圣,随时应物,设教殊涂。内外相资,共利群庶。策勤万行,明因果始终;推究万法,彰生起本末。虽皆圣意而有实有权,二教唯权,佛兼权实。策万行,惩恶劝善,同归于治,则三教皆可遵行;推万法,穷理尽性,至于本源,则佛教方为决了。"①

归纳而言,上述华严学者在著作中提到孔子时,通常表现为以下几种情况:第一,引用孔子的话语来说明和解释佛教思想。第二、将孔子作为儒家思想的代表人物,来说明儒家思想和佛教思想的异同。第三、对孔子的形象和名称作佛教化的解释。

三、华严宗对儒家核心观念"孝"的理解

孝,是儒家传统伦理观念中一个核心的概念。《说文解字》解释为:"善事父母者。从'老'省,从'子'。子承老也。"即对父母的侍奉与抚养。在先秦时期儒家伦理观念的奠定与形成时期,儒教思想的代表人物对"孝"就极其重视。孔子曾说:"孝悌也者,其为仁之本与。"②在孔子看来,成为君子,有两种基本的条件:一为文,一为质,"文质彬彬,然后君子"。文是后天的文饰与教化。质是先天所具的本真。"孝"即是质中最核心和最重要的一部分。在《论语·子路》中,曾有这样一个例子:有人称赞一个有德者,说他"父攘羊""子证之",父亲偷了东西,儿子大义灭亲去举报,证实父亲之罪。孔子显然不同意这种看法,他认为,在这种情况下,"子为父隐,父为子隐"才是最合理的道德选择。这是因为其中有"父子"之间的天生的血缘亲情的连接,是天生之质。从父亲的角度言,是慈;从儿子的角度言,就是孝。所以,孝不是外在的规范,而是植根于内的一种情感。

在先秦时期,孝已具有下列两重含义:对父母的养与敬;对先人的祭祀。孔子曾说:"今之孝者,是谓能养。至于犬马,皆能有养。不敬,何以别乎?"③

---

① 宗密:《原人论》,《大正藏》第 45 册,第 708 页上。
② 《论语·学而》。
③ 《论语·为政》。

孟子认为："孝子之至，莫大乎尊亲。"①指的就是对父母既养又敬的含义。与此同时又强调"子生三年，免于父母之怀，子亦有三年之爱于其父母乎？"的为父母守丧的另一层体现孝的方式，"守孝"一词就是对这种行为的一个典型概括。

先秦之后，孝在中土伦理纲常中的位置进一步提高。至战国末汉初时，《孝经》成书，更是集中论述了孝的问题。"夫孝，天之经也，地之义也，民之行也。"②把孝看成是天地人三才中通行的主要法则。并且认为孝是立德根本，教化之先："夫孝，德之本也，教之所由生也。"并且从"身体发肤，受之父母，不敢毁伤，孝之始也；立身行道，扬名于后世，以显父母，孝之终也。夫孝，始于事亲，忠于事君，终于立身。"③把孝视为贯穿人生的根本准则。依此为标准，"五刑之属三千，而罪莫大于不孝。"④

此后，历代都有帝王对《孝经》进行注释，如梁武帝、简文帝、唐玄宗、宋太宗、宋高宗、明成祖、清世祖。天宝三年，唐玄宗《御注孝经》颁布天下，家家必备。⑤唐代以后，随着《二十四孝》的出现，对孝的实践作了典范化的整理，成为普及孝的基本材料。《二十四孝图》则以图画的形式，成为宣传行孝的童蒙教材。⑥民间流行的还有《劝孝歌》等多种通俗的读物。由此可见，"孝"作为传统伦理道德的一个部分，不仅在理论构筑上十分完备，而且在政治上得到提倡，在民间则深入人心。总而言之，如《孝经》中所概括："孝子之事亲也，居则致其敬，养则致其乐，病则致其忧，丧则致其哀，祭则致其严，五者备矣，然后能事亲。"⑦但这五种孝行，实不出以下两个基本层面的含义：第一，它是一种家庭伦理观念，是维系家庭和睦的一种重要守则。第二，由家国君亲的观念，"孝"又是维护政治秩序的一种重要手段。以至于汉代"举孝廉"，"孝"成

---

① 《孟子·万章上》。
② 《孝经·三才第七》。
③ 《孝经·开宗明义第一》。
④ 《孝经·五刑第十一》。
⑤ 参见道端良秀：《佛教与儒教伦理》第23页，平乐寺书店，1968年10月15日发行。
⑥ 鲁迅先生在《二十四孝图》中曾对此书进行了评说："自从得了这一本孝子的教科书以后，才知道并不然，而且还要难到几十几百倍。其中自然也有可以勉力仿效的，如"子路负米"，"黄香扇枕"之类。"陆绩怀桔"也并不难，只要有阔人请我吃饭。"鲁迅先生作宾客而怀橘乎？"我便跪答云，"吾母性之所爱，欲归以遗母。"阔人大佩服，于是孝子就做稳了，也非常省事。"哭竹生笋"就可疑，怕我的精诚未必会这样感动天地。但是哭不出笋来，还不过抛脸而已；到"卧冰求鲤"，可就有性命之虞了。我乡的天气是温和的，严冬中，水面也只结一层薄冰，即使孩子的重量怎样小，躺上去，也一定哗喇一声，冰破落水，鲤鱼还不及游过来。自然，必须不顾性命，这才孝感神明，会有出乎意料的奇迹，但那时我还小，实在不明白这些。"
⑦ 《孝经·孝行章第十》。

为入仕和考察官员的重要尺度。

如前所述,佛教传入中土后遭受的最严厉的批评莫过于不孝亲、不尊君。针对这种批评,佛教徒多采用妥协的立场,从多角度进行了辩护。如,从《六方礼经》、《善生子经》等佛教典籍中寻找"孝"的佛教经典依据;大力宣扬佛教典籍《孝子睒经》、《盂兰盆经》中"睒子孝亲"、"目连救"的孝子故事。另一方面也通过一些疑伪经如《父母恩重经》等来调和儒教伦理思想和佛教的冲突。把两个原本不相干的概念放在一起,尝试沟通二者,也是缓和儒家的批评,融通儒佛工作的重要部分。

最早涉及这个问题的经典是《梵网经》①,经中卷下说:"尔时释迦牟尼佛,初坐菩提树下,成无上觉。初结菩萨波罗提木叉。孝顺父母,师僧三宝,孝顺至道之法,孝名为戒,亦名制止。"②明确提了"孝名为戒"的思想,把"孝顺父母"作为大乘菩萨戒法的一部分。但该经只是提出了这样一个命题,并没有作具体的解释。虽说后来的佛教思想家多把此作为原命题来探索戒孝关系,但至少在此经中孝戒的沟通仍是独断论式的。到贤首大师法藏,进一步对"孝名为戒"的理论根据进行了发掘,从理论上第一次建立了孝戒的联系。他说:"孝者,谓于上位起厚至心,念恩崇敬乐慕供养。顺者,舍离己见顺尊教命。于谁孝顺,略出三境:一父母生育恩。二师僧训导恩。三三宝救护恩。然父母有二位:一现生父母。二过去父母。谓一切众生悉皆曾为所生父母,今由持戒,于父母渴诚敬养,令修善根发菩提心,今世后世离苦得乐。又由发菩提心持菩萨戒,救一切众生悉令成佛,是故二位父母皆为孝顺。又由具持菩萨净戒,当得道力救护一切诸众生,故于过现父母亦为孝顺。……即是顺教无违,名为持戒。故云孝名戒。"③

法藏首先对"孝顺"这一儒家概念,进行了佛学的诠释。孝,是报恩、崇敬、羡慕、供养;顺,顺从教导、师命。孝顺的对象有三:父母、师僧、三宝。把孝的范围从父母推广至师僧,乃至三宝。这种放大巧妙地借鉴了儒家由对父母之孝到对皇帝之忠的思路,建立了孝和佛教的第一层联系。

其次,从佛教的三世因果报应理论来看,一切众生都曾是我的生身父母。那么我持戒修行,救护一切众生,令其觉悟成佛,脱离苦海,不仅对我的现世父母是孝,而且对过去世的父母也是一种孝。由此,顺从师僧教导,供养三宝,即是持戒,也就是行孝。

---

① 日人望月信亨主张此经为中国人所创作,此说为多数学者所接受。
② 《梵网经》卷下,《大正藏》卷24,第1004a。
③ 《梵网经菩萨戒本疏》,《大正藏》卷40,第607a。

第三，出家表面上是离弃父母，但是通过自身的持戒修行，感染父母，是他们信受佛教义理，修善业，发菩提心，免于轮回或坠于恶道之中，从根本上解除他们的痛苦，岂不是一种更好的孝行。正如失译的《孝子经》所云："佛告诸沙门。覩世无孝唯斯为孝耳能令亲去恶为善。奉持五戒。执三自归。朝奉而暮终者。恩重于亲乳哺之养无量之惠。若不能以三尊之至化其亲者。虽为孝养犹为不孝。"①

因此，在法藏的诠释下，"孝"的含义获得了拓展，由原来的养、敬，扩展为养、敬、戒三层。关于这三层含义的重要性，法藏从佛教的立场出发，认为持戒修行，救护众生是大孝。总而言之，法藏从鲜明的宗教立场出发，认为孝戒并不隔绝，戒是孝的一种，戒涵括孝。贤首大师论孝戒关系的文字虽然不多，但却是直截了当地指明了二者之间的关系，为戒孝的沟通建立了理论的基础。

此外，华严五祖宗密，以及和宗密同时代的唐代僧人神清也都有关于戒孝问题的论述。如宗密在《佛说盂兰盆经疏》中专立"三彰孝道"一段，从"二教皆以孝为本"和"二教行孝之异同"来阐述儒家孝和佛教之孝的异同，其中论佛家之孝的一段显示了他和法藏在戒孝关系认识上的细微区别："次释教以孝为本者，然一切佛，皆有真化二身。释迦化身说，随机权教。舍那真身说，究竟实教。教者，经律也。经诠理智，律诠戒行。戒虽万行，以孝为宗。"②把戒孝关系概括为孝是戒之一，区别于法藏戒为孝之一的说法。当然，这种说法既不失佛家立场，也反映了对孝的重视。但是宗密对孝和戒的关系并没有展开论述，也并没有从理论上来论证他的结论。

（特约编辑：李琳）

---

① 《佛说孝子经》，《大正藏》卷16，第780c。
② 《佛说盂兰盆经疏》，《大正藏》卷39，第505a。

佛教搭台,儒家唱戏[*]
——论儒家在佛教语境中的"被动宗教化"

◇ 陈 坚

摘 要:在近年来有关儒家是不是宗教的讨论中,人们完全忽略了佛教在儒家宗教化中的历史作用,即佛教自两汉之际传入中国后,极尽引儒入佛、帮儒说话之能事,诠释儒家,宣传儒家,将儒家的思想义理、价值观念和行为准则统统作为自己的"方便法门"而照单全收,从这个意义上来说,儒家早已被佛教宗教化了。儒家在佛教语境中的这种"被动宗教化"对于当今的儒家文化传播富有启发意义,即我们完全可以主动借助佛教的宗教平台来传播和弘扬儒家文化,这无疑也是儒家宗教化的一种表现形式。

关 键 词:佛教、儒家、被动宗教化、孝道

作者简介:陈坚,山东大学哲学与社会发展学院教授,博士生导师,山东大学佛教研究中心主任,主要研究领域:印度佛教、中国佛教与哲学。

汉代董仲舒"罢黜百家,独尊儒术",遂使儒学成为中国古代历两千多年具有话语霸权的意识形态,而几乎在这同一时期,印度大乘佛教在阿育王的支持下势力日涨,不断向外传播而成为世界性的宗教,其中就包括经西域而传入中国。佛教自汉代传入中国后,儒佛两种强势文化便在中国文化舞台上相遇,两者从对抗到对话,又从对话到对等,最后从对等走向相互圆融,彼此会通,你中有我,我中有你,结果"强强联合",演绎出了中国古代文化史上具有深厚历史意蕴和广阔文化内涵的儒佛关系语境,在这一语境中,儒佛互相深入对方的腹地并深刻地影响了对方,比如佛教改变了儒学的表达方式和话语结构,致使儒学从工夫论开出心性论和本体论,而儒学则改变了佛教的价值取向和终极关怀,致使佛教从出世走向入世。可以说,在中国古代文化史上,儒佛关系乃是儒佛两家都必须严肃对待和认真处理的问题,本文乃从宗教学的角度来审视中国佛教处理儒佛关系的一个思路,这个思路可通俗地名之曰"佛教搭台,儒家唱戏",即中国佛教热衷于为儒家"搭台",极尽引儒入

---

[*] 本研究得到山东大学自主创新基金资助。

佛、帮儒说话之能事，诠释儒家，宣传儒家，将儒家的思想义理、价值观念和行为准则一股脑儿打包，统统作为自己的"方便法门"而照单全收，从这个意义上来说，不管儒家是不是宗教或有没有必要有没有可能宗教化，只要我们承认佛教是宗教[①]，那么，当佛教将儒家的一切都立为自己的"方便法门"时，儒家就已经身不由己地被佛教推上了宗教的舞台，被佛教宗教化了，或者说儒家"被宗教"了。当然，儒家的这种宗教化不是近几年来学界所热衷讨论的儒家主动的宗教化，而是儒家在佛教语境中的"被动宗教化"，虽然主动被动有别，但宗教化却一也。

儒家在佛教语境中的"被动宗教化"是整建制的、全方位的，涉及儒家从思想到实践的方方面面，不妨来看一下儒家的"孝道"是如何被佛教宗教化的。

一、慈济和尚的"托钵养母"

明末清初高僧藕益智旭（1549—1655）在《书慈济法友托钵养母序后》中对于自己未能尽到孝养父母的责任深自忏悔，写得十分感人，谨录于下：

> 戊子仲秋，慈济法友，乞予重书前序，予于是反躬自责，不胜涕泪交流也。予少有养志之愿，年二十而丧父，恨彻终天；廿四出家，舍母不养，盖欲克期取果，用报亲恩；不谓廿八岁母复捐世，哀哀之痛，肝肠寸裂，然犹曰："矢入深山，冀得一当，或可赎弥天罪愆耳"；逮三十一，被道友牵逼，渐挂名网，而潜修密证之志，益荒矣。今者年满五十，先人弃我足三十年，既不能如目犍连之自获果证，每思结一净坛，邀十友修净土忏法，无奈囊钵萧然，拙于行乞，每向中夜，展转悲号，而慈济乃以一钵千家，承欢膝下，真不思议乐也；善达缁素，乃以粒米茎薪，助渠孝养，真不思议福也。予无此福，故无此乐，宿生业重，夫复何言？敬于此福此乐，深生随喜，以此随喜善根，普施法界有情，同得此福此乐，直至累劫报亲恩，积因成正觉，永离不肖无福无乐之苦，于是拭泪而复书此。[②]

[①] 我之所以这样说，乃是因为自清末以来，无论是学术界还是佛教界都有人从纯粹的佛教教理出发，认为佛教不是宗教，如近代佛学大家欧阳竟无（1871—1943）主张"佛法非宗教非哲学"。我自己认为，从佛教教理上讲，佛教确实不是宗教，至少与一般所说的宗教以基督教为标准相去甚远，但现实中的佛教又是在按宗教的方式在运作，这是有目共睹的事实。本文所谈的佛教是现实中的佛教，因而是宗教意义上的佛教。

[②] 《藕益大师全集》，第18册，第11282页。

藕益智旭的法友慈济和尚"一钵千家",云游乞食,并将乞来的食物和其他日用物品用来供养那些因种种原因而孑然一身、孤苦伶仃的老妪,甘为他们的儿子,"承欢膝下","以粒米茎薪,助渠孝养",这就是慈济和尚的"托钵着母"。在一般人看来,慈济和尚不好好在庙里念经拜佛,反而四处"托钵着母",似乎有点"不务正业",颇有点怪,但藕益智旭却对之"深生随喜"并且"拭泪"作文以抒感慨之情,这是为什么呢?我们都知道,中国佛教史上总有一些怪异佛教徒,他们敢于"以身试法",用自己有别于常人的异行怪样来表达和诠释佛教的理念,如南北朝时期的傅大士(497—569)头戴道冠,身穿僧服,脚蹬儒履,"以道冠、僧服、儒履的表相,表示中国禅的法相是以儒行为基、道学为首、佛法为中心的真正精神"①,至于唐代的寒山(约 691—793)、拾得(生卒不详),五代的布袋和尚(?—916),宋代的济公和尚(1130—1209),那就更是家喻户晓的"怪僧",甚至怪到被时人目为疯癫。虽然我们这里所说的慈济和尚可能还不为许多人所熟悉,不像寒山、拾得、布袋、济公那样有名,但在"怪"这一点上,他却与他们有得一比,不落其后。限于篇幅,我们这里暂且不去分析大家可能多少已有所了解的寒山、拾得、布袋、济公这些"怪僧"形象的佛教含义,而只考察慈济和尚的"怪"的佛学内涵。可以说,慈济和尚的"怪","怪"出了中国佛教的"孝道"精神。

印度佛教原本并不提倡"孝道",但是佛教传入中国后毫不犹豫将儒家的"孝道"引入其思想体系,"孝道"从此就成了中国佛教的基本教义,藕益大师的《孝闻说》就是对这种基本教义的深刻阐发,曰:

> 世出世法,皆以孝顺为宗,《梵网经》云:"孝顺父母、师僧、三宝,孝名为戒。"盖父母生我色身,师僧生我法身,三宝生我慧命,是故咸须孝顺,而欲修孝顺者,尤须念念与戒相应,如曾子云:"无故而杀一虫蚁,非孝也,无故而折一草木,非孝也。"世孝尚尔,况出世大孝乎?以要言之,真能孝顺父母、师僧、三宝,决不敢犯戒造恶。经言"孝名为戒"者,正欲人以戒为孝故也。夫世间孝,以朝夕色养为最小,以不辱身不玷亲为中,以喻亲于道为大。出世孝亦如是,勤心供养三宝,兴崇佛事,小孝也;脱离生死,不令佛子身久在三界沦溺,中孝也;发无上菩提心,观一切众生无始以来皆我父母,必欲度之令成佛道,此大孝也。舜尽世间大孝之道,玄德升闻于尧而为天子,今出家儿,尽出世大孝之道,玄德闻于法界,必成

---

① 《大师风范:达摩、梁武帝、宝志、宝香、傅大士》,http://blog.ifeng.com/article/1978079.html,2008 年 12 月 30 日。

无上菩提明矣。①

中国佛教提倡"以孝顺为宗"、"孝名为戒",一方面将世间的"孝"定为佛教的戒律,另一方面又将出世的一切修行都诠释成"孝行",从而在儒家"孝道"的基础上,将世出世间的"孝"融于一体构成中国佛教所特有的"孝道"观。刚才提到的慈济和尚"一钵千家"、"托钵养母"的"怪"行就是对中国佛教这种"孝道"观的全面的"无余实践"(受"无余涅槃"的启发而作此语),是对源于"儒孝"的"佛孝"的最忠实的体现,这使得一向崇尚和鼓吹"佛孝"的藕益大师深自惭愧,因为慈济和尚能"一钵孝千母",而他却连自己的父母都难以尽孝(回看本节第一段引文),"于是反射自责,不胜涕泪交流",并作《书慈济法友托钵养母序后》,一抒感怀,不过,仅此藕益大师还觉意犹未尽,另外又作《慈济说》,通过解释慈济和尚的法名"慈济"两个字来赞美慈济和尚的无尽孝行,并揭示这种无尽孝行所体现的中国佛教"孝道"思想的精义。藕益大师是这样解释"慈济"两字的,曰:

> 佛道旷济,以孝为宗;孝该万行,以慈为要。慈心昧之力,毒药可为甘露,刀杖化为天华,诚救劫浊之良药,解冤业之神咒也。呜呼!四大同体,觉性无差,何彼何我?孰冤孰亲?由迷强故,横计是非;由执重故,妄成憎爱。爱则相生不断,憎则相害不息,顺则憎复成爱,逆则爱复成憎,憎爱递来,怨亲互作,别业同造,劫感刀兵,设不修行大慈,何以济兹大难?诚能设七境以系心,施三乐而调意,乃至上怨缘中,与以上乐,心生喜悦,无复嫉恼,以此定向刀山,刀山必折;以此定向火汤,火汤必灭,故知普门究竟无畏神力,不离吾人现前一念慈心也。设满阎浮人,尽修此慈心三昧,婆婆不即转为净土者,三世诸佛即为诳语,纵大地造杀,一人独修此,一人未尝不独得清泰也,唯智者能深信之。②

"慈济"与"孝顺",词义颇有相通之处。慈济和尚,人如其名,以"慈心三昧","修行大慈","冤亲平等","托钵"养他人之母,以佛教之境界行儒家之"孝道",以和尚之身做儒家之业,甘做"大众孝子"或"袈裟孝子"。我们切不可将慈济和尚的这种"托钵养母"行为理解为是现代社会所谓的慈善活动或公益事业,尽管表面上可以这么说,但内中的精神实质却完全是两码事。举个例子来说吧,当代台湾也有个"慈济和尚",那就是台湾慈济公德会的创立者证严法师,"证严法师创建的台湾慈济功德会是中国佛教慈善事业最成功

---

① 《藕益大师全集》第17册,第10830—10831页。
② 同上,第10836页。

的范例,证严法师创办慈济之初,靠自己在寺里每天增加做一双婴儿鞋的所得作为基金,接着,证严法师号召赞同慈济理念,参加救济的主妇到市场买菜前,先省菜金5角钱投入一个竹筒内,汇集后存入基金会,之后,最大的一笔收入是印顺法师5万元的稿费投入。慈济就是靠大家一粒米一分钱的积累,不断发展起来的。现今的慈济人遍及全世界,慈善资金源源不断,为什么?根本在于慈济理念,在于内在的精神价值,在于证严法师高尚的人格魅力,在于慈济人无私的奉献,在于慈济慈善的公信力。"①证严法师所领导的"慈济公德会"在世界各地广做慈善公益事业,哪里有急难哪里就有他们的身影。他们也有资助鳏寡孤独的项目,但他们之资助鳏寡孤独,比如资助一位孤苦伶仃的老妪,与慈济和尚之"托钵养母"供养一位老妪,两者不可同日而语,因为前者是现代慈善意义上的公益活动,而后者则是体现儒家"孝道"的"孝行",真是此慈济非彼慈济也。退一步讲,即使证严法师会从佛教的角度对其所从事的慈善事业作出合乎佛法的解释,如"我要大家每天发一分好念、一分爱心,有好念善行才会有福";"只要有这一念救人的心,就是救自己的心灵;表面上是救助别人,其实,这份爱救的是自己,也就是启发自我的本性"②,但这些解释都只是纯粹佛学的,与儒家无关,相反,慈济和尚以身作则、身体力行以一个"大众孝子"的形象"托钵养母",则是以佛教的方式体现了儒家的"孝道"思想,真乃和尚之意不在佛而在儒也。不过,其意在儒不在佛的和尚并非慈济和尚这一孤例,而且也并非只存在于古代,当代亦不无,比如山东的清净法师就是这么一个与慈济和尚异曲同调的当代和尚。如果说慈济和尚是以自己个人的"大众孝子"形象来体现儒家的"孝道"思想,那么清净法师就是在极力鼓动前来听他讲经说法的人去践行儒家的"孝道"思想,有更上一层楼的意思。

二、清净法师的"顶礼父母"工程

当代致力于弘扬儒家"孝道"的和尚并不在少数,著名如净空法师者,无名如清净法师者,皆乐此不疲。当净空法师居庙堂之高讲解《弟子规》、《三字经》、《孝经》和《了凡四训》并把它们录制成VCD光盘广泛赠送之时,自称"草根和尚"、"人民和尚"的清净法师上山下乡、走街串巷,给他所接触的人布置"家庭作业",即回家"顶礼父母",他将这称为"顶礼父母"工程。清净法师在

---

① 刘元春:《佛教慈善应坚守的品格与原则》,《菩提道》2009年第2期,第38页。
② 同上。

他的《都市茅棚》一书中对作为"家庭作业"的"顶礼父母"工程(包括其缘起、行法、意义和作用)作了简要的介绍和热诚的推荐,兹摘录如下:

家庭作业之:顶礼父母

和一个以年轻人为主体的居士团队一起学习《佛说吉祥经》,讲到"奉养父母亲"一段时,清净对在场的年轻人做了一个现场调查:

曾经"拜过佛"的请举手,五六十人全体举手;

曾经"给出家师父顶过礼"的请举手,五六十人全体举手;

曾经在春节或者父母生日时"给父母磕过头"的请举手,五六十人无一人举手。

……

佛,出世福田之最;父母,世间福田之最。于是,清净给所有在场的居士布置了一份家庭作业:回家把父母请到主位坐好,恭恭敬敬跪下,望着父母饱经沧桑的满面皱纹和无限牵挂默默慈爱的眼神,说三句话:

1. "爸、妈,为了照顾我,您二老一辈子受苦了,孩子给您磕头了!"(顶礼一拜)

2. "爸、妈,我年轻不懂事,有时惹您生气,让您担忧,让您牵挂,我在此至诚忏悔。"(顶礼一拜)

3. "爸、妈,我非常感恩,是您给了我生命,给了我家庭,给了我关怀,给了我一切,今后我一定好好孝敬您。"(顶礼一拜)

同时宣布,所有完成作业者,请在"释清净博客"(14149494.blog.163.com)上留言,释清净将在东营天宁寺为其写消灾延寿牌位,并启建七七四十九天准提火供为天下孝子祈福:

忠厚传家远,孝道继世长;

奉敬父母亲,是为最吉祥。

此活动命名为"顶礼父母"运动,敬请见到此文的佛子(孝子)共同参与,每人发心劝十人"顶礼父母",不久将涌现亿万孝子,并代代相传,家族幸甚,民族幸甚!让我们共同感恩天下父母,顶礼天下父母!!![①]

看得出来,清净法师并没有过多地甚至根本就没有讲儒家孝敬父母的那一套大道理,只是以佛教或和尚在中国文化语境中长期以来所形成的特有的宗教感召力和摄受力来号召大家回家去"顶礼父母",话虽不多,效果却挺好,

---

① 参见 http://14149494.blog.163.com/blog/static/436670200810115596494/,2008 年 11 月 11 日。

许多人回家后真的就如其所教地去"顶礼父母",使许多亲子关系不和的家庭从此和睦。有时,清净法师在讲经说法的现场,如果有父母和子女一起来听的,就当场要求孩子在大庭广众之下"顶礼父母"以为示范,相关的孩子和父母也都非常乐意配合,这样的场面十分感人,亲子之间在这个过程中彼此向对方说一些平时不可能说的真心实意的话,有些父母甚至被感动得热泪盈眶(我亲眼所见),围观者也莫不心生艳羡,跃跃欲试。对此,网上曾有评论说,清净法师"开展'顶礼父母'工程等,影响很大,在社会上反响良好"①。试想一下,如果"顶礼父母"的活动不是由身为和尚的清净法师来号召,而是由一位研究儒学的学者或儒学教授或如今活跃在社会上的那些儒学爱好者和鼓吹者——我们不妨将他们统称为"儒者"——来号召,或作为国民教育计划列入学校课程教育体系,那效果可能就没那么好了,这是为什么呢?原因很简单,因为"儒者"们没有宗教背景,从而他们所说的话也就没有宗教感召力和摄受力(要知道,同样的话,由不同的人来说是有不同的效果的)。清净法师借助佛教特有的宗教力量将儒家的"孝道"思想透过"顶礼父母"的活动变成了人们的自觉行动,而"儒者"们则只能让人们了解和熟悉包括"孝道"思想在内的儒学思想,充其量也只能让人们对儒学产生爱好从而想去研究它(比如年轻人之考儒学方向的研究生),但却难以让儒学落实于人们的实际行动,至少效果没清净法师的"顶礼父母"工程那么好,甚至还适得其反,给儒学蒙羞,比如下面这个案例:

> 我在桂林开办了一间学校,目的有二,第一,是要复活中国文化,让孩子在儒家经典的陶铸下,有良好的品格。……为了复活中国经典,在创校之初,我已规定各年级学生一律必须读《论语》,不只熟读,还要整本记诵,岂料家长群起反对,舆论的压力愈来愈大。我们在报章里看见了家长对我们的批评,他们认为背古书,已不合时宜。一个家长说:"孩子背了这本书的内容,长大了会被别人欺负!"很多人甚至要求我们停止教授孔孟之道,我数年来的心血都白费了。②

"儒者"开办学校宣扬儒学,以儒学教导孩子,这在中国不能不说是一件大好事,而且所花的财力、物力和精力都远要比清净法师仅仅只是在讲经说法的现场"空口讲白话"地鼓动一下的"顶礼父母"工程法师多得多,但却没有取得后者的效果,不但没有什么效果,反而遭人病诟,实在令人深思。总之,

---

① 王学彪《草根法师,人民和尚——记清净法师》,2009年8月5日,http://club.xilu.com/mbrun/msgview-950431-158387.html

② 霍韬晦、明华:《成长才重要》,《法灯》香港2009年8月15日,第9版。

清净法师在行动层面上落实了儒学,实现了儒学从知识论到本体论的转换;而"儒者"们则只在知识层面宣扬了儒学,仅仅只是完成了儒学的知识论呈现,两者的目标效果完全不同。儒学在当代要发展,光停留在儒学知识的传播上还是远远不够的,需要诸如清净法师所倡导的那种能真正将儒学落实于行动的"顶礼父母"工程。用佛教的话来说就是,清净法师的"顶礼父母"工程"激活"了儒学,"激活就是把经典中的理论和方法,落实在当下的工夫上","如果之一味地求广求博,而不知道求活,不能把它变成自己的真实受用,那只能算是'死汉'。"①有一位帮助清净法师组织"顶礼父母"工程的佛友在其博客中对该工程发表了如下的看法,曰:

> 见到一个居士,我和他谈起我最近在做的"顶礼父母"工程,他说从我的博客里看到了,是一件大好事,很令人感动。我问他有没有回家顶礼父母,他诧异地说:"我也要顶礼父母吗?我认为你是为了教育年轻人懂得孝敬父母才搞得这个活动呢?"我告诉他,磕头礼是中华民族以肢体的形式来表达内心至高崇敬和感恩的传统方式,拜天拜地拜父母是天经地义理所应当的事。……从三皇五帝、周公孔子等历代圣贤无不是以"礼"教化民众,我们自誉为礼仪之邦,然而传承数千年的礼仪却在我们这一代中断。……我们四处烧香拜佛,却忽略了家里的两尊佛。人在干,天在看。顶礼父母者:天会看得见,天佑孝子;佛菩萨会看得见,加持孝子;大家会看得见,祝福孝子。②

在这位佛友看来,"顶礼父母"乃是从"三皇五帝、周公孔子等历代圣贤"流传下来的中华民族的传统礼仪或者说儒家的传统礼仪,然而,当代中国人却都不以为然,根本就忘了要回家"顶礼父母",现在佛教接纳了这种传统礼仪,认为"顶礼父母"或敬拜父母就是在礼敬"家里的两尊佛",这正如济公和尚在其济世圣训中所说的:"不礼爹娘礼世尊,敬什么?"也就是说,一个人光是礼拜佛世尊("世尊"是对佛的尊称,世所尊敬的意思)而不礼拜父母爹娘,那就不是真正的敬佛。将父母当作佛来敬拜,这显然是从佛教的角度赋予了儒家的"礼拜父母"即"顶礼父母"以宗教的意义,从而使儒家的"顶礼父母"成为佛教的一种宗教仪式,这不明摆着是儒家被佛教宗教化了吗?如果说,在西方基督宗教方面,"克尔凯郭尔在谈到亚伯拉罕对上帝的关系时是在描述我们对生身之父的关系"③,亦即将人与上帝的宗教关系归结为人与父母的亲

---

① 《编者小语》,载《禅》2009年第4期,第96页。
② 《今天你磕头了没有》,http://www.xici.net/u14652712/d76178767.htm,2008年8月25日。
③ [美]理查德·罗蒂:《哲学与自然之镜》,李幼蒸汉译,商务印书馆2004年7月版,第250页。

情关系,那么佛教就是反其道而行之,将(儒家所重视的)人与父母的亲情关系归结为人与佛的宗教关系。

三、"儒门淡薄,收拾不住,皆归释氏"

清净法师将儒家的"顶礼父母"变成了佛教的礼仪,这仅仅只是儒家礼仪佛教化的"冰山一角",实际上,从古至今,中国佛教寺院中的几乎所有佛教礼仪都包含着儒家礼仪的元素,或者说得更直白一些,佛教把儒家的礼仪拿来用佛教的外衣包装一番就变成了佛教的礼仪,儒家阵营中的许多明眼人都看到了这一点,比如,宋代大儒程颢(1032—1085)一日"过建业钟山(今南京紫金山)定林寺,闻伐鼓考钟,和谐典雅;见两序信众,绕向礼佛;威仪济济,肃然有序,不禁叹曰:'三代礼乐,尽在此中矣!'"①程颢的这一感叹直到今天听起来都还是言之有理的,君不见今天各地儒家的孔庙,一年中也只有在一些特定的日子里——比如孔子的生日、"黄金周"等——才操演儒家反映和展示夏、商、周"三代礼乐"的那些礼仪,而且不是为了纪念,就是为了招揽游客,实际上这都是在"做秀",当然能做做"秀"已经是比较好的了,因为很多孔庙甚至连"秀"都不做或懒得做,只是作为一个死文物立在那里空过闲风;相反,佛教的寺院,一年三百六十五天,天天都在其早晚课和"过堂"(就是和尚吃饭)时操演着融合了儒家礼仪元素的佛教仪式,如果碰上佛诞日、观世音成道日等佛教节日以及方丈升座、传戒传法、佛像开光、佛教建筑落成、老和尚生日、老和尚圆寂火化、老和尚祭日、建寺周年纪念等名目繁多的佛教活动或举办那些应时的祈福法会(比如为"汶川大地震"而祈福),当然还有平时不定期的有信众为了消灾免难来申请做法事,那寺院里就更是被佛教仪式所主导,整天甚至整夜都钟磬声声,木鱼笃笃,念经唱号,拜忏礼佛,真如程颢所说的"威仪济济,肃然有序",庄严无比;亦如一首词中所说的"鼓悠悠,磬悠悠,呗赞声声护法身,涤除烦恼清"②——这不是佛教的"做秀",而是佛教的日常宗教活动。俗话说"外行看热闹,内行看门道",而对于寺院中的这些佛教仪式,外行看是佛,内行看则是佛中有儒,即儒家的礼仪被吸收到了佛的仪式中来,这真是"儒门淡薄,收拾不住,皆归释氏"。宋代志磐的《佛祖统纪》卷四十五有如下的记载,曰:

---

① 李豫川《禅宗与宋明理学》,参见 http://www.buddhism.com.cn/dzqk/chan/gchan/9805/chanzong.htm
② 伍守坤:《长相思·佛殿观感》,《正法眼》2008 年第 3 期,第 37 页。

儒林

荆公王安石问文定张方平曰："孔子去世百年而生孟子,后绝无人,或有之而非醇儒。"方平曰："岂为无人?亦有过孟子者。"安石曰："何人?"方平曰："马祖、汾阳、雪峰、岩头、丹霞、云门。"安石意未解,方平曰:"儒门淡薄,收拾不住,皆归释氏。"安石欣然叹服,后以语张商英,抚几赏之曰："至哉,此论也!"①

张方平所说的"儒门淡薄,收拾不住,皆归释氏"的那些人,比如马祖道一、汾阳善昭、雪峰义存、岩头全豁、丹霞天然、云门文偃等,就是将儒家的礼仪以及儒家的思想和实践输入佛教,从而以佛教的方式来宣扬儒家的得力干将,正是他们这帮"袈裟虽然穿在身,我心依然儒家心"的和尚们的不懈努力,才使得被儒生们"去宗教化"了的儒家重又在佛教的语境中获得了宗教化,也就是被佛教重新宗教化了。

儒家或儒学本也是宗教,至少它的源头"三代礼乐"是具有明显宗教特征的实践体系,至少它所说的"天"在先秦两汉时期都还是具有宗教威慑力的"天",至少汉代董仲舒"独尊儒术"的"儒术"也还是"宗教之术",但是儒学后来的发展就渐渐地"去宗教化"而演变成了毫无宗教色彩的彻头彻尾的伦理说教和心性之学,个中原因,因于本文主旨无关,不繁细说。总之,儒家自己在前门"去宗教化",佛教却又"明修栈道、暗度陈仓",以佛教特有的方式从后门将儒家重又宗教化了,而成其事者就是那些"心空及第归"和尚。这"心空及第归"乃是禅宗的一个著名"公案",这个"公案"与刚才提到的马祖道一有点关系,且看:

> 唐代的丹霞天然禅师,早年研习儒书,准备到长安应举,途中寄宿一店,遇到一位禅僧。
>
> 禅僧问:"施主行色匆匆,准备到哪儿去?"
>
> 丹霞自信地说:"选官去。"(考取进士,弄个官做做)
>
> 禅僧说:"选官哪里比得上选佛?"(参禅悟道,被老师选中,成佛作祖)
>
> 丹霞听了,感觉禅师出语不凡,当下便问:"我应当到哪儿去选佛?"
>
> 禅僧指点他:"如今在江西弘扬禅法的马祖道一大师,是天下公认的禅宗大师,能够使人解脱生死的苦恼,获得彻底的觉悟。那里是选佛场,你到他那里,必定会有所成就。"

---

① 类似的记载还见于南宋陈善《扪虱新话上集》卷三:王荆公尝问张文定:"孔子去世百年,生孟子亚圣。自后绝无人何也?"文定言:"岂无?只有过孔子上者。"公问:"是谁?"文定言:"江西马大师,汾阳无业禅师,雪峰,岩头,丹霞,云门是也。儒门淡薄,收拾不住,皆归释氏耳。"荆公欣然叹服。

天然听了,就改变初衷,直奔江西,参见马祖,后来成了一代名师。①

　　后来,丹霞天然禅师的朋友庞蕴居士对这一"公案"有一个著名的演绎,说是有一天庞蕴居士"与马祖初相见时,尝问'不与万法为侣者是什么人?'马祖答'待汝一口吸尽西江水,即向汝道'。居士言下豁然大悟,复呈一偈'十方同一会,各各学无为,此是选佛处,心空及第归。'"②现在有些寺院的禅堂门口就挂着"此是选佛处,心空及第归"这副对联。

　　自隋朝开设科举考试以来,中国古代文人在其年轻的时候,莫不"千军万马过独木桥",希望能考中进士中状元,及第做官,但"僧多粥少",竞争异常激烈,有许多人像范进一样都考疯了,更有的甚至从青年考到老年以至于死都没能如愿,科场惨烈可见一斑。不过,同样在隋朝以后发达起来的中国佛教却为其中一些脑子比较活泛不那么死心眼的考生提供了科举以外的人生选择,那就是出孔庙入寺庙,走"终南捷径"当和尚,也就是说,有些人眼看自己科场无望或遇高人指点,于是就干脆"心空及第归",遁入空门当和尚,做佛不做官,到佛门中去成就自己,比如"这位丹霞在赶考的路上,遇到一个人与他闲谈,后来对他说,看你这个人的志气才华,何必要考功名,你到江西的考场找马祖,可以成佛,比这个功名好",于是他就毫不犹豫地"半途改去修道"③,从此中国历史少了一个也许碌碌无为的官员,却多了一位大名鼎鼎的禅师。

　　中国科举制度和中国佛教联手打造了数不胜数的象丹霞天然禅师那样"心空及第归"的人,这些人在为科举而饱读儒家经书的过程中形成了很高的儒家文化素养,在进入佛教界后很快便成了中国佛教的精英,同时自然而然地也将儒家的元素带进了佛教。说实在的,在他们这些和尚身上,佛学素养可能还远不如儒学素养来得高,毕竟在佛学上他们多少有点"半路出家"的意思,他们的佛学知识都是出家后学习的,他们的佛学思想都是出家后形成的。他们没考上科举或放弃科举并不意味着他们在儒学上不行,只是意味着他们对科举制度的不满或不适应,比如我们的"丹霞禅师年轻时是学儒的,饱读五经四书,通达孔孟之道"④,其他"心空及第归"者也莫不如此,他们有着深厚的儒学底蕴,而且还可能日久生情,虽然削发为僧,但对儒学多少还有点感情,正是在这样一种知识结构和心理状态下,作为中国佛教精英阶层而主宰着中

---

① 吴言生《经典禅语·本心的觉悟·空观》,2006 年 11 月 20 日,参见 http://www.wuys.com/news/Article_Show.asp?ArticleID=5889
② 参见"互动百科"词条"庞蕴",http://www.hudong.com/wiki/%E5%BA%9E%E8%95%B4
③ 《金刚经说什么》,参见 http://www.zhaoqt.net/z/jgj10.htm
④ 元音老人:《第七十六则·丹霞问僧具眼》,参见 http://www.buddhism.com.cn/dzqk/chan/gchan/9805/byl.htm

国佛教走向的"丹霞禅师们"在弘扬佛教的过程中夹带着也把儒家给弘扬了,从而使得儒家在佛教的平台上被宗教化。

四、佛典为儒家思想张目

"丹霞禅师们"(代表中国佛教史上的一切佛经翻译家、佛教研究家、佛教思想家、佛教传教士和佛教活动家)推动儒家宗教化的主要手段有两个,一是在实践上操演"儒里佛外"的一系列佛教仪式,这在前文已经谈过。在印度佛教中,所谓举行"法会",乃是指迎请释迦牟尼等诸佛菩萨来讲经说法,而在中国佛教中,"法会"的内容则不再是或主要不是讲经说法,而是"钟磬声声,木鱼笃笃,念经唱号,拜忏礼佛",举行各种各样的佛教仪式,展示由佛教梵乐和儒家礼乐交织而成庄严场面;二是通过佛教著作来宣扬儒家思想,这中间既有翻译也有撰述。在中国佛经翻译史上,译经家们在将印度佛经翻译成汉语时,往往"夹带私货",搀入儒家的一些思想,如三国吴之康僧会所编译的《六度集经》,"其中突出的特色是,用佛教的菩萨行发挥儒家的'仁道'说,把佛教与儒家思想调和起来,会通儒、佛。经中不仅大讲'恻隐心'、'仁义心',而且还极力主张'治国以仁',认为'为天牧民,当以仁道'。除了这些治国牧民之道以外,经中还大力提倡'尽孝',歌颂'至孝之行',认为'布施一切至贤,又不如孝事其亲',这些思想显然打上了中国儒家文化的烙印"[①],为宣扬儒家思想张目。与汉译佛经只是在经文中零星穿插着宣扬一些儒家的观念相比,那些被称为"伪经"——并非是从印度翻译过来的而是中国人自己仿照着印度佛经的格式创作的佛经——的有许多更是整本经都在宣扬儒家的某一思想,比如《佛说阿速达经》宣扬儒家孝顺父母以及"三从四德"(经中转换成"三恶四善"来说)的妇人之道,而《佛说父母恩重难报经》则专门宣扬儒家的孝道思想。中国古人之所以要造出"佛说"的"伪经"来宣扬儒家思想,乃是因为在中国古代浓郁的佛教氛围中,"佛说"比"子曰"更有具号召力和摄受力。我们不妨来约略地看一下《佛说父母恩重难报经》的大概内容。在该经中,佛首先以偈颂的方式述说"父母十恩",即:

    第一怀胎守护恩,第二临产受苦恩
    第三生子忘忧恩,第四咽苦吐甘恩
    第五回干就湿恩,第六哺乳养育恩

---

① 方立天、华方田:《中国佛教史》,宗教文化出版社2004年5月版,第27页。

第七洗濯不净恩,第八远行忆念恩
第九深加体恤恩,第十究竟怜愍恩

虽然"父母恩德,无量无边",但是世人"心行愚蒙,不思爹娘,有大恩德,不生恭敬,忘恩背义,无有仁慈,不孝不顺",比如跟父母"应对无礼,恶眼相视",比如"逃往他乡,违背爹娘,离家别眷",比如"父孤母寡,独守空堂,犹若客人,寄居他舍,寒冻饥渴,曾不知闻"……真是"不孝之愆,卒难陈报"。不过,佛慈悲为怀,对于世间的种种"不孝之愆",只是历陈而没有明言责备,然而,"于无声处听惊雷",不责乃为大责,座下听佛说法的"大众闻佛所说父母恩重,举身投地,捶胸自扑,身毛孔中,悉皆流血,闷绝躄地,良久方苏,高声唱言,苦哉!苦哉!痛哉!痛哉!我等今者,深是罪人,从来未觉,冥若夜游,今悟知非,心胆俱碎,惟愿世尊,哀愍救援,云何报得父母深恩?"在《佛说父母恩重难报经》看来,"假使有人,左肩担父,右肩担母,研皮至骨,穿骨至髓,绕须弥山,经百千劫,血流没踝,犹不能报父母深恩。假使有人,遭饥馑劫,为于爹娘,尽其己身,脔割碎坏,犹如微尘,经百千劫,犹不能报父母深恩。"那么,在佛教看来,子女究竟应该如何才能报父母之深恩呢?《佛说父母恩重难报经》给出了答案,曰:

> 佛告弟子,欲得报恩,为于父母书写此经,为于父母读诵此经,为于父母忏悔罪愆,为于父母供养三宝,为于父母受持斋戒,为于父母布施修福,若能如是,则得名为孝顺之子……佛告弟子,欲得报恩,为于父母,造此经典,是真报得父母恩也。能造一卷,得见一佛;能造十卷,得见十佛;能造百卷,得见百佛;能造千卷,得见千佛;能造万卷,得见万佛,是等善人,造经力故,是诸佛等常来慈护,立使其人生身父母,得生天上,受诸快乐,离地狱苦。

总之,《佛说父母恩重难报经》极力渲染父母有恩于子女而子女应对父母感恩并予以报答的思想,道出了佛教"孝"道的感恩主调——慧能《无相颂》中所说的"恩则孝养父母,义则上下相怜"①这句偈颂就包含有佛教如斯之"孝"道观。按《坛经·自序品》,惠能在卖柴的过程中听人诵《金刚经》而开悟,"乃蒙一客取银十两与惠能令充老母衣粮,教便往黄梅参礼五祖。惠能安置母毕,即便辞违。"②也就是说,惠能先将老母安顿妥当,然后再自己出家修道,这显然是体现了中国佛教的"孝"道——惠能的孝子形象跃然纸上。

---

① 宗宝本:《坛经·疑问品》。
② 宗宝本:《坛经·行由品》。

儒林

除了像《六度集经》那样见缝插针宣扬儒家思想的汉译佛经以及像《佛说父母恩重难报经》那样专门宣扬儒家思想的那些"伪经",中国的和尚们还撰写了大量宣扬儒家思想的著作,其中最早的莫过于《理惑论》,"三国时代有一位大学问家——牟子,精通儒释道三家之学,曾作了一本书,名叫《理惑论》,这本书,精论原始佛学与儒道二家相通之处,是一部极有见地之作。如欲追查原典,弘扬中国文化,大可从此书展开研究,对于中国文化中三教之争,本书的见地是为调和论。其次则有《弘明集》《广弘明集》两部书"。[①]当然,在这些宣扬儒家思想的著作中有许多是对儒家四书五经的注解,如"北宋的智圆提倡中庸,甚至以僧徒而自号中庸子,并自为传以述其义《孤山闲居编》,其年代犹在司马君实作《〈中庸〉广义》之前,似亦于宋代新(儒)家为先觉"[②],"盖自唐李翱以来,宋人尊《中庸》,似无先于智圆。……时儒学尚未兴,朝廷大臣如杨亿、王钦若、陈尧叟、夏竦之徒皆佞佛佛,范仲淹、胡瑗尚年少,智圆先入空门,晚知尊儒"。[③] 可以这么说,和尚智圆(976—1022)通过阐述儒家《中庸》而成了宋代新儒家的开路先锋,这对儒学在宋代的发展和传播居功至伟。

尽管中国的和尚们不遗余力、乐此不疲地以种种方式来实践儒家之道,宣扬儒家之说,但是,话得说回来,无论和尚们怎么做儒家事说儒家话,他们都还不能被视为"不务正业",因为他们在这样做的时候还是有佛教方面的考虑的,还是有佛教方面的"如意算盘"的(毕竟他们是佛教中人),这个"如意算盘"就是以儒家为"方便"来传播佛教,举个例子来说吧,近代为了复兴中国佛教,许多寺院开办佛学院,在佛学院的课程中,除了佛学专业课外,"并讲儒学,兼学史地,旁及外国语文",而学习儒学,"'良非所谓重儒学而轻佛学,尊外典卑内典也',涉猎俗学,无非广佛学之媒介。通达外典,正以助内典之弘扬,说到底还是为了弘教的需要"[④],也就是说,佛学院开设儒学课程,让学僧们学习儒学,乃是希望学僧们在掌握了儒学后,能够借助儒学这一媒介或"方便"来传播和弘扬佛学。总之,中国的和尚们以佛教为平台宣扬儒学,既将儒学宗教化了,同时也以儒学为"方便"传播了佛教,一举两得,何乐而不为?前文提到的藕益智旭就是这方面的行家里手,他曾作《周易禅解》和《四书蕅益解》,以佛解儒,以儒弘佛,儒佛水乳交融,令人叹为观止。藕益智旭曾直言不

---

① 南怀瑾:《佛学真危险吗?》,载《正法眼》2008年第3期,第39页。
② 陈寅恪:《冯友兰〈中国哲学史〉下审查报告》,载《金明馆丛稿二编》,上海古籍出版社1980年版。
③ 钱穆:《读智圆〈闲居编〉》,载《中国学术思想史论丛》,台湾东大图书公司1984年版。
④ 田海林、李明:《民国时期佛教文艺教育初探——文学教育》,载吴为山、传义主编《中国佛教艺术》第3辑,南京大学出版社2009年4月版,第23页。

讳其作《周易禅解》动机曰："吾所由解易者,无他,以禅入儒,务诱儒以知禅耳。"①在他看来,易具有"易"、"非易"、"亦易亦非易"和"非易非非易"之"四句"特征,儒具有"儒"、"非儒"、"亦儒亦非儒"和"非儒非非儒"之"四句"特征,佛也具有"佛"、"非佛"、"亦佛亦非佛"和"非佛非非佛"之"四句"特征,正因为易、儒、佛都具有这种意义开放的"四句"特征而不是"易就是易"、"儒就是儒"、"佛就是佛",互相被刚性的边界所隔断,所以,他才能在《周易禅解》中游刃有余地沟通儒佛(易与儒被藕益智旭合而为一了),并揭示了儒佛关系的四个层面,即"儒是儒"、"佛是佛"、"亦儒亦佛"和"非儒非佛",从而儒佛既互相独立,又互相彰显,彼此透过对方来展示自己,在儒佛的传播和弘扬上获得了互济双赢。

结　语

现在我们都致力于搭建种种现代化的平台在世界范围内弘扬和传播儒家文化,这里我们似乎还不能忘了要善于运用古老的历史证明行之有效的佛教平台来传播儒家文化。由中国两千多年佛教发展史积累起来的佛教使儒家宗教化的丰富经验,非常值得今天有意推动儒家文化传播或儒家宗教化的有识之士借鉴,即设法运用遍布全国的密如蛛网的佛教传播网络(佛教寺院和居士组织)来传播和弘扬儒家文化,或者套用一句商业的用语,最大限度地借用佛教现成的营销网络来销售儒学,从而使儒家在当代实现由"学"到"教"的转变。要知道,"在推动民间信息传播众多因素当中,佛教无疑发挥着十分重要的作用,仅次于生产力提高和国家大一统对民间信息传播的影响"。②窃以为,当代儒学要发展,宗教化是唯一的出路,而早已在中国成气候的佛教正好可以居间帮忙,而且我相信所有的和尚都会乐于帮这个忙。我听我的朋友仁修法师说,现在在山东淄博传播和弘扬儒家文化的就是和尚。最后我想给古往今来为传播和弘扬儒家文化、为传承儒学作出各种各样贡献的和尚们合十敬礼,并送上对联一副,曰:

率由佛教旧章,子曰诗云四书五经借佛传;
开出儒家新篇,如是我闻三谛六度靠儒通。
横批:
亦佛亦儒

(特约编辑:李琳)

---

① 藕益智旭:《周易禅解》,广陵书社2006年8月版,序,第1页。
② 李民刚:《唐代佛教与民间信息传播关系浅析》,《山东大学报》2009年9月23日,C版。

儒家与佛家的境界观

◇ 李 琳

摘　要：儒家在对现实人生的认知与把握之上，构建了差等和谐的自然之境，至善至美的悦乐之境。佛家则在对现实人生的解脱与超越之上，构建了圆融无碍的自然之境、自由超越的涅槃之境。儒佛两家的境界观是相异又互补的。儒家的境界观始终没有脱离现实人生的范围，是一个将自然价值通过"君子比德"的方式附加在社会美上，并通过不断的学习及实践自身之仁来追求一种现世生存、人伦和谐的悦乐境界；佛家的境界观是一个由即现世而出世的过程，可以供不同层次的信众们加以寻求和证悟，并最终通过超越社会、超越自然的观照来追求一种空、幻、寂、灭的涅槃境界。儒家差等和谐的自然观借"仁"为中介，推行仁爱来实现天人合一的境界，强调人在生态系统中的特殊地位；而佛家圆融无碍的境界观则借"佛性"为中介，推行博爱来实现万物一体的和谐，强调万物的平等地位。儒家的悦乐境界是乐观入世的德性表现，可以弥足佛家悲观厌世的不足；佛家的涅槃境界是自由超越的生命状态，可以弥补儒家过于实用功利的缺陷。

关　键　词：儒学、佛学、境界观、仁、佛性

作者简介：李琳，为山东大学儒学高等研究院讲师。主要研究领域：中国哲学、文艺美学、佛教。

一、儒家与佛家的自然之境

（一）儒家差等和谐的自然境界

在儒家看来，自然是按照自身规律运行的客观存在，人与万物都是自然界的产物，都是自然界的一部分。自然万物的生成构成了人之所以为人的存在前提。《序卦》有言："有天地然后有万物，有万物然后有男女，有男女然后有夫妇，有夫妇然后有父子，有父子然后有君臣，有君臣然后有上下，有上下

---

* 本文得到山东省社科规划项目"儒家生态智慧与审美思想"的资助。

然后礼义有所错"。孔子指出"天何言哉？四时行焉,百物生焉,天何言哉?"(《论语·阳货》)荀子也强调"天行有常,不为尧存,不为桀亡"(《荀子·天论》)。四季自然流行,万物自然生长,不以人的意志为转移,处处显现大自然的生生之德。因而儒家认为,人类作为自然的一分子,应该从宇宙自然的整体来审视人与自然的关系,尊重客观规律,敬畏自然万物,以达到彼此之间共生共荣的和谐境界。《周易·大传》中就有："夫大人者,与天地合其德,与日月合其明,与四时合其序,与鬼神合其吉凶。先天而天弗违,后天而奉天时"的说法。《中庸》也谈到,人类应该尽量使"万物并育而不相害,道并行而不相悖"。到了孔子这里,则认为人类应该自觉地保护自然资源,做到"钓而不网,弋不射宿"(《论语·述而》),主张"断一树,杀一兽,不以其时,非孝也"(《礼记·祭义》),并且十分推崇人与自然融为一体的和乐之美,欣赏曾点的"莫春者,春服既成。冠者五六人,童子六七人,沐乎沂,风乎舞雩,咏而归"(《论语·先进》)的志向。荀子主张应该尊重自然规律,在"草木荣华滋硕之时,则斧斤不入山林,不夭其生,不绝其长也"(《荀子·王制》),从而使"万物各得其和以生,各得其养以成"(《荀子·天论》)。

尽管如此,我们还是应该清楚地看到,儒家的自然境界并非一味地强调人与自然间无条件、无差别的统一与和谐,而是建立在爱有差等、推近及远秩序之上的和谐境界。因为儒家认为,人类既内在于自然,同时还应在自然中保有自己特殊的位置和主体性,在此基础上,以自身之"仁"为德性中介来实现对自然万物的关怀和保护,从而达到仁者与物同体,天人合一的境界。《中庸》所谓"能尽人之性,则能尽物之性;能尽物之性,则可以赞天地之化育;可以赞天地之化育,则可以与天地参矣",就是想说明人的存在及主观能动性可以有助于天地之道的充分实现。还有《尚书·泰誓》中"惟天地万物父母,惟人万物之灵",以及《礼记·礼运》谈"故人者天地之心也,五行之端也",都是在言明这个道理。到了孔子这里,则开始提倡"智者乐山,仁者乐水"(《论语·雍也》)的德化自然观,将社会价值以"君子比德"的方式附加在自然审美对象身上,将审美的情感体验与伦理的自然关怀统一起来,用一种主体的道德意识去寻求人与自然的内在精神契合。很显然,这是一种将道德伦理与审美体验两相叠加而呈现出的美善合一的自然之境。正如程子所说："非体仁,知之深者,不能如此形容之。"(《论语集注》)在此之后,孟子推行的是亲亲——仁民——爱物的路线,将"爱物"作为个体实践仁爱的最后环节,并试图以"君子远庖厨"等形式来推广个体的"恻隐之心",继而达到修个人身,治宗族事,平天下物的道德实践,最终在"万物皆备于我"的境界中体悟自然与人合而为一的精神境界。荀子则进一步将人的地位从自然系统中突显出来,强调"水火有气而无生,草木有生而无知,禽兽有知而无义;人有气、有生、有知亦且有义,故最为天下贵也"(《荀子·王制》),因而应当"以人度人,以情度情,以类度类"(《荀子·非相》),在此基础上来尊重并保护自然。

及至后来的宋明理学在佛教的浸染和影响下,不再仅仅将仁爱限定于"爱人"上,而是进一步将仁爱之心扩大到宇宙万物。程颢认为"学者须先知仁。仁者,浑然与物同体"(《识仁篇》);朱熹主张"仁"在人则为"温然利人爱物之心"(《文集·仁说》);陆九渊省悟到"人与天地万物,皆在无穷之中者也"(《陆九渊集·年谱》);张载提出"民吾同胞,物吾与也"(《张载集·正蒙·干称》)……都试图将宇宙万物当做自己的朋友,将仁爱推广到宇宙自然,使自然万物跳脱出作为人类他者的视域,破除传统的物我之隔。王阳明也认为"大人者,以天地万物为一体者也"(《大学问》),即一个达到仁的境界之人,是能够充分体认万物一体境界的,而人对其他自然生物的关爱,是"心之仁本若是",是人将它们视为自己身体的一部分,而萌发出的"不忍之心"、"悯恤之心"和"顾惜之心"。但他同时也承认,此种仁爱之心需要有根源,"父子兄弟之爱,便是人心生意发端处,如木之抽芽。自此而仁民,而爱物,便是发干生枝生叶"(《传习录》)。如此种种的儒家自然观,无一不对自然倾注着情感和道德的内涵,无一不是通过"仁"的中介力量把人与自然融为一体的,却又都或多或少地带有儒家差等秩序的痕迹,是按照自然物离人类的远近亲疏关系来设定的。就像石头投入水中所起的涟漪,由宗亲到国人,由华夏到夷狄,由动物到植物,直至波及无机物,其仁爱之情随着到达圆心的距离发生由强转弱的变化。① 对此,李存山说,在儒家"'自然的道德体系'中,以人为贵,施由亲始,爱有差等,这个'道理'乃是人情所难免、'合该如此'的"。②

儒家差等却和谐的自然观,强调人在自然中的主体地位,要求人们以道德的态度来对待自然环境,从而使自然能够在一定程度上得到人类道德上的关怀和尊重,使自然之"生"与道德之"仁"密切关联起来,尽力做到"与天地合其德,与日月合其明,与四时合其序"(《干卦·文言》)。但是儒家的自然境界,却容易过高估计人在宇宙进化中的伟大作用,因而具有过于关注人伦秩序而忽视自然规律的局限性,随着现代化进程的推进,也容易被绝对化从而面临"人类中心主义"的危险。

(二)佛家圆融无碍的自然境界

佛教在传入中土之后,受到儒、道两家关于人与自然动态和谐的"天人合

---

① 陈炎、赵玉:《儒家的生态观与审美观》,《孔子研究》2006年第1期。
② 李存山:《自然的"经济体系"还是"道德体系"?》,《中国哲学史》2003年第1期。

一"理念的浸润,认为人与自然之间,甚至自然现象间都是圆融无碍的。中国佛教的几大主要派别都是以"圆融"思想作为其理论精髓。天台宗素以"圆教"著称,慧思曾在《大乘止观法门》中提出"圆融无二"的思想;智𫖮在《法华玄义》中宣扬"法界圆融"和"三谛圆融"的核心思想。在天台人这里,自然万物尽管存在形式上的诸种差别,在本质上却是融通不二的。在此种圆融思维的统摄与调和下,世间诸种矛盾对立都可得到解决,诸多隔离分疏都可得到融合,从而使每个个体都建立在相互依存、和谐共生的环境之中。华严宗则将"圆融"观发展到极致,宣扬本质与现象以及现象间的完全圆融。在《华严经》中所描绘的"华藏世界"中,千差万别的各种现象作为佛性真理的体现而互相映现、事事无碍。大自然重重无尽的圆融境界,真正体现了佛性的清净本原。正如宋代高僧圜悟克勤在《圆悟录》卷十中评论道:事事无碍法界是"重重无有尽,处处现真身"。方东美将华严的圆融哲学概括为三种关系:"首先是与神明的'内在融通'关系,其次是于人类的'互爱互助'关系,第三是与世界的'参赞化育'关系。"[1]唐宋时期的佛者拓展了对圆融的理解。他们认为"天地一旨,万物一观,邪正虽殊,其性不二"(《维摩诘经注·弟子品》),人与世界之间,以及世界万象之间可以达到自然任运、触境皆如的状态。他们将现象界视为由五大元素和谐共存的处所,"如来观地水火风本性圆融,周遍法界,湛然常住"(《楞严经》卷四)。而智通禅师的禅诗"物我元无异,森罗镜像同。明明超主伴,了了彻真空。一体含多法,交参帝网中。重重无尽处,动静悉圆通"[2]中则表明了不管是有情无情,还是个体整体,宇宙万象构成的是一幅互相映现,互相含摄的圆融之景。在这里,佛者调动了自身"耳、鼻、身、心、意"这五根的力量来体验"色、声、香、味、触、法"这六尘,不论是身体姿态,还是呼吸运动,这些微妙且难以知觉的感受突破了传统的审美感官,而走向更全面的触觉、味觉等全方位的审美特性,以此来成就"圆融"的整体自然观。

另外,从自然万有普遍体现真如之理的角度上看,不仅自然万物诸如青青翠竹、郁郁黄花之间,一色一香之间,山河大地、日月星辰之间,都可以相互融通无所障碍。他们甚至取消了人和天之间的差别,认为充斥自然万有之间的是法性,"人天浩浩无差别,法是纵横处处彰"[3]。僧肇也说:"会万物以成己者,其为圣人乎!"(《肇论》)圣人依托万物,汇合万物成自己的精神境界,他的精神境界包括万物而不是脱离万物,就是圣人精神境界的无我关系。因此,

---

[1] 方东美:《中国大乘佛学》,台北成均出版社1981年版,第293页。
[2] 普济:《五灯会元》,中华书局1997年版,第18卷。
[3] 《五灯会元》卷十,《天台德韶禅师》。

"这就打通了众生界与佛界、现象与本体、个别与一般的隔绝,而达到圆融无碍。"①真正实现了禅师们所追求的"青山是我身,流水是我命……一性切一性,婆娑大圆镜"(《古尊宿语录》卷三十)的至高境界。

佛家在圆融思想的统摄下,将万物看作是佛性的真实显现,从而使得整个宇宙万物构成了借"佛性"为中介而交流互动的整体,使佛者在博爱中重新返归自然。此时,人与万物互通互摄,圆融无碍,同时又保持各自的特性,依靠相互释放的信息来交流沟通,从而使自然的内在价值在这个信息互换的过程中被充分开掘与重视起来。山川水流,春草云天,在佛家这里让其尽性生存成为再自然不过的事情,因此它们更倾向于一种审美境界而非宗教境界的呈现。于是,人的心灵与自然之间也形成了同质同构的亲和关系,促使人们在自然中发现生命间的内在关联与本真意义,开显出活泼的生命意蕴与圆融精神,呈现出"物不异我,我不异物,物我玄会,归乎无极"(僧肇《涅槃无名论》)的状态。他们从观念深层消解了主客、内外、物我的分别,与自然万物沟通、交流、对话。因此,"人与自然的相处就成为人对自身内在生活的一种观照和欣赏。这就是自然界在佛学语境中得以成为独立的审美对象的深在原因。"②但是,佛家圆融无碍的自然观在强调万物平等的同时,消解了人在宇宙中的独特地位与能动性,对于人类自身和社会的发展来说,也容易走上虚无主义和消极无为的道路。

二、儒家与佛家的生存之境

（一）儒家的悦乐人生境界

梁漱溟先生早在《儒佛异同论》中就谈道:《论语》辟首即拈出悦乐字样,其后乐字复层见叠出,偻指难计,而通体却不见一苦字。相反地,《般若心经》总不过二百数十字之文,而苦之一字前后凡三见,却绝不见有乐字。此一比较对照值得省思,未可以为文字形迹之末,或事出偶然也。③ 此语可谓是道出了儒家与佛家生存境界的根本不同。儒家与佛家同样作为"生命的学问",在生存境界上则是迥异的。儒家作为一种积极入世的人生哲学,善于将伦理与审美结合起来,从道德情感中体验悦乐的境界;而佛家作为一种悲观主义的人生哲学,则善于帮助人们超脱一切现实苦难,达到既无因果轮回之苦,也无

---

① 吴言生:《禅诗的审美境界论》,《陕西师范大学学报》(哲社版)2000年第1期。
② 仪平策:《玄、佛语境与陶、谢诗旨》,《山东大学学报》(哲社版)1997年第2期。
③ 梁漱溟:《儒佛异同论》,见《中国文化与中国哲学》,东方出版社1986年版。

我执无明之苦的涅槃境界。

其实,在《论语》第一章的《学而》篇,就已经将儒家的"悦乐"基调定下。"子曰:学而时习之,不亦说乎?有朋自远方来,不亦乐乎?人不知而不愠,不亦君子乎?"继而,孟子又说:"父母俱存,兄弟无故,一乐也;仰不愧于天,俯不怍于地,二乐也;得天下英才而教育之,三乐也。"(《孟子·尽心上》)由此可见,儒家的悦乐之境可以大致归纳为好学精进之乐,人伦和谐之乐,以及践仁修养之乐三种状态。

1. 好学精进之乐。亚里士多德曾将由思辨产生的快乐作为神才配享有的幸福,孔子则认为"学"是一种向内追求的成己之学。"好学"能够帮助儒者积累知识、培养智慧、增长德性,当这三者能够相互融合之时,内心悦乐的境界就会自然而然地被激发出来。子曰:"学而时习之,不亦悦乎"(《论语·学而》);子曰:"发愤忘食,乐以忘忧,不知老之将至云而"(《论语·述而》);子曰:"知之者不如好之者,好之者不如乐之者"(《论语·雍也》),句句透出儒者积极进取、好学精进的人生态度,因为只有达到"乐之"的境界,知识才能与个体真正融合为一,才能成为回归生命本身的学习。孔子喜好音乐,"子在齐闻韶,三月不知肉味","不图为乐之至于斯也!"(《论语·述而》)。孟子将人生快乐的根源归结反省自身,觉察自己的真诚,"万物皆备于我矣,反身而诚,乐莫大焉"(《孟子·尽心上》)。这也意味着,在儒者那里,自身不断的学习过程,会触发其精神上的愉快感受,这是一种内在的求知之乐,是内在于心而非外在于物之乐。这种好学精进的悦乐精神,作为一种个人的觉悟境界,尽管很难通过言语或理性在公共领域中充分的表达出来,却能够向我们展示一个儒者在不断"学习"的生成性过程中的可能性生活。道德上的完美需要通过"学而时习之"和"吾日三省吾身"所获得的"道德习惯"来培养和发展。因为只有将好学的态度融入自己的生活之中,让自身成为有教养的生命,才能够在探寻自我世界的过程中,不断完善人格与生命,最终达到幸福或充实的生活状态。与之相对的,儒家忧虑的是德业与学问的停滞不前,孔子说"德之不修,学之不讲,闻义不能徙,不善不能改,是吾忧也。"(《论语·述而》)

2. 人伦和谐之乐。作为一个儒者的生存境界来说,既需要内在不断地学习修养,也需要外在各种关系的维护。"悦乐"不仅是独善其身的个人之乐,也可体现为儒者人际关系所达到的理想状态,是兼济天下的人生至乐。既然儒家对生命的修炼是在现世人生中进行的,就无法将人的存在完全孤立和封闭起来,生命个体就必然与宇宙间的万物发生着千丝万缕的联系。儒家一直把"善"界定为"我"与"他者"之间适当关系的实现,而由血缘关系所构建的社会伦常关系则是他们生活中的一个重要立足点,即"父子有亲,君臣有义,夫妇有别,长幼有序,朋友有信"(《孟子·滕文公上》),此种五伦关系是儒家设计的人与人之间和谐互动的理想图景。他们认为,社会中的每个人都应该履行好自己的人伦关系,从而使人们在自我的修养中,发掘"德性"的力量,寻找内在的和谐,体验生命的乐趣。继而将此种生命内在的和谐扩充到生命的外延:家庭的和谐,家族的发展,国家的太平,进而达到"止于至善"的悦乐之境。正如《大学篇》中所说:"为人君,止于仁;为人臣,止于敬;为人子,止于孝;为人父,止于慈;与国人交,止于信。"这其中,既包含着人间的温情、理解与信任,也蕴含着"交相利,兼相爱"、"仁者爱人"的交互性要求。孔子的"有朋自远方来,不亦乐乎?"(《论语·学而》)朱熹引程子之语说"以善及人,而信从者众,故可乐"(《论语集注》)。此处的乐,是与朋友交往过程中产生的内在愉悦感。真挚的友谊,可以成为自我德性反省的镜像,可以成为智慧增益的途径。同时,个体在群体之中,其成己的最终指向应该是群体的实现,为此需要"修己以安人",因而孟子提倡"乐以天下,忧以天下"(《孟子·梁惠王下》),要求把个人的忧乐同社会联系起来,从而达到"于民偕乐"(《孟子·梁惠王上》)的理想境界。

更进一步讲,冯友兰先生在谈到人的生存境界的最高层,即"天地境界"时,说"一个人可能了解到超乎社会整体之上,还有一个更大的整体,即宇宙。他不仅是社会的一员,同时还是宇宙的一员。"[①]儒者在道德上达到一定标准之后即成为圣人,开始思索宇宙人生。这可以说是人们在有限的生存状态中所努力追寻的至高无限的精神境界。如果说孔子的"乐亦在其中"、"不改其乐"还多停留在人伦层次的话;那么周敦颐、程颢、胡宏、陈献章的"道充为贵"说、"仁者以天地万物为一体"说,以及"真乐"说,则逐渐地从人伦关系走向天、地、人、万物和谐发展的图景,从而开辟了儒家新的人生境界,成为了整个儒家学说的精神超越层次。

3. 践仁修养之乐。儒家"悦乐"的人生境界离不开对"仁"这一核心理念的实践。在孔子这里,仁与乐是统一的,"不仁者不可以久处约,不可以常处乐。仁者安仁,智者利仁"(《论语·里仁》)。仁者作为道德人格的典范,只要不间断地施行仁,就能不失其本心,从而达到"仁者无忧"(《论语·子罕》)、"君子坦荡荡"(《论语·述而》)的人生境界。而当子贡问"贫而无谄,富而无骄"如何之时,孔子回答说"可也。未若贫而乐,富而好礼者也"(《论语·学而》)。对此,朱熹谈到"乐则心宽体胖而忘其贫,好礼则安处善,乐循理,亦不自知其富矣"(《四书章句集注》)。孔子对在贫困逆境中能够自得其乐、乐观

[①] 冯友兰:《三松堂全集》第四卷,河南人民出版社1986年版,第554页。

进取的人持肯定态度,曾称赞学生颜回身在陋巷,生活艰苦却"不改其乐"(《论语·雍也》)。因为在儒家看来,一个人只要走在正途上,不论遭遇如何,都不会影响内心的喜悦与快乐。正所谓"饭疏食,饮水,曲肱而枕之,乐亦在其中矣。不义而富且贵,于我如浮云"(《论语·述而》)。朱熹注:"圣人之心,浑然天理,虽处极困,而乐亦无不在焉。其视不义之富贵,如浮云之无有,漠然无所动于其中也。"(《四书章句集注》)宋明理学家所阐释的"孔颜之乐",已经成为儒家人生价值观与苦乐观的体现。他们以追求道德修养的培养为乐,放弃物质欲望的满足,他们以追求内在精神的塑造为乐,放弃外在功利的诱惑。除此之外,孔子还谈到"益者三乐",即"乐节礼乐,乐道人之善,乐多贤友,益矣";以及"损者三乐",即"乐骄乐,乐佚游,乐宴乐,损矣"(《论语·季氏》)。他认为人们如果自愿用礼乐来调节生活,乐于称赞别人的好处,善于结交贤良之友,那就是有益的快乐;而以骄横放纵、游手好闲、沉溺于酒色等人生的消极惰性为快乐,就是有害的快乐。这不仅表明了儒家对于苦乐的一种辩证认识,同时也表明了悦乐精神应从自身的道德修养与正向的精神追求中来获得。之后的孟子发扬了此种精神,提出"乐民之乐,忧民之忧"、"乐以天下,忧以天下"(《孟子·梁惠王下》)的思想,将人生的至乐与自己反省后所呈现的真诚结合起来。还有荀子的"礼乐之乐",王阳明的"本体之乐",等等,都体现着儒家所特有的悦乐精神。

(二)佛家的涅槃境界

佛家认为人生皆苦,世界没有什么恒常不变的东西,因而应该破除对自我的执着,超越现实功利的束缚,于现世中证得不生不灭、超越时空的境界。此种境界主要包括三种状态:

1."向死而生"的生命境界

中国佛教受本土"重生"观念的影响,其"涅槃"思想已经超越了印度佛教灰身灭智的死之境界,而变为向死而生的生命境界。慧远主张"不以情累其生,则生可灭;不以生累其神,则神可冥。冥神绝境,故谓之泥洹"(《沙门不敬王者论·求宗不顺化》)。① 之后,"冥神绝境"便成为中国佛教公认的众生理想之归宿,成为个体消灭形体生命对自我精神的拖累,而达到的一种高度智慧的生存境界。同时,中国佛教主张"涅槃"是不离烦恼生死,又要超越烦恼生死的状态。如《涅槃无名论》中所说:"《净名》曰:'不离烦恼,而得涅槃。'"② 特别是在禅宗将涅槃境界导入世俗生活的"如如之境"后,更是对原有涅槃思

---

① 《弘明集》卷五,《四部丛刊》影印本。
② 《大正藏》,第45卷,第159页。

想的重大改造。禅宗认为，人们并不需要通过死亡来达到涅槃体验并获得人世的解脱，而可以在生命的过程中体验到寂灭的状态，觉悟到生命的无常，获得对生命本质的认识。

德国哲学家海德格尔曾经提出过"向死而生"（being-toward-death）的概念，仔细推究，这与中国佛教的涅槃境界有着一定的相似之处。海德格尔将人的存在方式分为"非真正的存在"与"真正的存在"，认为"非真正的存在"就是日常生活的存在，是以"沉沦"的异化状态为基本样式。而"真正的存在"则是个人真正为自身而存在的存在，即"此在"。在海德格尔看来，"向死而生"的做法可以给人以启示的力量，将人从沉沦的异化状态中拯救出来，开发"最本己的能是"，获得生命自由的境界。与此相似，佛者在进入涅槃境界后，将其宗教体验与审美体验融合起来，达到与大自然最深层的和谐契合，从而以静穆的观照感受到宇宙万物与自己灵动生命的融合，并在这个过程中去除烦恼忧患，归于生命的本真。这同样是一种生命视野的拓展，更是一种生命层次的超拔存在。

纵观中国古代各家的生命境界，是各有特点的。儒家始终是在生死界限之内来探讨生命的存在，孔子说"未知生，焉知死"（《论语·先进》），是为了某种道德目的才强调"杀生成仁"（《论语·先进》）、"舍生取义"（《孟子·告子上》），因此关注的是参赞天地化育的成圣之路。佛教的"涅槃"与道家的"坐忘"都是对"无"的体现，是一种生命的升华或内在的超越。不同的是，道家虽然也承认"方生方死，方死方生"（《齐物论》）和"生死齐一"（《知北游》），但仍然将长生不老和肉体不朽的现世修身作为个体生命延续的希冀，停留在现世生存境界的提升上，关注的是"能备于天地之美"（《庄子·天下》）的审美之路。从来没有哪个宗教象佛家那样，自始至终以对"生死"的思考为其关注点，不再借助于神灵、天力，而是直指精神领域，通过自身的内省和智慧将我们从为欲望、从为生存而进行的无望挣扎中解放出来，并将对生命价值的探讨延伸到了对死的关注与无畏上，旨归于生命终极意义的探讨上，从而获得"佛"的境界，同时获得庄严无比且颇具壮美意味的生存体验。

2. "至妙虚通"的自由境界

隋代三论宗的吉藏提出"至妙虚通"（《三论玄义》卷上），认为"虚通"是涅槃的存在状态，是通过以空观物的纯心灵境界，使人进入冥想状态，达到对时空界限的某种超越，并最终获得对自由的体验与满足。佛者将大自然万籁俱寂的静态当作证得佛性的最佳环境，将内心的静寂状态当作进入涅槃的方式途径，在"寂"中观照自心与真我，使个体能够在如此化境中逃离与宇宙孤身抗衡的境遇。在刹那顿悟、证得涅槃的过程中，佛者不仅能够抛弃现象界的一切烦恼障碍,使个体之心与自然天地同化共生,还能够在有限中观照无限的自由感,达到"处处自在"的直觉感受,实现佛我一如的高峰体验。汤用彤先生说过:"泥洹者,乃自证无相之实相,物我同忘,有无齐一,断言语道,灭诸心行,除惑灭累,而彻悟人生之真相。由是而有真我之说生焉。"①由此可见,中国佛教徒所达到涅槃境界,是"不被一切善恶、空无、垢净、有为无为、世出世间、福德智慧之所拘系"的(《五灯会元》卷三),是在自心世界彻底抛弃荣辱、祸福、生死,而达到的内外皆无、自由超脱的冥想与观照,以及所实现的主体精神的和谐、宁静与超脱。

杜道明先生认为涅槃境界虽然是暂时的精神解脱,却也在一瞬间具有绝对的精神自由,而正是由于这一点,才使得"涅槃"境界与审美息息相通。由此我们可以认为,"'涅槃'境界对人精神的解脱,也必然带有审美的色彩。"②佛者在刹那的一瞬,在顿悟的当下,完全进入一种自由超脱的随意之境,使本心极富审美的自由意蕴,从而在获得至真之理的同时,也进入了至美之境。因此,美与自由成为了佛教涅槃境界的真髓所在,是生命个体在"虚空"妙境之中,对现实的自由超越性建构,也是生命个体对自己生命境界的无限提升,更是对自身理想境界的美学阐释。张节末在《禅宗美学》中谈到,禅宗涅槃论"抽离了魏晋缘情美学的存在基础……缘情主张物感,没有境界可言,然而冥神绝境的涅槃却是一个纯心灵的境界,它只以空观物而不以情感物"③。可以说,佛教在中国本土化的过程中,填补了儒家、道家在宗教体验方面的不足,使人们在儒家的"里仁为美"与道家的"大道至美"维度之外,认识到世相之美的虚幻不实,继而体认到佛教寂涅槃境界的寂灭虚空,而妙有之美也正是在人进入涅槃境界之时悄然绽放的。

3. "等无差别"的如如之境

佛教早期涅槃说分为"有余涅槃"和"无余涅槃"两种。后来龙树认为"涅槃与世间,无有少分别,世间与涅槃,亦无少分别。"(《中论·观涅槃品》)因而主张涅槃与世间在本质上是一致的,都是"空",并提出了"实相涅槃"的思想。之后,禅宗提倡"即心即佛",重视自心的解脱,反对在自心之外另寻涅槃境界,认为涅槃境界和彼岸世界都在现实当下,仅凭主体之心就可以印证一切,从而找到了一条既寓于现实又超越现实的自由解脱之路。关于现世的涅槃解脱,禅师们有其各自独特的理解和体认。慧能认为"善知识,即烦恼是菩

---

① 汤用彤:《汉魏两晋南北朝佛教史》(下册),中华书局1955年版,第633—635页。
② 杜道明:《中国古代审美文化考论》,学苑出版社2003年版,第195页。
③ 张节末:《禅宗美学》,浙江人民出版社1999年版,第51页。

提。前念迷即凡,后念悟即佛。"①马祖道一说:"诸法不出于真如,行、住、坐、卧,悉是不思议用,不待时节。"因而,日常生活中处处能现真如,时时能参禅悟道,可以在现实活泼的世界中追求对佛性的认知。由此,禅宗将"涅槃"从形而上的"空无"导入生活中的"妙悟",认为只有"不被一切善恶、空无、垢净、有为无为、世出世间、福德智慧之所拘系"(《五灯会元》卷三),才能达到真正的涅槃状态。这其实是禅宗运用"中道"思维方式对佛教破除"执有"之后的又一次反拨。因此,禅宗所谓的涅槃状态,就不仅打破了此岸世界与彼岸世界的绝对界限,而且将今生与来世的差别也消除了,从而把涅槃境界建立在现实生活之上,使其发生了世俗性的变化。《坛经》中说:"自识本心,自见本性,悟即原无差别。"《神会语录》中说:"真解脱者,即同如来,知见广大深远,一无差别故。"《镇州临济慧照禅师语录》中临济义玄所说:一人在孤峰顶上,无出身之路,一人在十字街头,亦无向背,哪个在前,哪个在后?(《古尊宿语录》卷四)这些都集中体现了禅宗运用涅槃境界来化解诸多矛盾的努力。人生之苦起于贪欲,贪欲起于分别与执着,通过涅槃状态的到达来去除分别,达到人与自然,主体与客体,有情与无情间的等无差别,则是佛家提倡"如如之境"的根本用意。

　　中国佛教在生活之中追求等无差别的精神绝妙境界的涅槃理念,既是对充分自由生活的向往,也是对心灵解放与敞开的渴望,更是一种生活高于教义的审美化生存境界。他们在心灵自由所导致的行住坐卧的自然洒脱之中,实现了对自身、对现实的完美超越,也实现了禅者的生活审美化存在。在胡适与铃木大拙关于禅宗的对话中,铃木大拙指出,禅只能在中国形成并兴盛起来,因为印度人的心是沉思型的,不但偏向抽象且又具有彼岸性格与非历史的心态;而中国人的心则是极为实际的,与印度人的心比较,中国人的心更具大地意识(earthconscious),又很讨厌从地面性被拉得太高。② 这句话在某种程度上道出了禅宗在中国本土语境中,是如何在真空中把握妙有,并将此岸与彼岸,生死与涅槃统一起来的真实原因。

三、结　语

　　儒家在对现实人生的认知与把握之上,构建了差等和谐的自然之境,至善至美的悦乐之境。佛家则在对现实人生的解脱与超越之上,构建了圆融无

---

① 《坛经》〔二六〕,《中国佛教思想资料选编》第 2 卷,第 4 册,中华书局 1983 年版,第 13 页。
② D. T. Suzuki, *Studies in Zen*. New York: Dell Publishing Co. ,1955,P. 155.

碍的自然之境、自由超越的涅槃之境。儒家的境界观始终没有脱离人生现世的范围,是一个将自然的价值通过"君子比德"的方式附加在社会美上,并通过不断的学习实践自身之仁来追求一种现世生存、人伦和谐的悦乐境界;佛家的境界观是一个即现世而出世的过程,可以供不同层次的信众们加以寻求和证悟,并最终通过超越社会、超越自然的观照来追求一种空、幻、寂、灭的涅槃境界。儒家差等和谐的自然观借"仁"为中介,通过"仁爱"实现天人合一的境界,强调人在生态系统中的特殊地位,虽然能够发挥人的主观能动性,却容易陷入人类中心主义的误区;而佛家圆融无碍的境界观则借佛性为中介,通过"博爱"实现万物一体的和谐,消解了人在生态系统中的特殊地位,虽然能够有利于万物平等的实现,也容易陷入生态中心主义的误区。儒家的悦乐境界是乐观入世的德性表现,能够将悦乐精神与忧患意识联系起来考虑,较佛家的悲观主义而言,无疑是积极和全面的,可以弥补佛家悲观厌世的不足。因为有了悦乐精神却无忧患意识,则会陷入浅层次的享乐或利己主义;而只有忧患意识却无悦乐精神,则会导致彻底的虚无主义或悲观主义之中。佛家的涅槃境界是自由超越的生命状态,能够实现对现实的超越建构,达成精神的自由状态,较儒家的实用主义而言,可以弥补其过于实用功利的缺陷。二者无论是在自然境界还是生存境界上,都既存在着差异性,又存在着互补的可能。

(特约编辑:邹晓东)

文献综述与学术动态

儒家文明与基督教文明的对话
——"首届尼山世界文明论坛"纪要

◇ 李 琳

以孔子诞生地尼山命名的"首届尼山世界文明论坛",于 2010 年 9 月 26 日至 27 日在山东济宁举行。本次论坛由尼山论坛组委会、中国人民外交学会、中国联合国协会、中国国际友好联络会、中华宗教文化交流协会、中国人民大学、北京师范大学、山东大学、中华文化学院、孔子学院总部等单位联合主办,由山东大学儒学高等研究院、山东大学犹太教与跨宗教研究中心等单位承办。参加此次论坛的共有 170 多人,其中包括 40 多位海内外嘉宾,以及来自 11 个国家和地区、30 多个国际知名大学和学术机构的 70 多位专家学者,他们围绕"和而不同与和谐世界"这一论坛主题,展开了 15 场热烈而深入的高层次学术交流。本次论坛在论坛形式与运作方式上有所创新,并在学术观点上取得了较大突破。

一

首届尼山世界文明论坛,是中国在世界文明对话中发出自己声音的重要平台,是促进世界不同文明的相互理解和交流合作、推动人类和平与发展的重要尝试。本次论坛定位于书院气派、自然韵味和遗产氛围三大品位,突出了高端对话、和谐宣言、原创作品三大亮点,并开展了以高端对话、学术分会、学术全会、电视论坛、学者访谈等多种形式相结合的多场对话。论坛以专家学者的对话交流为主体,组委会主席、副主席走向前台,参与对话,学生群众全程参与,积极互动,从而呈现出集学术性、民间性、国际性、开放性、对话性、多元性于一体的论坛特色。其中,在一场以"向世界说明中国"为主题的电视论坛中,全国政协常委赵启正先生和国际展览局名誉主席吴建民先生围绕着"向世界说明中国"、"跨国际、跨文化的交流与对话",以及"公共外交"等问题展开了精彩对话。赵启正认为跨文化交流的过程,实际上是一个文化比较研究的过程。赵建民则强调文化决定观念,观念决定行为,人的行为可以在文化上找到根源,通过不同文明间的对话,中国可以更好地认识自己。在另一场由香港凤凰卫视录制的"儒耶文明对话与世界未来"的电视论坛中,来自中国政治、社会、高校、媒体界的六位精英,他们突破了纯理论的学术争鸣与探讨,分别从各自多年积累的丰富生活实践出发,用细节来阐释儒家文明与基督教文明的历史交汇性体验,并就中国文明如何促成全球文明的和谐与对话发表了各自的看法。电视论坛的嘉宾们因其工作领域和自身经历的差异性,给论坛的对话氛围增添了更为多元的效果,同时也发出了世界文明对话中的中国声音。

本次论坛推出了一系列各具特色的原创作品。由许嘉璐先生撰文、欧阳中石先生书写并共同揭碑的尼山世界文明论坛碑,已经成为尼山圣地的新地标。由许嘉璐先生主编,荟集世界不同文明对话最新成果的"尼山论坛文库",其首册《来自中国的声音》已经出版发行。尼山开幕式演奏的由刘文金作曲并亲自担任指挥的尼山论坛独创音乐、大型民族管弦乐交响合唱《尼山圣诞曲》和《孔子颂》,是赞颂孔子诞生地尼山的东方"圣诞曲"。论坛设计制作了尼山论坛徽标、会旗、徽章、特色服装、书法作品等,成为本次论坛的亮点。闭幕式上,与会人员一致通过了《尼山和谐宣言》,宣言呼吁理解尊重、化解积怨、对话交流、避免冲突,节俭低碳、呵护家园,团结合作、共创未来,成为本次论坛关于世界和谐所达成的重要共识。

二

儒耶文明对话,按照论坛组委会主席许嘉璐的解释,是儒学与基督教从各自长达千年的逻辑体系里走出,用好奇、和善与包容的方式,互道问好。首届尼山世界文明论坛是一次体现视界融合与文化互动的跨文明对话,中外学者们在这个平台之上进行的学术交锋与理论争鸣也取得了较大突破。参加此次论坛的学者们,在研究心态上更加健康,能够以宽容、平等的心态与不同文明的学者们进行学术交流与思想对话;在研究视域上更为宽广,他们深入探讨文明对话为人类危机所提供的智慧,探明儒耶两种文明间的会通与融合,探索儒家与基督教文明中的核心价值及其现代精神,探究儒耶两种文明中的普世价值存在的可能性;在研究方法上更为多元,以宗教学、人类学、社会学、民俗学等多种进路,采用现象学、解释学、美学等多种方法交叉互补研究儒耶对话问题;在理论成果上更为丰硕,东西方文化特别是儒耶两种文明的高层次交流与对话实践,将综合出人类更新更高的文化成果,产生带动人类进步的重要精神力量,并推动儒学进一步实现世界性的文化认同。

第一,进一步探索文明对话为解决人类危机提供的智慧。

面对当前人类从精神心理到社会经济,从自然生态到政治环境等多重危机,与会专家一致认为各个文明间应加强对话,以一种和谐共处的姿态,重新审视过去,共同探求解决人类危机的智慧。在与全国人大原副委员长许嘉璐先生围绕"文明对话与人类危机"为主题进行的高端对话中,美国水晶大教堂创始人舒乐(Robert H. Schuller)博士谈到了人类精神与物质的冲突,担心世俗理念会控制人类的精神,影响个人的精神价值和质量,因而他倡导一种简单的生活方式。许嘉璐先生则认为,现代人过于膨胀的物质贪欲和自私导致了人类的精神堕落,应该提倡"克己复礼"的生活态度。在以"中西方文明对话的意义与展望"为主题的高端会谈中,匈牙利前总理迈杰希表示,面对多元、开放的现代世界,我们应该反对极端主义,培养聆听精神,用孔子"己所不欲,勿施于人"的理念来大力推进不同文明间的交流和理解。许嘉璐先生继而表示,应该消除人类整体对大自然的狂妄,国家对国家的狂妄,以及人对人的狂妄,这样才能达到最终的"同",即和平与幸福。

关于如何确立世界和平新秩序的问题,是一些与会专家思考的着力点。美国芝加哥大学霍普金斯(D. N. Hopkins)教授与新儒家代表杜维明教授就"对话文明与和平建构"这一话题进行了高端对话。他们分别概括了美国文化与中华文明中的四个核心价值观,其中杜维明教授特别指出,启蒙思想的价值观是普世的,应该引起双方的重视。二人在对话中达成共识,认为在两个文明的核心价值观间开展对话的时机正好成熟,认为双方应在平等基础上相互学习,共同繁荣,以创造世界和平的条件。美国葛培理布道会副总裁菲力普斯(Tom Phillips)阐述了基督徒对世界和平所应负的责任,其中包括实现心灵的和平、心理的和平以及关系的和平。英国曼彻斯特大学沃德(Graham Ward)教授则从欧盟的经验入手,谈基督教视角下的和平与宽容问题。与此相应的是,山东大学的颜炳罡教授探讨了儒学与人类文明的相处之道,认为"学会相处"比"练习对话"更重要。他同时指出儒家己立立人的忠恕之道、和而不同的处世方式、道并行不相悖的宽容态度、仁民爱物的情怀、天下一家的意识,都可成为人类化解全球性部族对抗、文化危机以及宗教冲突的智慧。

在以"孔子与耶稣"为主题的高端对话中,中外八位专家学者进行了一场跨国界、跨信仰、跨文化、跨专业的精彩对话。他们将目光回溯到孔子与耶稣思想的核心价值中,试图从中汲取古代先贤的智慧,探寻解决当今人类危机的良药。几位学者大都在阐发两种核心价值的基础上,着重谈儒家核心价值所具有的当代意义,以及中华文化的精髓在文明对话的环境中,为人类走出危机、走出困惑所能提供的智力支持。清华大学陈来教授从《论语》和《福音书》的角度概括了孔子和耶稣秉承的核心价值,认为二者都始终坚持对弱势群体的关怀,但在实践方式上存在自律或他律的差异,相较而言,孔子的教导更能够促进文化间的相互理解与包容。武汉大学郭齐勇教授比较了孔子与耶稣之"爱"的差异性,他站在儒家的立场上认为,儒家爱有差等的"爱"因其背后"仁德"的本体支撑,可以更有效地结合我们的生活,更能世界化,并为当今的生态文明建设提供智力支持。颜炳罡教授认为"天—仁—恕"三个观念构成了孔子较为完备的核心价值体系,"道—爱—信"则构成了耶稣的核心价值体系。这三个观念有相互的对应性,却在传教方式上存在很大的差别。一直对儒家思想保有研究热情的美国夏威夷大学的安乐哲(Roger Ames)教授指出,孔子和耶稣的共同目标都是让个人成为更完善的人,目前儒家思想中的核心价值已经成为当今社会文化的原形,应该充分利用现有资源,解决世界政治秩序以及经济方面的危机,重新建立新的文化秩序。巴哈伊教的麦泰伦(Tarrant Mahony)教授指出,孔子和耶稣在人类历史上都发挥了启蒙作用,但从巴哈伊角度来看,二者呈现了现实的多个角度,不应是竞争关系,而应是互补关系。

通过两天的深入对话,与会专家们达成一种共识,即我们对于全球多样化的精神资源的认识、承认与尊重,可以使我们超越对他者的傲慢与偏见,超越自我中心的意识囹圄,从而在对话中吸纳其他文明传统中的忠告、引导与经验,学习整个人类共同体所积累的智慧,以此来解决自身文明的危机和矛盾,促进和改善人类物质、道德、审美、精神上的危机状况,并对国际政治、经济环境作出智慧性的总体探求,达到维护全球人类共同利益的目的。

第二,多层次地探明儒家文明与基督教文明的会通与融合。

与会专家们感到,在全球经济表现出越来越明显的同质化趋势的同时,文化上却呈现出异质化、多元化的过程,并导致了诸多的冲突。因而,二十一世纪所面临的最大考验,就是不同文明间如何通过交流与对话,会通与融合,来正确认识文明间的差异性与共通性,正确评价不同文明在历史与现实中的互动、互拒、互涵关系,这将成为促进人类文明进一步发展的必要条件。本次论坛中,专家学者透过具体的历史事实,分析儒耶文明对话的历史轨迹,总结双方交流对话的历史经验,并在此基础上,进一步探讨了文明对话的可能性与前景方向。

——历史中的儒耶关系

首先,学者们梳理并思考了自身文明的历史发展进程。日本千叶商科大学朱全安教授向大家介绍了日本近世的教育和儒家文化的状况。英国爱丁堡大学的荷塔多(Larry Hurtato)教授探讨了早期基督教的特性及其社会参与,指出了基督教在被罗马帝国确定为国教之前很长一段时间处于受压抑的状态,实际上是一个非常多难的过程,但这些初期教会的基督徒生活,能够给生活在多元社会下的当代基督徒,提供更多有用的借鉴榜样和资源。英国牛津大学的恰德(Robert Chard)教授以朱舜水为例,说明儒家的"礼"在帝国时代(宋到清)并非如一些学者所言仅仅是一种文化的仪式,而是和早期儒家的礼一样,是一种道德和身体的修养,具有实在的社会联结的作用。

其次,学者们从西方传教士的传教经历、传教模式、经典译介等角度来研究历史中的儒耶关系。奥地利学者雷立柏(Leo Leeb)教授着重探讨1880年—1950年间,山东的德国传教士如何以积极的方式对待儒家传统,以及如何与儒家传统的代表人物保持互相尊敬、和睦共存的关系。清华大学的魏扬波(Jean-Paul Wiest)教授通过利玛窦的个案研究,指出利玛窦成功开辟了一种西方参与中国的全新传教模式。这不仅因为利玛窦热衷于钻研中国文化的要义,还因为他遇到的儒家学者使他或主动或被动地反思和重构了他的身份认同。中国人民大学杨慧林教授以理雅各对中国经典的译介为代表,论述了理雅各"以经注经"、"以意逆志"的翻译态度与立场,认为传教士对中国经典的译介可以为儒家文明与基督教文明带来双重启发,也可为中西间的对话提供更直接的线索。

再次,学者们对不同文明产生、发展的历史根源与内在理路也做了多角度地分析与阐释。山东大学的陈炎教授从古希腊、古中国、古印度三种人类早期文明形态所具有的共同人类学前提——"图腾崇拜"入手,指出不尽相同的社会历史背景使这一共同前提在上述三大区域内得到了不同的利用、发挥和处理,从而导致了西方式的宗教文化、儒家式的伦理文化、印度式的种姓制度的产生,以及西方、中国、印度在其后漫长的民族心理和社会结构上所出现的截然不同的文化表征。台湾玄奘大学马康庄教授在梳理、对比儒家思想与基督教思想发展的内在理路后指出,应破除西方学者认为中国传统阻碍近代中国发展的观点,并重估传统思想对中国近代发展的影响,因为在历史的关键时刻,不论是东方或西方的传统思想都对其各自的重大社会变迁提供了合法性基础,并为其突破提供了动力。

——现实中的儒耶关系

一些与会学者对于儒家是否是宗教或者是否具有宗教性这个问题有着

共同的考量。韩国成均馆大学崔英辰教授对于儒教何为"教"进行了分析,谈到了儒教作为世俗的伦理规划,有内在超越性,但缺失基督教的外在超越,并建议从我们现代社会对宗教的认知,来重新考虑。安乐哲教授主张从儒家自身来理解其宗教性,认为古典的儒家思想是无神论的,然而又有着深刻的宗教意蕴。因为儒家思想的神圣性不仅体现在其兴旺发达的群体的根基之上,也不仅体现在其文化得以确立的基础之上,而是体现为一种受生活经验启发而获得的生生不息的品质。通过安乐哲教授的分析,可以使我们对宗教的内涵或外延有一个更符合现代精神,也更加符合不同文化的认知。台湾中央研究院李明辉教授则从儒家人文主义与宗教的关系入手,指出孔子并未直接挑战传统的天道观,而是借由道德意识将他人文化、内在化。若要将儒家视为一种宗教,它只能是一种无宗教形式的道德宗教,它未成为"有形宗教"符合多元化的现代社会之需求,为个人提供一套可供选择的安身立命之道。

儒耶间互融、互补、互涵等关系也受到学者的广泛关注。美国拜舍尔大学的斯图尔特(Mel Stewart)教授通过对古代中国、希伯来以及基督教的一神论分析指出,孔子、耶稣及保罗推进了尊重他人及他人信仰的"黄金法则",而这种尊重将导向现代社会中宗教多元主义与文化多样性的宽容与和谐。山东大学的蔡德贵教授探讨了现实中儒耶文化的互补性,认为筷子——中国文化"立"有余而"知"、"戒"不足,会导致道德自律较强,科技创造性与戒律欠缺;刀叉——基督教文化催生了"知"的分析精神与科学技术,却因"立"的不足而将自然作为对立面,导致环境恶化。美国夏威夷大学成中英教授与美国普林斯顿大学托伦斯(Iain Torrance)教授进行了主题为"儒耶的互斥与互涵"的高端对话,一致认为基督教和儒家需要对彼此进行更深入地了解,以使这两大文化传统最终结合为"同中之立,不同之和"。成教授还指出,多元宗教与价值的宏观现实最终要落实到个体感受上实现,儒家精神信仰既重视人内在超越的可能性,又重视人外在实践的必然性,因而能在宗教对话中找到自己的位置。在吴建民大使与于丹教授的高端对话中,吴建民认为"和而不同"有很大的包容性,不同文明之间有不同的东西,也有共同的东西,我们中国人是看重共同的东西,在这个基础上发展大家的共同利益,在出现分歧之时应通过对话解决。于丹进一步指出,文明的解决要在文明的认知上首先表现出一种心平气和以及融合的态度。

——儒耶对话的前景展望

学者们从其各自不同的学术背景出发探讨了儒耶两种文明的对话方向、对话原则及对话前提等问题,为儒耶文明进一步对话的开展提供了理论指引,并表达出学者们对美好前景的期许。美国波士顿大学的白诗朗(John

Berthrong)教授认为,世界文明"和而不同"式的共存已成为共识,仁、勇、智三种德性是儒家与其他文明和谐相处的价值论基础,应将儒学看做一种具有宗教维度的学说,通过积极对话来吸纳优点、意识不足,以实现一种新宗教改革的做法。韩国中央大学的梁承武教授通过分析韩国宗教现状,探讨了当代韩国儒教文化与基督教文化的冲突,进而试图寻求韩国儒教文化与基督教文化的对话方向。中国人民大学的孙萍教授主张在中华民族优秀传统文化艺术中重整中华民族传统伦理道德,以此为基础开展文明间的对话。

中国人民大学的张立文教授总结了文明间对话的主要原则:以"己所不欲,勿施于人"为世界文明对话的指导之道;以"以他平他谓之和"为世界文明对话的"游戏规则";以"和平"、"合作"的和合为世界文明对话的价值目标。美国卡尔顿大学赵启光教授为我们在现代中国文艺复兴过程中,儒耶如何对话,以及儒家如何体现它的宽容精神提供了构想,他认为儒家和基督教都是主张宽容的,只是都在其各自的历史现实中有很多遗憾,基督教经过文艺复兴走向今天的发展,儒家思想在一家独尊中衰落,因而需要一种更加开放性的创新。清华大学张岂之教授则强调"会通"精神,认为中国的人文学者、学术工作者,在学术研究和文化建设方面要努力做到中外贯通、中西贯通,或者中西会通,同时还要维护并推进人类文化的多样性。

另外,在谈到儒耶文明对话前提时,英国剑桥大学的鲁惟一(Michael Loewe)教授认为,对产生礼和宗教仪式的各自动机进行充分的理解,是不同文化间相互包容的前提。英国格拉斯哥大学雅斯贝尔(David Jasper)教授主张通过"友情政治"来实现文明间的相互包容。中央民族大学牟钟鉴教授则认为,应该让具有温和特色的儒家中和之道在儒耶文明对话的今天流行起来。台湾政治大学教授隋杜卿主要关注,儒家思想作为两岸中国人共有的文化资产,如何成为推动两岸关系良性开展的共识问题。他认为,双方都应该采取相互尊重、"包容与多样"的态度,才能适时、适度的展现"搁置争议、求同存异"的具体实践,真正达到两岸共存与会通之后"共创双赢"的共同期望与目标。

第三,多维度地探讨儒家与基督教的基本价值及其现代精神。

儒耶文明作为当今世界上两大重要的精神资源和文化传统,都不可避免地要面对现代性的问题,这两种文明中的基本价值在融入现代化之后,可能产生带动人类进步的精神力量。不管这两大文明与现代精神的关系如何的错综复杂,我们都必须去面对,并且解决由此带来的相关问题。因为一种文明或者是信仰的发展,不仅取决于这个文明或信仰本身内在的东西,而且取决于这个新的东西能不能在新的历史条件下对社会有贡献,并引领这个社会的发展。与会专家围绕儒家与基督教的基本价值及其现代精神这一主题展开了广泛地对话与交流,主要包括对社会责任、社会信用,社会正义和社会和谐等问题的探讨。

——社会责任与社会信用

美国哈佛大学利特尔(David Little)教授比较了儒学和基督教传统中对良知自由及对宽容和多元文化的贡献,认为清教徒基督教发展出保护良知自由的宪法和法律,儒家却没有。波士顿大学南乐山(Robert Neville)教授探讨了儒家与基督教的社会制度、责任和信用问题,强调二者都赋予真诚和心灵的圣洁以重要的价值;都会把真诚和领导者的品格,以及与权力和责任的践行结合起来;都有基于不同境况的信任统治者的模式。但是,他进一步指出,这两种模式在今天都失衡了,成效和信用是否能成为新的模式,以及基本价值终归何处依然是个问题。美国贝勒大学谢大卫(David Lyle Jeffrey)教授,用基督教的基本观点:"善"和"善的生活"来解释孔子,指出了儒教和基督教对善的理解的差异性,如果要想实现和谐,必须既要实现孔子鼓励大家成为的那种君子,同时也要理解基督教没有排他性的爱。

中国政法大学单纯教授从儒家经典入手来探讨儒家的宗教情怀,把它归结为一种文化信仰,认为此种文化信仰塑造了中国的社会伦理,其中就包括社会责任意识,而沟通宗教情怀与社会责任意识的桥梁则是孔子的"仁学"。布朗大学的推斯(Sumner Twiss)教授认为《世界人权宣言》里面蕴含着儒家以及基督教的哲学思想,它创造了两大文明之间的一个理解的桥梁。中国人民大学的耿幼壮教授指出,近年来,在西方哲学中似乎出现了一种重新回到伦理基础之上的倾向,需要关注我与他者的关系,它们提供了一种参照和启发,可以使我们从一个"他者"的眼光,重新审视和理解我们的思想传统,并使其展示出新的责任和意义。山东大学谢文郁教授也从"善"的角度出发,探讨君子困境的根本原因在于小人意识的缺场,基督教的罪人意识深刻地表达了小人意识,引入罪人意识有助于摆脱君子困境,增强社会责任感。

——社会正义与社会和谐

中国社会科学院蒙培元教授论述了儒家正义伦理与西方的社会规范伦理的不同,认为儒家正义伦理是建基于内在德性的,"仁义礼智"的"义"便是儒家的正义观。蒙教授经由对"义利之辨"、"公私之辨"的再分析,强调儒家正义观所内含的普遍生命关怀及对人全面发展的重视皆为西方正义论所欠缺,值得国人珍视,但同时也应注意吸收西方民主法制的思想。山东大学黄玉顺教授则通过对中西正义观念的对比,以及对儒家"仁义礼智"等核心观念的重新解读,阐释了以制度建设为指向,以仁爱为本源,以正义为原则,以知智为支撑,以和谐为指向,奠基于其生活儒学理论的"中国正义论"思想。在韩国首尔大学金光亿教授看来,在不同的道德概念当中,"义"是人类生活中最根本的要求,代表了所有的价值观和伦理观,它定义了人与人之间的关系,必须和其他道义联系起来才能正确地理解它。美国维斯利安大学安靖如(Stephen Angle)教授也阐明了批评性儒学与社会正义的关系,认为它需要具有对批判的限制,对和谐的关注,对压迫的反对这三个品质。台湾政治大学的彭立忠教授强调建构以"有所为,有所不为"为具体内容的专业伦理来调处情理与法理的冲突。

与会学者们共同关心的另一个问题是,在我们强调通过对话让别人了解我们的同时,更重要的是,我们如何虚心的去了解别人,这是构建对话以及和谐社会的原则和起点。因而学者们就儒家文明与基督教文明如何有助于人类社会的和谐与宽容的进程进行了探讨。德国波恩大学的顾彬(Wolfgang Kubin)教授比较了希腊和谐观念与孔子"和而不同"思想,从词源和语义的分析中指出"和谐"并不意味着所有事物完全处于平等相同的状态,应该防止过于理想化地将"和而不同"理解为一个"和谐的"绅士能够接受任何不同观点与世界观的误会。山东大学的曾振宇教授则对顾彬的发言做了回应,认为顾彬所理解的"'同'意味着社会中无等级之分,因而人人相同"无论在道德论上,抑或在社会政治思想层面上,与《论语》原典的基本含义与价值指向都存在着较大出入。中国道教协会的张继禹先生认为和谐秩序的建立,需要提倡学道之无私,体道之包容的精神。中国天主教爱国会的谭立铸先生探讨了福音中的和谐原则,认为基督教的灵修强调的是从自身走出,在实现他人的过程中实现自己,注重意志和信心的作用。而孔孟之道则先谋求自身的实现,一个实现自己的人必定会给社会、给他人、给周围世界带去福祉,带去善意。儒学的根基在体悟,在对内在道德意识的发觉和涵养。北京大学张志刚教授认为在人类社会和世界文化的发展前景中,饱满"和谐精神"的美言美意可以为促进宗教对话、化解文明冲突、共建和谐世界提供"富有古老智慧的中国经验"。北京天主教与文化研究所赵建敏博士认为,伟大的文明不仅可以共存而且携手共进,并且可以为每一个人创造一个和谐社会。全球化的强大影响使任何一种文明都不可以独善其身,不是自己可以解决一切,文明需要不断地融合。儒家文明以礼为主,以仁为辅,来达到人性的超越。基督信仰文明以爱为主达到人性的超越。因此,这两个文明可以相辅相成。

第四,努力探寻儒家文明与基督教文明中的普世价值与普世伦理。

对儒家文明与基督教文明中是否存在,以及各自存在哪些普世伦理与普世价值的探讨,是本次论坛的一个热点问题。价值问题是文明对话中非常重要的问题。在多种文明对话交流的过程中,我们试图寻求到更多的共同点,更多地共享一些最根本的价值观。通过共享价值观和共创新的生活意义来增进相互理解。然而,如果对话双方的信仰是不一样的,在信仰的层面进行沟通就比较困难。因而在 90 年代开始,我们看到全球伦理运动,正是想从价值观入手进行文明对话和宗教对话。与会学者期望尼山论坛能够在儒学与基督教文明中的共同点上达成共识,从而为世界不同文明之间的对话与交往搭起桥梁和平台,对共同构建以"对话文明"为基础的全球伦理做出贡献。尽管当今生活的复杂性可能在重要的价值观中间制造了紧张气氛,但是全球相互依存的观念和对"共同公益"的关注,对于培育和构建全球和平文化仍会起到重要作用。

台湾淡江大学高柏园教授在《儒家伦理与普遍伦理》中指出,每一种文明都是建构现今时代普遍伦理的基本资源,将普遍伦理作为人类和而不同的价值理想加以继承,展开积极对话交流才是普遍伦理的终极理想。韩国成均馆大学的金圣基教授则认为,西欧的价值观已经不能成为 21 世纪普遍的价值观,儒家思想将有可能在后现代社会中担负起普遍伦理价值。儒家伦理价值能担当二十一世纪全球普遍伦理,就其结构来说,既符合于底线伦理体系,也可担当伦理的最大主义的积极机能,其超越之结构,与自然观、宇宙观、人生观等皆符合于后现代普遍伦理价值系统。中国人民大学的何光沪教授将中华文化的普世价值归纳为由低到高、具有逻辑关系的三个层次,即实用伦理层次上的"和平、公平、诚信、友善";精神层次上的"自由、平等、人权、正义";宇宙层次上的"天下一家、众生平等、万物一体、敬天爱人"。浙江社会科学院吴光教授针对历史上和现代新儒家学者对儒学核心价值观的不同概括,提出了"重塑儒学核心价值观"的期许,并创造性地将儒学核心价值观概括为"以仁为道,以义礼信和敬为五常之德"的"一道五德"论,认为这些道德观念都是具有普世性和现代意义的。苏州大学蒋国保教授认为,儒家的忠恕和良心是建立在人的类本质上的普世价值,说马克思不承认人有类本质是对马克思"人学"的误解。美国芝加哥大学霍普金斯(D. N. Hopkins)教授从"和平、富足、和谐"这三个在儒耶文明中都有涉及的概念入手,认为虽然有着各自不同的解释,却都对丰富人们的精神世界、稳定社会起到了积极作用。

在如何建立人类的普世价值问题上,意大利的傅马利(P. F. Fumagalli)教授主张用相互尊重与宽容的心态来回溯传统,创立新的全球价值。全球伦理的尝试可在儒家传统里的"五常"与圣经信仰传统里的"十诫"基础上添加一些特定细节。中国人民大学温海明副教授探讨了儒家共生的价值观,可以通过共生的价值观、共生的伦理观建立以家庭为主的观点,认为这种哲学的观点有可能重振儒教,并给我们指出跨文化新的研究方向。北京外国语大学的田辰山教授则认为儒家的忠恕和西方的金律是普世价值,但西方的金律应该强调其超绝性的特征,以便适用于教外之人。

学者们从多种角度探讨了普世价值的可能性及其在儒耶文明中的具体内涵。作为不同文明间所共有的价值观和伦理观,将有助于文明间的对话、和平文化的建构,以及真诚的全球共同体意识的建立。积极开展和探索文明间对话的新资源、新途径、新观念,就需要不断开辟具有人类普遍价值的参考资源,从而为文明对话的努力前景提供可取的路径。

首届尼山世界文明论坛坚持"各美其美,美人之美,美美与共,世界大同"的理念,开展了儒家文明与基督教文明之间的互动和交流,使学者们进行了多学科、多层次、多领域的广泛交流和思想交锋,对开阔彼此的学术视野、学术方法、学术思想产生了良好的效果。本次论坛对于维护世界文化的多样性,增进各国人民之间在文化上的相互理解、相互尊重、和睦相处、共同发展,为建设和谐社会、和谐世界做出了应有的贡献。作为文明对话的课题,我们既要继续深入探讨理论上的可能性、必然性,同时要重视文化的实践和现实生命力,只有这样,才能更好地理解和推动人类精神文明多样性的和谐发展。

(特约编辑:邹晓东)

建国以来陈亮思想研究综述

◇ 王　维

作者简介：王维，中国人民武装警察部队学院（廊坊）教员。

陈亮，南宋时期事功学派的主要代表人物之一，在两宋思想发展史上占有重要地位。其一生以经世济民为志向，以事功经世为价值选择。针对南宋时弊，他广泛开展了涉及财政体制、农商业、文化教育、对外关系等社会各个方面的整顿构想，确立了一座哲学文化思想之丰碑。陈亮其人及其学说自产生之日起，就受到了程朱理学家的强力压制。直到明清之际，天翻地覆的社会现实，刺激着士人对事功思想的重视，对陈亮的研究重新复兴。关于陈亮的思想，学术界已进行过相当深入之研究，并取得了可喜之成就，有的学者对其生平著述进行研究，有的研究其整体思想，有的研究其思想的某一方面。本文简要梳理一下学界已有的研究成果，主要分以下五个方面：一、关于陈亮的学术定性研究；二、有关陈亮整体思想及其事功之学的评价；三、有关陈亮政治哲学思想的研究；四、有关陈亮文化哲学思想的研究；五、有关陈亮思想的各个具体领域之研究。下面我们对这五个方面进行详细分疏。

首先，关于陈亮的学术定性研究。

20世纪70年代，学者们都认为陈亮是法家的代表，把陈亮与朱熹之间的争论看成是法家与儒家之间的论战。[①] 对于陈亮的哲学思想，当时的学者们主要用唯物主义和唯心主义标示。此时期，港台或海外学者也对陈亮思想做了深入研究。如日本的庄司庄一发表了《关于功利学派陈亮的"变通之理"》、《朱子与事功派》、《陈亮之学》等多篇文章，台湾的吴春山写了《陈同甫的思想》。

70年代以后，人们开始改变陈亮作为法家的定识。邓广铭先生有力地驳斥了当时流行的陈亮是反儒健将的看法。邓先生旗帜鲜明地称："陈亮认

---

① 石众志：《陈亮与朱熹的"王霸义利"之辨——评南宋时期儒法两家的一场大论战》，《浙江师范大学学报》（社会科学版）1975年第1期。

为儒家只是先秦以来各种学派中的一派,并不反儒。"[1]进而又认为"陈亮所反对的只是南宋的理学家(即道学家)。"[2]这为学界重新认识陈亮提供了新的学术见解和立场,推进了学人对陈亮思想的认识。此时期的学者大多基于马克思主义话语系统来研究陈亮思想,将其界定为唯物主义思想家。大陆学者侯外庐认为,陈亮以鲜明的事功派观点批评理学,论述了人类历史的发展是进步的。[3] 萧萐父认为,陈亮是一位具有某些异端倾向的唯物主义思想家,他的循环历史观是被其历史的、阶级的局限性决定的。[4]

方立天教授从陈亮整个学说架构角度评价其思想,认为"陈亮的学说是一个新的人文体系"。[5] 他指出这个体系以价值观理论为核心,即道德与事功的关系是其思想的中心。董平认为陈亮的事功思想顺应了南宋时代之要求,强调将道德性命的追求"贯彻于人类社会的历史发展过程中,从社会历史的自身演进之中才能充分还原出道德性命的真实内涵;正是这一研究视域的拓展,以及将道的追寻普遍贯彻于社会政治史与历史学的相互融合,从而开辟了中国古代的历史哲学研究领域"[6]。

改革开放以后,中国学术界的研究日益走向正轨,学者重新以中国哲学本身之学理精神审视古代思想家的理论,并能够对其进行同情的理解,学术研究成果日趋公允。学术界对于南宋时期学术发展与理论变迁的讨论逐渐升温,遂能够更加公正地认识陈亮及永康学派的思想。

其次,有关陈亮整体思想及其事功之学的评价。

浙江大学董平教授认为"陈亮的事功之学强调个体道德必须推展于经验的实践领域,必须通过个体的生活世界的现实拓展来实现其道德价值的极大化……实际上却是在中国传统文化的整体结构之中提出了一种新的价值判断模型……陈亮的事功之学,实际上正是铁马金戈的时代主题在思想领域的强烈变奏,亦正因此故,他的学术才展现出了异乎寻常的英雄气概。"[7]

---

[1] 邓广铭:《陈亮反儒问题辨析》,《邓广铭治史丛稿》,北京:北京大学出版社1997年6月版,第223页。
[2] 邓广铭:《陈亮反儒问题辨析》,《邓广铭治史丛稿》,北京:北京大学出版社1997年6月版,第229页。
[3] 侯外庐等主编:《宋明理学史》,北京:人民出版社1984年版,第222页。
[4] 萧萐父、李锦全主编:《中国哲学史》,北京:人民出版社1983年版,第111页。
[5] 方立天:《弘扬陈亮的精粹思想》,见赵敏、胡国钧主编《陈亮研究论文集》,杭州:杭州大学出版社1994年版,第1页。
[6] 董平:《陈亮的哲学与事功学》,见卢敦基、陈承革主编:《陈亮研究——永康学派与浙江精神》,上海:上海古籍出版社2005年版,第28页。
[7] 董平:《陈亮的哲学与事功学》,见卢敦基、陈承革主编:《陈亮研究——永康学派与浙江精神》,上海:上海古籍出版社2005年版,第33页。

美国的田浩先生撰写了一部关于朱熹与陈亮论战的书,详细探讨了陈亮思想由道学逐渐转向功利思想的过程。成中英从义利之辨角度理解功利与道德的关系。他认为对义利的思考应该跳出孔孟之德性论与心性论的义理架构模式,而转向另一种义理模式下思考。"义利可以被视为内含互动与互补的功能与作用。"他将之称为"功利主义的框架"。只有在这个框架下,义与利、理与欲、公与私才能统一起来。"但要做到此,却必须要经历一个从德性论向功利理性论转化的过程。公元12世纪的陈亮可说正标示着此一重要的转化。"①

黄开国对陈亮的事功精神做了深入研究。他认为其事功思想具有明显的缺陷。"只注重功利的相关,而没有对人的主观动机的考虑,即朱熹所说的根本田地;只重心无常息,法无常废,而忽略了心有时而息,法有时而废;只强调人能宏道德一面,而否认了人也会离道德一面。"②

第三,有关陈亮政治哲学思想的研究。

陈亮的政治哲学,即其对天下国家政道与治道的认识。对于这个专题,牟宗三先生有一部专门的著作研究此问题,名为《政道与治道》,追溯了中国政道与治道的产生以及儒、释、道各家关于这方面的学说。该书详细分析了陈亮与朱子关于此问题的不同看法,同时对二者的思想做了深入分析,他认为陈亮的生命处于英雄实然状态。"陈同甫亦不是义利双行、王霸并用,而是想绾归一路,……唯其绾归一路之底子却是英雄主义,偏重生命一路,而对于理性却不能有积极的正视。如此,则所谓直上直下只是英雄之开廓得去耳。……如此直上直下之一路,不能算是正视理性与生命之矛盾与统一问题,只落于生命强度之实然状态中,故总说为汉唐申冤。"③

余英时先生的《朱熹的历史世界》一书从政治与文化角度分析宋代士大夫角色意识之自觉问题。"宋代士阶层不但是文化主体,而且也是一定程度的政治主体,至少他们在政治上所表现的主动性超过了以前的汉、唐和后面的元、明、清。这是宋代在中国史上的一个非常显著的特色。"④该书同时也论及了朱熹与陈亮关于汉唐的争论,认为在以儒道改变现实,为社会重建合理

---

① [美]成中英:《义利之辨与儒家中的功利主义》,见卢敦基、陈承革主编:《陈亮研究——永康学派与浙江精神》,上海:上海古籍出版社2005年版,第23页。
② 黄国开:《陈亮重事功的功利思想》,见卢敦基、陈承革主编:《陈亮研究——永康学派与浙江精神》,上海:上海古籍出版社2005年版,第89页。
③ 牟宗三:《政道与治道》,桂林:广西师范大学出版社2006年版,第210页。
④ 余英时:《自序一》,《朱熹的历史世界》上册,北京:三联书店2004年版,第1页。

秩序方面,朱熹与陈亮所持看法一致。① 台湾学者陈立骧比较了朱熹与陈亮关于历史的评论,指出对于英雄与圣王之间的差异,陈亮只是在程度上予以区别,而朱熹则认为有本质的差异。②

陈永革以治道为切入点分析陈亮事功之学的思想特质。他指出,陈亮将治道与历史结合,并认为"在陈亮的思想话语中,义利问题并不是纯粹的社会伦理观念,而是有着重要的国家治道内涵。"③他认为,陈亮的经世之学"应该理解为儒家经世之学与济世之道密切结合的一种全新阐释。"他将陈亮与朱子关于道统与治道的论战理解成"儒家思想两种不同解释范式的论战",并进而指出朱子与陈亮争论的焦点在于"陈亮最为主要的关注点,正在于后三代的治道经验与三代圣化的政治秩序之间的关联,而不是如朱熹一般截然地把三代与汉唐之治分为二截"。④ 但是他却没有详细分析陈亮之治道的内涵,以及与三代礼乐文化之治道的关联。

成中英分析指出朱子与陈亮思想各有利弊。"陈亮显然也有他内在的矛盾,如以事功之成说明有德有理,就模糊了事与理的差别。……朱熹站在道学基础上未见策略运作权力之道,也未能从制度上的长远的义利关系上分析局势,可谓蔽于道,蔽于理,也可说未能理解道与理的历史性与开放性。"⑤他高度赞扬陈亮的思想。"陈亮与叶适可说超越了他们的时代,也超越了他们那个时代的中心思想,必须在另一个时代的文化与思想网络里,兑现或凸显它的意义与价值。总的来说,陈亮与叶适所代表的是儒家思想从德性论向功利理性论或实用理性论的转化,必须等待适当的时机方能开花结果。"⑥

董平在《论陈亮的王霸思想》中指出,陈亮王霸论的实质是"想把人们从王霸问题的滞碍缠缚中超拔出来,将'主义'的问题搁置起来,而将注意力充分倾注于其时代所面临的各种现实问题的解决;凡有利于这一点的,无论其

---

① 余英时:《朱熹的历史世界》上册,北京:三联书店2004年版。第186—188页。
② 陈立骧:《陈亮与朱熹的历史评论》,见卢敦基、陈承革主编:《陈亮研究——永康学派与浙江精神》,上海:上海古籍出版社2005年版,第98页。
③ 陈永革:《论陈亮事功之学的思想特质》,见卢敦基、陈承革主编:《陈亮研究——永康学派与浙江精神》,上海:上海古籍出版社2005年版,第42页。
④ 陈永革:《论陈亮事功之学的思想特质》,见卢敦基、陈承革主编:《陈亮研究——永康学派与浙江精神》,上海:上海古籍出版社2005年版,第44页。
⑤ [美]成中英:《义利之辨与儒家中的功利主义》,见卢敦基、陈承革主编:《陈亮研究——永康学派与浙江精神》,上海:上海古籍出版社2005年版,第27页。
⑥ [美]成中英:《义利之辨与儒家中的功利主义》,见卢敦基、陈承革主编:《陈亮研究——永康学派与浙江精神》,上海:上海古籍出版社2005年版,第23页。

出于儒墨道法,无论其出于皇帝王霸,都可参取而用之。"①

第四,有关陈亮文化哲学思想的研究。

就陈亮当时所生活的时代而言,其文化哲学思想,主要涉及的是如何理解并处理华夏族与少数民族之间关系的问题。此涉及陈亮对华夏文化与少数民族文化在哲学层面的解读,以及他对华夷秩序试图进行的重整。

钱穆先生对宋儒的文化自觉问题进行过深刻分析,他认为要解决宋儒面临的内忧外患问题,从而解救华夏之弊病,使其人民生命得以更生,主要依赖于"国家民族内部自身一种新生命力之发舒与成长。而牖启此种力量之发舒与成长者,'自觉'之精神,较之效法他人之诚挚为尤要。"②

白寿彝先生在其所著《中国通史》中,详尽地考察了宋代各民族之间的纷争。他特别强调:虽然民族之间有冲突,且"夷夏之防"带有鲜明的民族警觉意识,但各个民族之间的融合与交流、同化却同样不容忽视。在中国复杂的民族关系中,这种华夷意识的深层底蕴乃是民族之间的和睦相处、和平融合。钱穆先生与白寿彝先生的见解对于我们认识陈亮的夷夏观具有重要的启发意义。

葛兆光在其《中国思想史》中谈及士人的文化自觉问题。他说:"'华夷之分'看上去天经地义,其实,不仅包含了种族的偏见,而且这种种族的偏见还代替了对文明的价值评判。于是,这些本来相当深刻的批判思想却仿佛奠基于流沙,一旦它们所由产生的社会生活变化和情感基础崩溃,它也将随之瓦解并丧失信众。"③在他看来,无论是陈亮还是朱熹的思想,无疑都包含着宋代士人这种普遍的文化自觉意识。

台湾学者欧崇敬、黄淑基在其论文中对中国古代的夷夏意识进行了剖析,认为古代的夷夏意识对陈亮的夷夏意识之形成具有重要的影响,正是这种自古而来的夷夏意识引发了其对民族国家安危存亡的忧患意识。他着重指出,陈亮承续了孔子的文明关怀,在历史"恐怖忧患意识"之下,对时代问题做出了积极响应。④

---

① 董平:《论陈亮的王霸思想》,见赵敏、胡国钧主编《陈亮研究论文集》,杭州:杭州大学出版社1994年版,第51页。
② 钱穆:《引论》,《国史大纲》,上册,北京:商务印书馆1996年修订第3版,第30页。
③ 葛兆光:《中国思想史》,第二卷,上海:复旦大学出版社2001年版,第386页。
④ 欧崇敬、黄淑基:《夷狄恐怖忧患意识、观念幽灵系谱及苦难记忆与宋明事功学派的回应》,见卢敦基、陈承革主编:《陈亮研究——永康学派与浙江精神》,上海:上海古籍出版社2005年版,第235页。

第五,有关陈亮思想的各个具体领域之研究。

方如金研究了陈亮的人才观,认为这种人才观带有浓厚的政治性。"这些也是他的政治主张的一种延伸和发挥,是政治主张的重要组成部分。"①董根洪论述了陈亮的人才观,主要涉及何谓人才,人才的内涵与标准。他最后总结出陈亮的人才观具有鲜明的功利倾向。陈欣与吴锡标主要将陈亮与叶适的人才观做了比较,并指出他们都是从事功出发的,并以致用为最终旨归。陈国灿用马克思主义观点评价陈亮的教育主张。他认为,在教育领域里,朱子与陈亮的论战的实质乃是"唯物主义教育思想与唯心主义教育思想的斗争。"②

姜书阁笺注的《陈亮龙川词笺注》,从文学与历史相结合的角度对陈亮的词做了深入解读。他认为"龙川之词,干戈森立,如奔风逸足,直欲吞虎食牛,而语出肺腑,无少矫饰,实可见其胸襟怀抱。"③姜书阁对龙川词的笺注,不仅试图还原词的本意,同时研讨了每首词的历史情景,为我们掌握和认识陈亮思想发展的轨迹及其与相关友人的交往与学术交流情况提供了一个重要的侧影。

王凤贤从伦理学说史角度诠释陈亮的思想,他说:"陈亮通过对道德与国计民生、修养与事功、道德与刑法的一致性的分析,充分阐发了他的功利主义道德观。这不仅对当时流行的理学道德观是一个有力的批判,而且在我国伦理学说史上具有很大的意义。"④朱晓鹏也研究了陈亮事功伦理思想的特征,认为主要包括三个方面:"理欲统一"的道德观、义利合一的价值观以及"学为成人"的人生观。他指出,陈亮的事功伦理思想"对于中国传统伦理道德观的变革和创新,对于明清启蒙思潮的形成和发展,对于浙学传统的形成和当代浙江精神的弘扬都具有巨大的价值和意义。"⑤

日本的神户辉夫对陈亮的族人做了详细的考察,并论述了其思想形成的背景。他指出,陈亮年少时对军事思想的关心,祖先参战并牺牲的经历,以及他对文章的兴趣,都对其思想形成具有重要的影响。其文后附有日本学者对

---

① 方如金:《陈亮人才思想述论》,见赵敏、胡国钧主编:《陈亮研究论文集》,杭州:杭州大学出版社1994年版,第72页。

② 陈国灿:《陈亮教育思想述评》,见赵敏、胡国钧主编:《陈亮研究论文集》,杭州:杭州大学出版社1994年版,第72页。

③ 姜书阁:《陈亮龙川词笺注》,北京:人民文学出版社1980年版,第3页。

④ 王凤贤:《评陈亮学术思想的时代特色》见赵敏、胡国钧主编:《陈亮研究论文集》,杭州:杭州大学出版社1994年版,第24页。

⑤ 朱晓鹏:《论陈亮事功主义伦理思想的基本特征》,见卢敦基、陈承革主编:《陈亮研究——永康学派与浙江精神》,上海:上海古籍出版社2005年版,第69页。

陈亮的研究，主要有庄司庄一、吉原文昭、冈田武彦等学者的文章。①

　　陈享民论述了陈亮的"理一分殊"说，指出陈亮是在"各有定分"的整体意义上认识它的，朱熹则赋予其本体论的内涵，并将之具体运用于各个层面。②

　　到目前为止，国内共举行了两次陈亮研究的研讨会，一次是1993年在浙江永康举行的全国首届陈亮学术研讨会，第二次是2004年在杭州永康举行的"陈亮国际学术研讨会：永康学派与浙江精神"。两次研讨会都出版了论文集，汇集了来自美国、日本、台湾以及全国各地的专家学者。学者们从不同的角度和侧面对陈亮思想进行了深入研究，提出具有创造性的见解。③

　　国内外关于陈亮及永康学派的研究成果主要有三类：一是较大部头的中国哲学史、思想史或断代史中有所提及，如冯友兰所著的《中国哲学史新编》，侯外庐等主编的《宋明理学史》、《中国思想通史》，萧萐父等主编的《中国哲学史》，萧公权的《中国政治思想史》，葛荣晋所著的《中国实学思想史》（上卷），葛兆光所著的《中国思想史》（第二卷）。二是学者的专著中涉及对陈亮思想及永康学派的分析，如牟宗三的《政道与治道》，何俊所著的《南宋儒学建构》，余英时的《朱熹的历史世界》等等。三是研究性论文，或专门研究陈亮的学术思想，或者研究永康学派。据笔者所知，1970年代至今，以陈亮为研究对象的优秀硕士毕业论文只有八篇。且这些论文都是论及陈亮思想的某一方面，如：有人讨论陈亮的功利主义法律观；有的论及陈亮的政治伦理思想；有的对陈亮词进行研究。而目前为止，尚无一篇关于陈亮的博士论文。四是学者的专门著作，如邓广铭先生点校的《陈亮集》及其所著的《陈龙川传》，姜书阁笺注的《陈亮龙川词笺注》。田浩所著的《功利主义儒家——陈亮对朱熹的挑战》一书，以西方人独有的视野论述了陈亮思想与性格的发展，并对两宋时代儒学发展的情况做了细致的研究，指出陈亮关于结果的观点向朱熹所认为的中国的经典价值是永恒绝对的思想发出了挑战，并认为二者之间的争论是中国不同思想倾向之间的对照。吴春山所著的《陈同甫的思想》，董平所著的《陈亮评传》，详细考证了陈亮的生平事迹和政治学术活动，对其学术分类并做了全面的介绍，论述了陈亮思想的来源、传播，其所创立的永康学派的概况以及陈学与婺学及永嘉之学的关系。方如金所著的《陈亮与南宋浙东学派研究》一书，论述了南宋浙东学派的形成、发展、思想渊源等，并从政治、经济、军

---

　　① ［日］神户辉夫：《陈亮周围的族人——论陈亮思想形成的背景》，见卢敦基、陈承革主编：《陈亮研究——永康学派与浙江精神》，上海：上海古籍出版社2005年版，第171—178页。

　　② 沈享民：《试论陈亮理一分殊说》，见卢敦基、陈承革主编：《陈亮研究——永康学派与浙江精神》，上海：上海古籍出版社2005年版，第103页。

　　③ 牟宗三：《政道与治道》，桂林：广西师范大学出版社2006年版，第186页。

事、哲学、史学等角度详细阐述了陈亮的思想。除专著之外,还有陈亮年谱,主要有三部:颜虚心所著的《陈龙川年谱》;童振福所著的《陈亮年谱》;何格恩所著的《宋史陈亮传考证及陈亮年谱》。

  学界关于陈亮的研究,已经取得了很大的进展,对后学继续研究具有重要的启发意义。纵观以往学界的研究成果,或从整体上考察陈亮与永康学派的关系,或将陈亮思想分割成几个部分,分别划到政治、经济、伦理、哲学、军事、文学、史学等领域。但陈亮思想的这些方面并不能简单归类,这些仅仅是陈亮思想的具体表现。深入研究陈亮思想,我们可以发现其深层次的依据——深沉的忧患意识与历史意识。虽然台湾学者欧崇敬在分析宋明事功学派产生的原因时,思想的笔锋已经触及背后的意识领域,但是并未深入分析陈亮经世济民之学产生的独特历史原因和思想史背景,以及上述忧患意识在思想史中是如何由显而隐,并最终转暗为明的过程。因此,陈亮思想还有待于更深入、更有机的进一步研究。

(特约编辑:邹晓东)

"马克思主义与儒学"专题研究文献(1990~2010)目录索引

◇ 温 磊

作者简介： 温磊，山东大学儒学高等研究院工作人员。

一、文章类

1. 马克思主义哲学与中国儒学精神，邹化政，《社会科学战线》1991年02期
2. 儒学与马克思主义的契合处及其在当代新文化中的位置，蔡方鹿，《江西社会科学》1993年01期
3. 论马克思主义与中国儒学，唐昌黎，《人文杂志》1995年02期
4. 破除对马克思主义与儒学的"夷夏之辨"，李存山，《马克思主义与现实》1996年01期
5. 马克思主义和儒学学术研讨会述要，乔清举，《马克思主义与现实》1996年01期
6. "马克思主义和儒学"学术研讨会述要，乔清举，《孔子研究》1996年01期
7. 马克思主义与儒学学术研讨会述要，乔清举、张进勇，《理论前沿》1996年03期
8. 马克思主义与儒学学术研讨会纪要，《哲学动态》1996年03期
9. 马克思主义永远是我们的指导思想——兼评"儒学复兴论"，李鸿军，《毛泽东思想论坛》1997年03期
10. 九十年代关于马克思主义与儒学关系问题的研究，阮青，《孔子研究》1998年03期
11. "五四"时期马克思主义与传统儒学的关系，都培炎，《中共党史研究》1998年05期
12. 儒学与马克思主义关系研究现状，阮青，《鲁迅研究月刊》1998年

10 期

13. 儒学与马克思主义关系研究观点述评,阮青,《理论前沿》1998 年 12 期

14. 马克思主义与儒学,张腾霄,《中国人民大学学报》1999 年 02 期

15. 儒学创新与马克思主义创新——和杜维明先生对话,李存山,《哲学动态》1999 年 04 期

16. 从传统儒生到马克思主义者——论"五四"时期先进的中国人走向马克思主义的文化心理基础,刘国华,《江淮论坛》1999 年 05 期

17. 马克思主义与儒学学术研讨会述要,《哲学动态》1999 年 08 期

18. 儒学的历史命运与马克思主义中国化,王永祥,《河北建筑科技学院学报》(社会科学版)2000 年 03 期

19. 论传统儒学对五四时期先进知识分子接受马克思主义的影响,刘国华,《孔子研究》2000 年 04 期

20. 运用马克思主义来看待儒学,张岱年,《光明日报》2000 年 7 月 11 日

21. "马克思主义与儒学"座谈会在京举行,干春松,《哲学动态》2000 年 08 期

22. 后现代主义与新儒学、现代化及马克思哲学的关系,田薇,《教学与研究》2000 年 11 期

23. 使命:马克思主义本土化与儒学世俗化,张冠湘,《零陵师范高等专科学校学报》2001 年 01 期

24. 论中国文化从传统儒家形态到马克思主义形态的现代转型,王来金,《首都师范大学学报》(社会科学版)2001 年 01 期

25. 探索儒学与马克思主义的结合,钱逊,中国人民大学孔子研究院成立庆典暨"孔子与当代"国际学术研讨会,2002 年

26. 儒家伦理与马克思主义伦理之冲突与会通初探,尹文汉,《池州师专学报》2002 年 01 期

27. 儒、墨思想的精华与马克思主义中国化,管仕福,《求索》2002 年 04 期

28. 儒学与马克思主义,沈解中,《社会科学报》2002 年 10 月 31 日

29. 经典、经典的替代及条件——从儒家经典与马克思主义经典的关系切入,任剑涛,《江苏社会科学》2003 年 01 期

30. 存有与实践:马克思的存有学洞见及其与儒家存有学的比较,樊志辉,《江海学刊》2003 年 02 期

31. 马克思主义与儒学关系研究的现状,贾红莲,《求是学刊》2003 年

04 期

32. 儒家文化与马克思主义的中国化,戴丽红、潘殊闲,《西南民族大学学报》(人文社科版)2003 年 07 期

33. 社会主义文化形态的可贵探索——读《儒学与马克思主义》,沈秀芳,《华夏文化》2004 年 02 期

34. 新时期儒学与马克思主义关系研究述评——20 世纪 80 年代以来儒学讨论之反思,姜源、李慧宇,《社会科学研究》2004 年 04 期

35. 现代新儒学与马克思主义哲学的一个交汇点——从《人心与人生》看梁漱溟晚年思想的变化,祝薇,《学术探索》2004 年 05 期

36. 中国现代化的理性资源——儒学的现代困境与马克思主义的方法论贡献,余治平,《上海交通大学学报》(哲学社会科学版)2005 年 06 期

37. 儒学与马克思主义哲学中关于和谐思想的对比分析——兼论贯彻和谐思想对构建和谐社会的重要性,成正兴,《巢湖学院学报》2006 年 01 期

38. 马克思主义与儒学关系的思考,郅锦、韩柱,《天水行政学院学报》2006 年 02 期

39. 儒家思想与马克思主义的三点相似性,刘天旭,《船山学刊》2006 年 03 期

40. 马克思主义哲学与儒家哲学的融合——马克思主义哲学中国化的一个重要途径,高予远,《吉首大学学报》(社会科学版)2006 年 04 期

41. 论现代新儒学与马克思主义观的研究意义,张三萍,《学术论坛》2006 年 09 期

42. 国家意识形态与民族主体价值相辅相成——全球化时代马克思主义与儒学关系的再思考,郭沂,《哲学动态》2007 年 03 期

43. 马克思主义哲学与儒学的融合——评张岱年的新唯物论,王锟,《福建论坛》(人文社会科学版)2007 年 06 期

44. 对马克思主义哲学中国化的反思——兼论马克思主义哲学与儒家哲学的关系,连鹏晓、李宏亮,《商洛学院学报》2008 年 03 期

45. 马克思主义与大陆新儒学关系论析,叶志坚,《中共福建省委党校学报》2008 年 03 期

46. 儒家"大同"世界与马克思主义社会理想模式之比较,闫丽,《内蒙古农业大学学报》(社会科学版)2008 年 04 期

47. "马克思主义与儒学的关系"研究综述,王杰、冯建辉,《中共中央党校学报》2008 年 06 期

48. 马克思主义与儒学高层论坛综述,《大庆社会科学》2008 年 06 期

49. 儒学中的合理思想有利于马克思主义中国化，李杰，《边疆经济与文化》2008年06期

50. 中国化马克思主义哲学新形态必须重视儒家价值论，陈新专，《科教文汇》(上旬刊)2008年07期

51. 儒家传统与中国的马克思主义，方海茹、赵忠祥，《社会科学论坛》2002年08期

52. 儒学与马克思主义应该有一个重要的接榫点——"后新儒学"建构者、台湾师范大学教授林安梧先生访谈，林安梧、陈占彪，《社会科学论坛》(学术评论卷)2008年09期

53. 关于马克思主义与儒学关系的三点看法，方克立，《高校理论战线》2008年11期

54. 马克思的世界历史思想和儒学运动，常云飞，《产业与科技论坛》2008年12期

55. 中国化马克思主义的儒学因素，冯俊，《理论视野》2008年12期

56. 马克思主义中国化与儒学的关系，王杰，《当代社科视野》2008年12期

57. 2008马克思主义与儒学高层论坛综述，王杰、顾建军，《孔子研究》2009年01期

58. 儒学·启蒙思想·马克思主义，王殿卿，《湖南科技学院学报》2009年01期

59. 关于马克思主义与儒学关系的三点看法，方克立，《红旗文稿》2009年01期

60. 试论马克思主义价值观与传统儒文化融合的现代意义，杨亮，《江苏科技大学学报》(社会科学版)2009年04期

61. 马克思主义中国化与儒学现代化，闫周秦，《学理论》2009年05期

62. 儒学与马克思主义中国化及中国现代化，郭齐勇，《马克思主义与现实》2009年06期

63. 当代儒学的重构及其与马克思主义的关系问题，张舜清，《马克思主义与现实》2009年06期

64. 儒家思想与马克思主义的结合点初探，林坚，《人文杂志》2010年01期

65. 何止异同——论马克思主义与儒学比较研究的现状及进一步推进的思路，刘东超，《河北经贸大学学报》(综合版)2010年01期

66. 传统儒学与法治理论关联性的特点——以中国化马克思主义法学

理论建设为切入点的思考,李瑜青,《学术研究》2010 年 01 期

67. 儒学与马克思主义哲学会通的审视及反思,王锟,《哲学研究》2010 年 01 期

68. 论马克思主义哲学与儒学相通的根本点,朱康有、吴文新,《河北师范大学学报》(哲学社会科学版)2010 年 03 期

69. 科学地认识和把握马克思主义与儒学的关系 推进马克思主义中国化研究的发展,郑端,《思想理论教育导刊》2010 年 04 期

70. 马克思主义与儒学异同论,张允熠,《思想理论教育导刊》2010 年 04 期

71. 儒道佛场域内的马克思主义大众化,何华顺,《学理论》2010 年 15 期

72. 马克思主义与儒学,郭建宁,中国教育报 2010 年 6 月 30 日

二、著 作 类

1.《现代新儒学的意识形态特征——兼论马克思主义与现代新儒学的对立互动关系》,"现代新儒学思潮研究"课题组编印,1993

2.《儒学与马克思主义》,(美) 窦宗仪著、刘成有译,兰州:兰州大学出版社,1993

3.《现代新儒学研究丛书:现代新儒家人生哲学研究》,武东生,辽宁:辽宁大学出版社,1994

4.《马克思主义与儒学》,崔龙水、马振铎主编,北京:当代中国出版社,1996

5.《马克思主义与儒学》,张腾霄、张宪中,北京:中国人民大学出版社,2000

6.《从文化调和论儒家与青年马克思的人本思想》,张志雄,中山学术,中山大学(台湾),2001

7.《儒学与马克思主义》,张建新,西安:陕西人民出版社,2003

8.《中国马克思主义与现代新儒学》,李毅,天津:天津教育出版社,2007

9.《中国马克思主义与儒学:从文化史角度检视》,范玉秋著,厦门大学 2008 年博士后出站报告

10.《马克思主义与现代新儒学:七十多年来的对立互动关系的研究》,李毅,(博士论文)

11.《会通与超越:从中西文化交融看马克思主义与儒学的关系》,张允熠著,(博士论文)

三、专题会议类

1. 1995年12月4—6日,中央党校科研部、中央党校中特理论研究中心精神文明课题组与孔子基金会学术委员会联合召开了"马克思主义和儒学"学术研讨会。肖前、齐振海、张岱年、朱伯崑等来自马克思主义领域和中国哲学领域的50余位专家学者参加了会议。

2. 2000年7月3日,中华孔子学会与中国人民大学出版社在中国人民大学举办了张腾霄、张宪中所著《马克思主义与儒学》一书首发式暨"马克思主义与儒学"座谈会,来自中国社会科学院、北京大学、中国人民大学、清华大学等单位的学者出席。

3. 2008年10月19日、20日,中共中央党校哲学教研部与中国孔子基金会共同主办,华夏文化纽带工程组委会、中国实学研究会协办的"2008马克思主义与儒学高层论坛"在中央党校召开,来自全国的70余位专家学者参加了会议。

(特约编辑:江曦)

图书在版编目（CIP）数据

儒林．第5辑／庞朴主编．—上海：上海古籍出版社，2016.11
ISBN 978-7-5325-8053-8

Ⅰ.①儒…　Ⅱ.①庞…　Ⅲ.①儒家—研究—文集
Ⅳ.①B222.05-53

中国版本图书馆CIP数据核字（2016）第070614号

儒林（第五辑）

庞朴　主编

上海世纪出版股份有限公司
上 海 古 籍 出 版 社　出版

（上海瑞金二路272号　邮政编码200020）

（1）网址：www.guji.com.cn
（2）E-mail：guji1@guji.com.cn
（3）易文网网址：www.ewen.co

上海世纪出版股份有限公司发行中心发行经销
启东人民印刷有限公司印刷
开本787×1092　1/16　印张23.75　插页2　字数413,000
2016年11月第1版　2016年11月第1次印刷
ISBN 978-7-5325-8053-8
B·940　定价：98.00元
如有质量问题，读者可向工厂调换